工赋引擎
上海市工业互联网
创新发展实践案例集

上海市工业互联网协会 编著

电子工业出版社
Publishing House of Electronics Industry
北京·BEIJING

未经许可，不得以任何方式复制或抄袭本书之部分或全部内容。
版权所有，侵权必究。

图书在版编目（CIP）数据

工赋引擎：上海市工业互联网创新发展实践案例集 / 上海市工业互联网协会编著. —北京：电子工业出版社，2022.6

ISBN 978-7-121-42729-9

Ⅰ．①工… Ⅱ．①上… Ⅲ．①互联网络－应用－工业发展－案例－上海 Ⅳ．①F427.51-39

中国版本图书馆 CIP 数据核字（2022）第 014832 号

责任编辑：雷洪勤　　　文字编辑：王天一
印　　刷：上海盛通时代印刷有限公司
装　　订：上海盛通时代印刷有限公司
出版发行：电子工业出版社
　　　　　北京市海淀区万寿路 173 信箱　　　邮编：100036
开　　本：787×1092　1/16　印张：21.25　字数：556 千字
版　　次：2022 年 6 月第 1 版
印　　次：2022 年 6 月第 1 次印刷
定　　价：198.00 元

凡所购买电子工业出版社图书有缺损问题，请向购买书店调换。若书店售缺，请与本社发行部联系，联系及邮购电话：(010) 88254888，88258888。

质量投诉请发邮件至 zlts@phei.com.cn，盗版侵权举报请发邮件至 dbqq@phei.com.cn。

本书咨询联系方式：(010) 88254151。

委 员 会

编审委员会

主　任：吴金城

副主任：张　英　　傅新华　　戎之勤　　阮　力
　　　　刘　平　　张宏韬

编　委：裘　薇　　钱　晓　　韩大东　　陆　寅
　　　　吴栋林　　黄　捷　　汪　潇　　李　甲

编辑委员会

主　编：张锡平

副主编：郑忠斌　　吴小东　　戴　苓

编　辑：李海涛　　王旭琴　　黄建民　　陈　刚
　　　　范菲雅　　贾廷纲　　黄　璿　　郑茂宽
　　　　徐　东　　陶传亮　　缪国成　　郭　昕
　　　　王　云　　刘成军　　刘翊尊　　孙品慧

参编单位

上海市工业互联网协会

工业互联网创新中心（上海）有限公司

中国信息通信研究院华东分院

亿欧 EqualOcean

序 一

当前，全球新一轮科技革命和产业变革方兴未艾，数字化正以不可逆转的趋势重塑生产力和生产关系。工业互联网作为第四次工业革命的重要基石，是数字"新基建"的重要组成部分，也是产业转型升级的重要驱动引擎。工业互联网链接全生产要素、全产业链、全价值链，正加速推动产业各环节从单体智能向系统智能转变，带动大中小企业融通发展，促进实体经济数字化转型与高质量发展。

工业基因拥抱数字基因，上海市勇立潮头。自2016年以来，上海市持续深耕发力工业互联网建设，先后落地全国首个工业互联网创新中心、首个标识解析国家顶级节点、首支地方性专项产业基金、首个地方性工业互联网协会、首个国家工业互联网质量监督检验中心等，为构筑产业发展新格局奠定了坚实基础。2020年，上海市制定发布"工赋上海"新三年行动计划，正式进入工业互联网2.0阶段。2021年，上海市推动城市数字化转型工作全面启动，李强书记在全市经济数字化转型现场推进会上强调，要利用数字技术对传统产业进行升级改造，在制造业数字化改造中突出工业互联网建设。

好风凭借力，扬帆正当时。在上海市经济和信息化委员会的指导下，上海市工业互联网协会联合工业互联网创新中心（上海）、中国信通院华东分院、亿欧（EqualOcean）、赛迪上海研究院等相关研究和智库机构，开展了 2021 年工业互联网应用案例征集工作，经过初步遴选、实地调研、专家评审等环节，共评选出 50 余个优秀案例，编辑出版《工赋引擎：上海市工业互联网创新发展实践案例集》。

本案例集内容划分为三篇，分别为场景应用篇、功能体系篇、生态建设篇，全方位展现了各重点行业数字化转型的融合创新实践成果，包括平台化设计、数字化管理、智能化制造、个性化定制、网络化协同、服务化延伸等，同时也全方面汇集了工业互联网平台、网络、标识解析、安全、工业大数据、工业园区、公共服务平台等重点领域的典型案例，梳理了工业数字化转型能力供给服务体系，可为各行业深化工业互联网应用提供有益借鉴，助推工业互联网产业新生态构建，以数字技术赋能融合实体经济，引领经济高质量发展。

余晓晖

中国信息通信研究院院长

序 二

我们正身处创新涌流的数字时代，新思维催生新技术，新技术促成新产业，新产业解锁新应用——数字化，正在以不可逆转的趋势，推动高质量发展，创造高品质生活，实现高效能治理。

产业与数字化相融共生、相辅相成。产业发展离不开数字化，高端装备、生物医药、航天航空、先进材料等新兴产业，只有通过万物互联、数据驱动、软件定义、平台赋能为代表的数字化赋能，才能更好迈向产业链价值链高端，而集成电路、人工智能、智能网联汽车等，本身就是数字经济和数字化赋能的重要组成部分。数字化发展也离不开产业，必须依托广阔的制造场景、产业链供应链的耦合融通，才能更好发挥 AI、大数据、智能机器人、区块链、AR/VR 等赋能百业的能力。

2020 年 11 月份以来，上海全面推进城市数字化转型，加快建设具有世界影响力的国际数字之都，努力打造成为数字应用渗透最充分、数字技术基础最扎实、数字产业集群最丰富、数字要素资源最活跃、数字生态系统最具竞争力的城市之一。工业互联网作为重要的数字新基建，链接着全生产要素、全产业链、全价值链，是推动数字经济和实体经济深度融合的重要引擎，必将在城市数字化转型进程中扮演愈发重要的牵引赋能作用。

近年来，上海贯彻落实国家战略，深入推进长三角工业互联网一体化发展示范区建设，实施"工赋上海"行动，聚焦"3+6"新型产业体系，打造 26 个具有行业影响力的工业互联网平台，建设 100 家智能工厂，带动 15 万家中小企业上平台上云，构建起更加丰富的工业互联网生态。各类所有制企业、软硬件和应用解决方案提供商、科研院所等，积极开展了相关探索实践，也形成了重点产业"一业一策"、"5G+工业互联网"、"数字化+特色产业园区"等有效模式。如何放大成功经验、指导各行业的数字化转型，是上海工业互联网建设的重要使命，也是强化高端产业引领功能、全力打响"上海制造"品牌的必然要求。

本案例集编委会通过政产学研金服用等多方研究修订，综合考量产业基础、创新模式、行业赋能等维度，评选出 2021 年上海工业互联网领域最具创新力、开拓性的 50 余个代表性成果，通过场景应用、功能体系、生态建设三个篇章予以呈现，案例集既有一线的转型实务，也有前沿的技术理念，全方位展现了工业互联网的创新应用实例。

百舸争流，千帆竞发，工业互联网建设、数字化转型任重而道远。希望藉由《工赋引擎：上海市工业互联网创新发展实践案例集》出版，让上海工业互联网发展的一些思考和实践，赋能更多企业和行业。让我们携手前行，共同为建设制造强国、网络强国、数字中国作出新的更大贡献！

吴金城

上海市经济和信息化委员会主任

目录 Contents

第一篇 场景应用篇

案例 1 基于电工装备智慧物联平台，实现电力电缆制造智能化 2
　　——国网上海市电力公司

案例 2 航班保障全流程数字化转型，打造高质量发展新格局 10
　　——中国东方航空股份有限公司

案例 3 搭建智能制造中台驱动 C2M 大规模个性化定制 15
　　——威马汽车科技集团有限公司

案例 4 依托工业互联网平台探索空间电源产品创新应用新模式 21
　　——上海空间电源研究所

案例 5 云边端协同，打造火箭发动机智能化设计仿真平台 26
　　——上海新力动力设备研究所

案例 6 基于 5G 的智慧航空强度试验创新应用 32
　　——中国飞机强度研究所

案例 7 基于标识解析的航空产品全生命周期数据管理平台 37
　　——上海航空工业（集团）有限公司

案例 8 船厂智能仓储与物流管理系统助力船舶行业数字化转型 43
　　——中船第九设计研究院工程有限公司

案例 9 标识解析与 UDI 数据一体化赋能医疗器械全生命链路 51
　　——微创投资控股有限公司

案例 10 网络化协同智造助力老字号中药现代化创新之路 56
　　——上海雷允上药业有限公司

案例 11　探索基于工业互联网的智慧锅炉创新应用 62
　　　　　——上海锅炉厂有限公司

案例 12　核电智能化下的在线监控诊断平台 69
　　　　　——上海阿波罗机械股份有限公司

案例 13　数字化赋能全场景，打造乳业智能管控系统 76
　　　　　——光明乳业股份有限公司

案例 14　打造纺织服装企业数字化生产与管控示范工厂 83
　　　　　——上海嘉麟杰纺织科技有限公司

案例 15　数字双胞胎技术加持保障化工公共管廊安全运维 90
　　　　　——上海化学工业区公共管廊有限公司

案例 16　基于综合性数字化系统实现化工园区安全和智慧运营 94
　　　　　——上海孚宝港务有限公司

案例 17　探索化工企业全面数字化，打造绿色安全智能工厂 101
　　　　　——上海华谊新材料有限公司

案例 18　探索基于化工设备大数据的智能设备预测性维修 107
　　　　　——上海赛科石油化工有限责任公司

第二篇　功能体系篇

案例 1　星云智汇平台助力装备制造业全价值链集成创新 114
　　　　——上海电气集团数字科技有限公司

案例 2　基于工业互联网的智慧核电平台赋能产业链数字化协同 121
　　　　——上海核工程研究设计院有限公司

案例 3　打造纺织工业互联网平台，驱动企业数智化升级 127
　　　　——上海致景信息科技有限公司

案例 4　区块链技术构筑地方性生态合成革的"产业大脑" 134
　　　　——中微汇链科技（上海）有限公司

案例 5　全域全场景智能化的数字孪生技术助推制造业转型升级 142
　　　——海尔数字科技（上海）有限公司

案例 6　安全生产管理平台助力化工行业"工业互联网+安全"落地 148
　　　——上海华谊信息技术有限公司

案例 7　工业控制系统半仿真自动化测试实现工业互联网安全可靠 155
　　　——上海浦东软件平台有限公司

案例 8　助力数字化转型下的"安全数字电网" 160
　　　——上海观安信息技术股份有限公司

案例 9　基于态势感知技术的工业互联网集中化安全检测预警平台 166
　　　——上海工业自动化仪表研究院有限公司

案例 10　构建基于零信任的可信智慧工厂 173
　　　——上海安几科技有限公司

案例 11　双平台驱动中国制造企业研发管理 178
　　　——上海思普信息技术有限公司

案例 12　新能源整车生命周期管理，助力企业全面数字化质量管控 185
　　　——上海西信信息科技股份有限公司

案例 13　热电生产智能化的持续减排减碳之路 191
　　　——上海全应科技有限公司

案例 14　工业互联网赋能化工行业安全作业管理数字化升级 198
　　　——上海异工同智信息科技有限公司

案例 15　装备入云创建传统制造企业服务化延伸的新时代 205
　　　——中国联合网络通信有限公司上海市分公司

案例 16　工业互联网标识解析驱动材料行业数字化转型 213
　　　——上海华峰创享互联网络科技有限公司

案例 17　标识新能源行业应用——标识赋能电芯生产 219
　　　——江苏中天互联科技有限公司上海分公司

案例 18　基于标识解析的产品追溯和设备管理 224
　　　——工业互联网创新中心（上海）有限公司

案例 19 EHS 管理平台赋能医药企业环境健康安全风险管控 229
　　——上海歌安科技有限公司

案例 20 聚焦海量工业实时数据管理，赋能集团级智慧集控运维 235
　　——上海麦杰科技股份有限公司

案例 21 基于数字孪生技术的钢铁能效智慧管控系统 242
　　——上海优也信息科技有限公司

案例 22 轮胎生产工艺中的工业知识图谱构建与决策技术 248
　　——上海道客网络科技有限公司

案例 23 以 AI 创新工业高危生产安全管理新模式和新路径 253
　　——上海湃道智能科技有限公司

案例 24 大数据技术打造 AIoT 平台，赋能炼钢工艺流程优化 260
　　——星环信息科技（上海）股份有限公司

案例 25 "快搜"打通全域工业数据链服务，深挖数据价值 265
　　——中云开源数据技术（上海）有限公司

案例 26 数据和模型驱动钢制品物流计划动态优化和实时配置 271
　　——上海宝信软件股份有限公司

案例 27 助高端制造企业打造数字化工厂，实现业务流程闭环管理 275
　　——格创东智（上海）工业智能科技有限公司

案例 28 构建可视化乐高型智造云平台，助力多行业工厂智能转型 282
　　——上海七通智能科技股份有限公司

第三篇　生态建设篇

案例 1 打造长三角 G60 工业互联网创新体验中心 290
　　——上海临港松江科技城投资发展有限公司

案例 2 大数据平台及辅助决策系统推动园区智能化运营和服务 296
　　——上海化学工业区

案例 3　打造具有全球影响力的"东方智造城"，构建"5G+工业互联网"
　　　　标杆园区 301
　　　　——金桥 5G 产业生态园

案例 4　构建上海市工业互联网研发与转化功能型平台 306
　　　　——工业互联网创新中心（上海）有限公司

案例 5　建设工业互联网国家质检中心，助力行业高质量发展 312
　　　　——上海电器科学研究所（集团）有限公司

案例 6　长三角企业数字化转型公共服务平台 317
　　　　——上海质量管理科学研究院

案例 7　持续建设工赋开发者社区，坚持以工业知识驱动 324
　　　　——工业互联网创新中心（上海）有限公司
　　　　　　上海积梦智能科技有限公司

▶ 第一篇

场景应用篇

工业互联网赋能各行各业数字化转型的效能逐渐凸显，应用场景建设加速，应用范围和深度不断扩展，助力工业企业提质增效，推动产业转型升级。本篇汇聚航天航空、汽车、化工、船舶、服装纺织、食品等行业具有特色和带动效应的应用场景，瞄准工业互联网"新六化"模式（数字化管理、平台化设计、智能化制造、网络化协同、个性化定制、服务化延伸）及其他细分或相关的场景应用，体现了数字化与工业化深度融合的价值成效。

案例 1　基于电工装备智慧物联平台，实现电力电缆制造智能化

——国网上海市电力公司

（一）基本情况

国网上海市电力公司（以下简称"上海电力"）隶属于国家电网公司（以下简称"国家电网"），负责上海地区电力输、配、售、服务业，统一调度上海电网，参与制定上海电力、电网发展规划，实施农村电气化等工作。

国家提出"碳达峰、碳中和"的战略目标，国家电网在推动能源清洁低碳转型方面承担着重要责任，面临着由电网向能源互联网转型的重大挑战。上海电力以落实高质量发展为主题，以深化供给侧结构性改革为主线，率先建成了国家电网特色现代智慧供应链体系，实现了采购精益规范、供应精准高效、质量稳定可靠、全链条数据融通、内外部高效协同，提升了产业链、供应链的稳定性和竞争力，加快调整了产业结构，优化了能源结构。

（二）背景需求

电缆的质量与电网安全运行有着紧密的联系。上海某工程 220kV 电缆在敷设后发现质量问题导致总体损失达 2000 万元，其中重新生产电缆的金额高达 1600 多万元，由此产生的相关重复施工、场地占用等损失费用近 300 万元，在给供需双方带来了巨大经济损失的同时，也对电力供应造成了影响。上海电力作为上海地区电网建设的承担方，电缆的采购量在公司物资总体采购量中的占比一直位居前列，电缆有质量缺陷发生问题将直接造成不可估量的经济损失和社会影响。

电缆被喻为国民经济的"神经"和"血管"，是国民经济健康发展的重要配套产业，也是仅次于汽车制造业的第二大机械电工产业。我国电缆产业整体具有较高的生产能力，但当前面临行业集中度低、中低端产品竞争激烈、企业科研投入少的局面，导致电缆质量参差不齐。由于电缆连续生产的特性，生产过程中出现的问题难以实时识别，需要对成品进行检验才能发现问题，公司传统的抽检、监造等电缆生产质量监督方式，无法实现对供应商生产制造过程质量管控的全覆盖，同时电缆类物资订单生产进度可视化及供需实时协同缺乏相关信息系统的支撑，以线下为主的业务模式无法满足供应链高速发展的需求。

（三）案例实施方案

上海电力构建供需双方开放互信的电工装备智慧物联平台-线缆品类管理中心（以下简称"平台"，见图1），打通了供需双方的数据壁垒，构筑了供应链供需协同、数据共生共享的新生态，消除了电缆类物资生命周期管理中生产制造阶段的盲区。目前，基于工业互联网技术的平台已经接入25家电缆供应商、119条生产流水线，连接了供给侧企业的生产系统和需求侧企业的采购系统，能跟踪订单产品的每一道生产工艺，实现了"电缆物联一张网"。

图1 平台首页

1. 技术架构

平台以电工装备制造业数据全网互联共享为核心，利用大数据、边缘计算、物联网和区块链等新技术，实现对电缆供应商物联数据和业务数据的智能感知、协同交互、共享汇聚和分析应用。技术架构（见图2）分为展示层、业务层、公共服务层和数据持久层。

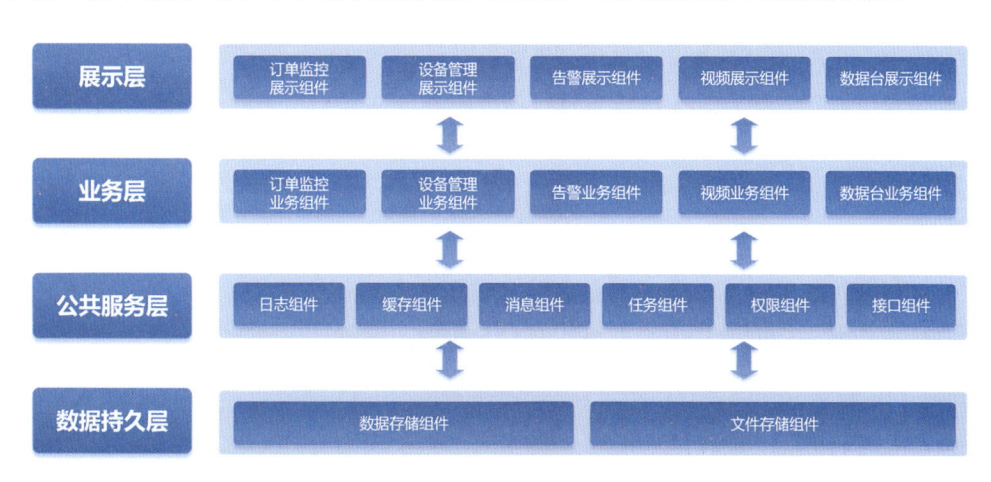

图2 技术架构

2. 功能架构

在具体功能架构（见图3）方面，平台具备数据台、告警中心、监控中心、物联管理四大模块功能。

（1）数据台：包括实时总览、智能监造、同业对标、物联运维、运维日报等功能。

实时总览：用户通过总览实时监控各项数据，包括供应商接入情况统计、质量告警统计、进度告警统计及系统运行情况统计。

智能监造：用户通过智能监造模块可以监控订单及任务统计情况，同时还可以监督问题处理的情况。

同业对标：同业对标模块反映了数据接入的情况对标，同时还可以查看数据质量对标及产品质量对标。

物联运维：对平台接入供应商的情况进行跟踪，包括物联网关情况、接入生产工序完成情况、物联设备接入情况、接入视频摄像头情况等。

运维日报：运维日报模块主要对运维告警进行统计分析。

（2）告警中心：包括质量告警、进度告警、运维告警等功能。

质量告警：跟踪生产过程中各工序的质量数据情况，若数值超出预设上下限则进行质量告警。

进度告警：跟踪订单的进度状态，当订单进度晚于计划进度，如发生发货延期、开工延期等情况时，进行进度告警。

运维告警：跟踪供应商数据的接入情况，当出现相关数据错误、缺失，如业务数据错误、物联数据缺失等情况时，进行运维告警。

（3）监控中心：包括订单监控、成品试验等功能。

订单监控：跟踪每一笔生产订单的情况，可以查询不同订单的状态、物资类别、供应厂商等。

成品试验：追溯每一次成品试验的情况，并可以直接查询试验报告。

（4）物联管理：包括网关汇聚、视频监控、生产装备、技术标准等功能。

网关汇聚：跟踪接入平台各供应厂商的网关情况。

视频监控：供管理人员通过视频实时查看订单的生产情况。

生产装备：对接入平台的生产设备进行统一管理，并采集相关的生产码点数据。

技术标准：平台相关的技术标准要求，包括质量告警的相关要求，如某工序的标准码点及其上下限值。

3. 应用场景

（1）订单监控（见图4）。以项目的采购订单为主线，跟踪产品制造全过程。平台的管理人员可以在该功能下查询所有历史订单的状态及明细，做到订单排产、生产、检测执行轨迹的可视可分析、实时可查询，出现问题时及时解决并进行问题追溯；同时借助平台，监测供给侧的库存信息、生产能力等履约行为，跟踪设备生产饱和度、产品生产周期、供货周期、交货计划与到货进度等供应商产能信息，与供应商在线沟通项目进度计划，调整优化项目到货计划及供应商交货计划，实现项目计划调配和供给侧产能调配的深度可视化双向协同。

图 3 功能架构

图 4 订单监控

（2）智能监造（见图 5）。通过物联网和智能感知技术，实现对项目所需设备在制造和生产过程中的工艺流程、制造质量及设备制造单位的质量体系进行在线监控和监督。在监造过程中，平台的管理人员可实时获取原材料信息和生产、检测及试验设备信息，远程监控生产及检验流程、各设备的排产计划及执行情况，结束了生产状态只能到车间现场跟踪落实的历史，打造出"透明工厂"（见图 6、图 7）。

图 5　智能监造

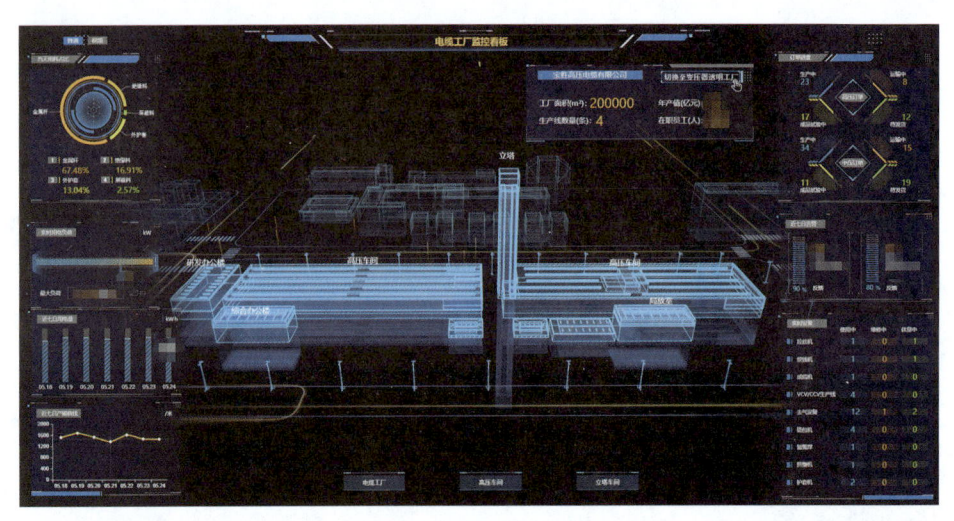

图 6　透明工厂（一）

图 7　透明工厂（二）

（3）问题告警（见图8）。将电缆生产的拉丝、绞线、导体成缆、三层共挤、绝缘线芯去气、缓冲层绕包、金属护套和护套挤塑等工序中采集的数据与平台模型库进行参数对比。当超出作业指导书和工艺规范书中的范围时，平台自动识别异常数据，提示相关的生产人员，实现生产过程实时整改，并同步自动生成工单推送给质量管理人员，从多维度确保问题闭环处理。

图8 问题告警

（4）质量评价。平台采集了电缆产品生产制造各个环节所产生的相关数据，包括生产过程、工艺、生产设备等数据，依靠行业专家设计不同产品质量评价模型，结合大数据技术实现对供应商的工艺质量评价（见图9）及行业水平分析（见图10），并自动生成项目监造质量评价报告，其中包括绝缘偏心度、导体屏蔽层平均厚度、导体屏蔽层最小厚度、绝缘屏蔽层平均厚度、绝缘屏蔽层最小厚度等关键参数指标的样本数、均方差，并通过可视化图表的形式绘制码点图和分布图，便于质量管理人员进行汇总。

图9 工艺质量评价

图 10　行业水平分析

（四）项目实施收益

上海电力通过平台将供给侧和需求侧紧密相连，强化在线质量监督，确保产业链、供应链的稳定和安全，推动电工装备产业向全球价值链中高端迈进。

（1）质量水平全面提升。通过 14 项电缆关键参数全过程监测，平台截至 2021 年 6 月抓取物联数据超过 132 亿 700 万条，合计 4.4 万次异常提醒，产生 1326 条质量告警，质量问题在线消缺率达到 91.2%，电缆品类质量问题同比下降 66%。供应上海电网的高压电缆偏心度目前控制在 2%~4%（国标要求≤8%，国网通用技术要求≤6%），达到国际领先水平。

（2）业务革新降本增效。一是实现了电缆远程智能监造，业务模式由全线下向线上线下协同转变，驻厂监造人力资源投入减少 40%，预计节省费用约 200 万元/年；二是实现了出厂试验的全过程可追溯，预计每年可以节省 100 多万元电缆产品常规抽检费用。

（3）供需协同共享共赢。依托信息贯通，形成了供需匹配"资源池"，为产能、运能、协议匹配等资源统筹调配提供了保障，实现了资源高效利用，保障了电网的供电可靠。

（4）行业评价标准建立。平台归集海量的生产、试验等数据，完成多项物联数据采集标准建设，并积极推动中电联团体标准评审，全面支撑了电缆质量评价体系的建立。

（5）试点复制成效推广。平台已经实现所有电缆品类数据标准的统一，同时国网公司总部参照上海公司的建设基础，目前已经建成线圈、电缆、开关、二次、表计、铁塔等十大品类管理中心，计划 2021 年接入供应商总数量超过 900 家。

专家推荐语

国家电网对建设现代智慧供应链体系高度重视，组织有力，新技术、新理念全面落地应用，建设成果丰硕。一是国家电网现代智慧供应链体系展现了技术成果应用的先进性，重视现代信息技术的应用，实现了业务数据化、电子化、可视化、智能化。二是国家电网现代智慧供应链体系充分体现了内部业务的系统性，将计划、采购、合同、质监、物流、报废等全业务链条都细致地进行了梳理，使其全部能在信息化平台实现，实现了信息共享、高效协同。三是国家电网现代智慧供应链体系突出了外部协同性，与供应商合作推动双方系统互联互通，有力促进了供应链上下游企业的协同整合。

案例 2　航班保障全流程数字化转型，打造高质量发展新格局

——中国东方航空股份有限公司

（一）基本情况

中国东方航空股份有限公司（以下简称"中国东航"）总部位于上海，是中国三大国有骨干航空公司之一，前身可追溯到1957年1月原民航上海管理处成立的第一支飞行中队。中国东航是首家在纽约、中国香港、上海三地挂牌上市的中国航企。中国东航的机队规模达730余架，是全球规模航企中最年轻的机队之一。作为天合联盟成员，中国东航的航线网络通达全球170多个国家和地区的1036个目的地，每年为全球超过1.3亿名旅客提供服务，旅客运输量位列全球前十。

（二）背景需求

改革开放四十多年，中国民航事业取得了巨大成就，中国东航执管的飞机从1978年50架增长至如今超过700架，机坪上的人员、车辆数量及面对的任务也随之大量增加，在数量和规模的双重压力下，传统的纸质单据派工方式和通过电话、对讲机沟通等方式已明显不能满足需求。面对不断扩大的规模和日益提升的安全、效益、精细化管理要求，中国东航于2012到2018年间启动航班保障全流程数字化建设，瞄准机坪生产一线数字化、移动化水平低及指挥决策流程复杂等痛点，以效率和成本为导向，转变了传统的职能型运行指挥模式，构建了面向航班保障业务全流程的机坪资源动态管理体系，打通了集团内各保障单位的数据链，实现了地面服务链全局精细高效协同。

工种多样，航班地面保障亟待变革。"张工，MU5XXX航班要落地了，你赶紧开车去！""这边航班延误了2个小时终于要登机了，赶紧组织摆渡车拉旅客上飞机，现在有哪个师傅在休息区？"拿着对讲机，在没有窗户的航站楼底楼房间内指挥调度，是一线班组长在数字化变革之前的常态。随着航班、任务剧增，这种非数字化指挥模式也引发不少差错。变革前，地面保障业务按相互独立的纵向条块化模式运行，各工种实施垂直管理。航班起降高峰时，指挥间里对讲机的声音此起彼伏，工种调度员一边给生产人员打电话派任务，一边与其他部门协调进度，同时还要向上级管控汇报实况，处理如雪片般"漫天飞舞"的调度工单，每个人都恨不得自己是哪吒有"三头六臂"。

以中国东航的基地机场——浦东机场为例，节假日期间仅东航一家公司，每日就要保障航班起落超过600架次，共涉及外场员工（不在航站楼内的地面服务工作人员）3000人以上，

涉及工种超过 20 个、车辆超过 1400 台。

航空公司是低利润率产业，靠"增人提效"的方法已难以应对逐年增长的成本压力，如何利用互联网思维与 IT 手段重塑流程体系，整合全局数据链与业务链，协同破解传统模式的效率困局，成为中国东航面前一个必须解决的挑战课题。

原有"金字塔"式的机坪指挥调度体系如图 1 所示。

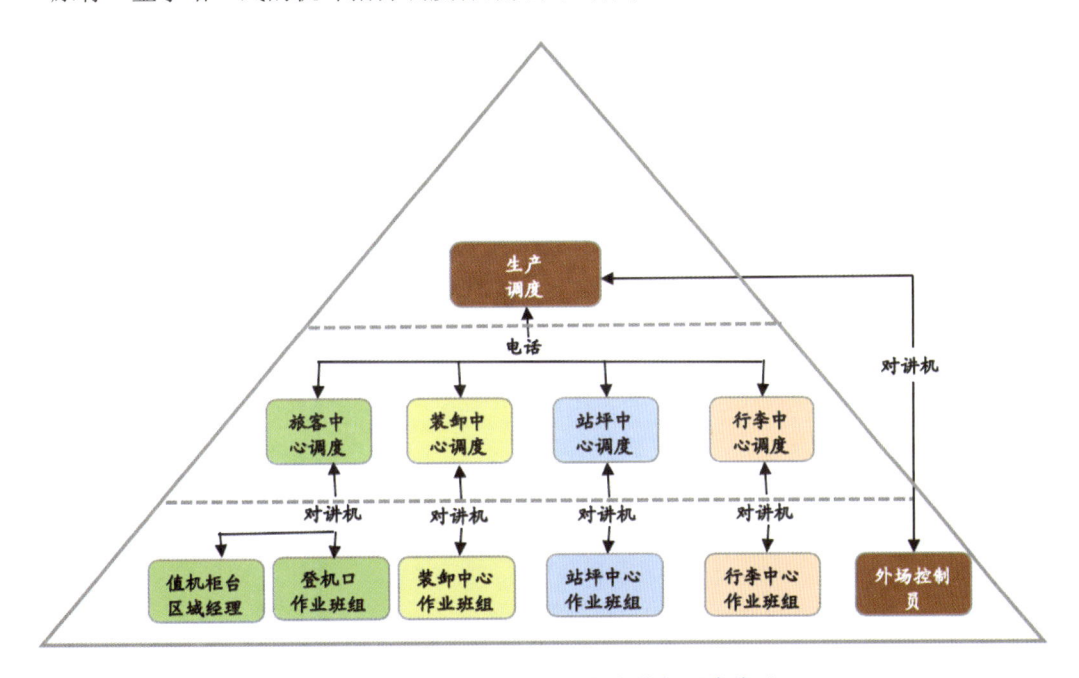

图 1　原有"金字塔"式的机坪指挥调度体系

（三）案例实施方案

流程重塑，新技术应用变革业务模式。

"先立乎其大者，则其小者不能夺也。"中国东航采用"流程梳理优先、场景画像明确、核心能力构建"三步走战略，找准基础数据数字化、排班派工智能化、生产执行移动化、管控调度可视化、协同沟通群组化五个破局点，实施航班保障业务向流程化、集群化、生态化管控模式的转型。

首先，梳理航班服务保障流程，构建航班保障业务全流程的业务架构体系。结合保障标准及监控需求，中国东航优化并重新数字化定义了航班从落地到出港的全流程，包含装卸、配餐、加油、登机、放行推出等 31 个关键节点（见图 2），建立了航班保障业务的全流程闭环管控体系。

其次，明确管控场景画像，探索数字孪生可视化监控（见图 3）。一方面，针对人（员工）、机（飞机）、料（车辆、设备）构建东航物联网平台，实施实时定位与感知，建立机坪保障对象、资源的动态数字画像；另一方面，依托移动应用，对航班关键节点建立动态反馈机制，实现对航班任务的动态画像；同时，整合集成中国东航内外部相关保障单位运行的数据，在机坪建立跨单位的系统生态和生产数据链，提供航站、区域、工种等多维度机坪运行监控画像，实现"每个环节有跟踪，每个行为有记录"的运行全景可视化。

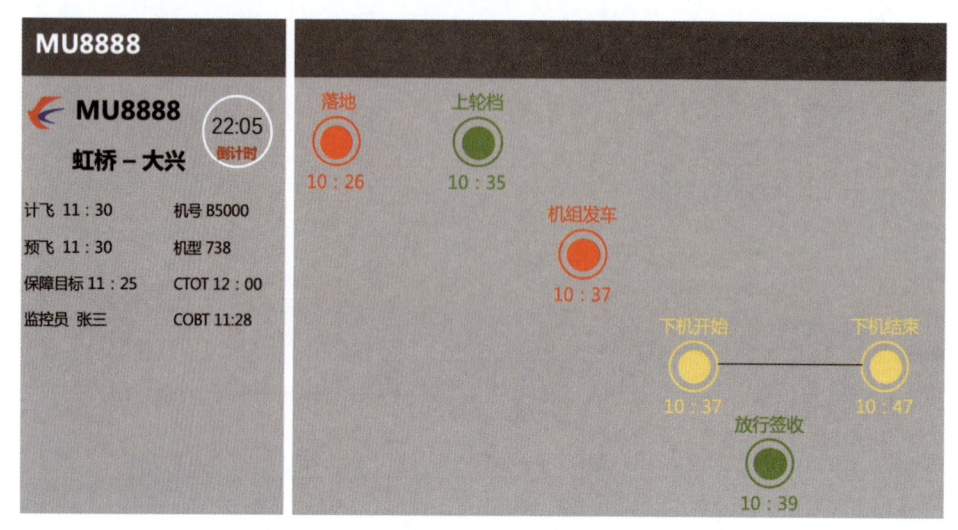

图 2　航班关键节点管控示意图（部分）

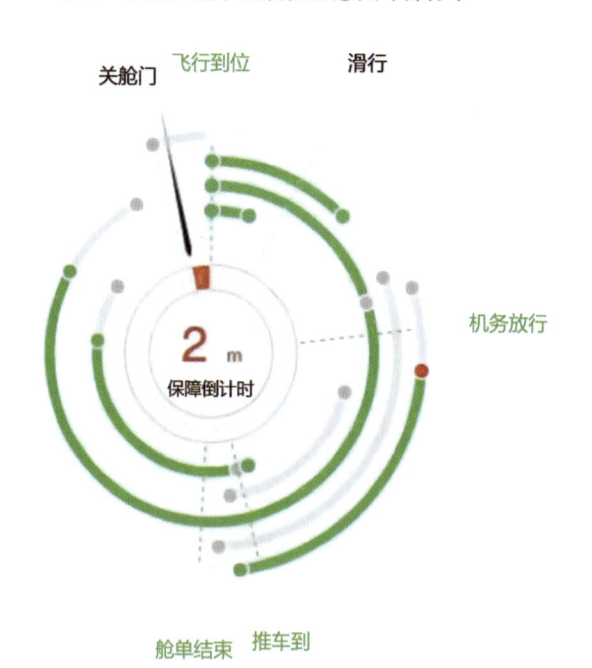

图 3　航班保障环示意图

最后，打造智能排班派工与实时群组沟通两大核心能力。中国东航通过对保障人员资质的组合优化，提升不同工种人员任务的互通性，配套实施集中排班和指派，借助运筹优化算法实现了人员的集约化利用。同时，中国东航研发了民航业内首创的东航 MUC 即时通信软件，与各工种航班保障人员的排班信息实时联动，实现以航班为基本单元的自动化组群，将航班涉及的管控人员、各节点保障人员集中在一个群组，实现了动态实时沟通和生产信息传递，打通了不同部门、工种间的条线阻隔，利用互联网化技术手段保障了高效沟通，具体如图 4 所示。

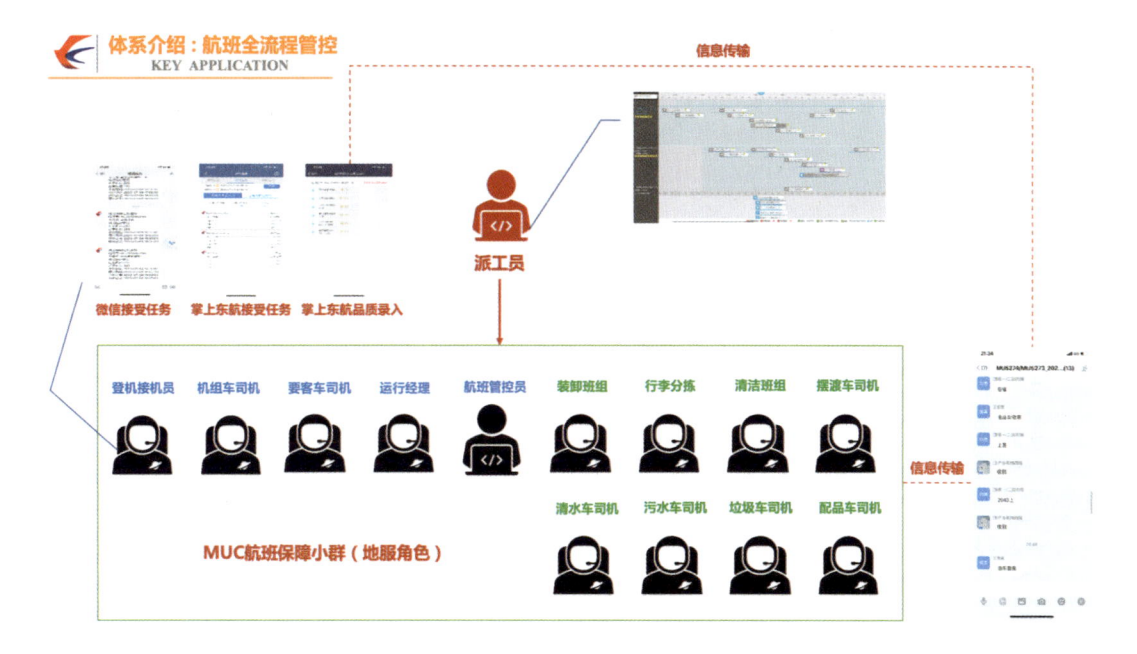

图 4　项目实施后的航班保障流程示意图

（四）项目实施收益

1．数据说话，依托算法打造智能运行

数据就是生产力，地面保障各系统每天会产生海量数据，即使在因为疫情航班量锐减的 2020 年，排班与派工所涉及的数据也超过了 2500 万条。结合历史排班和资源投放，借助大数据挖掘分析，中国东航实现了资源投放测算和班组排班班制优化两类智能化应用场景，地面服务关键岗位流失人数下降了 33.56%，部分工种实现了由"做一休一"到"做二休一"的巨大转变，工时利用率与区域航班覆盖率均较过去有了明显提升。

中国东航机坪运行数字化转型项目以资源管控精细化与保障运行可视化为主要目标，已建成资源预测、排班考勤、派工反馈、报表分析、航班管控、机坪监控与 MUC 组群等功能体系，并在中国东航所有枢纽站点投入使用。据统计，项目实施当月，中国东航上海两场（虹桥、浦东）出港航班 5723 架次，正常率 96.21%，比全民航的正常率高 1.8%，比上海机场航班放行准点率高 1.08%，由于内部原因延误航班同期减少 1.1%，抓回边缘延误航班 256 架次。截至 2019 年年底，中国东航上海两场年人均保障架次提升了 4.1%，年人均保障旅客人数提升了 8.3%，月工时投放率提升了 1%，获得了地面服务的能力优势。

从自动排班上看，中国东航机坪数字化转型项目支持固定班制、灵活班制、周期排班三大排班班制，包含班制约束、时长限制、排班占比、班头限制、到岗时间约束等九大类参数规则，尤其针对地服多、工种多的复杂业务场景进行了算法调校和优化，实现了工作量及资源覆盖曲线与其他关键 KPI 指标的对比，并支持一键排班发布。

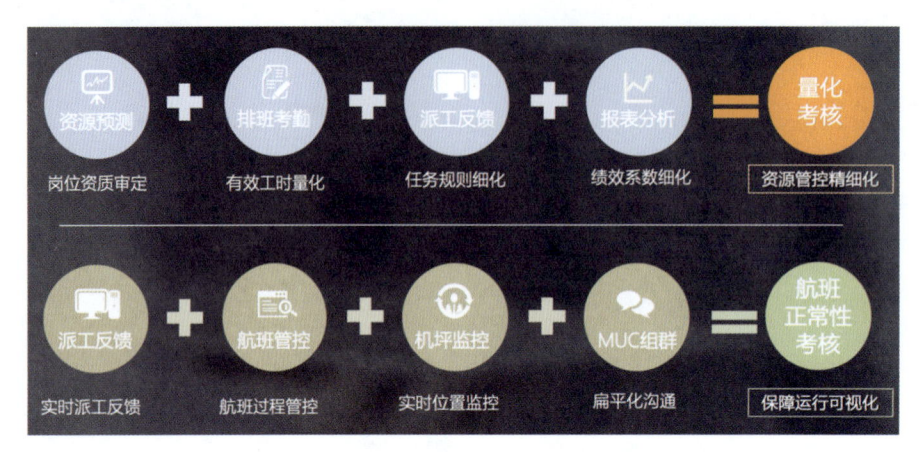

图 5 项目主要功能

在自动派工方面，中国东航机坪数字化转型项目以 31 个关键节点为细化管控标准，根据场站实际运行情况自定义目标保障时间，对关键环节的执行情况实现实时精准监控、及时干预、过程管控可视化、问题定位透明化。系统支持任务覆盖率、任务间隔时间、人员利用率、任务重叠时间、算法优化率等 12 类限制参数输入，确保派工算法能充分满足覆盖率优先、就近、"一人一机"等不同场景的需求。

2. 多方联动，整体决策"翔"往美好未来

"交得其道，千里同好。"下一步，中国东航将进一步拓宽与空管部门、运输机场等相关方的交流合作，打通底层数据，在基于实时空中、场面交通及保障动态的航班进出港优化决策上下功夫，进一步完善项目的功能可用性。扩大覆盖范围，提高管理精细度，实现实时在线调度，优化资源决策与任务执行辅助分析。

在项目实践中，中国东航形成了一套以解决问题为需求牵引的根本出发点，以快速响应、快速迭代为项目实施的具体方法，以互联网化和数字化为实施手段，以多方联动为推进策略的工作方法，实用性强、好评率高、切合生产实际的系统体系，助力企业高质量发展。从行业发展角度来说，该项目也为民航有关各方提供了新时代运用数字化技术解决改革发展问题的可复制、可推广的"东航方案"。

媒体推荐语

多年来，中国东航通过持续高强度发力信息化，建立了能够监控航班保障业务全流程的航班品质监控平台，在各个业务部门开发了一大批专业的业务软件、排班软件。MUC 的正式全面启用助力了这些信息化建设成果，突破了原来的部门乃至空间界限，实现了深度融合、互联互通。

——人民日报客户端，2020 年 5 月 27 日

案例 3　搭建智能制造中台驱动 C2M 大规模个性化定制

——威马汽车科技集团有限公司

（一）基本情况

威马汽车科技集团有限公司（以下简称"威马汽车"）成立于 2015 年，公司名字取自德语"世界冠军"（Weltmeister），是国内新兴的新能源汽车产品及出行方案提供商。威马汽车目前已经有温州和黄冈两家智能制造基地。基于对汽车行业发展趋势的深入洞察，威马汽车成立之初就坚定地选择了 C2M 大规模个性化定制模式，并实现了 C2M 的真正落地，现已成为拥有一体化智能数据应用平台和基于工业 4.0 标准建造的工业互联 C2M 数字化工厂，在国内造车新势力中率先完成了智能汽车量产交付，是实现数据驱动业务、基于软硬件和大数据的生态服务持续优化车辆驾乘和全生命周期体验的科技创新企业。

（二）背景需求

汽车行业迈向智能制造新模式——"从工厂到用户"的传统生产思维，转为"以用户需求为驱动"的个性化生产。

1. 汽车行业智能制造新模式转型

当今汽车市场已成为买方市场，客户多样化、个性化的需求越来越突出，汽车生产企业单纯依靠固定产品很难在市场上立足。在新的市场环境下，传统汽车生产企业面临巨大挑战，即"满足客户个性化需求"与"有成本优势的快速交付"之间的矛盾，简述如下。

（1）传统商业模式下，绝大部分汽车生产企业基于大规模批量生产模式组织生产汽车，由经销商销售（B2B 模式），汽车生产企业和客户之间没有直接沟通的渠道。由于汽车生产企业不能及时、准确地获取客户需求，导致市场反应慢、产品设计研发滞后、客户满意度不高、车辆库存高、流动资金占用量大等。

（2）一少部分以劳斯莱斯、宾利、法拉利、保时捷为代表的豪华车汽车生产企业，采取直接面向客户按单生产模式。按单生产模式生产批量小，企业成本难以控制，同时订单交付周期长，价格昂贵，普通客户无法承受。

因此，企业需要颠覆"从工厂到用户"的传统生产思维，转为"以用户需求为驱动"的个性化生产，最大限度地满足客户个性化和多样化的需求。个性化定制服务将是品牌面向未来，长期保持和增强自身竞争力的战略选择。

威马汽车作为国内新能源汽车的领军企业，成立之初就瞄准 C2M 大规模个性化定制模式（见图 1）。在销售端（C 端），有别于传统汽车 4S 店经销网络和以直营门店为主的零售网络，威马汽车打造了"线上+线下"双驱的数字化门店生态链体系，打造了数字化智慧门店，通过门店智能化硬件和软件及客户大数据应用平台，实现了客户从进店开始全程的数字化，同时通过自建线上营销平台创新性地实现了"直达客户"的新零售模式。

在制造端（M 端），公司组建了由国内诸多运筹学学者、大数据专家、汽车行业专家，以及德国工业 4.0 专家组成的技术攻关小组，通过大数据分析方法结合实际业务场景，建设了智能制造中台，其核心本质是通过人工智能解决客户个性化需求和企业大规模批量生产之间的矛盾，应用人工智能对超过几十万种组合配置的个性化选配订单进行实时备料排产，并对整个车辆 OTD（Order To Delivery）过程进行全程监控预警，最终快速交付至终端用户。威马汽车是国内新能源车企中率先实现工业互联网下 C2M 大规模个性化定制模式的车企之一。

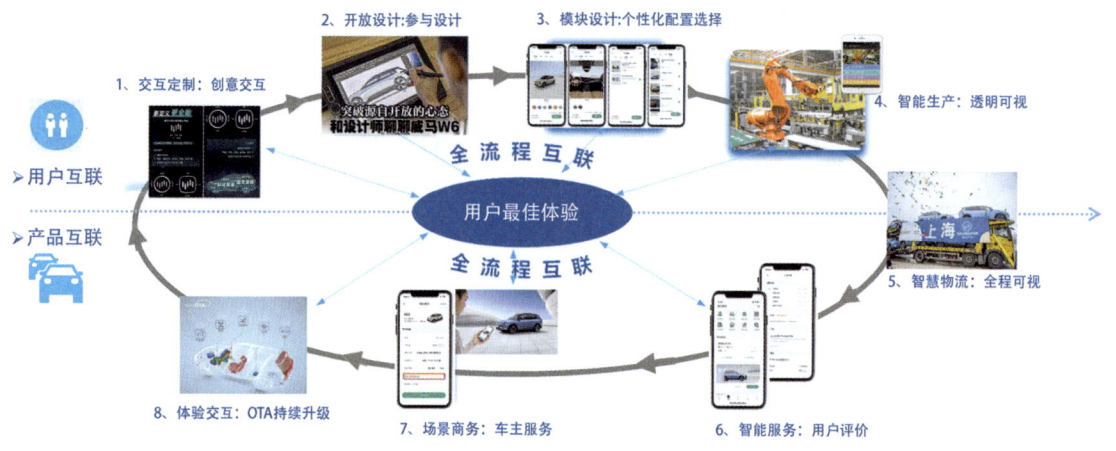

图 1　汽车行业 C2M 大规模定制化模式

2. 智能制造中台的定位和目标

威马汽车智能制造中台（见图 2）衔接销售端与制造端两大核心部门，与 DMS、ERP、MES、BOM 等系统紧密集成。其以客户需求为导向，以消灭一切浪费、精益生产为核心，以建立一个对市场变化快速反应的生产经营管理体系为目标，实现了客户在电商平台下单，企业即可根据客户的个性化定制需求，快速安排生产，同时将 OTD 控制在行业领先水平，实现了企业的多配置、低成本、高客户满意度的目标。

智能制造中台的具体目标如下。

（1）智能制造中台是威马汽车 C2M 大规模个性化定制模式的核心应用系统，实时连接销售端和制制造端，进行订单排产。

（2）基于大数据算法进行建模及深度学习的迭代进化，实时反馈订单交期及 OTD 闭环跟踪。

(3）无缝集成销售预测需求和制造端的供应链状态，削峰填谷，科学备料。

(4）协同产销信息、降低制造成本、缩短交付时间、减少企业库存、使 OTD 过程透明化。

图 2　威马汽车智能制造中台

（三）案例实施方案

1. 智能制造中台的特点和主要功能

智能制造中台利用大数据的 3V 特点——Volume（数量大）、Velocity（速度快）、Variety（种类多），通过销售公司收集和提供的海量销量预测数据，结合科学算法分析，合理配备零部件库存，接收销售公司下达的周计划，运用系统内置的排产算法，进行周计划的排产；接收经销商的订单后，完全匹配、相似度替换周计划，或在线预配；同时达到缩短交货周期、提供给力价格、支持个性化配置的目的。智能制造中台主要包括以下核心功能模块：

（1）订单实时匹配、实时排产、实时反馈；

（2）周计划排产，生产滚动计划；

（3）按选装件预测模型，打散成单车；

（4）车辆 OTD 全程监控预警。

2. 智能制造中台的核心算法

智能制造中台的核心算法是人工智能技术领域中一种基于机器学习的计划排程优化算法。通常技术算法参数调优往往比较复杂，需要人为地一个一个调优，是一件比较费时费力的事情；并且，想要得到使模型效果较好的算法参数值，需要理解机器学习的内部原理，知道每个算法参数的含义、影响范围及算法参数之间的相互影响关系等，这个过程也需要耗费大量时间，同时对技术人员的实力提出了很高的要求，从而减缓了机器向智能化方向发展的速度。为此，威马汽车在设计之初提出了一种具有人工智能机器学习能力的计划排程优化算法（见图 3），利用人工智能和机器学习极大增强了智能制造中台在以下业务场景中发挥出的效果，包括订单交期实时计算、订单和预测计划的智能排产、人工智能需求预测、供应商断点预判、自动化解决问题、模型参数化调优等。智能制造中台上线两年中，获得了良好的使用效果。

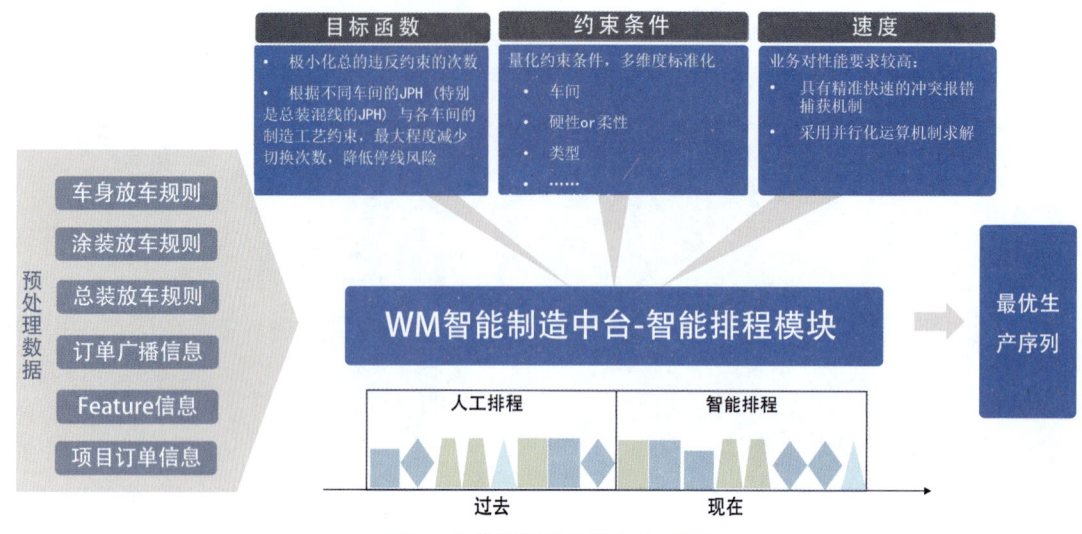

图 3 智能排程系统约束和求解

（1）订单交期实时计算模型。

订单的交期计算涉及的参数有排产时间、制造周期、发运周期及业务部分定义的交付余量。制造周期、发运周期及业务部分定义的交付余量是常量，智能制造中台需要计算的是排产时间。系统接收到订单后，实时触发经销商订单预排产计算，系统先匹配周计划，如配置完全相同，则将周计划分配给该订单，如匹配失败，则在考虑日历班次限制、物料限制、工艺限制等限制条件的基础上，对订单进行相似度替换，将周计划配置替换成订单的配置，如替换失败，则系统进行在线预配，并实时反馈预排产下线日期及订单替换关系到销售端。

（2）订单和预测计划扣减模型。

威马汽车在新能源汽车行业首创的销售预测打散和组装模式，需要智能制造中台将基于大数据的车辆需求预测打散成零部件需求预测，然后通过订单消耗预测模型自动扣减已经排产订单的物料预测需求。在经过打散和扣减后，智能制造中台再将剩余预测计划物料根据海量的历史订单数据结合人工智能技术进行畅销车型组装，然后提供给供应商制订中长期物料需求计划。该模型通过自我学习及持续迭代，从最初的订单消耗预测扣减成功率不足 80% 提升到目前的接近 100%，为产供销协同提供了有效的决策支持。

（3）智能排产算法。

智能制造中台创新性地将主生产计划、物料需求计划、能力需求计划集成到一个模型中，在综合考虑物料情况与产线情况的基础上安排了预测计划的排产，能快速匹配预测计划与实际排产计划，同时提出了不能够匹配的订单的排产策略。

整车制造主要有 3 种订单交付策略：BTS（按库存生产）；LTO（按订单交付）；BTO（按订单生产）。"C2M+LTO" 排产模式如图 4 所示。

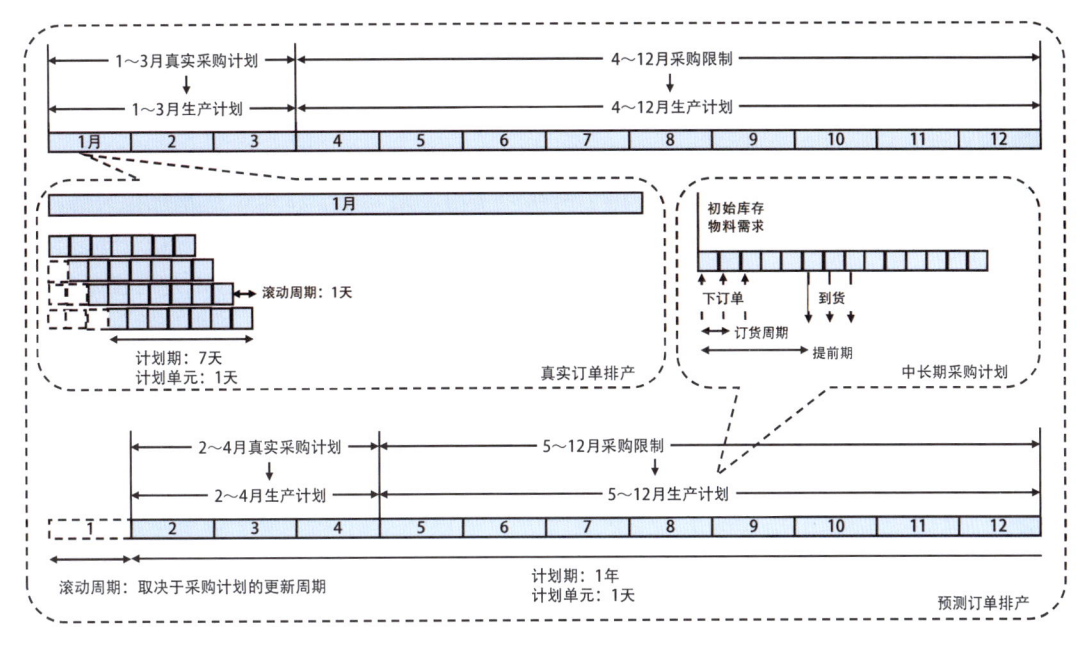

图 4　C2M+LTO 排产模式

（四）项目实施收益

威马汽车智能制造中台实现了工业互联网价值落地。

威马汽车智能制造中台上线后，使按单生产模式能够平稳推进，减少了大量成品库存积压，提高了客户满意度，极大程度上为企业带来了可观的经济效益，提高了效率与准确度。系统实施的相关效益指标具体如下。

（1）提高订单的按期履约率：综合考虑资源统一优化配置，客户订单交期承诺实时计算，排产交期反馈最快为 6 秒/台车。

（2）缩短制造交期：优化制造流程的资源配置，整车制造关键节点实时监控预警，最快 OTD 时间为 36 小时。

（3）降低整车库存：客户订单线上寻源实时匹配，减少整车库存 11 000 余台。

（4）提升资源利用率：智能算法持续进化，订单消耗预测计划实现准确扣减，实现科学精准备料，降低原材料库存。

综上所述，威马汽车智能制造中台的上线部署，经过业务验证达到甚至超过了系统设计需求，是工业互联网的典型应用。

专家推荐语

威马汽车积极探索工业互联网领域，以客户需求为导向，应用"互联网+先进制造技术"，打造贯穿全业务链的工业大数据平台，创新基于大数据的 C2M 大规模个性化定制模式，实现了用户与汽车生产企业的直面对接，去掉了高耗的中间流通环节，在保证生产规模的基础上，满足了客户的个性化需求，对于企业提升创新能力、提高产品品质、加强产品个性化定制具有巨大的推动作用，有效提升了品牌溢价能力。威马汽车基于大数据的 C2M 大规模个性化定制模式已成为汽车行业，尤其是新能源汽车行业的对标模板，正在开创汽车行业产销两端互动的创新型商业模式，将推动产业链上下游资源的优化配置与互补调剂，带动新旧动能和生产体系的转换，推进供给侧结构性改革。

案例 4　依托工业互联网平台探索空间电源产品创新应用新模式

——上海空间电源研究所

（一）基本情况

上海空间电源研究所是国家国防科技工业局核定的国家空间能源专业核心保军单位，国内主要空间电源系统抓总单位，主要承担载人航天、探月工程、北斗导航等应用卫星和运载火箭、临近空间电源系统及其关键单机产品的研究、设计、制造和试验任务。

作为空间电源领域的领军者，上海空间电源研究所积极探索空间电源产品创新应用新模式，推动数字化转型赋能高质量发展，依托工业互联网平台服务于长三角地区的中小型企业，优化产业资源配置，提升产业质量和效率，打造产业新生态，推动长三角地区电源产业高质量一体化发展，同时在总体规划、技术架构、业务模式、集成模型等方面为其他工程行业转型升级提供了一个很好的范式，也为我国的装备制造业由生产型向服务型转型提供了新思路。

（二）背景需求

目前，卫星系统、智能电网存在着控制复杂度高，质量一致性、产能要求高，储能系统规模大，协调控制、智能维护、健康预测等智能化程度要求高等情况。同时，根据现有资源基础尚未形成电源系统产品标准化在线检验检测能力、产品故障诊断与健康状态预测体系，以及电源产品上下游配套的高效协同能力。

针对新形势下制造竞争力下降、设备运维成本高、售后服务要求高等问题，上海空间电源研究所依托工业互联网平台，开展基于人工智能、大数据、边缘计算等技术的产品模型构建与数据分析，打造设备预测性维护、装备能效优化、产品衍生服务等服务新模式。该模式解决了传统电源行业检验检测业务、在役服务、产业链协同等竞争力不足、设备运维成本高、售后服务要求高、发展滞后等问题；另外，该模式对电源产品进行在线数据处理，统一管理，实现远程监控、故障诊断、故障预测等运维服务，挖掘历史状态数据，同时结合实时在线数据，通过机理模型对功能模块进行计算，评估和实时追踪电源组件的健康程度，预测电源系统的健康情况，提升设备运维效率和产品服务价值。

（三）案例实施方案

1. 方案概述

上海空间电源研究所主要搭建电源产品互联网络与服务平台，开展基于数字孪生、人工智能、区块链等技术的产品模型构建与数据分析，打造设备预测性维护、装备能效优化、产品衍生服务等服务新模式。

信息化平台建设提升了产品检测能力，并增加了故障预警、在线评价等功能，打造了电源产品检测新模式，在起到电源产品检测行业示范的同时，带领国内电源企业共同发展；建立了电源产品全周期寿命退化及加固、在线健康状态评估、检验过程品控、技术优化等功能模型，提升了服务能力。

项目形成的检测能力、服务平台对行业企业建立基于工业互联网的制造新模式具有指导作用。依托项目形成的检验检测服务、供应链协同管理、企业上下游融合服务已全面应用，有效推动了行业资源的整合和利用。项目的实施对推动产业数字化转型赋能高质量发展具有重要意义和价值，也为我国的装备制造业由生产型向服务型转型提供了新思路。

2. 架构设计

平台主要提供电源在线检验检测服务，通过电源大数据系统，构建数据模型，通过设备升级改造、数据自动采集、边缘智能处理，实现电源检验检测数据管理和挖掘应用；依托电源产品在线运维平台提供在线数据处理、存储、分析、故障预测、健康状态评估等服务；通过供应链协同管理、产学研用项目，建设公共服务平台，打造电源产业链创新服务新能力。平台架构图如图1所示。

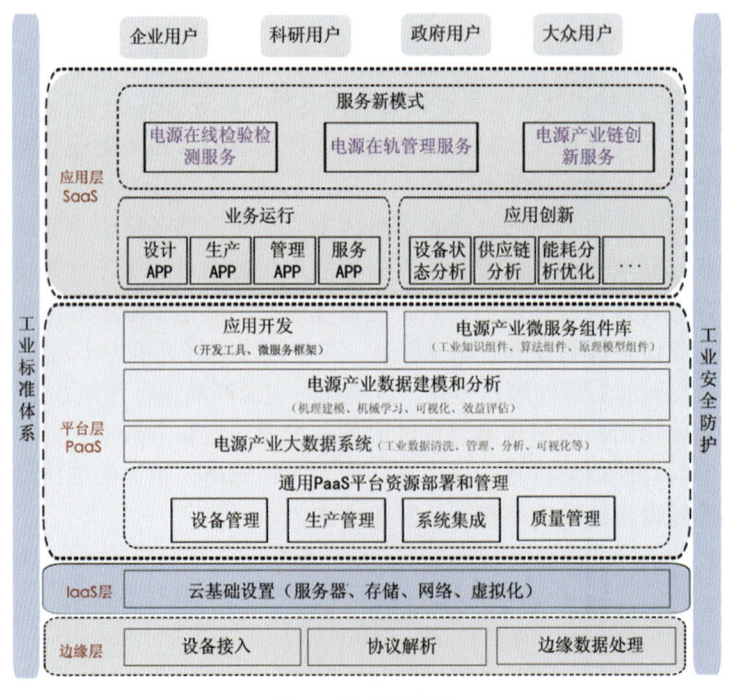

图 1　平台架构图

3．项目实施场景

电源在线检验检测服务（见图2）：通过数据分析平台建设，采集大量、多样化的电源产品相关数据，并利用大数据技术，将这些数据进行分析和处理，对多项电源特性进行建模，为检验检测服务提供数据支持，提升检验检测效率；同时，通过检验检测技术的优化，提升平台的检验检测服务能力。

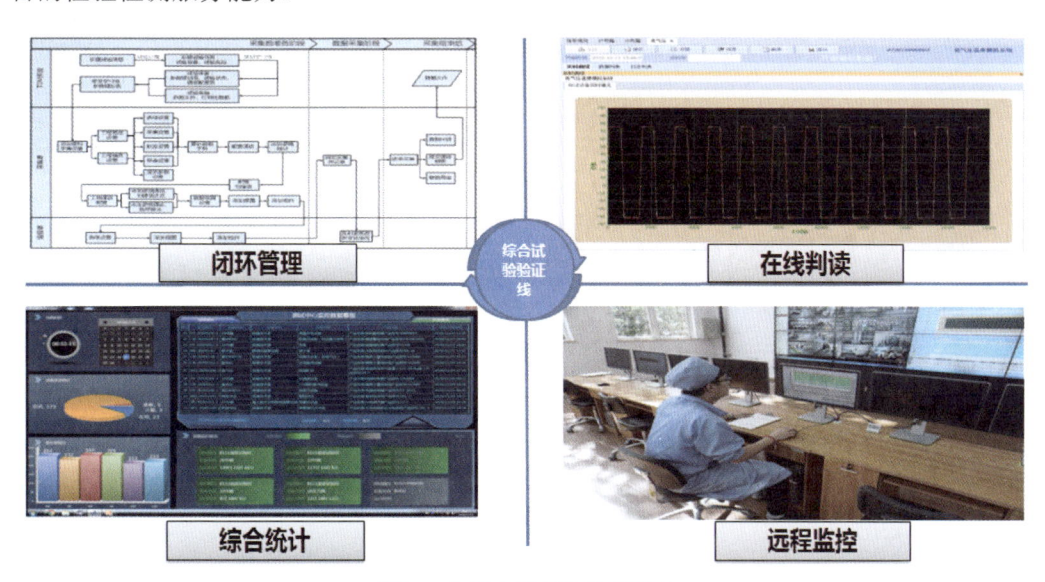

图 2　电源在线检验检测服务

电源在轨管理服务（见图3）：围绕人工智能与电源产品运行维护的深度融合，打造具有电源系统特色的在线数据管理平台服务能力；通过统一管理所有在线数据，建设符合电源产品需要的远程运维体系；基于电源产品在线数据，使用数据预处理功能得到算法软件所需的数据格式，并通过算法软件中各个功能模块的计算，对电源产品的健康状态进行完整评估，最终输出评估结果。

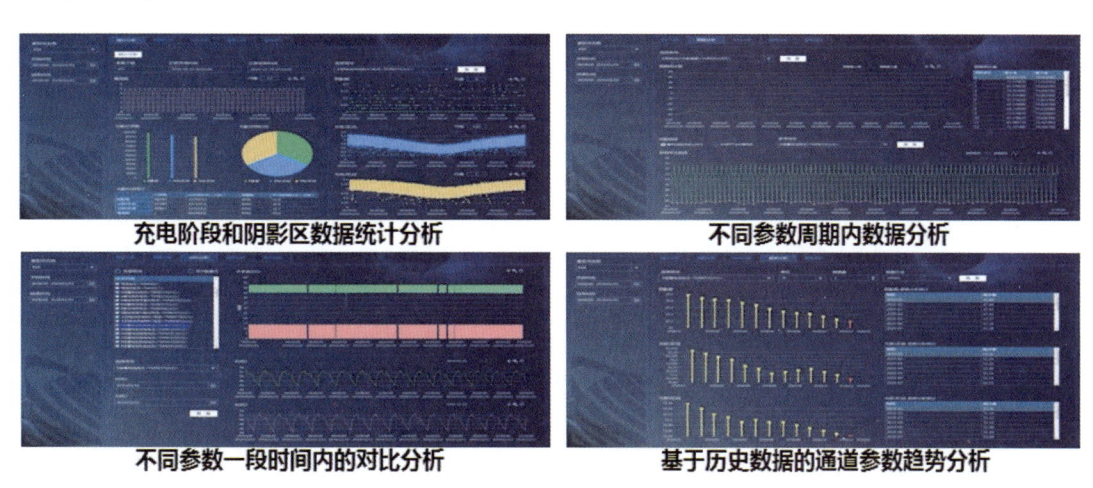

图 3　电源在轨管理服务

电源产业链创新服务（见图 4）：提供覆盖"探索—预研—研制—生产模式"电源领域的产品解决方案；满足各类用户不同应用场景的使用需求，实现供应链产业上下游管理，管理供应商超过 500 家，全面提高采购效率和供应商管理能力；发布源创基金项目，促进产学研用模式创新，加强领域内前沿技术的交流，推动电源技术快速发展，发布产品近 28 种，打造电源产业链创新服务新能力。

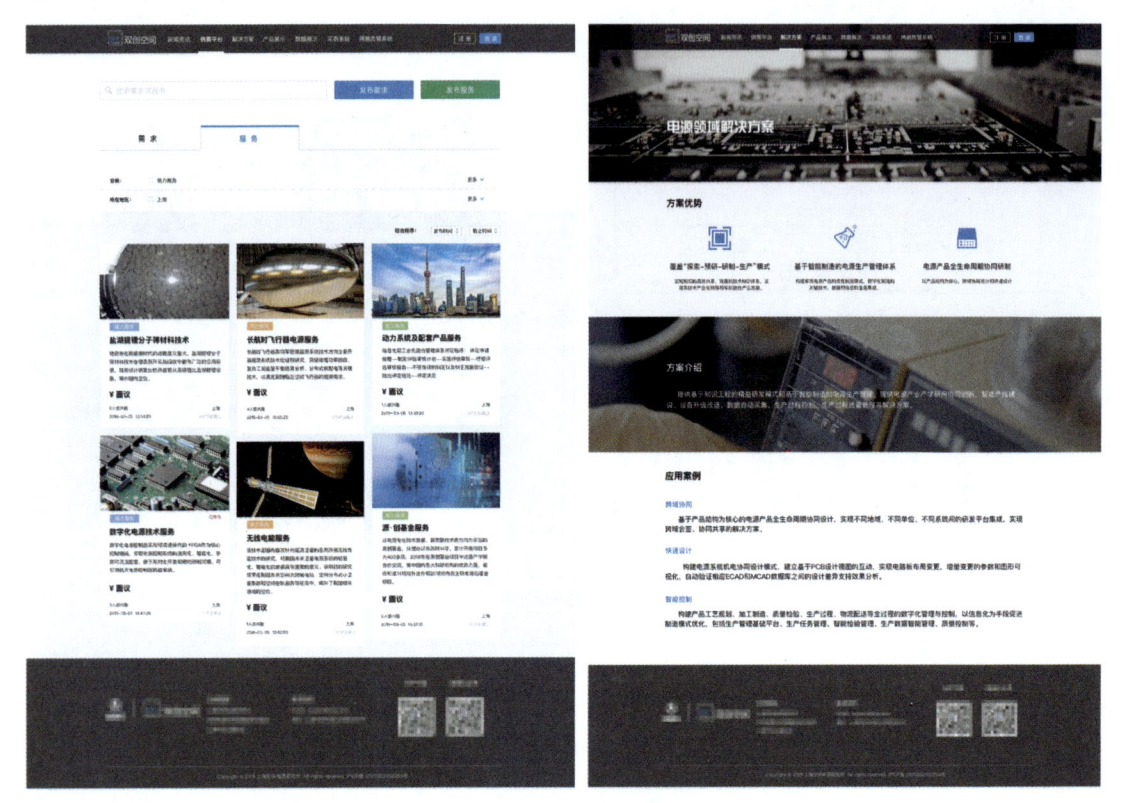

图 4　电源产业链创新服务

（四）项目实施收益

项目通过建设在轨运维体系，构建电源系统健康状态评估体系，以及在轨数据收集、处理、利用、分析等全生命周期管控，建立完善检测中心，提升电池及系统的检测服务水平，从而推动了企业创新能力的提高和转型发展。项目实施以来，检测中心实现了检测资源的优化配置，横向市场收入超过 4400 万元，"实施电源产品测试试验数字化管理模式的实践应用"项目获得 2019 年全国质量标杆。

项目通过梳理优化、变更岗位和流程职责，改进流程变更后的运作机制，确保业务流程高效运作，包括提高检验和在轨维护效率，提升数据挖掘分析价值，改变原有工作模式，确保业务流程规范性，提高整体工作时效性，实现了在线检验检测服务、供应链协同管理、企业上下游融合服务的全面应用，有效推动了行业资源的整合和利用。

项目发挥平台创业孵化服务能力，为电源产业培育各个层次的人才队伍，提升了队伍素质，为创业提供了信息与资源；发挥平台创新服务模式，优化产业资源配置，提升了产业质量和效率，推动长三角地区乃至全国电源产业及相关行业高质量一体化发展，打造了产业新生态，也为我国的装备制造业由生产型向服务型转型提供了新思路；推进了制造业实体经济与数字经济的融合。

专家推荐语

本案例是电源产品检测方面的典型案例，上海空间电源研究所依托工业互联网平台，解决了电源行业竞争力不足、设备运维成本高、售后服务要求高、发展滞后等问题，并为发展提供了可借鉴的商业推广模式。本案例基于工业互联网在线检测的典型应用，依托数字建模和大数据分析实现了电源产品的预测性维护，可成为标准化机电产品在质量提升和远程售后服务方面的推广案例。

案例 5　云边端协同，打造火箭发动机智能化设计仿真平台

——上海新力动力设备研究所

（一）基本情况

上海新力动力设备研究所隶属于中国航天科技集团公司第八研究院，主要从事战术导弹固体发动机的研制、开发与批量生产，是集固体火箭发动机、特种发动机设计、研制、试验和批量生产于一体的专业所。上海本部承担发动机总体设计，组件结构设计，金属、非金属件加工及零组件配套工作；湖州基地承担发动机推进剂、绝热层、包覆层配方设计，发动机装药，发动机总装和静止试验工作。经过几十年的发展，上海新力动力设备研究所具备了中小型固体火箭发动机研发和批量生产的能力，是国内门类最多、交付数量最多的专业单位。

（二）背景需求

随着研制任务的增多，产品设计要求的不断提高，固体火箭发动机的产品复杂度也越来越高，对产品的整体性能、开发进度、研制过程和成本的控制也变得越来越困难，这些都严重制约了自主设计和创新设计能力的提高，因此迫切需要一种先进的、符合目前型号研制任务的、可应用于产品研发生命周期过程的智能化设计仿真平台，解决研制过程中的协同优化设计、装药性能预测、推进性能精准仿真等问题，形成以数字化描述固体火箭发动机结构特性、功能特性及性能特性的数字样机技术为核心的先进设计方法。

1. 设计仿真协同方面存在的问题

目前，上海新力动力设备研究所虽然具备了一定的仿真基础，但由于国外的技术垄断，难以获得先进的发动机设计仿真手段，缺失发动机系统级的设计仿真软件工具，面临固体火箭发动机仿真精度不高、设计精准度低的难题，导致固体火箭发动机的设计验证主要还是依靠大量试验，特别是在复杂飞行工况下，研制周期和成本居高不下。

目前，仿真能力更多地用于单点专业仿真，多学科间的仿真协同能力不足，以及仿真与设计间的协同链路不通畅，缺乏有效的流程引擎工具驱动仿真与设计间的数据快速传递。

2. 设计仿真协同需求分析与必要性

固体火箭发动机的工作过程涉及推进剂燃烧、非稳态多相流动、高热流密度传热传质及烧蚀等物理、化学强耦合问题，多场耦合作用机理复杂。现有固体火箭发动机中的仿真模型和算法缺乏对历史、实时数据的充分利用，而且通过历史数据对仿真模型和算法进行迭代优化

的机制尚未建立。因此，算法模型不具备自更新、自完善的能力。建立基于云边端协同模式下的火箭发动机智能化设计仿真平台，能够驱动仿真与设计间的参数高效传递，实现在云端进行算法和模型的调优，使优化完的模型能够下放到设计仿真的边缘侧进行精准仿真和设计。

（三）案例实施方案

本案例以先进固体火箭发动机业务内容为驱动，充分利用工业互联网技术，基于云边端的协同机制，构建端边数据采集、云端模型修正和算法调优及边端设计仿真 App 部署应用的一体化模式，形成以数字化描述发动机结构特性、功能特性及性能特性的先进设计方法，立足自主可控的国产化软件要求，实现新一代固体先进动力设计仿真一体化的多专业、多学科、多模型的协同优化和快速设计。

1．实施路线

（1）搭建固体火箭发动机设计仿真私有云平台，建立固体火箭发动机整机与部组件数字孪生模型，基于云边端协同机制，实现设备端试验测试数据实时采集与传递，构建不同层级的数字孪生模型。

（2）实现固体火箭发动机多学科协同仿真，在云端通过算法赋能高质量数据，实现模型调优。

（3）开发基于柔性化流程引擎的 App，通过柔性化流程配置（见图1），部署设计仿真 App 应用，固化设计知识和流程，支持固体火箭发动机全工作过程仿真应用，实现固体火箭发动机总体设计软件的国产化替代。

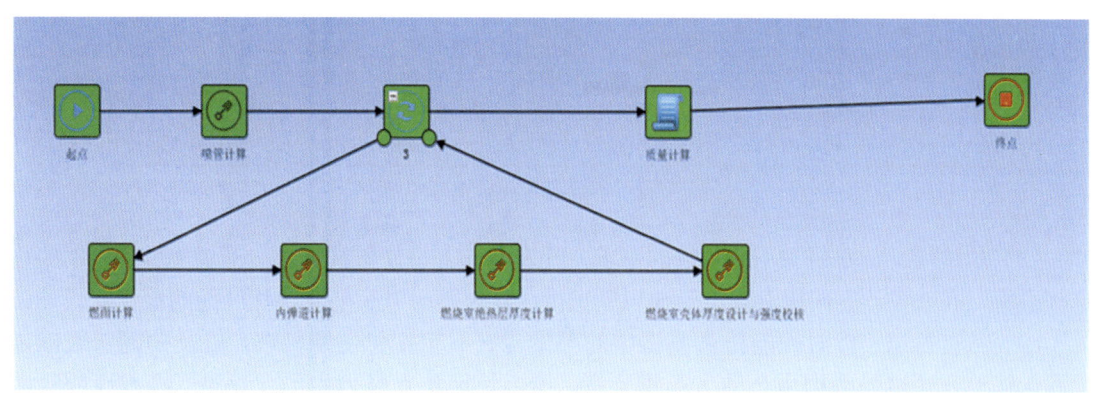

图 1　柔性化流程配置

2．总体框架

平台总体框架（见图2）分为数据采集层、资源层、边缘层和私有云层。

（1）数据采集层：建立数据采集、数据清洗、数据结构化及数据建模等机制，构建融合业务需求的数据模型，形成兼顾当前和未来数据积累需求的数据仓库体系。

（2）资源层：提供多层级模型标准接口，实现各类自研标准接口模块及用户自编程模块等的集成；定制不同分析类型的工程化仿真模板，通过几何模型的导入、材料设定、网格划分、边界设置、计算提交及报告生成等工作，开展设计仿真一体化与基于仿真的设计；

构建标准零部件库与参数化建模工具，实现与 Pro/Engineer、UG NX 及 CATIA 等常用 CAD 软件的二次开发与集成，实现设计参数到设计模型的无缝转换，基于设计参数快速生成集合样机模型。

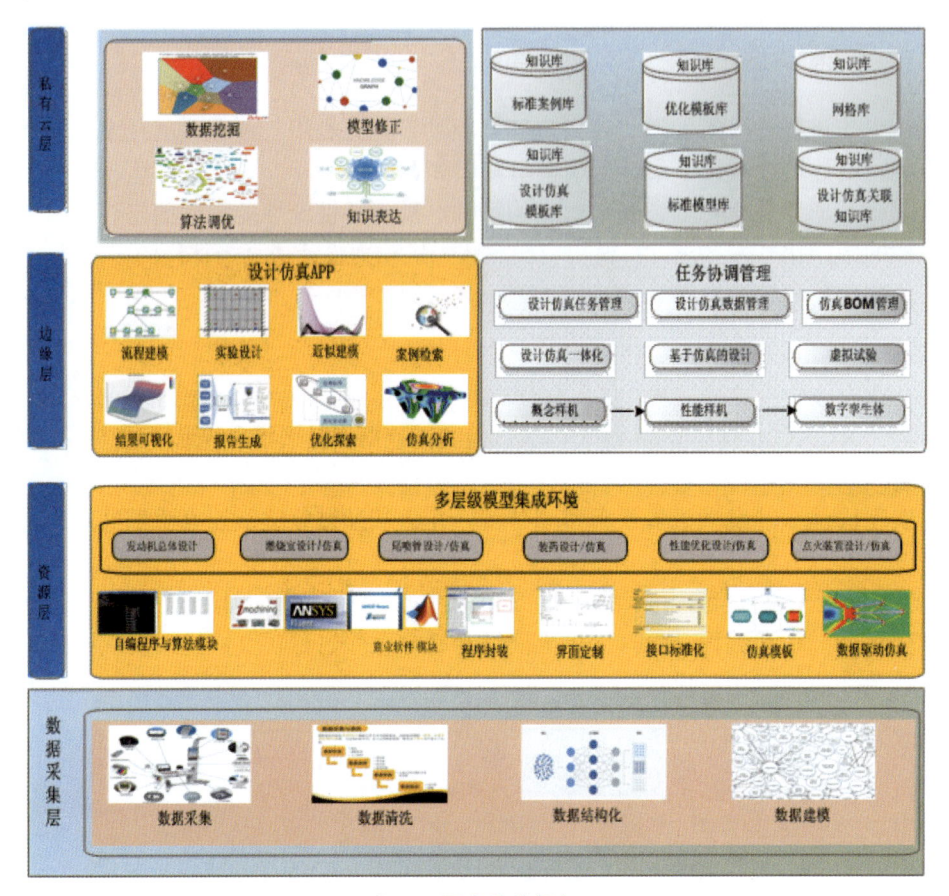

图 2 平台总体框架

（3）边缘层：针对研制不同阶段的需求，开发和部署设计仿真 App；基于平台提供的流程定制引擎、高效设计空间探索算法及知识库支持，实现基于时空能量最优匹配的最优化设计。

（4）私有云层：针对性能仿真模型中的不确定、不完备和模糊机理，以及关键参数确定问题，基于云端试验数据中心的大数据支撑，挖掘性能仿真模型中的代理性、模式性或预测性知识，提供基于数据驱动的性能仿真模型持续修正和完善机制，实现性能仿真模型的自修正和自完善。

3. 场景应用

（1）发动机虚拟仿真试验。

针对非定常流场仿真耗时费力、易发散、易出现非物理解的问题，上海新力动力设备研究所提出多层自适应的非定常流场全自动数值求解方法（见图3），搭建非定常流场全自动数值模拟系统，提升非定常流场求解的收敛效率与自动化水平，支撑固体火箭发动机多场耦合仿真与虚拟试验。

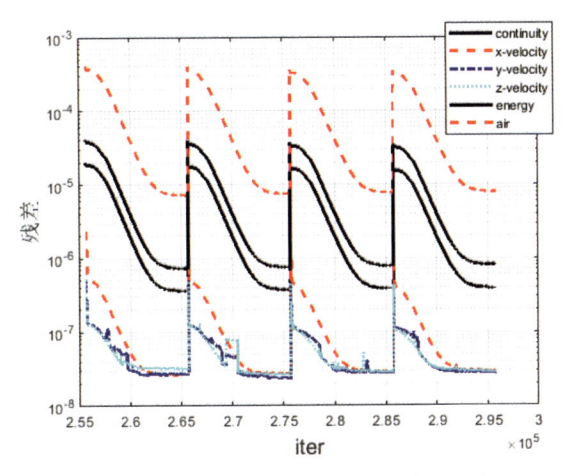

图 3　非定常流场仿真计算过程残差示意图

上海新力动力设备研究所基于柔性工作流引擎、多学科专业模块组件库（见图4）、功能组件库（优化、近似建模、不确定性分析等）和流程组件库（循环、条件判断等，见图5），实现设计仿真业务场景。

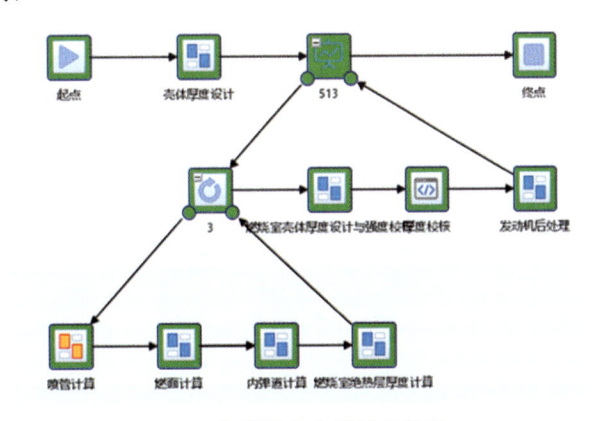

图 4　多学科专业模块组件库

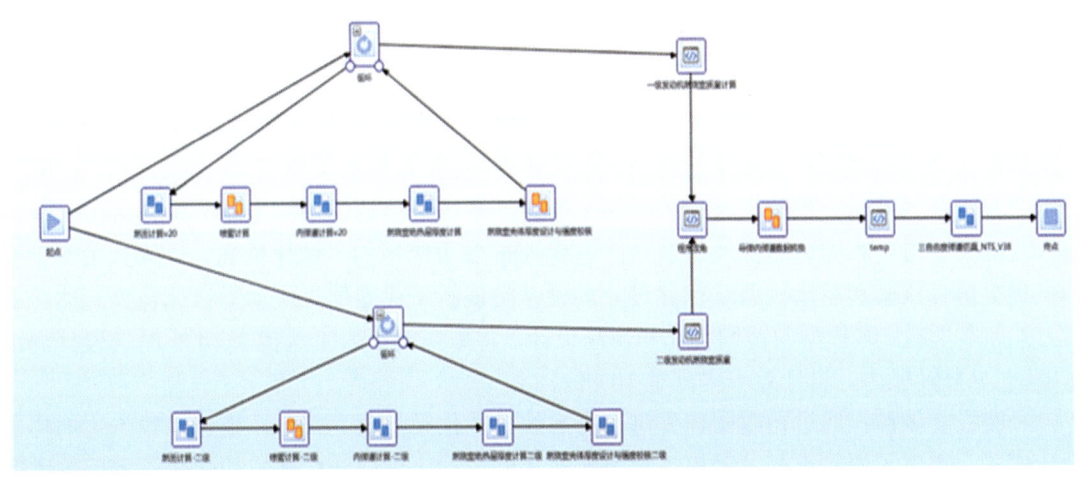

图 5　流程组件库

29

（2）基于时空能量最优匹配的最优化设计。

上海新力动力设备研究所自主开发的包含实验设计、近似建模、灵敏度分析及高效优化等完备的发动机设计空间探索工具包，支持百维以内的设计复杂工程优化问题，设计效率较常规智能优化算法提高了 2 个数量级，支持基于多学科联合仿真的设计空间智能探索。

基于"总体优化设计（见图 6）"模块，可以在满足总体最优的情况下，通过多轮迭代计算，匹配最优设计结果。

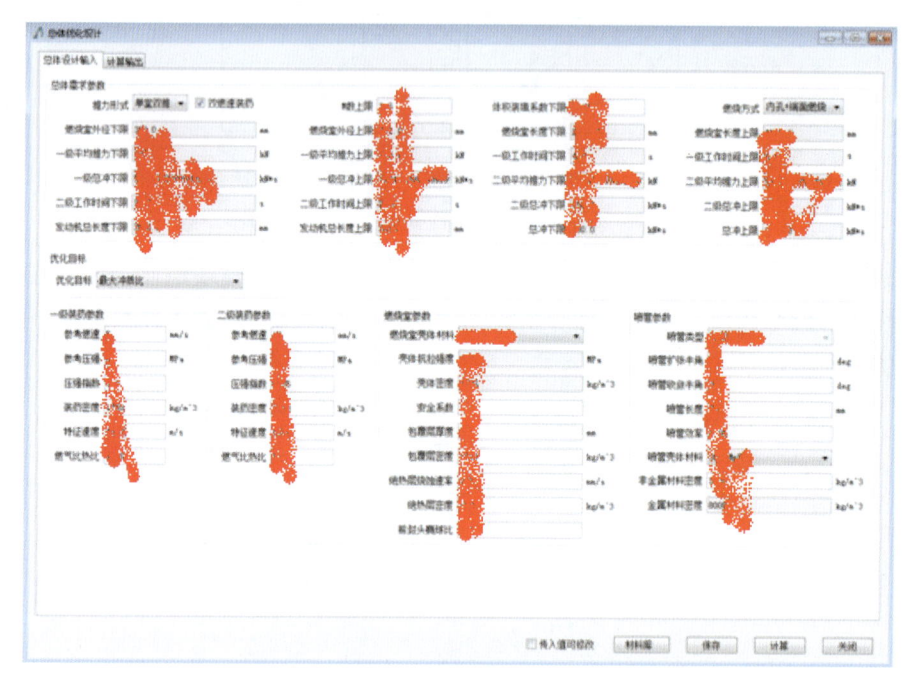

图 6　总体优化设计

综上，采用优化方案可实现在满足总体总冲的情况下，减少壳体壁厚，降低发动机消极质量，提高发动机质量比，经优化设计后，发动机最大压强降低 4.8MPa，混合比冲提高 1.76%，质量比提高 5.26%，发动机的总体设计水平大幅提升。

（四）项目实施收益

本项目基于云边端协同模式的智能化设计仿真平台，以固体火箭发动机业务内容为驱动，利用工业互联网技术，搭建设计仿真私有云平台，基于云边端的协同机制，构建端边数据采集、云端模型修正和算法调优及边端设计仿真 App 部署应用的一体化模式。该模式可用于发动机虚拟仿真试验和发动机总体优化设计场景，实现新一代固体先进动力设计仿真一体化的多专业、多学科、多模型的协同优化和快速设计，将原来需要人工迭代 3~4 小时的设计周期压缩至 15 分钟以内，设计效率提高了 10 倍以上。

经济社会效益：通过构建固体先进动力系统智能化设计仿真平台，搭建了数字化的协同设计模式，实现了固体火箭发动机手动设计迭代到自动化设计迭代模式的转变，采用的优化方法能够自动寻优，寻优效率提高了 2 个数量级，将原先总体设计的 2 天时间缩短至 0.5 天；将设计方案的可行解由原来的 4~5 个提高至 20 个以上，不仅大幅提高了计算效率，也为方案的优化设计提供了重要的数据基础。

可推广性：通过平台支持，发动机的设计过程实现了流程化，实现了协同设计；实现了固体火箭发动机设计与仿真分离到设计仿真一体化模式的转变，实现了固体火箭发动机手工设计迭代到自动优化迭代模式的转变；建立的自主可控的新一代固体火箭发动机设计仿真平台突破了国外的技术垄断，解决了关键工程软件受制于人的问题，对于国家战略安全具有举足轻重的意义；基于平台研制的发动机制造成本降低 5%，未来每年可增加效益近 200 万元，该创新模式具有广阔的市场潜力，可通过合作方式向同行业推广。

专家推荐语

上海新力动力设备研究所针对固体火箭发动机仿真过程中仿真精度不高、设计精准度低的问题，提出了基于云边端协同的智能化设计模式，该方案以固体火箭发动机业务内容为驱动，采用端边数据采集、云端模型修正和算法调优及边端设计仿真 App 部署应用的一体化模式，实现了新一代固体先进动力设计仿真一体化的多专业、多学科、多模型的协同优化，提升了发动机的总体设计水平。该项目充分利用了工业互联网技术，实现了设计仿真一体化的协同设计模式，对传统制造业企业有良好的示范和借鉴意义。

案例 6　基于 5G 的智慧航空强度试验创新应用

——中国飞机强度研究所

（一）基本情况

中国飞机强度研究所是我国航空工业唯一的飞机结构强度研究中心和地面强度验证试验基地，具备代表国家对新研制飞机结构强度进行验证试验并给出结论的职能。中国飞机强度研究所面向全行业承担全尺寸飞机结构强度鉴定与地面强度验证试验，代表国家对新研制与改型飞机给出首飞前的强度结论，并为飞机结构寿命与可靠性评定提供试验数据与结论，是飞机研制中设计、生产、试验、试飞四个重要环节中的"第三棒"，为新研制和改型飞机安全可靠地飞上蓝天发挥着不可替代的作用。

（二）背景需求

确保中国飞机安全飞上蓝天，实现航空强国战略，飞机强度试验必不可少。强度试验是一个长期的过程，成千上万次的试验保障了飞机结构的安全，也花费了巨大的时间和经济成本。飞机强度试验的产品是数据和围绕数据的分析，高安全性和可靠性的要求使飞机强度试验的测试复杂、数据量大，对数据传输的实时性要求高。现阶段，随着航空装备强度试验规模越来越大，面临的挑战也越来越高，主要表现在以下几个方面。

（1）加载规模量大，试验部署成本高：飞机表面有 100 多个加载点，涉及 9 万多根线缆、3 万多个应变片敷设，人力部署需要花费 2~3 个月时间。

（2）测试数据量大，有效数据获取慢：试验每天产生的数据量高达 40GB，有效数据获取不易。例如，飞机表面损伤的及时性数据获取难，导致试验过程风险高。

（3）试验周期长，试验点位柔性调整难：强度试验通常需要持续 8~10 年，耗时耗力，基于有线部署模式下的试验点位柔性调整难。

如何解决这些痛点与问题，降低试验成本，提升试验效率，是中国飞机强度研究所一直在思考和研究的课题。5G 技术的出现为飞机强度试验提供了一条高速信息通道，运用 5G 高上行带宽、低时延、广连接及柔性部署等优势特点，与工业互联网融合并赋能航空强度试验过程，可以加快数据的"采—传—算"，构建起智能化、网络化、数字化的飞机强度试验新模式。同时，基于"5G+MEC"的航空强度试验专网可将算力下沉至本地端，满足企业对于安全性、保密性的要求。

（三）案例实施方案

中国飞机强度研究所与中国移动强强联手，积极探索将强度专业结合 5G 技术，加速实现数字化、网络化、智能化，升级飞机强度领域到大强度、新强度、数字强度，打造了国内首个"5G+智慧航空"强度试验创新应用示范项目。该项目针对飞机强度试验海量数据感知难和天然柔性布局等特点，将 5G 技术与人工智能、物联网、云计算等新一代信息技术结合，并融入飞机强度试验过程，通过搭建一张高密立体 5G 专网，实现了机器视觉类、云和数据分析类、广物联采集类多个 5G 典型应用场景，助推了物理试验和数字试验的融合，构建了基于 5G 的数字化与智能化飞机强度试验体系，促进了航空产业链的智慧化发展。

1. 搭建了国内首张"5G+MEC"航空强度试验专网

基于中国移动 5G SA 核心网络架构，中国飞机强度研究所上海分部打造了国内第一张"5G+MEC"航空强度试验专网（见图1），通过"宏站+小站"立体组网，实现了上海基地 6.5 万平方米的 5G 信号全覆盖及试验重点区域的深度覆盖。航空强度试验专网与公众网络逻辑隔离，通过将核心网的 UPF 网元下沉至本地园区，实现业务数据分流至本地平台，满足了关键试验数据不出厂、安全性、保密性及低时延传输等要求。

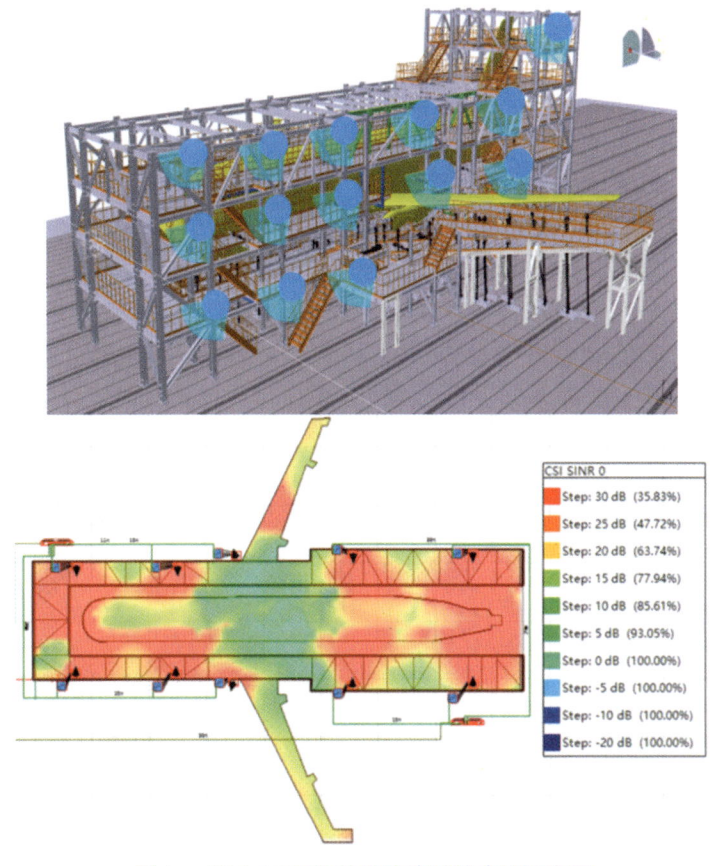

图1 "5G+MEC"航空强度试验专网示意图

2. 打造了一批航空强度试验 5G 应用场景

（1）飞机表面结构损伤自动巡检与智能识别。

在舱内导轨上安装 AGV 机器视觉巡检装置，利用 5G 网络回传机器视觉巡检结果，实现人不可达区域不停机状态下的飞机表面结构损伤自动巡检与智能识别（见图 2），解决当前试验人工成本高、损伤数据获取不及时等问题。目前，自动巡检已覆盖舱内 80%以上的部位，原先需要每次停机 1 个小时，人进入舱内现场检测，现在可以实现 7×24 小时不间断自动检测，有效提高了试验效率，每年可降低人工检测成本 300 万元/型号。

图 2　基于 AGV 机器视觉巡检装置的自动巡检与智能识别现场图

（2）试验全状态监控与数据融合。

通过"5G+4K 高清监控+数据融合"（见图 3），基于三维模型，融合试验业务多系统数据，构建一套立体可视、数据融合、协同联动的试验全状态监控系统，辅助试验数据分析及进度管理，为实验室智能管控搭建基础平台，实现从单项目监控到多项目协同联动立体管控，从单一状态监控到多源数据融合监控，可缩短 45%的数据分析时间，提升试验管控及决策效率。

图 3　"5G+4K 高清视频+数据融合"系统示例

（3）基于 5G 的全连接飞机强度研究与验证中心。

通过应用场景的融合应用，构建基于 5G 的全连接飞机强度研究与验证中心（见图 4），实现试验关键数据的全方位、多维度的实时采集，多维数据融合分析，试验状态评估，试验要素全过程数字化管控，试验综合信息的可视化表征及远程监控，助推物理试验与数字试验的融合，构建数字化和智能化的飞机强度试验体系。

图 4　基于 5G 的全连接飞机强度研究与验证中心展示图

（四）项目实施收益

本项目为国产飞机的飞机强度试验数字化转型注入了 5G 新动能，使强度试验更加高效、精准、可靠，构建了数字化和智能化的飞机强度试验体系。5G 技术的加持，使在加压情况下飞机试验损伤数据的实时性获取、试验点位柔性部署调整、机翼形变大规模点位数据的无线采集变得可能，极大地提升了整个试验的自动化水平，将促进航空产业链的智慧化发展。

本项目对行业开展"5G+工业互联网"实践具有极强的示范意义，主要表现如下。

1. 从 0 到 1 打造"5G+"航空试验场景，促进航空产业升级

中国飞机强度研究所隶属于中国航空工业集团有限公司，中国航空工业集团是国内唯一具备航空装备从设计—制造—试验—试飞全研制链的特大型企业，下辖 100 余家成员单位、23 家上市公司。本项目通过在中国航空工业集团内的实践推广，率先在"民机+通用"航空产业进行复制，促进了中国航空产业的升级，整体市场规模可达亿元级。

2. 面向其他高端制造业的横向推广

在我国汽车、船舶、电子科技及电气装备等工业研制领域，目前存在大量环节仍然以人工为主的传统试验模式，难以满足产业快速发展的要求。本项目通过 5G 等新一代信息技术升级试验管控、试验设计、试验状态智能巡检、工业安防，实现传统试验环节的数字化、网络化、智能化改造，搭建诸如数字孪生实验室概念的数字化模型，组建服务于从设计、安装、实

施到结果分析整个流程的试验模型,从而进一步提升工作效率,解决高端制造业的迫切需求。

3．"产—学—研"结合,加速国产航空工业软件开发,解决关键技术"卡脖子"问题

本项目通过 5G 信息高速公路打造了航空试验数据高地,形成了一批 5G 应用解决方案,积累了大量试验验证数据。相关的成果可以运用到航空工业软件研发中,通过与航空高校、企业、研究机构等合作,加速国产航空工业软件的开发设计,解决关键技术"卡脖子"问题,改变当前航空强度试验软件主要依赖国外厂家的现状,具有典型的示范性作用。

4．开展商业模式的探索与创新,带动 5G 应用的规模化发展

本项目在 5G 商业模式上进行了创新探索,由中国移动牵头,联合产业链相关合作伙伴实施。中国移动负责"5G+平台+应用+运维"整体服务,中国飞机强度研究所因此可以将更多精力聚焦于强度试验本身,无须花大量时间在项目管理和协调推进上。该模式可应用于其他 5G 工业项目,从而带动 5G 应用的规模化发展。

专家推荐语

本项目通过对 5G 在飞机强度试验领域的深入探索和实践,率先打造了国内航空强度试验领域 5G 创新示范。项目搭建了 5G 航空强度试验专网,满足了试验设备间大量数据的无线交互需求,初步实现了多设备、多系统、多平台的试验模型快速重构及状态定量感知的能力,积极探索了虚实结合的强度试验孪生模式,为国内航空业及高端制造业 5G 融合发展模式、商业模式创新提供了样板。中国飞机强度研究所的创新实践之路,形成了一批典型的智慧航空强度试验 5G 解决方案,展示了一个航空强度领域科研院所的数字化转型之路,促进了我国航空产业整体向数字化、智能化的转型升级。

案例 7　基于标识解析的航空产品全生命周期数据管理平台

——上海航空工业（集团）有限公司

（一）基本情况

上海航空工业（集团）有限公司（以下简称"上航"）系中国商用飞机有限责任公司（以下简称"中国商飞公司"）全资子公司，下辖4家单位，围绕"把大型客机项目建设成为新时期改革开放的标志性工程和建设创新型国家的标志性工程"的奋斗目标，为中国商飞公司型号研制和发展建设提供基础支持和能力保障。

上航通过建设航空航天行业工业互联网标识解析二级节点和企业节点，针对企业使用的不同标识体系，提供公共标识解析服务，实现各环节、各企业间信息的对接与互通，实现基于统一标识的全流程信息自由流动。

（二）背景需求

1. 行业背景

飞机制造业是涉及我国国防航空航天事业发展和国民经济建设的重要产业。近年来，随着国际环境和我国经济形势的不断变化，坚定不移地大力发展飞机制造业等高端制造产业成为保持我国经济持续稳步发展与全方位维护国家安全的重要抓手。2006年2月，国务院发布《国家中长期科学和技术发展规划纲要（2006—2020年）》，把研制和发展大型飞机确定为16项重大科技专项之一。2016年12月，国务院印发《"十三五"国家战略性新兴产业发展规划》（国发〔2016〕67号），明确将新一代民用飞机创新工程列入国家21项重大工程。这是在中国经济持续高速发展、中国成为世界航空业增长最快国家的背景下做出的必然选择。

在经济全球化的大趋势中，经过长期的发展积累，我国已具有全球最完整、规模最大的工业体系，在全球产业分工体系中也具有比较优势。当前，中国商飞公司大力提高自主创新能力，努力扭转关键技术受制于人的局面，积极打造"以中国商飞为核心，联合中航工业，辐射全国，面向全球"的包括民机设计集成、总装制造、客户服务、航空运营、金融租赁、维修改装、转包生产等较为完整、具有自主创新能力和自主知识产权的产业链。

2. 行业现状

一是民用运输业的规模持续扩张，国内民机需求强劲；二是国产民机制造业迎来爆发期，利好国内分包业务；三是通航发展限制逐步消除，未来发展空间巨大；四是行业需求持续强劲,未来规模或超万亿美元;五是大飞机产业仍处于全球价值链的不利位置,关键部件制造能力不足。

3. 亟待解决的问题

研制和发展大型飞机,是一个国家工业、科技水平和综合实力的集中体现。然而,我国航空航天行业尚存在以下具体问题亟待解决。一是缺乏统一行业编码,各企业在产品研制生产管理模式、信息化建设、标准化工作基础、信息化实施程度等诸多方面存在差异;二是未能对各信息系统的数据进行有机整合并实现互联互通,飞机制造的相关信息数据源无法实时更新,导致信息系统之间无法互联互通互操作;三是未能对航空产品实现系统化全生命周期的管控,目前行业急需根据飞机制造的不同周期、不同阶段,进行产品信息的共享和交流,加强各阶段的协同合作。

4. 标识对产业发展的重要性

一是统一行业编码,汇聚海量数据;二是消除数据孤岛,打破信息壁垒;三是畅通产业链条,构筑高质量航空航天产业集群;四是提供基于标识解析的航空产品全生命周期管理服务,助力产业提质增效;五是构建数字化转型生态圈,打造航空航天战略竞争新优势。航空产品全生命周期统一编码如图1所示。

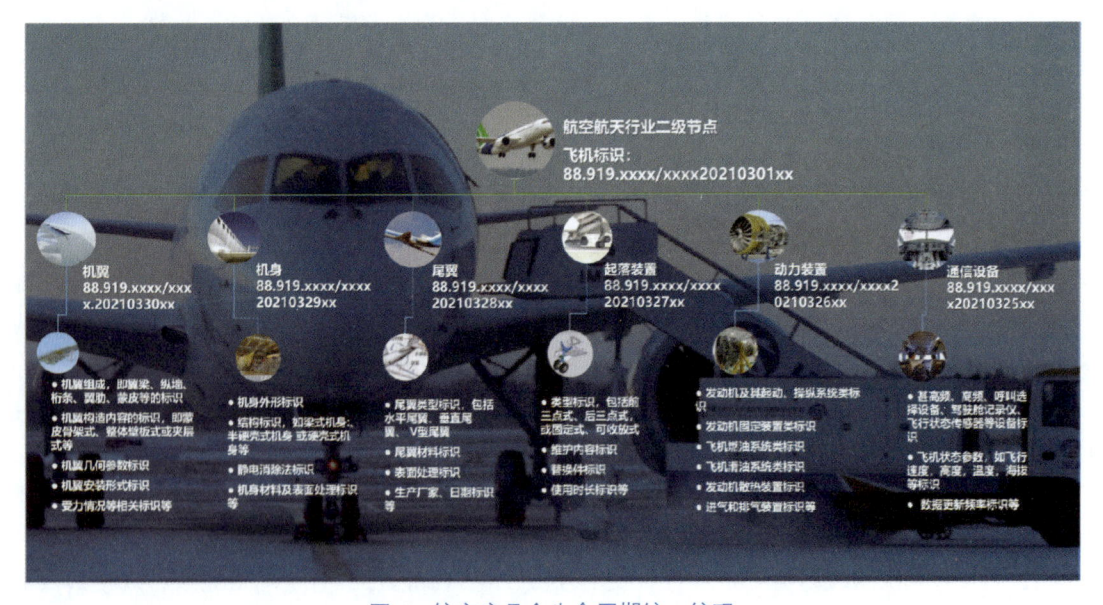

图 1　航空产品全生命周期统一编码

(三)案例实施方案

1. 项目建设目标和总体架构

(1)项目建设目标。

上航联合上海工创中心面向航空航天行业建设工业互联网标识解析二级节点,为航空航天领域的企业和用户提供灵活的标识编码注册和标识解析服务,促进航空航天领域的产品全生命周期管理等工业互联网应用，加速航空航天产业聚集，推动以 C919、ARJ21 等产品为核心的标识产业生态培育，助力我国航空航天制造业水平的提升。

（2）项目总体架构。

航空航天行业工业互联网标识解析二级节点（见图 2）通过基于标识解析的边缘层接入产业链各节点，解决各类协议转换、数据采集的问题，构建平台的数据基础。平台 PaaS 层具备应用开发、工业微服务组件库和通用 PaaS 服务，并且富集大量新兴技术，包括数据分析、人工智能等。

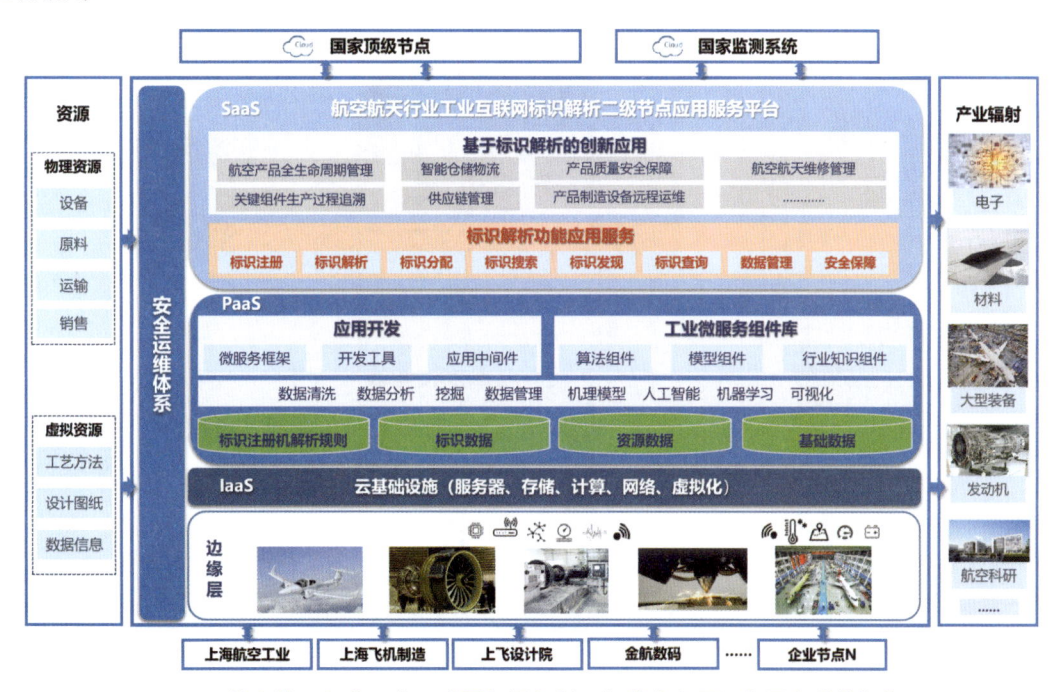

图 2 航空航天行业工业互联网标识解析二级节点应用服务平台总体架构

2. 具体应用场景和应用模式

（1）产品数据管理。

项目通过标识解析体系将众多系统、流程及异构的数据集成在统一的管理平台上，对产品定义、生产制造、试验试飞、客户服务等产品数据进行统一管理。

（2）飞机构型管理。

飞机研制是一个非常复杂的系统工程，是多个专业子系统综合和协调的结果。各子系统之间存在着复杂的信息传递和依赖关系。基于标识解析的全生命周期数据管理平台支持这些子系统之间信息的交互和连接，使它们可以集成和协调起来共同完成飞机的研制工作。

（3）飞机多阶段协同研制。

在对飞机不同研制阶段进行分析的基础上，我们进一步总结得到飞机不同研制阶段之间，以及各阶段内部不同活动和系统之间的信息传递情况。根据对航空产品研制过程中信息交互情况的分析，建立航空产品全生命周期模型，通过对航空产品全生命周期数据的综合分析（见图 3），支持航空产品全生命周期中不同阶段和不同领域之间的信息交互和共享，保证飞机整个研制过程的协调进行。

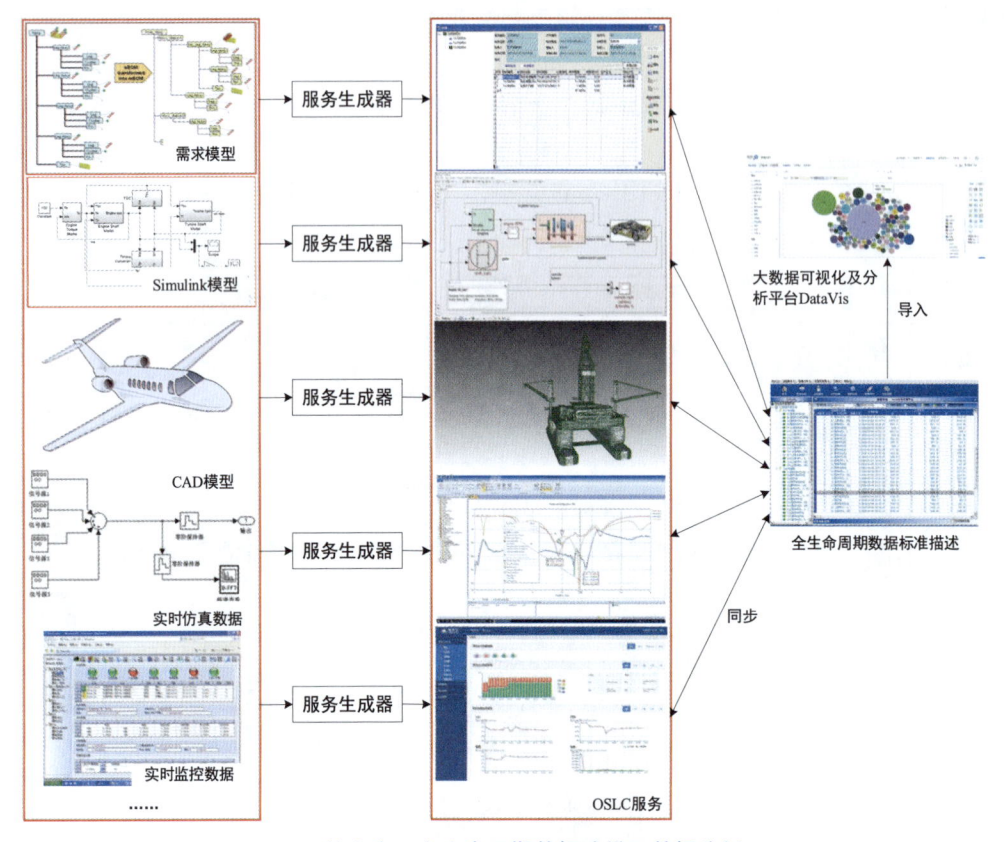

图 3　航空产品全生命周期数据建模及数据分析

（4）飞机全生命周期管理（见图4）。

图 4　飞机全生命周期管理

本项目通过打造基于标识解析的产品生命周期数据管理平台，提升了产品定义数据的规范性、准确性，有力支撑了型号研制工作的开展，使产品设计、开发、制造、营销，以及售后服务等信息能更为高效、快速地流动，使产品开发各阶段不同信息的管理更有效。

（四）项目实施收益

1. 项目先进性及创新性

（1）项目先进性。

项目通过统一航空航天行业编码，完善数据标准建设，为航空航天行业实现智能制造转型升级奠定了基础。

项目实现了数据物联，并为应用开发提供了海量航空航天行业数据，实现了基于标识解析的航空产品全生命周期管理（见图5），探索了航空航天行业深度融合体系，实现了数据至价值的高效转化，充分发挥了数据汇聚在航空航天行业的效能，快速形成了能够承接产业需求的开发生态，依托上航信息化能力输出及服务外溢，实现了航空航天行业管理水平的全面提升。同时，通过标识解析的航空产品全生命周期应用示范效应及低门槛的行业 SaaS 应用，推动了航空行业企业的转型升级。

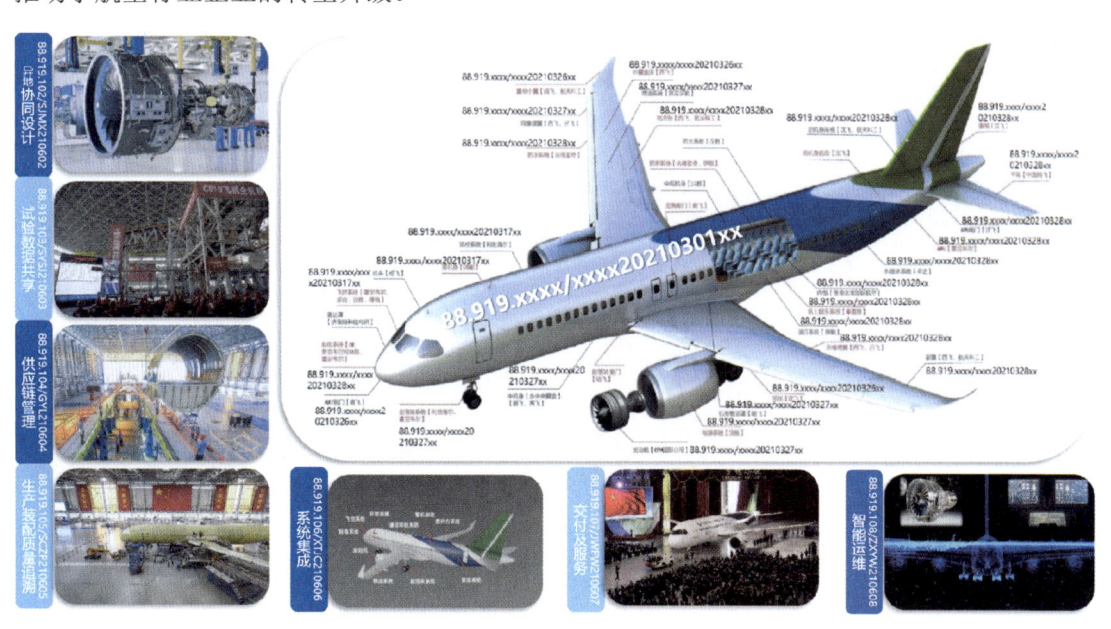

图 5 航空产品全生命周期管理

（2）项目创新性。

项目实现了多种生产资源的互联互通；具有区域联动示范效应，实现了基于标识解析的航空产品全生命周期管理的应用场景落地；共筑高质量航空航天产业集群，厚植生态优势。上航联合上海工创中心构建的航空航天行业工业互联网标识解析二级节点应用服务平台，具有良好的扩展能力和普适性，为集团及其下属集团产业快速、高效实现系统间的互联互通提供了统一应用模式和架构支撑,并面向整个行业进行进一步推广应用。

2. 实施效果

一是促进了集团协作,降低了飞机从设计、生产到装配过程的管理成本;二是为上下游企业节约了人力成本,减少了相关运维管理人员和外包人员的数量,平均为上下游企业节约了两名信息整理员;三是航空航天企业可使用基于标识解析的航空产品全生命周期管理的相关信息,提升了20%的便利度;四是助力航空航天企业实现管理透明化,提升了管理效率。

专家推荐语

上航针对编码不统一、制造不透明、产品难追溯和数据难共享等问题,建立了航空航天行业工业互联网标识解析二级节点,有效支撑了飞机设计研发、试验验证、制造装配、测试运维、质量追溯、产品全生命周期管理等业务场景,提升了智能制造和协同制造能力,形成了典型示范效应。项目提供公共标识解析服务,可实现各环节、各企业间信息的对接与互通,实现基于统一标识的信息流动,实现设计、生产、市场、售后信息的全面数字化,提升数据价值与共享,优化产品开发与业务流程,降低航空产品全生命周期管理成本,从而提升企业的市场竞争力。

案例 8　船厂智能仓储与物流管理系统助力船舶行业数字化转型

——中船第九设计研究院工程有限公司

（一）基本情况

中船第九设计研究院工程有限公司是国内服务船舶行业具备综合技术优势的大型工程公司，主要从事工程设计咨询、工程项目管理和总承包、城镇化建设业务，以及相关技术研发。该公司是国家级企业技术中心、高新技术企业，已取得国家有关部委批准的涉及船舶、军工、机械、水运、建筑、市政、环保等领域工程设计综合资质甲级，城乡规划、工程咨询、工程监理甲级，房屋建筑工程施工总承包一级等资质。该公司是中华人民共和国工业和信息化部（以下简称"工信部"）评定的"两化融合管理体系"企业、中国智能制造系统解决方案供应商联盟理事单位、工业互联网产业联盟成员单位等。该公司在深耕主业的同时，努力开拓科技产业化和智能工厂数字化平台创新业务，拥有一批具有自主知识产权的关键技术。

（二）背景需求

长期以来，国内各大船厂都在使用传统人工行车上料、下料的方式进行原料钢板的入库、转运、上线等工作，人工堆放钢板时一般采用相同批次而不是相近规格钢板堆放的原则，容易造成钢板变形，同时在钢板出库上线时，人工按生产计划寻找钢板效率较低，行车作业效率不高，这不仅浪费了很多人力资源及能源，还存在安全隐患和效率低下等弊端。通过对船厂钢料堆场进行数字化转型，在生产源头上解决了船舶行业原料管理方面的弊端，通过对原料钢板的数字化追踪，实现了产品在生产过程中的全周期质量管理，打通了设计端、采购端、生产加工端的数据孤岛，并通过对智能装备的使用，大大减少了人力资源和生产时间的浪费，提高了生产效率，同时为船舶行业智能制造与信息化管理提供标准化源头打下了坚实的基础。数字化转型实践利用工业互联网信息技术与智能计算机管理技术实现了船厂物料自动跟踪、信息存储、作业指令分配、行车调度及行车自动控制等功能，提高了船舶行业作业标准化率及作业效率，符合国家提升船舶行业智能制造水平的要求。

（三）案例实施方案

1. 案例概述

本案例需研发船厂智能仓储与物流管理系统。通过智能设备拉取生产与运行数据达到系统数据集成，并结合船厂人工作业经验建立知识库，利用智能挖掘机理实现生产运行的感知和可视化，并为生产管理提供辅助决策。船厂智能仓储与物流管理系统是船厂实现智能化、信息化造船的源头，只有实现了船用钢板物料的智能化、数据化、信息化，才能保证后续各加工工序的智能制造水平，达到工艺流水化、控制智能化、管理精细化的要求。本案例对建造流程、作业计划、资源配置、物流调度、精度控制等进行预测预控，研发船厂智能仓储与物流管理系统，实现智能安全生产监控等功能，是船厂制造建设不可或缺的智能单元，具有无限美好的前景。

2. 案例总体架构

本案例针对国内大中型船厂钢板库区的实际作业环境和工艺流程，采用先进的智能制造控制理念及手段，研发出一套从钢板入库、堆垛建立、智能翻板到自动上线的船厂智能仓储与物流管理系统，涵盖了仓库管理、库区物流管理、库区安全警示及视频监控、库区网络通信、自动化起重机、地面输送（钢板转运小车）、视觉检测七大功能性子系统（见图1）。

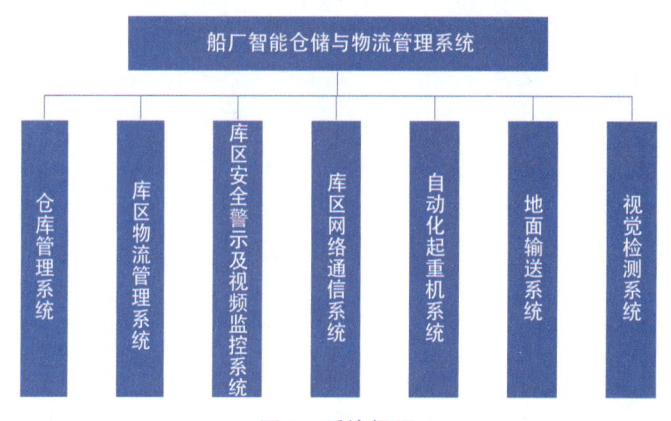

图 1　系统框图

本案例系统采用了先进的计算机技术进行物料自动跟踪、信息存储、作业指令分配、多工位调度、智能设备（自动化起重机、转运对中小车、自动输送线）自动控制等，有效提高了作业标准化率及生产效率，并可在成品库区进行钢板的多层自动堆放，提高了库区空间利用率。

3. 落地案例及使用场景介绍

本案例的对象为国内某大型船厂新建无人化钢板库区，是船舶行业内首次采用自动化行车与有轨制导车辆进行船用钢板库区的出入库及库区内翻板堆垛管理。

如图2所示，船用钢板在缓存堆场由人工吊运至有轨制导车辆后，工人通过手持扫码装置对钢板进行扫码，编码信息核对准确后，有轨制导车辆自动拖运钢板进入自动库区，根据待吊钢板规格自动选择合适的起吊位置，并由自动化行车起吊钢板入库堆垛。

堆垛采用相同或相近规格钢板为一垛的规则，有效避免了钢板变形，同时由于船厂智能仓储与物流管理系统垛位分配合理及自动化行车运行速度高，可以保证无人化库区运行的平稳、高效。

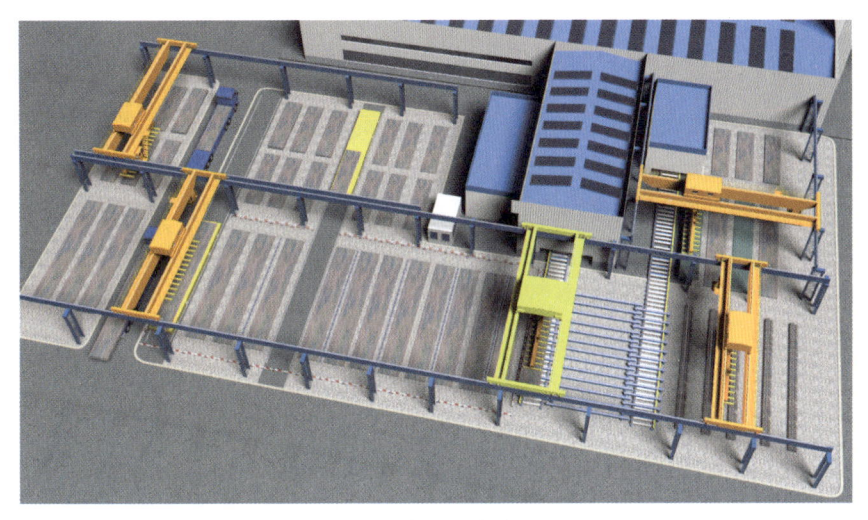

图 2　库区三维总图

本案例落地建成后深受验收专家、监理及业主方的好评，他们称赞该项目为使用方在造船生产领域向智能化方向迈进打下了坚实的基础，并提供了有力保障。

4．案例主要建设内容及技术方案

1）软件平台架构

（1）三维建模。

通过库区三维建模，按实际比例展现库区布置、堆垛布置及实际的工作数据（见图3）。根据实时的工作数据，对库区内的自动化行车和钢板转运小车进行调度管理，且可根据产品的特性（尺寸、出库时间等）确定产品的库位管理。船厂智能仓储与物流管理系统根据三维模型、库区布置、堆垛布置及实时的工作数据确定优先作业顺序，发送作业指令。

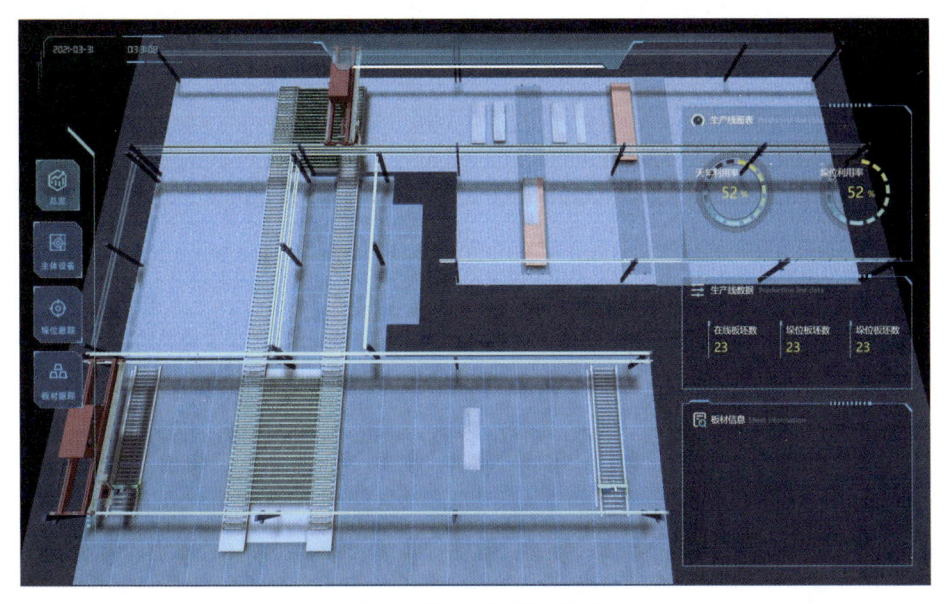

图 3　库区三维模型界面

(2)数据采集与处理。

数据采集是船厂智能仓储与物流管理系统的基础，是整个数据展现和分析的前奏，直接关系到后续数据展现的准确性，最终影响系统的决策、追溯、判别和分析。船厂智能仓储与物流管理系统基于库区实际设备进行运行数据实时采集、清洗、转换和存储。数据收集后通过可视化分析、数据挖掘算法、数据质量与数据管理等工具和技术，为船厂智能仓储与物流管理系统智能化运行提供海量的数据支持。

船舶行业生产所用的钢板规格种类繁多，钢板长宽及厚度的尺寸跨度较大。船厂智能仓储与物流管理系统打通设计端与采购生产端数据流，通过数据挖掘算法分析设计计划、生产计划与采购计划的海量数据，生成设计信息表、钢板月度使用计划表、钢板加工数据表（见图4）。有了海量数据的支持，船厂智能仓储与物流管理系统可以根据生产工艺规则建立优化模型，自动进行排产作业，有效提高库区作业效率。船厂智能仓储与物流管理系统做出自动排产计划后，船厂排产人员可根据传统排产经验，借助系统提供的可视化数据分析平台，辅助人工操作后，做出最适合的生产排产计划，并提供给系统进行数据模型优化和升级，以便系统提供越来越合适的分析结果。

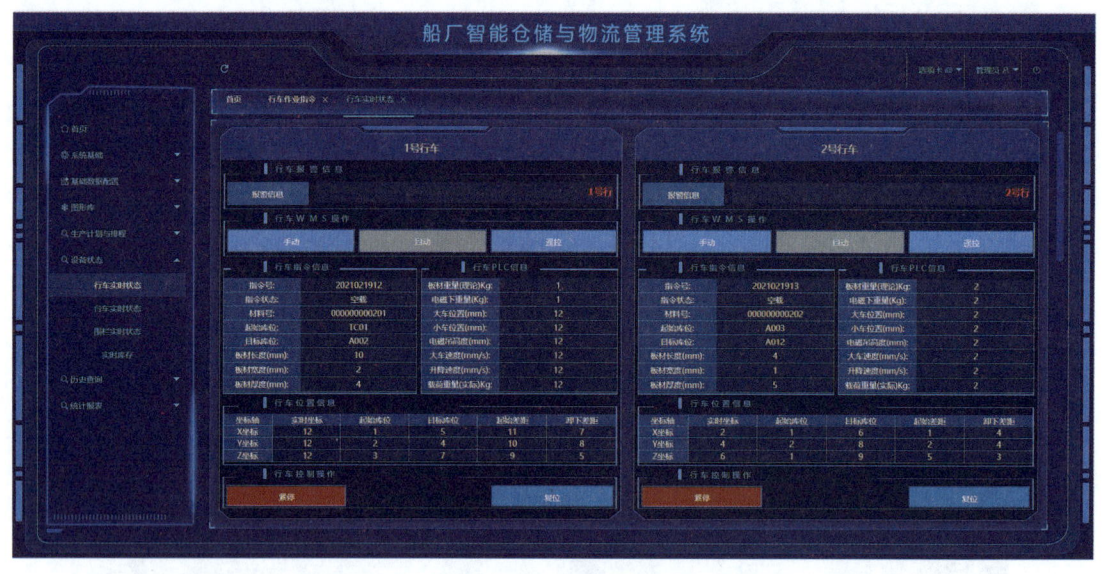

图4 设备数据界面

(3)作业自动排程。

船厂智能仓储与物流管理系统接收上级系统下发的作业计划，根据库区库存情况、自动匹配所需的物料信息，生成对各功能模块指定的预作业计划（派工单），并推送给生产管理人员进行任务确认，准备进入下发阶段。预作业计划在经过生产管理人员确认或调整后，自动生成工单，所有库区内智能设备按工单自动运行。

(4)功能模块。

船厂智能仓储与物流管理系统主要包含外部接口、图形界面、统计模块、出入库模块、预警模块、作业指令模块、订单管理模块及系统基础模块（见图5）。

图 5 功能模块

2）软件系统功能

（1）仓库管理系统。

仓库管理系统包含以下功能。

① 库位图配置管理。根据现场实际库位编制相应库位管理系统程序，系统信息与实际库位图一一对应。其中，库的大小、垛的分布及位置的物理坐标都是与现场成比例缩放的。

② 设备管理。仓库管理系统控制的设备有自动化行车、转运对中小车及手持终端，这些设备互联互通形成完整的自动化系统。

③ 物料识别管理。钢板入库时，通过手持终端扫描或者手持终端界面录入，获得入库钢板物料信息和在转运对中小车上的堆放顺序。

④ 调度系统。根据库位信息和生产作业要求，对自动化行车进行实时调度管理，自动判断吊运任务的优先级。

⑤ 作业计划。库图管理系统具有与 MES 系统的无缝连接及数据的自动交换功能。接收上游系统下达的作业计划、临时作业指示，库图管理系统自动进行目标位置预约、天车分配、生成指挥工单、完成入库、出库和倒库的工作。

（2）库区物流管理系统。

库区物流管理系统包含车载部分终端应用软件和地面部分终端应用软件。根据自动化起重机工单的指示，本系统主要控制自动化起重机的执行，以及在执行过程中危险的规避、执行冲突的规避，与库内其他设备协调工作。

车载部分终端应用软件的主要功能如下。

① 用户登录管理。对登录行车的用户信息进行限制，如果符合用户名、密码要求，则页面跳转至行车终端主画面，否则弹出提示信息、限制登录。

② X/Y/Z 位置显示。在控制室及司机室画面上实时显示行车的位置坐标（X/Y/Z），以及实时垛位信息。根据行车实时坐标数据，以及预先录入系统的现场所有垛位的信息，在行车自动行驶过程中实时进行垛位匹配，显示行车与垛位的相对位置，以及垛位中钢板信息，方便管理人员进行垛位的预判。

③ 行车命令显示。在人工驾驶作业模式下，行车终端命令画面接收相应的作业指令，以供行车操作人员进行实际的吊运操作。吊运可能会引起相应的倒垛操作，这时会相应地生成倒垛命令。

④ 行车导航。在人工驾驶作业模式下，预先设置行车驾驶座的朝向。根据驾驶座的朝向，选定行车指令的起始位置或目标位置，以及行车的实时位置信息，对行车司机的行进路径进行方向导航提醒。

⑤ 通信状态显示。在人工驾驶作业模式下，对行车与 WMS 的无线通信状态进行实时提示。当通信异常时，红色状态灯实时显示，方便司机或维护人员预判问题产生的原因；待通信状态恢复后，无须行车终端重启行车，自动恢复与 WMS 的通信。

⑥ 连锁设备状态的显示。在人工驾驶作业模式下，对 WMS 控制的过跨台车、辊道等连锁设备的状态进行显示。在行车行驶到预设的连锁区域时，行车自动发送连锁信号至设备 PLC，自动进行设备连锁；行车驶离连锁区后自动发送行车解锁信号，自动进行设备解锁。同时，行车上还可以对连锁设备进行手动的连锁及解锁控制，这样可以保证吊运时设备的安全。

（3）自动化起重机系统。

自动化起重机系统的控制范围包括与仓库管理系统进行数据交流、管理与其他设备的接口及各类安全联锁功能，主要进行简单的数据存储、指令分解及指令计算。

（4）地面输送系统。

地面输送系统的控制范围包括与仓库管理系统进行数据交流、管理与其他设备的接口及各类安全联锁功能。

3）工业互联网软件系统硬件设备

（1）概述。

工业互联网软件系统硬件分为地面系统硬件和车上系统硬件两部分，系统架构如图 6 所示。

（2）地面控制中心。

地面控制中心包含一套数据采集和数据处理的私有云服务器、HMI。

（3）地面操作站及 PLC。

本案例现场配置地面操作站，地面操作站配置 HMI，通过人工与 HMI 的交互作业行车及转运对中小车的交互，完成人工库区与自动库区之间的界面转换与工作交接。

（4）网络通信系统。

网络通信系统共有两套物理层无线网络通道，分别供数据命令传输和监控视频信号传输使用（见图 7）。

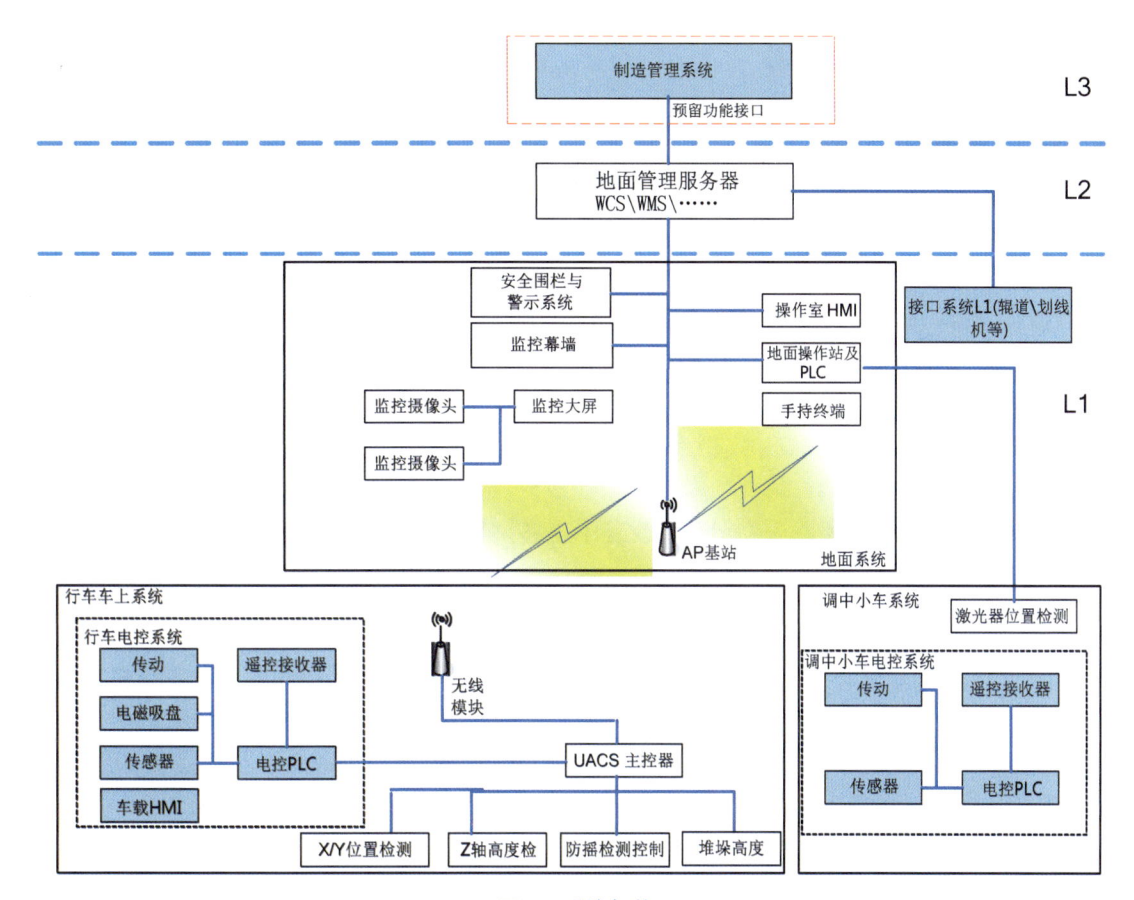

图 6 系统架构

图 7 网络通信系统的通道

（5）物料识别系统。

人工库区与自动库区交互区配置多台移动手持终端，在入库、人工盘库等业务过程中执行扫描确认操作，并通过库区的无线工业互联网与私有云服务器进行实时通信，完成入库物料信息扫描与人工清盘库工作。

（四）项目实施收益

1. 经济价值

船厂智能仓储与物流管理系统可实现智能配单、自动存储与配送，减少人员成本，提高作业效率。本项目采用人工操作模式时，每跨每日安排一班（8 小时/班）工作，每班 7~8 人，可处理 120 多张钢板。当采用自动化生产线时，由于自动化行车工作级别为 A7、A8 级，可连续运行，每跨每日可安排 16 个小时工作，可处理 196 张钢板，且只需安排 2 名管理人员。故自动化生产模式可减少人工成本 75%，提高工作效率 60%。

本项目落地后减少了船厂钢板库区管理部门中在钢板堆放现场的工作人员数量，从之前的人工分配钢板垛位、人工挑选上线钢板的模式变成了智能分配钢板垛位、根据生产计划智能挑选上线钢板的模式，减少了库区倒垛翻板的次数，降低了材料损耗和设备损耗，并且可以根据生产计划智能整理采购计划，改善了原料钢板积压的情况，减轻了企业采购资金的压力。

2. 推广空间

根据《国家中长期科学和技术发展规划纲要》对船舶行业进行产业转型升级的要求，国内船舶行业对于智能制造转型的需求越来越强烈，而带有工业信息化与智能制造特质，具有降低人工成本、提升生产效率价值的本项目，伴随着中国船舶行业向着智能制造转型的机遇，行业前景必将一片光明。

媒体推荐语

基于工业互联网的船舶智能制造和智能船厂是未来船舶工业发展的重要方向，中船第九设计研究院工程有限公司"船厂智能仓储与物流管理系统"科研团队围绕国家建设海洋强国的战略目标，秉承实施船舶"中间产品"智能制造的指导思想，坚持以精益、数字、自动、智能等技术应用为主线，推进具有先进性的新一代船厂智能制造生产线。

——《中国船舶报》2021 年 7 月 28 日

案例 9　标识解析与 UDI 数据一体化赋能医疗器械全生命链路

——微创投资控股有限公司

（一）基本情况

微创投资控股有限公司（以下简称"微创®"）于1998年成立于中国上海张江科学城，是一家全球领先的创新型高端医疗器械公司。公司坚持"帮助亿万地球人健朗地越过 115 岁生命线"的初心和信仰，致力于为用户提供能延长和重塑生命的可普惠化真善美方案。

微创®已上市产品 400 余个，覆盖心血管及结构性心脏病、电生理及心律管理系统、骨骼与软组织修复科技、大动脉及外周血管疾病、脑血管与神经调控科学、外科急危重症与机器人、内分泌管理与辅助生殖、泌尿妇科消化呼吸疾病、耳鼻口眼体等塑形医美、体外诊断与体内外影像、体内实体肿瘤治疗科技、失眠抑郁症及康复医疗十二大业务集群。在全球范围内，平均每 6 秒就有一个微创®的产品被用于救治患者生命或改善其生活品质或用于帮助其催生新的生命。

（二）背景需求

植入类医疗器械是医疗器械产业中重要的产品门类，属于医疗器械中风险相对较高的高端产品，此类产品对患者的健康安全影响较大。为了实现这类高风险医疗器械的全生命周期跟踪追溯、保证患者安全，继美国和欧盟等相继发布医疗器械唯一标识（Unique Device Identification，简称 UDI）的相关要求之后，国家药品监督管理局于 2019 年制定、发布了《医疗器械唯一标识系统规则》，推动各方积极应用医疗器械唯一标识，促进医疗器械全生命周期管理，鼓励医疗器械生产经营企业和使用单位积极应用医疗器械唯一标识进行相关管理。

在接受植入手术后，其所植入的器械的厂商信息、规格信息号、安全注意事项、术后随访及用药要求往往是患者非常关心的信息。然而，大部分国内患者在植入手术后，对这些信息均不了解，造成医生术后随访困难、患者就医检查不便等问题，容易引起医患矛盾。

微创®推出唯一绑定 UDI 的患者植入卡，该产品有助于政府对医疗器械产品的监管、帮助企业对不良事件进行监控和问题产品召回，同时帮助患者规避被植入假冒伪劣产品的风险，对各方都具有重大意义。植入卡作为联系患者、医疗机构、监管机构及医疗器械厂商的纽带，可使患者知晓其所植入的医疗器械信息，紧急情况下医护人员更可通过植入卡信息快速、准确地了解患者情况，进行更准确的诊断、治疗。

（三）案例实施方案

什么是 UDI 呢？

UDI 一般可见于器械产品的外包装盒或产品本身上，可能是印刷在外包装上的肉眼可见的一个条形码、二维码，也可能是一个需要通过专业扫描机器才能识别的 RFID 标签（见图1）。

图 1　UDI 示例图

UDI 全称为 Unique Device Identification（医疗器械唯一标识），是一个典型的小小身材包含着大大信息的数字编码，一般遵循 GS1 标准，由器械识别码 DI 和生产识别码 PI 组合编制而成（见图2）。

图 2　UDI 组成图

器械识别码 DI 是 UDI 的固定、强制部分，它包含贴标者信息和产品型号。器械识别码 DI 是识别医疗器械注册人或者备案人、医疗器械型号规格和包装的唯一码。器械识别码 DI 一般由包装标识符+厂商识别码+商品项目代码（一般为产品型号/规格）组成，通过器械识别码 DI 就可以知道该产品的注册人或备案人是谁、该产品的型号/规格是什么、包装规格是什么。

生产识别码 PI 是 UDI 的可变、非强制部分，根据监管和实际应用需求可包含医疗器械序列号、生产批号、生产日期、失效日期等。生产识别码 PI 是识别医疗器械生产过程相关数据的代码。通过生产标识码 PI 可以了解该产品的生产信息，如产品是什么时候生产的，产品什么时候失效等。

国家药品监督管理局制定医疗器械唯一标识数据相关标准及规范《医疗器械唯一标识系统规则》，组织建立了医疗器械唯一标识数据库。2020 年 3 月 31 日，国家药品监督管理局开放数据库共享功能，以查询、下载、接口对接三种方式，供公众、医疗器械生产经营企业和医疗机构等各方查询使用。

UDI 是什么弄清楚了，那么如何让 UDI 贯穿每个植入类医疗器械的生命始终呢？

众所周知，每个植入类医疗器械的诞生都需要经过层层叠叠、复杂往复的工艺和生产过程，仅仅是在产品上附带一个编号就可以吗？不，纯粹的数字编号是没有意义的，能作用于反向追溯产品、能正向把控产品流向的"数字精灵"才大有可为。

从原材料采购到生产工艺成形，从产品包装到出厂，UDI 这一串"数字精灵"是如何从无到有的呢？

注册人向国家认可的发码机构注册申请器械识别码 DI，国家药品监督管理局审批通过之后，此数据将同步至我国的医疗器械唯一标识数据库，这一动作让 UDI "数字精灵"有了初生骨架。"数字精灵"形态已备，序列号、生产批号、生产日期、失效日期等代表其血肉的生产识别码 PI 又如何使其逐渐丰满呢？

为此，微创®构建了 UDI 管理系统。

微创®医疗器械产品研发生产已有 20 多年经验，产品加工、工艺、包装等过程及其对应系统已较为成熟和稳定，但都是自成一体，是没有交集的孤岛，打破系统之间的栅栏是构建 UDI 管理系统的第一步。微创®花费了大量的精力对企业资源管理系统、生产制造执行系统、仓储管理系统、经销商管理系统及患者关爱系统的基础数据结构进行梳理，破开一道口，使其流出到"数据湖"，在湖中以统一的规则进行数据清洗，得到干净的数据字段；在这些字段里选取必要的部分，将其按照一定规则与从医疗器械唯一标识数据库动态获取的器械识别码 DI 拼接，一个个唯一的 UDI "数字精灵"成功诞生，开始在微创®发挥其作用。

数据湖中的水流并非只进不出，已经干净的数据字段又重新流向管理、研发、生产的各个系统。流向企业资源管理系统，每批原材料用于哪些器械便有了规则关联，便于资源管理、资金管理；流向工厂，生产制造执行系统严格控制每道生产工序，车间里的数据大屏实时监控每个器械的参数是否符合规格要求，在每个产品或包装上逐个打印上专属 UDI 信息；流向仓库，器械存放环境、器械存放位置精细可查，发货内容、时间与目的地强关联；流向经销商管理系统，某个产品经过几级、几个经销商、销售到了哪家机构便一目了然；流向患者关爱系统，UDI 被打印在一张张植入卡上，承担起连接产品最终用户与企业的重任（见图 3）。

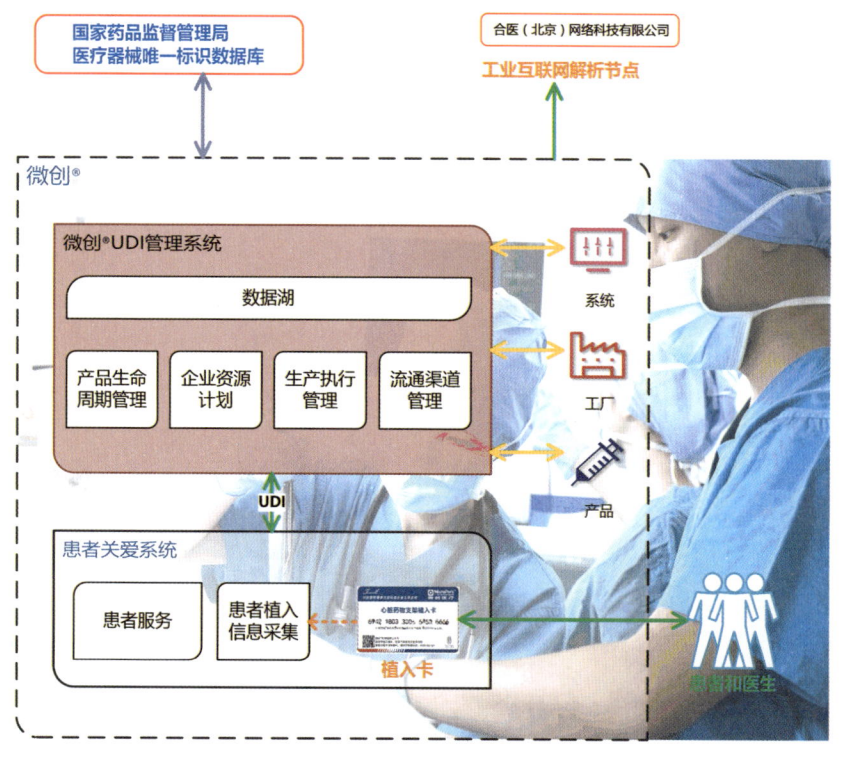

图 3　微创®UDI 管理系统联结图

此外，每个 UDI "数字精灵"还会井然有序地进入工业互联网解析节点，为医疗器械行业建设储备数据。

微创®UDI 管理系统不是一个传统意义上的信息系统，更多的是作为企业内部各系统之间的强连接与沟通渠道，将器械产品全生命周期过程中的节点都串联起来，作用于更多为患者、医生服务的系统。

每个微创®的产品出厂时都附带有唯一的纸质植入卡，在患者术后由医疗机构交给患者，患者通过注册录入植入卡信息后，患者关爱系统自动识别、绑定患者使用的产品信息，并提供术后远程关怀、线上问诊、用药指导和跟踪、康复知识推送等患者服务，患者也可以在系统中直接查看植入器械产品的特性、真伪及生产信息等。

患者手术和康复检查往往会由不同的医生负责，门诊医生便以植入卡信息为媒介，查询、了解患者体内器械的特性、植入时间、手术医生等信息，大大便利了患者术后回访和康复检查，提高患者就医体验，提高医院服务效率。

从监管机构角度，在抽检微创®产品时，通过产品包装上或企业上报到医疗器械唯一标识数据库的 UDI 数据可以快速获取抽检产品的检测报告、操作手册、生产批次、追溯文件等信息，对保障医疗安全的要求的实现意义重大。

对企业自身，微创®UDI 管理系统建立了企业高端医疗器械产品与患者唯一绑定的数据地图，为提升和改进产品提供健全的应用数据支撑和准确的需求保障，实现了单个患者在产品使用、销售物流、生产制造、原材料采购、研发设计等全生命周期过程中准确可靠的信息追溯。

（四）项目实施收益

微创®UDI 管理系统帮助微创®患者植入卡解决了患者与医疗机构、生产企业和监管部门就产品追溯的"最后一千米"难题，帮助医生在术后告知患者信息（包括植入器械信息和安全事项），方便在突发情况下使医生能尽快准确地获取植入医疗器械信息，确保企业对患者所使用的医疗器械产品信息的及时追溯，保障患者权益和生命安全。截至 2021 年 11 月 11 日，逾 28 万张植入卡投入使用，覆盖 33 省 326 市 2739 家医院，超过 17 万名患者通过植入卡注册患者关爱系统，获得康复服务。

从供应链协同角度出发，微创®以独创的 UDI 管理系统，建立医疗器械唯一标识系统，满足医疗器械流通和使用环节精细化识别和记录的需求。通过 UDI 数据的应用建立起企业与供应商在物料供应过程的协同管控，以及与物流服务商在产品物流运输过程的协同管控，为产品全生命周期管控提供了有效的追溯方案。

UDI 数据一体化畅通了从原材料到产品再到患者使用端的生命链路，对医疗器械行业的医保费控、质量安全及使用合规有深远意义。依靠工业互联网解析体系，每个企业维护自己的 UDI 数据库，使得经销商、医院更容易获得产品的信息，如产品型号、检测信息、批准信息等。

UDI 的应用与推广，对于企业的精细化管理有着指导作用。不仅有利于企业的产品库存管理、渠道流向管理，获得器械使用端医生、患者的直接反馈，还能够促使企业"做更好的研发，做更好的产品"。

微创®每个微小的进步，都在践行"帮助亿万地球人健朗地越过115岁生命线"的初心（见图4）。

图4 微创®初心

媒体推荐语

现如今，微创®正在打造的数字化赋能的一体化解决方案，通过患者关爱系统和微创在线平台的各类程序可以帮助医生更好地为患者做好术后随访等工作，目前这个平台在骨科业务上已经广泛推广。未来，还会有更多的业务模块通过布局智能化、数字化医疗方案，赋能县域医疗技术下沉服务于基层患者和医生。

——金台资讯 2020年10月15日

案例 10　网络化协同智造助力老字号中药现代化创新之路

——上海雷允上药业有限公司

（一）基本情况

上海雷允上药业有限公司（以下简称"雷允上"）源于拥有近 300 年历史的"雷允上"，1860 年自苏州迁至上海并逐步发展壮大，民国期间已成为全国首屈一指的中成药品牌。中华人民共和国成立以后逐步合并转制为"上海雷允上药业有限公司"，继承了"雷允上"传承百年的制药精华和上海中药制药业的衣钵，拥有国家级非遗项目六神丸制作技艺，先后被评为上海市知识产权示范企业、上海市高新技术企业、上海市创新型企业。

雷允上注重对优秀中药瑰宝的传承，坚持产品二次开发，提升品质。主要有国家保密产品六神丸，以及丹参片、珍菊降压片、猴头菌片、复方紫荆消伤巴布膏（原石氏伤膏）等一批知名产品。

（二）背景需求

1. 中医药行业发展促进中药现代化

近年来，随着国家政策持续利好，以及居民健康保健意识增强，中医药行业发展态势较好。在抗击新冠肺炎疫情过程中，中西医结合成为疫情防控亮点，公司"六神丸"入选上海市中西医结合新冠肺炎救治方案。在此背景下，中医药行业的地位不断提高，未来中医药行业发展将向规范化、品牌化、标准化、国际化等方向升级，中药制造业也将通过新一代信息技术促进企业数字化转型，提高工业互联网和智能制造集成应用，并打通与消费互联网端的业务系统，加强与中药现代化的有机融合，实现中药系统化创新。

2. 雷允上战略目标的实现需要数字化、网络化和智能化转型

当前，雷允上制定了三年再造一个雷允上的目标，将通过扩大存量业务、培养拓展医院制剂业务、规划大健康领域发展等路径，打造有竞争力的公司文化和品牌。目前，雷允上的业务开展在内外部呈现以下特点。

1）内部发展方面

① 多种生产形态并存，既有常规药的大批量生产，也有医院制剂小批量、多品种按订单生产。

② 原材料、中间品、成品检测周期长，数据不集中，影响产品生产周期。

③ 设备多样性，拥有不同时期的各种类型的设备，影响产品生产工艺的稳定性。

④ 质量优先，优质优价促使公司要从产业链源头抓起，优化生产控制，不断提升品质，振兴民族品牌。

2）外部监管方面

① 原材料价格上涨和政府进一步控制药品价格，在产品制造和流通环节面临成本高、公司压力大等问题。

② 两票制及市场需求精准获取对公司提出了营销全流程精细化、透明化管控要求。

综上所述，雷允上围绕产能规模的提升，以及精细化、数字化和网络化管理的需求，制定了三年建设规划，并将在此规划设计下逐步推进数字化转型，实现降本、增效、提质的目标。

- 推进营销业务协同，实施营销优化升级，实现流向数据采集、清洗、进销存管理及医院制剂业务协同，向消费互联网模式发展。
- 推进智能化生产，打造数字化工厂，实现生产过程数字化全流程管控，并与营销集成，驱动柔性化生产，向消费互联网模式和工业互联网模式融合发展。
- 推进中药材产业链追溯平台集成，实现从中药材管理、制造管理、流通管理的产业链追溯向全产业链协同发展。

（三）案例实施方案

围绕营销网络化协同、制造数字化生产、产业链全过程可追溯等需求，雷允上以营销协同业务为驱动，推进内外部协同的营销管理、医院制剂管理、质量追溯管理，并协同内部数字化工厂应用，构建中药材全产业链的信息追溯应用新模式（见图1）。

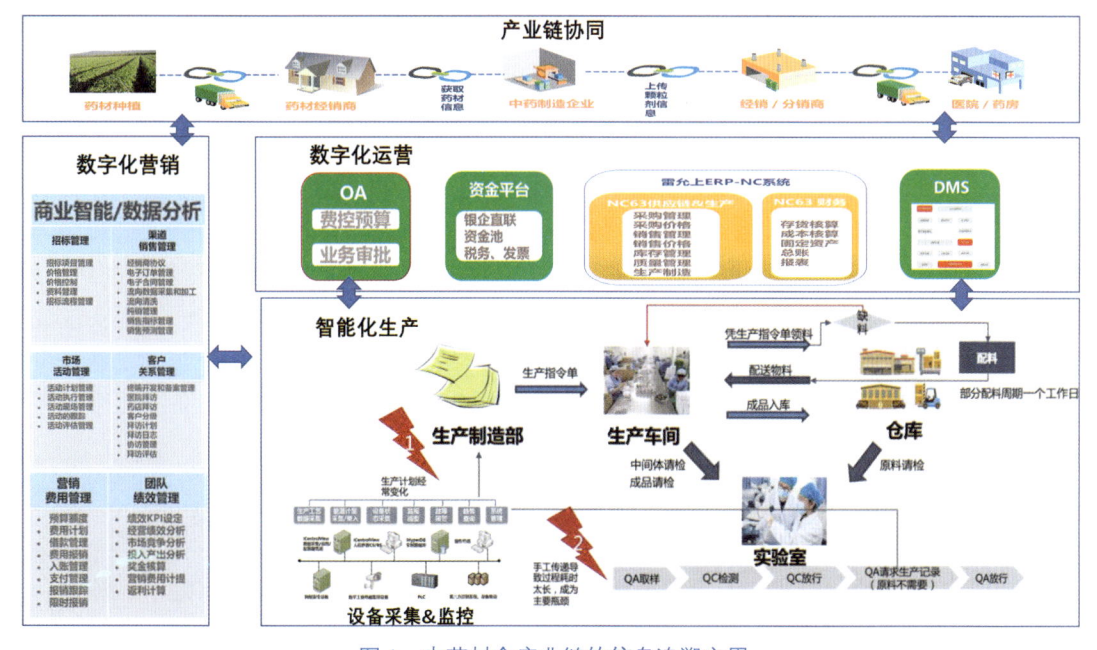

图1 中药材全产业链的信息追溯应用

1. 工业互联网应用总体架构

工业互联网应用总体架构围绕协同化营销、数字化生产、全产业链追溯开展工业互联网集成创新应用建设（见图2）。

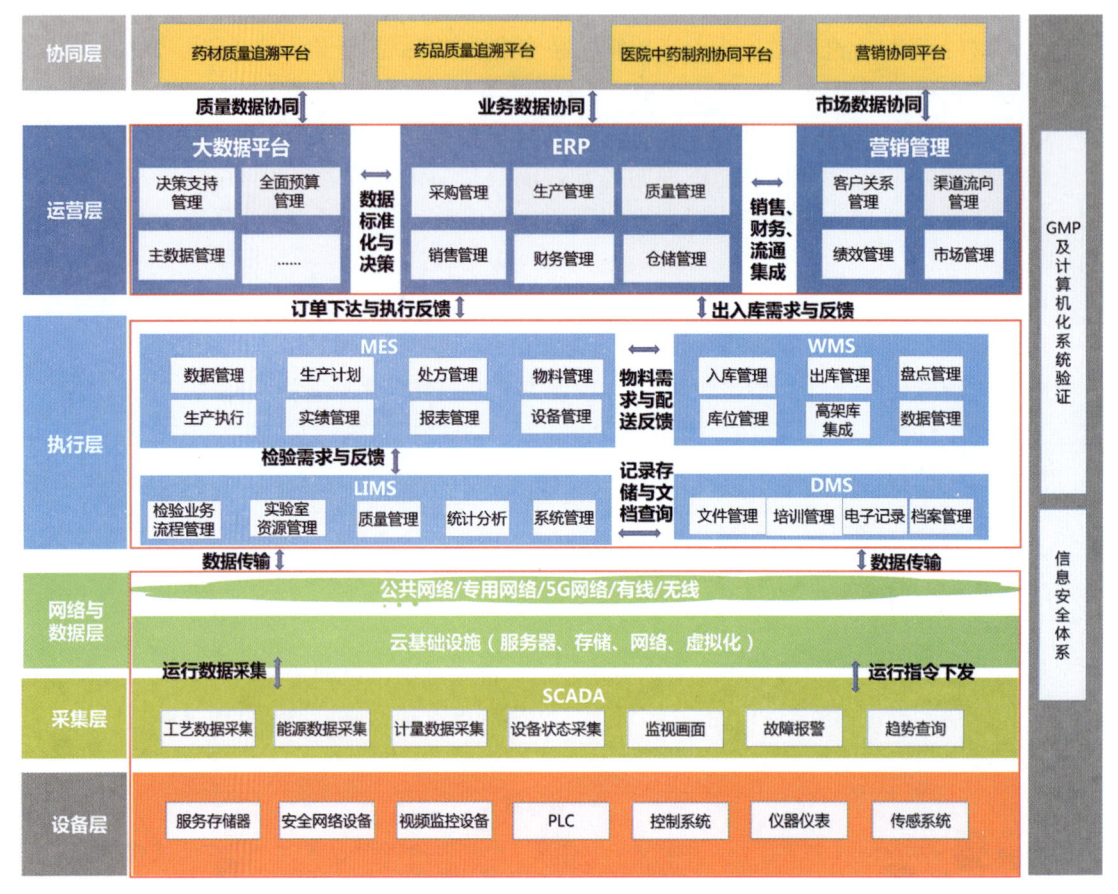

图2 工业互联网应用总体架构

雷允上工业互联网应用由协同层、运营层、执行层、网络与数据层、采集层和设备层组成。协同层为内外部协同，主要是实现中药材全产业链的业务协同与质量追溯。运营层为业务集成，主要实现内部资源计划的信息化集成，实现产供销一体化管控。执行层为制造集成，主要实现生产制造全过程的信息化、数字化管理。网络与数据层为数据处理，主要实现数据的集中存储和数据高质量传输。采集层为数据互联，主要实现对生产过程、基础设施和设备进行数据采集与远程监控。设备层为智造基础，主要包括工业互联网基础设备、网络和生产设备设施及系统。

2. 工业互联网典型应用

1）以营销业务协同推进生产高效化

通过营销业务协同推进，整合渠道经销商、终端药店、医院等信息，打通产品流通全过程信息流，形成产品营销数据的系统直连采集机制，减少人工操作，提高效率，同时保证流向库存数据的真实性、准确性和实时性，促进消费互联网的发展。同时，为生产的高效协同提供数据支撑，实现与渠道经销商、终端药店、医院之间的协同运营，及时跟踪相关的信息反馈，为产品研发和生产提供决策依据（见图3）。

平台	基于桌面系统的应用		基于智能终端的移动应用		基于云服务		
业务功能	\[商业智能/数据分析\]							
	招标管理	渠道销售管理	市场活动管理	客户关系管理	营销费用管理	团队绩效管理	客户投诉和服务
	◆招标项目管理 ◆价格管理 ◆价格控制 ◆资料管理 ◆招标流程管理	◆经销商协议 ◆电子订单管理 ◆电子合同管理 ◆流向数据采集和加工 ◆流向清洗 ◆纯销管理 ◆销售指标管理 ◆销售预测管理	◆活动计划管理 ◆活动执行管理 ◆活动现场管理 ◆活动的跟踪 ◆活动评估管理	◆终端开发和备案管理 ◆医院拜访 ◆药店拜访 ◆客户分级 ◆拜访计划 ◆拜访日志 ◆协访管理 ◆拜访评估	◆预算额度 ◆费用计划 ◆借款管理 ◆费用报销 ◆入账管理 ◆支付管理 ◆报销跟踪 ◆限时报销	◆绩效KPI设定 ◆经营绩效分析 ◆市场竞争分析 ◆投入产出分析 ◆奖金核算 ◆营销费用计提 ◆返利计算	◆质量投诉管理 ◆不良反应管理 ◆产品退换货管理 ◆样品发放管理 ◆药品追踪溯源 ◆医学服务管理
	◆经销商管理	◆医院管理	◆医生管理	◆药店管理	◆患者管理	◆人员和组织架构管理	◆辖区管理	◆数字和标签管理
	◆商务/市场			◆市场/销售			◆销售管理/客服	
客户	◆渠道——医药流通企业			◆终端——药店/医院			◆医生/患者	

图 3 营销业务协同功能应用

2）以数字化生产促使过程稳定高效

中药生产标准化与智能化是质量稳定均一、药品安全有效的重要保障。通过构建以生产为核心的一体化应用体系，有效推进中药数字化精准制造，采用先进的自动化控制和过程分析技术、集成生产数据信息管理技术，进行全面生产信息化和流程化管理，并持续提升产品工艺、质量品质，实现符合 GMP 要求的中药提取物生产全流程管道化、连续化、自动化、智能化，进而实现全生产过程质量监控（见图4）。

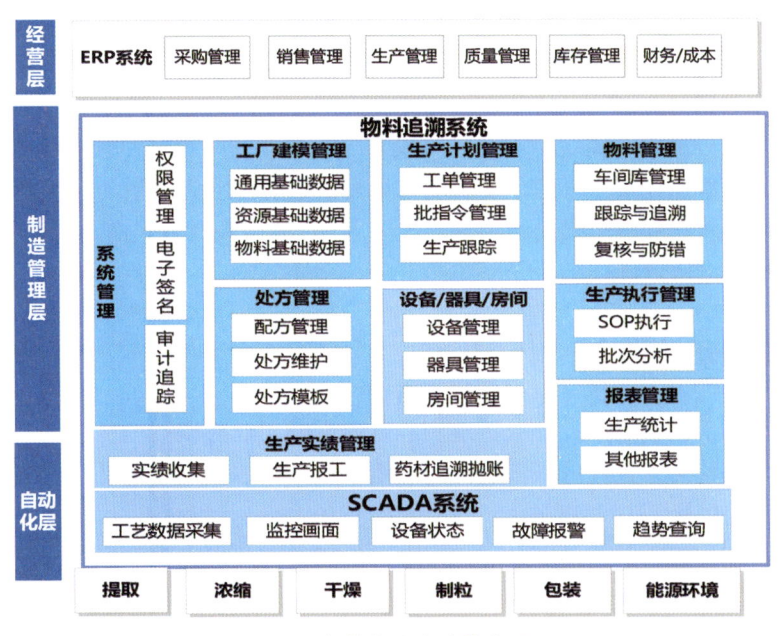

经营层	ERP系统	采购管理	销售管理	生产管理	质量管理	库存管理	财务/成本

制造管理层	系统管理	物料追溯系统		
	权限管理 电子签名 审计追踪	工厂建模管理 通用基础数据 资源基础数据 物料基础数据	生产计划管理 工单管理 批指令管理 生产跟踪	物料管理 车间库管理 跟踪与追溯 复核与防错
		处方管理 配方管理 处方维护 处方模板	设备/器具/房间 设备管理 器具管理 房间管理	生产执行管理 SOP执行 批次分析 报表管理 生产统计 其他报表
		生产实绩管理 实绩收集　生产报工　药材追溯抛账		

自动化层	SCADA系统
	工艺数据采集　监控画面　设备状态　故障报警　趋势查询
	提取　浓缩　干燥　制粒　包装　能源环境

图 4 智能化生产功能应用

3）以产业链数据集成提升质量管控水平

通过雷允上内部工业互联网应用系统的推进与完善，并与上级单位中药材产业链全程质量追溯系统对接，推进中药材全产业过程数据的集成应用，打通相关环节的数据链路，建立追溯链条。实现对中药材种植全过程，中药材加工、产品仓储、物流、销售、终端零售信息的采集与共享，形成中药材全产业链的信息追溯（见图5）。

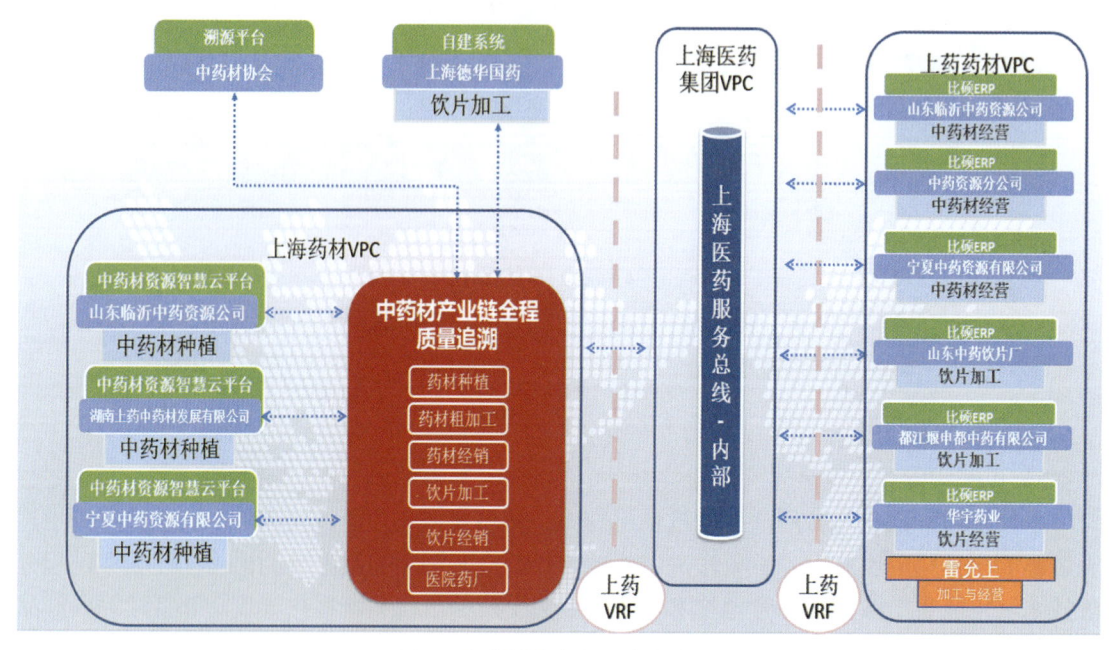

图5 中药材全产业链追溯应用

3．工业互联网应用创新

推动营销协同，实现消费互联网模式应用。通过搭建与医院制剂业务协同模块，实现公司制剂代煎业务数据与医院开具药方之间的数据协同，提升公司、医院制剂业务的协同性。

促进内外部业务协同。实现消费互联网模式与工业互联网模式的融合，以需求业务协同推进公司数字化和智能化生产管理，实现以质量为核心的数字化转型。

通过搭建中药材产业链全程质量追溯集成应用，打通中药材全生命周期的各个信息环节，实现中药材全产业链可追溯。

（四）项目实施收益

雷允上通过在营销、生产、产业链追溯等各方面的工业互联网创新应用，有效促进了业务协同，从根本上整合了企业内外部资源，取消手工单据，利用系统减少或合并流转单据，实现了降本增效的目标。

首先，围绕工业互联网促协同发展，推进了编码规范、标准工作、工时定额等大量标准化工作，并进行固化、强制和监督，对各业务风险点实现有效管控，提高了生产效率、协同工作能力。其中，QA放行记录、报检取样、采购入账单及支付单、退货流程耗时率分别下降

13%、25%、50%、19%。

其次，利用工业互联网创新协同应用推送生产过程数据，有效减少人为录入差错，差错率下降90%，有效提升生产过程信息透明度，以及产品生产与流程过程质量追溯能力。

最后，通过网络化协同智造，实现营销管控向下游延伸，保持与800多家渠道经销商和终端药店销售业务和库存数据的协同，提升了精准制造能力和库存周转率。

专家推荐语

本案例是中医药行业的典型案例，在中药现代化、数字化、网络化和智能化发展背景下，雷允上从中药全产业链协同和追溯出发，在推进内部数字化生产的同时，通过营销协同驱动内外部协同，反哺生产的数字化进程，为雷允上数字化转型发展提供了典型的应用模式。雷允上通过内部数字化能力的提升，积极对接中药材全产业链质量追溯应用，打通了中药材种植、加工、生产、流通等全生命周期过程的数据流，对中医药行业的高质量发展具有重要的推动作用。

案例 11 探索基于工业互联网的智慧锅炉创新应用

——上海锅炉厂有限公司

（一）基本情况

上海锅炉厂有限公司位于上海市，是国内一流、国际领先的综合能源及化工工程解决方案提供商，隶属于上海电气集团，是中华人民共和国成立后最早创建的专业设计制造电站锅炉的大型国有企业之一，主要从事电站锅炉、工业锅炉、特种锅炉等能量转换装置及成套设备的研发、设计、制造和销售等业务。近些年，上海锅炉厂有限公司为了从单一设备商向综合能源及化工工程整体解决方案提供商转型，以满足客户个性化需求为目标，并依托自身的设计及调试经验开发智慧产品，通过对产品的运行数据分析，建立运行调整机理模型，指导优化产品运行，提升客户服务质量，并通过提高机组能效、降低碳排放量，努力助推国家实现碳达峰和碳中和重大战略决策目标。

（二）背景需求

电力是关系国计民生的基础产业。我国电力工业已经取得了举世瞩目的成就，有力支撑了国民经济的发展和人民生活水平的提升。在新常态下，电力工业发展的主要目标已由长期以来的保障供应，向以调整优化、转型升级为路线，构建安全高效、清洁低碳、灵活智能的现代电力工业体系转变。

上海锅炉厂有限公司在国内外已有近千台在役锅炉产品的投运业绩，在充分调研、了解电站锅炉运行维护过程中所面临的痛点及难点后，从"状态检修"和"智能运行"两个维度，确定了基于工业互联网的电站锅炉全生命周期智能运维系统需要研究的功能模块，打造了电站锅炉智能运维系统，通过不同智能模块的组合，可解决目前火、电领域智能模块专业性不强、落脚点不足、指导性不够、用户体验度不佳、效益不显著等问题（见图1）。

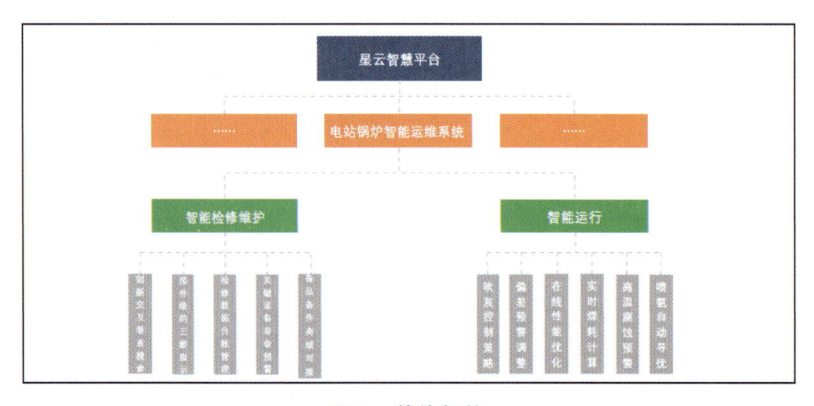

图 1　整体架构

（三）案例实施方案

电站锅炉智能运维系统，面向大型装备预测性维护及系统优化调整，是适应工业互联网环境的智能控制系统及工业大数据分析处理软件，依托上海锅炉厂有限公司在电站锅炉领域全专业、全流程的优势，电站锅炉智能运维系统从核心算法上充分考虑设计理念、燃烧机理及运行调试经验，使软件更适应电站锅炉类复杂的特种工业设备（见图2）。

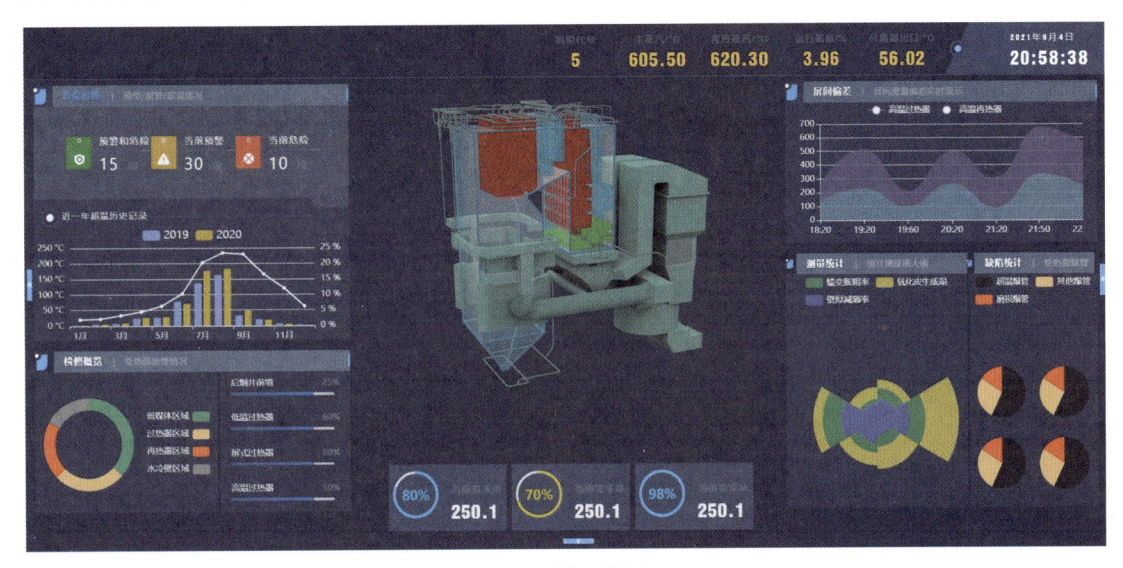

图2　界面展示

电站锅炉智能运维系统包括智能检修维护和智能运行两大平台，可提供上海电气云部署和电厂本地部署两套解决方案。云部署依托上海电气星云智汇平台，打造电站锅炉智能运维系统的子模块，其中包括三维检修模块、智能燃烧模块、智能吹灰模块、高温腐蚀在线预警模块等智能模块。上海锅炉厂有限公司智能化团队通过数据互动了解、分析现场反馈的数据，并根据数据分析优化产品，提高后期服务质量。

电厂本地部署则在电厂智能生产监管层上，以智能设备采集的参数为基础，通过工业互联网将智能设备、智能仪表、工业机器人等工业设备采集的锅炉运行参数传递到控制层。智能模块可对锅炉运行的状态进行分析与实时监控，运用大数据、人工智能、云计算等信息化手段，通过模块的核心逻辑算法对电站锅炉进行智能化逻辑分析应用，实现智能化预警、故障诊断、寿命状态分析、性能效率优化等目的。

1. 基于锅炉全生命周期的智能检修维护平台

该平台从锅炉设计、制造、施工、运行、检修等多维度入手，一方面在锅炉全生命周期搭建与用户之间创新的交互平台，利用云边协同、大数据、垂直搜索等技术手段，改变以往借助传真、电话、微信等通信工具的传统工作流程；另一方面通过对锅炉部件寿命进行精确预测，引导用户制定柔性化检修策略，并结合目前电量交易的背景，从经济性、必要性、可靠性等多方面考虑，将锅炉从原来的定期、刚性检修升级为状态检修（见图3）。根据产品的所在地又可分为两个阶段：厂内阶段 i-Box、厂外阶段 i-Maint。

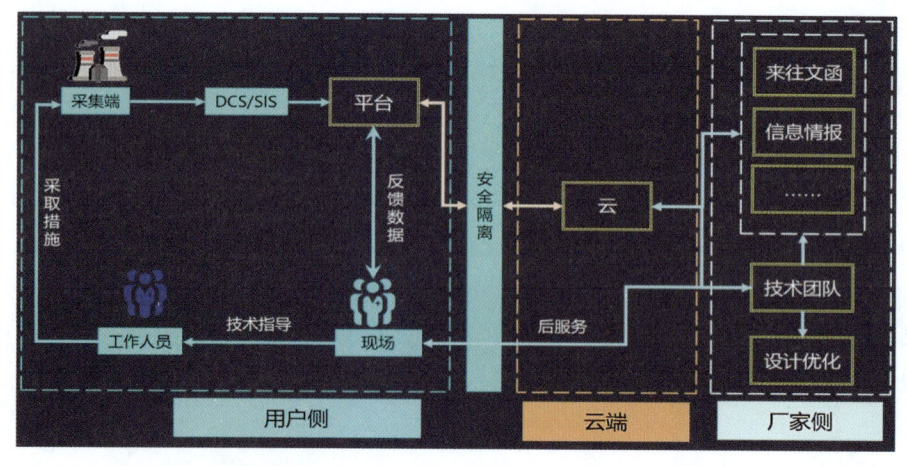

图 3　整体框架

1）厂内阶段 i-Box

将设计阶段所有资料、同类型产品的迭代过程、质量改进措施等内容全部融合进平台，完成垂直搜索引擎的开发，可实现相关数据、问题的快速检索（见图4）。并将制造阶段所有母材的检测数据、焊接记录、试验数据、焊接工艺等内容融合进平台，在处理相关问题时，方便随时调取相关记录，辅助决策。

图 4　垂直搜索界面

2）厂外阶段 i-Maint

厂外阶段 i-Maint 融合了锅炉各部件的设计参数和现场安装参数，通过与云端数据互动获得的机组运行数据，可根据 i-Maint 内置的锅炉关键部件寿命计算程序，利用上述数据实时计算关键设备的寿命。该寿命计算程序从磨损、高温蠕变、管材氧化、材料应力四个维度进行寿命预警计算，结合检修需求、电量交易情况，提供准确、经济的检修计划，从而实现状态检修。

（1）三维数字化锅炉。

通过三维建模、Web 3D 引擎等技术数字化锅炉，将主要承压设备信息直观、清晰地展现，与电厂或用户的软件共享平台兼容。针对单片受热面,以三维形式体现相关信息(见图 5),如不同材质不同颜色,焊口位置的标识,检修状态管段的不同颜色标识,与台账管理模块相关联,体现受热面设计、检修等详细信息。

图 5　单片受热面

(2) 锅炉检修信息管理。

更科学、合理、高效地做好锅炉设备状态管理并制定检修方案;确保检修单位规范、高质量地完成锅炉检修及维护等工作;总结、提炼共性问题,提出改进建议。同时,以编码数字化锅炉为基础,有效划分锅炉区域、部件、图纸。通过采取分级编码格式,建立设备相互层次之间的关系。

(3) 锅炉健康监测。

以数字化锅炉为依托,实现集成数据网络化共享、信息录入与检索、海量数据存储、记录与报表自动生成等功能为一体的可视化管理系统。还可根据用户的需求,对功能进行优化升级,如增加数据点、导入寿命预测模型等,以实现锅炉健康的进一步监测(见图 6)。

图 6　锅炉健康监测

2. 基于锅炉燃烧机理的智能运行平台

智能运行平台包括智慧测量模块、智慧计算模块和智慧运行模块。

1）智慧测量模块

通过激光测距、TDLAS 等测量技术，监测电站锅炉各承压部件特定位置的三向热膨胀位移信号和计算气体浓度。依托物联网智能网关等将测点数据通过无线传输或智能 DCS 通信模块接入到平台进行计算，如存在信号干扰，测点数据无法顺利被网关接收，则将采用中继传输方案。测量的数据如下所述。

（1）炉膛烟气成分分析。在还原区测量水冷壁贴壁氛围，监测 H_2S 等烟气成分的浓度。

（2）尾部烟气成分分析。在 SCR 入口、预热器进出口处，增加烟气成分分析测点，监测 O_2、CO、NO_X 等烟气成分的浓度（见图7）。

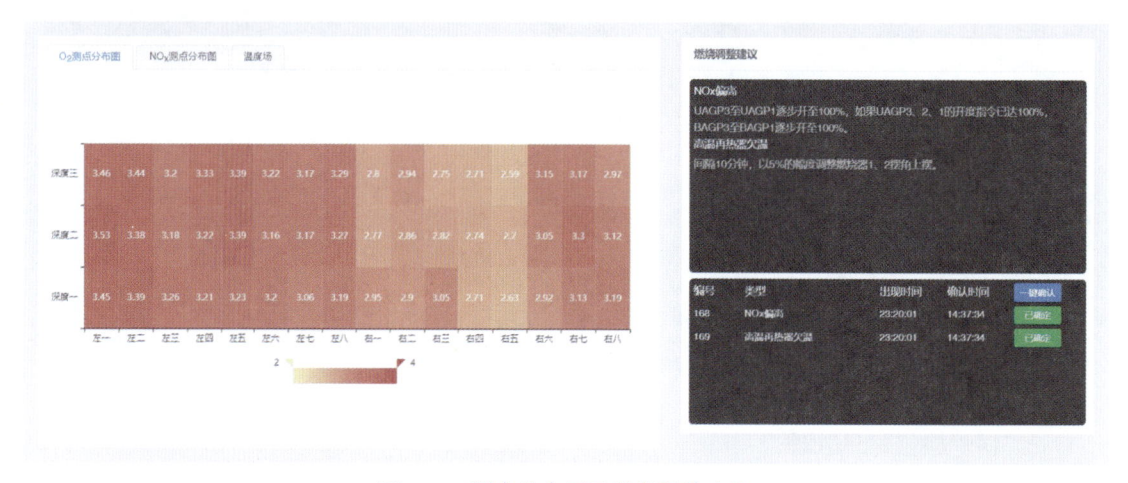

图 7　O_2 测点分布图及燃烧调整建议

（3）温度场。选取某炉膛截面，利用网格法布置超声波测量仪器，实现温度场的实时监控测量。温度场模块的输出结果将以云图形式直观展现。

（4）壁温。根据每台锅炉特性，在各受热面关键区域新增壁温测点，实时监测壁温情况，保证受热面安全。

（5）DCS 监控参数，即 DCS 中的实时数据和历史数据。

2）智慧计算模块

将智慧测量模块所采集的数据与原锅炉 DCS 数据进行有机整合，结合制造厂丰富的现场调整经验、设计参数与设计理念，利用大数据分析、数值模拟、软件计算等手段，将过去经验化、不断试错的锅炉燃烧过程调整为标准化、可量化、显性化的过程。

（1）炉内壁温计算。根据炉外壁温测点数据，以及炉膛温度场数据，反推炉内壁温数据以控制偏差（见图8）。

（2）最优配风计算。根据在线煤质测量、炉膛温度场、尾部巡测数据，计算炉内燃烧情况，进而计算出最优配风。

（3）最优调温方法规划。根据智慧测量模块得到的锅炉偏差数据，通过计算，规划锅炉最优调温方法。

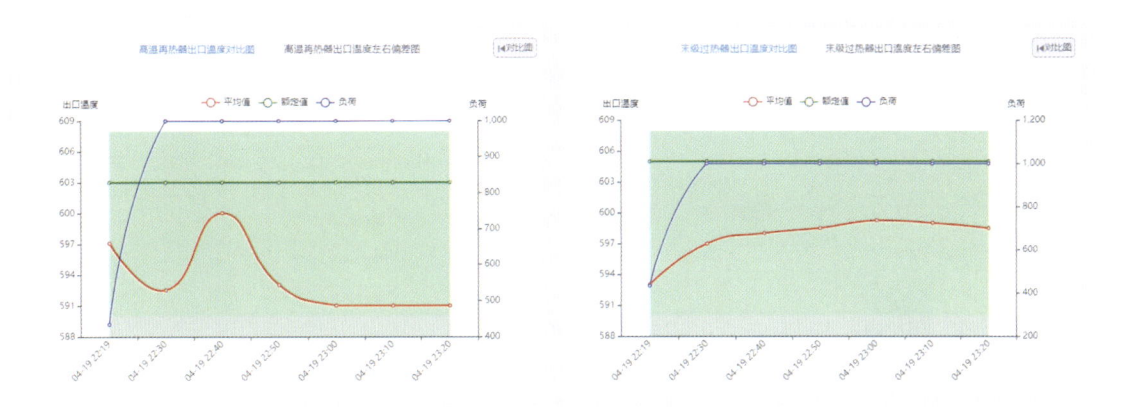

图 8　炉内壁温

3）智慧运行模块

（1）智能吹灰。根据锅炉运行情况及参数变化情况，实现吹灰频率、吹灰压力、吹灰位置自动化，实现按需吹灰的闭环控制。

（2）受热面壁温偏差预警及调整。根据锅炉目前的偏差情况，以及燃烧器的设计参数、实际参数等，自动调整配风、摆角等，以控制偏差。

（3）在线性能优化。根据输入的煤质情况，以及 DCS 数据、其他模块提供的数据，实时计算煤耗，并根据计算结果做出优化调整。

（4）高温腐蚀在线监测及调整。根据炉膛烟气成分的实时测量数据，对高温腐蚀情况进行监测，出现偏差及时调整（见图 9）。

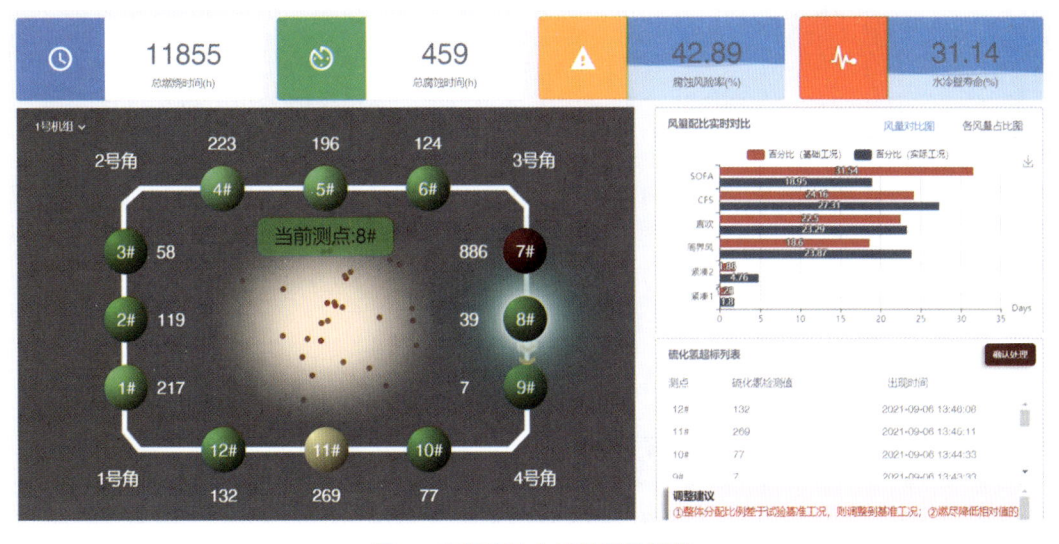

图 9　高温腐蚀在线监测及调整

（5）SCR 喷氨自动寻优。根据 SCR 进出烟气成分巡测结果，对 SCR 各区域的喷氨进行优化，在保证 NO_x 排放达标的同时，有效降低氨逃逸，确保喷氨精细化（见图 10）。

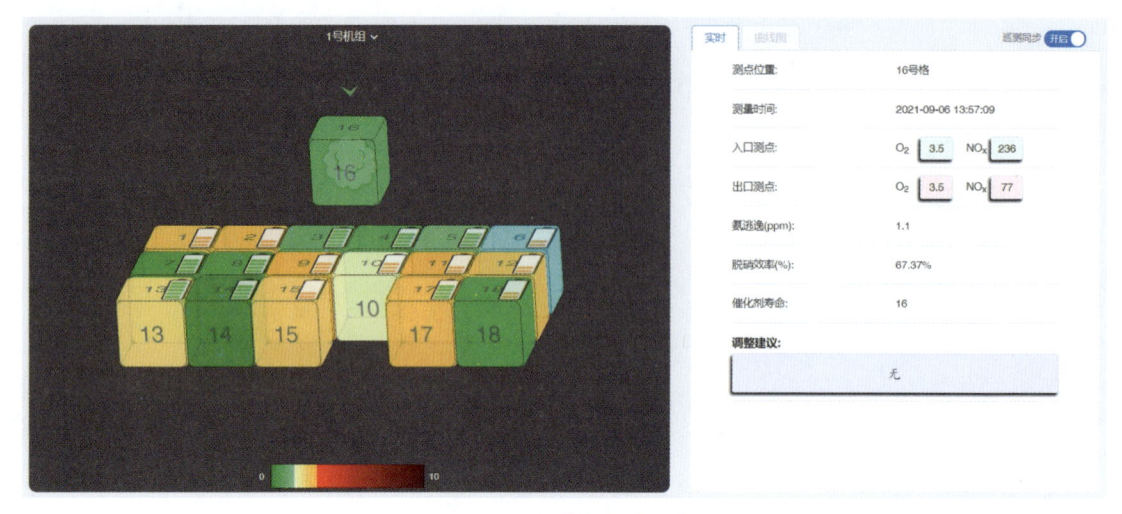

图 10　SCR 喷氨自动寻优

（四）项目实施收益

通过电站锅炉智能运维系统，赋予锅炉"眼睛"和"大脑"，实现锅炉检修智能化预警，提供精确的运行指导建议，提升机组经济性，缩短检修周期，减少更换工作量，减轻企业工作压力，提高锅炉运行质量，有利于电厂真正做到降本增效。同时，通过机组的高效运行实现提高能效、降低碳排放量的节能目标，积极响应国家碳达峰和碳中和的重大战略决策。

相关模块在国华太仓发电有限公司、国投云顶湄洲湾电力有限公司、陕西国华锦界能源有限责任公司进行了部署应用。各智能模块自投运以来运行稳定，为机组的安全可靠、经济高效运行提供了有效保障，完善了智慧电厂的建设。

在当前的发展背景下，数字化转型已成为企业发展的必由之路。电站锅炉智能运维系统的开发，首先赋予了产品新的内涵，增强了销售部门与客户之间的联系；其次将锅炉调试工程师的工作从过去的依靠经验转换为依靠系统、依靠数据进行锅炉设备及运行状态的动态监测、评估，优化锅炉运维策略。

专家推荐语

上海锅炉厂有限公司电站锅炉智能运维系统全面解决了火、电领域电厂状态预测和运行监控等痛点、难点问题，改善了火、电领域智能模块专业性不强、落脚点不足、指导性不够、用户体验度不佳、效益不显著等顽疾，可真正帮助电厂实现锅炉检修智能化预警，提供精确的运行指导建议，提升机组经济性，缩短检修周期，减少更换工作量，减轻企业工作压力，帮助电厂真正做到提质、降本、增效！

案例 12　核电智能化下的在线监控诊断平台

——上海阿波罗机械股份有限公司

（一）基本情况

上海阿波罗机械股份有限公司是一家专业化、集约化的核电站核级泵及重要非核级泵系统及核电后处理设备的核电全产业链设备供应与服务商。公司于 2009 年 1 月获得国家核安全局颁发的《民用核安全设备设计/制造许可证》（核 3 级），公司于 2013 年 5 月获得国家核安全局颁发的《民用核安全设备设计/制造许可证》（核 2 级），公司于 2015 年 6 月 17 日成功登陆"新三板"。

在核电设备国产化目标的指引下，公司获得了国内一大批有志于改变中国核电设备现状并具有开发设计、组织生产、计划调度、外协管理、工艺指导、从发运到现场提供安装和调试服务等丰富经验的专家支持，并加盟公司团队。

（二）背景需求

在核能产业迅猛发展取得举世瞩目成就的同时，越来越多的核电相关人士意识到保证核电机组安全性和可运行性的重要性。相关数据表明，核电站非计划停堆 20%~40%来源于人因失误，60%~80%来源于设备失效。

目前，核电站泵组只配备了监测设备运行状态所需的测量传感器，如绕组温度、轴承温度、轴承振动、润滑油压力、润滑油温度、冷却水流量等。这些测点传感器通过核电站主控 DCS 采集数据，监控主给水泵组的运行状态，给出报警停机信号，但是这些信号相互之间没有关联性，做不到泵组异常运行状态的早期分析。

核电智能泵组在线诊断服务平台通过对核电站在运行泵组各个运行阶段数据的实时监测，对泵组运行状态给出评价，并对相关的故障给出早期预警、原因分析和处理意见，可以有效降低核电设备的失效概率，减少非计划停堆。本项目的意义主要包含如下方面。

① 早期预警，避免重大设备事故，降低事故及二次事故的危害程度。
② 减少非计划停堆，提高产品质量，获取经济效益和社会效益。
③ 降低维修成本，提高设备管理水平。
④ 持续优化产品设计。
⑤ 节能降耗，安全生产，设备挖潜，质量控制。

核电智能泵组在线诊断服务平台收集在运行核电智能泵组的实时数据和历史数据，根据以往经验建立大数据模型，对有质量缺陷的泵组零部件的生产全过程进行回溯，快速甄别原因，解决设计或生产问题，优化提升产品质量。企业通过互联网+大数据分析构建产品在线诊断服务平台，可提供远程操控、健康状况监测、设备维护、产品溯源、质量控制等服务，实现企业从"卖产品"到"卖服务"的转型升级。

（三）案例实施方案

1. 项目总体架构

公司针对本项目专门成立了研发项目组，由总工程师担任项目负责人，负责项目的总体组织协调工作，并按照项目目标和任务书组织项目的实施和监督工作。

公司信息、设计、计算分析、仪控、测试等各部门骨干作为项目组成员参与项目的推进建设，按照项目任务书，提供项目任务所需的资源，确保各项任务顺利完成。

根据项目整体技术方案，依托现代分工制度，整合信号监测、仪表集成、数据分析、算法研究、软件开发等业界头部供应商资源进行集成示范，实现创新资源整合。

本项目依托的专家平台建设，有赖于流体机械、水力分析等各方面专家对技术方案、故障特征库、诊断分析等提供的支持，以及对项目实施过程中碰到的技术难点提供意见和建议。

从项目启动会开始，项目组采用协商机制，定期召开项目协调会，项目组成员围绕项目目标，解决项目实施过程中碰到的问题。项目组架构如图1所示。

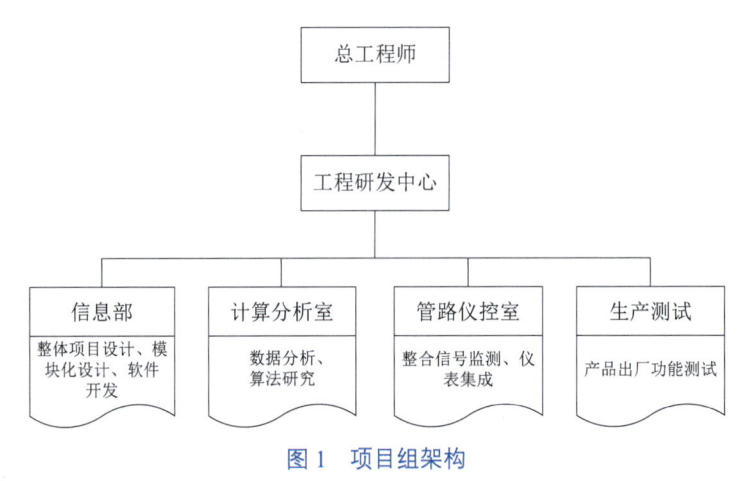

图 1 项目组架构

2. 项目采用技术及建设内容

核电智能泵组在线监测与故障诊断服务平台由振动（含电涡流）、转动、温度、压力、流量等多类型传感器，以及通过多通道在线监测采集器、高速交换机、大容量服务器完成在线监测与故障诊断的软件等组成，开展远程操作、健康状态监测、设备故障诊断，为客户提供产品溯源，满足客户质量控制、高效运维的服务要求。

1）平台硬件架构

平台的部署通过在关键设备各部位部署各类型传感器实现监测设备运行数据的在线采集，并将模拟信号转换为数字信号，数字信号通过以太网通信方式，远距离实时可靠地传送到监控中心的服务器，结合功能完善的在线监测控制分析软件和大型数据库，实现设备状态数据的实时显示和历史数据的海量存储。

通过阿波罗现场试验监控和核电业主多地部署，收集运行数据并采集故障信息，从而生成实时数据库、历史数据库及报警特征库。被监测的设备一旦出现故障前兆或运行不正常，系统即可通过预设备报警阈值发出报警，并通过报警特征库判断故障所在，从而实现故障报警、故障查询和故障诊断。系统设计上支持远程故障诊断，所有数据都可以在网上进行远程浏览，以便在线诊断和分析。

服务器通过工业以太网和采集器连接，软件通过 TCP/IP 读取采集器的数据，同时服务器网卡可与互联网连接，经端口映射+DDNS 后实现互联网远程访问在线监测与故障诊断网页的功能（见图 2）。

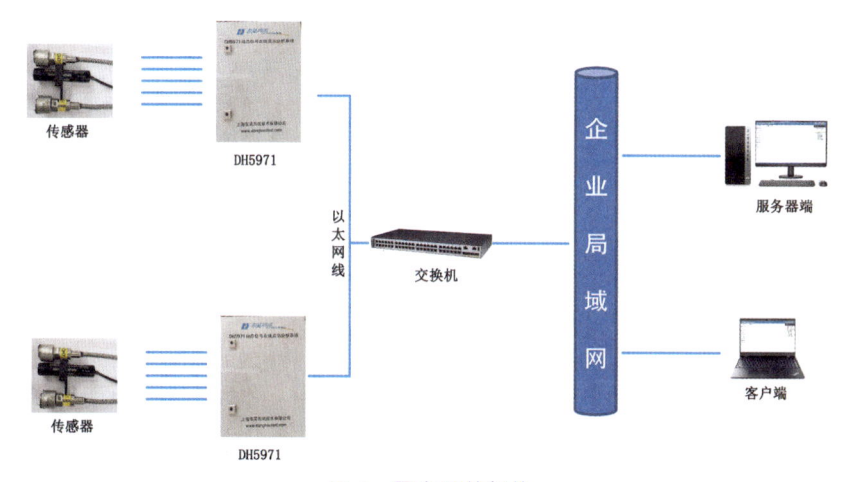

图 2　平台硬件架构

2）平台软件架构

在线监测与故障诊断软件是基于 B/S 架构的软件，即浏览器和服务器架构模式，仅需维护一套服务端程序，支持多用户同时在线访问现场实时监测数据。软件的主要功能：传感器数据采集，数据异常报警提醒，采集数据展示，数据智能分析，机组故障智能诊断。

软件的主体框架：数据访问层，业务逻辑层，业务服务层，外部接口层（WebApi、SignalR 等），UI 用户交互层。数据访问层对接缓存、数据库及数据中心，对外提供基于历史参数及数据的增删查改功能（见图 3）。

图 3　平台软件架构

3）软件主界面设计

在线监测与故障诊断软件支持 360 安全浏览器、Google Chrome、Firefox 等多种浏览器登录访问。

主界面设计分为下列显示区域。

- 快捷展示区：用于显示系统异常信息和用户信息，包括实时/历史报警、软件系统时间、当前用户信息功能等。
- 软件功能菜单栏：软件功能的入口，点击具体功能名称图标，即可进入相应功能进行操作。菜单始终固定在软件左侧，支持向左收缩隐藏。方便快捷，可操作性强。
- 详细信息展示区：图谱、厂区结构、数据详细信息，点击功能图标后，进行具体功能和信息的展示。
- 层级结构区：又名设备树，包含厂区、机组、测点层级结构。结构清晰，便于操作和查询。

界面整体简洁、友好，符合用户操作习惯（见图 4）。

图 4 软件界面

现场部署核电智能泵组在线监测与故障诊断服务平台，通过实时在线监测产品在现场的运转状态，通过预设的报警设置及故障特征识别来对泵组进行有效管控。由多点布置的工业传感器（温度、压力、流量、转速、振动等）采集产品运行的各项数据；通过 DH5971 型高速数据采集器接入到核电智能泵组在线监测与故障诊断服务平台服务器并生成实时数据库，产品运转的情况可以满足实时监测；通过趋势图、波形图、频谱图、阶次谱图、三维瀑布图、轴心轨迹图、轴心位置图、波德图实现实时诊断。设备发生故障时对照预设报警点监控系统界面自动发出报警信号，实现故障报警、故障查询、故障诊断，通过对比预设参数、历史数据库等能对 85% 的小故障做出分析判断。

核电智能泵组在线监测与故障诊断服务平台优化了业务流程、提高了效率，平台构建前后对比图如图 5 所示。

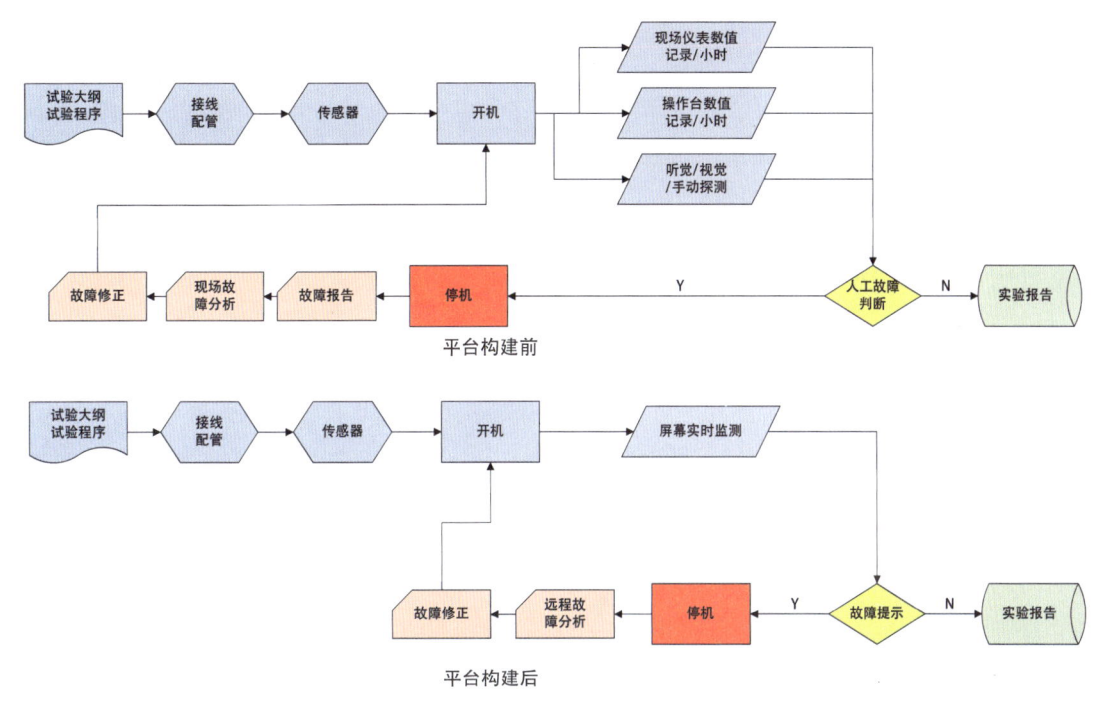

图 5　平台构建前后对比图

核电智能泵组在线监测与故障诊断服务平台已经构建完成，平台包含基础网络（传感器连接到采集系统）、OT 网络（采集系统到智能诊断服务器）、公共访问网络等。其中，不同用途多型号传感器（包括温度、压力、流量、转速、轴振、壳振等）共计 56 个测点，32 位多通道各类信号采集器 2 台（同时支持 72 路信号采集），PLC 控制柜 1 台，主干交换机、防火墙、路由器等若干，虚拟服务器及存储阵列 1 套，其上部署机组监测与智能诊断系统 CMA3.0 软件 1 套等。现场测试安装图如图 6 所示。

图 6　现场测试安装图

（四）项目实施收益

1. 项目的完成情况

项目推广至核电用户，多家核电用户表现出了浓厚的兴趣，已来公司参观、洽谈、培训，其中已有 2 家核电用户形成系统部署应用（秦山方家山核电、田湾核电）。

中核秦山方家山核电用户已于 2021 年初完成部署（包含 Dell 高性能服务器 1 台、CMA3.0 软件系统 1 套，32 位多通道各类信号采集器 2 台，多类型测点 48 个，PLC 控制柜 1 台，POE 交换机等）。现场运行良好，解决了现场人工巡检工作量大，测量不及时，数据不连续、无法实时监测、无故障分析的弊端，获得了用户一致好评。

中核田湾核电用户经多次沟通已于 2021 年 6 月开始部署，现正处于试运行状态。该系统包含多类型测点 28 个，32 位多通道各类信号采集器 1 台，Dell 高性能服务器 1 台，CMA3.0 软件系统 1 套，PLC 控制柜 1 台，POE 交换机等。

在获得用户许可的情况下，公司可以实时在线访问用户在线监测及诊断平台监测数据并比对原始出厂数据，核实故障的判断准确性大幅度提升试验数据的开发利用水平，对现场发现的问题通过 ERP、PLM 等信息系统查询做出及时响应判断，并向用户提供解决方案。通过上述方案实现信息共享及资源的优化配置，缩短响应时间，及时发现故障并解决问题，确保用户的问题能够得到及时解决。

2. 项目产生的效益及预期产生的效益

1）试验动力费用

现场部署系统运行以来试验了多种产品，通过核电智能泵组在线监测与故障诊断服务平台提前发现故障数量 3 次，减少停泵、启泵各 3 次，估算节省试验动力费用约 15 万元；用户现场系统目前在运行中，暂未发现故障及引起的停泵等事件。

2）人力费用

核电智能泵组在线监测与故障诊断服务平台的使用，使得部分现场发现的安装、调试问题能及时通过历史数据的查询做判断，减少了派遣人员约 30%（按每个项目周期节约人员差旅费用 2 万元），同时缩短了响应时间。核电用户现场的部署应用，核电智能泵组在线监测与故障诊断服务平台 24 小时正常运行，减少了现场运维人员巡检测量次数，解决了监测数据无存储、故障无法分析的弊端，减少用户人工检修成本约 2 万元。

3）备件采购费用

核电智能泵组在线监测与故障诊断服务平台在运行期间，通过系统提前发现故障，避免了 3 次机械密封损坏引起的更换，节省更换零件费用约 30 万元。核电用户现场部署应用因设备运转正常无故障，暂无备件费用节省。

4）其他费用

核电智能泵组在线监测与故障诊断服务平台可以对公司出厂产品的试验数据进行汇总，方便了数据分析和追溯，缩短了故障分析和判断时间，节省管理费用约 1 万元。

5）平台推广

按项目计划已向用户现场推广，已在中核秦山方家山核电完成现场部署应用，解决了用户关键设备运行情况无法实时监测、发生故障无法及时处理的问题，取代了原有人工巡检的模式。已在中核田湾核电做现场部署，目前处于试运行阶段。

项目计划增值服务效益方面暂未实际发生，未来随着核电智能泵组在线监测与故障诊断服务平台在用户现场的部署增多，监测设备的增加，监测点数的扩展，用户改造项目、维护所需的备件等给公司带来的营收预期约 1000 万元/年。

6）泵的维护费用

核电用户现场的部署，通过及时发现故障、处理故障按照百万千瓦机组每年减少 1 次停机事件，持续 1 天给每位用户带来维护费用、产出的缩减预期约 300 万元/年。

7）企业效益

用户现场的部署，给公司带来了极好的口碑和服务效益，公司 2020 年承接核电项目订单金额近 11 亿元，2021 年上半年已接近 2020 年全年承接金额。

专家推荐语

本案例为核电领域重点案例，通过构建核电智能泵组在线监测与故障诊断服务平台，对核电站在运行泵组各个运行阶段数据的实时监测，对泵组运行状态给出评价，并对相关的故障进行预警及可视化分析处理，有效降低了核电设备的失效概率，减少非计划停堆。核电智能泵组在线监测与故障诊断服务平台在早期事故预警、降低成本、优化非计划停堆、节能减排方面表现出了优异处理能力，可进一步在行业进行推广。

案例 13 数字化赋能全场景，打造乳业智能管控系统

——光明乳业股份有限公司

（一）基本情况

光明乳业股份有限公司（以下简称"光明乳业"）业务渊源始于 1911 年，至今已有 110 年的历史，通过打造全产业链，确保高品质的产品与服务始终如一，致力于成为"中国最好的乳制品企业"。光明乳业坚守品质引领创新，在"立足上海，发展华东，优化全国，乐在新鲜"的战略下，不断提升全产业链核心竞争力。在强大科研实力和卓越质量管理体系的保障下，光明乳业在全国鲜奶市场份额位列第一，旗下拥有"光明冷饮""致优""优倍""如实""畅优""健能 Jcan""莫斯利安""优加""牛奶棚""光明悠焙"等众多知名品牌。

（二）背景需求

光明乳业高度重视数字化工作的开展，成立了数字化转型办公室，加快转型步伐，从数字化牧场的源头出发，覆盖生产加工、仓储物流、渠道营销，聚焦全产业链数字化转型升级，打造"数字光明，质量光明，效益光明，科技光明"，用数字力量支撑中国乳业高质量发展。曾经的送奶车装上了先进的控温系统，手机 App 替代了曾经的订奶热线，奶牛也住进了高科技宿舍，将优质好奶源源不断地输送到智能化工厂，这些巨大的转变都是数字化转型的重大成果。

光明乳业为数字化转型设立了 1+2+3+4 的目标：①搭建一个全产业链大数据平台；②贯通消费互联网和工业互联网，形成两网融合；③打造企业数据、知识和算法三项能力体系；④支撑奶源管理、生产制造、物流配送、零售终端四大领域数字化应用。

围绕目标，利用 5G、大数据、云计算、工业互联网、物联网和人工智能等技术，光明乳业建设了"天然养"牧场、"智慧造"工厂、"及时送"物流和"随心订"购物平台，链接十几万头牛的穿戴设备、几十万台生产设备、2000 多辆冷链车和 90 多个城市 350 多万个家庭，实现从源头到终端的全产业链设备互联、数据互通、智能协同。

（三）案例实施方案

光明乳业作为国内乳业前三甲，始终致力于推动乳业全产业链智能制造建设，通过提高生产效率、能源利用率，降低运营成本及产品不良率，从而提升光明乳业的核心竞争力，进

而推动中国乳制品行业的整体生产制造水平，从"制造"向"智造""质造"迈进。

本案例以光明乳业全产业链智能化管控为核心，通过打破壁垒、智能管控、资源优化，形成智慧牧场集群、智慧工厂集群、智能仓储物流网、渠道分销及终端布局的全国一盘棋，借助先进的技术和管理理念，对未来企业全产业链管控智能化建设进行整体的部署和规划，构建一个能够及时、准确、全面地反映整个光明乳业的经营信息系统，实现事前预警、事中控制、事后分析评价，由结果控制转变为控制结果；依托包材预印可变二维码技术，将奶牛育种、乳品研发、牧场奶源、生产加工、仓储物流、渠道营销等环节有效贯通，实现从传统模式向自动化、信息化、高度集成化模式升级，以点带面，覆盖种公牛站、奶牛场、生产工厂、物流仓库、运输车辆等全产业链，达到高效协同、精益管理、数字营运的目标，打造"数字光明，质量光明，效益光明，科技光明"，力争成为全球领先的智能化乳制品企业，特别是在低温液态奶二维码追溯领域，成为全球首创，引领行业进步，打响"上海品牌"。

（1）牧场智能管控系统。以金山牧场为试点，一是完善和改进牧场智能管理系统，升级自动化的牧场管理设备，实现奶牛养殖、奶牛育种、现场环境、饲料投料、挤奶信息采集、生奶检验、指标预警等日常管理和信息管理；二是构建奶源智能管控系统，在生奶运输前，对奶缸、奶车、奶罐进行二维码赋码，以便在收奶过程中通过扫码方式进行牧场端数据传递，实现从牧场数据到工厂数据的实时管控（见图1）。

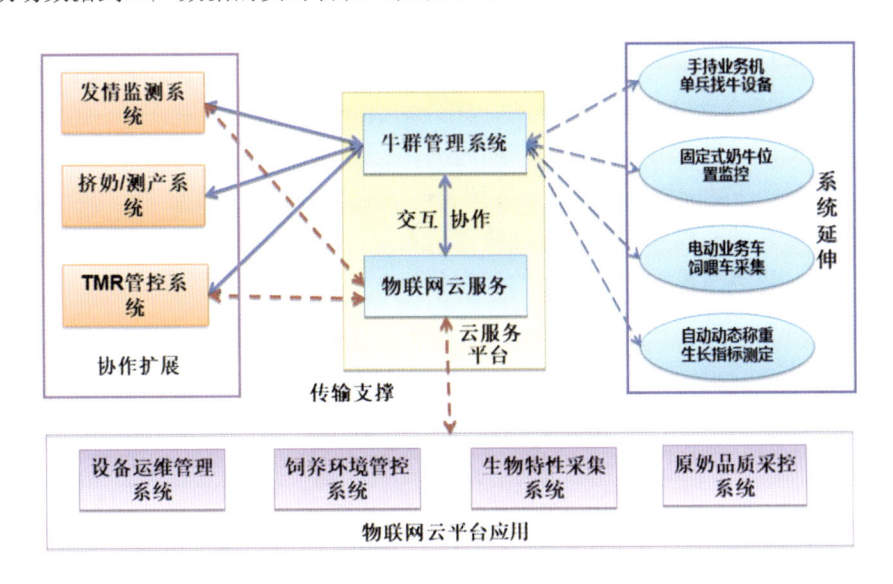

图1 牧场智能管控系统架构图

（2）生产智能管控系统。以华东中心工厂为试点，一是升级完善 MES 系统，实现生产信息的采集和管理，优化乳品生产业务流程，实现生产业务计划、调度、工艺、执行、统计、分析全过程的闭环管理；二是构建 12 条莫酸和 5 条致优的产线赋码系统，以包装预赋码方式，在灌装产线进行数据关联、包装产线进行扫码关联，将整个生产数据关联至每个最小单位产品，完成生产段的数据传递，为全程智能管控体系提供基础数据保障（见图2）；三是构建实验室检验管理系统，对生奶、原辅料、转序样品、成品等检验结果进行自动化采集，并将检验信息数字化、标准化，满足管理需求；四是构建生产追溯信息管理系统，形成完整的生产段管理数据，实现生鲜乳验收、辅料验收、生产过程管理、成品储运的信息标识和全程双向信息追溯。

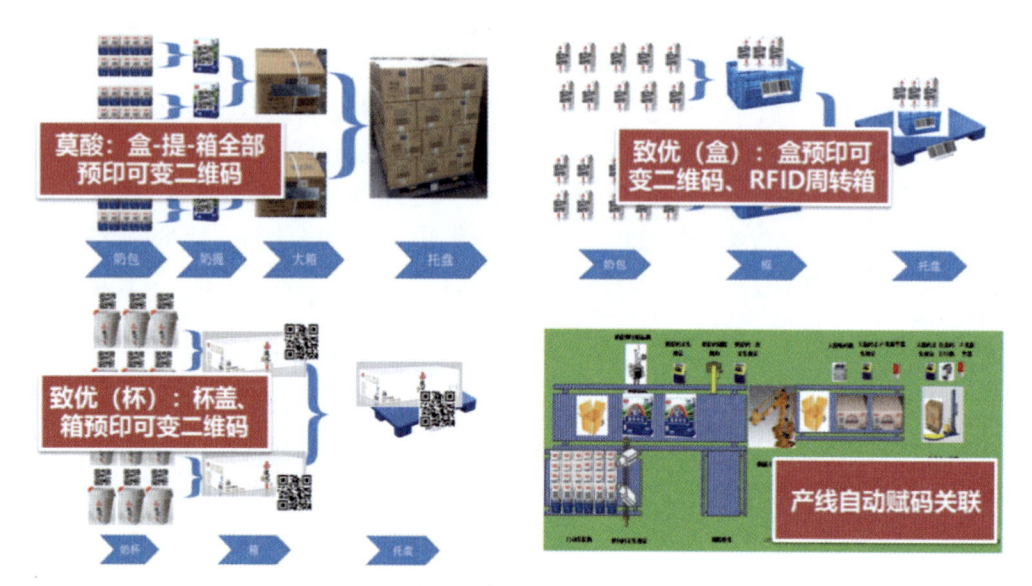

图 2　产线赋码流程图

（3）流通智能管控系统。以上海地区 4 个低温产品物流仓库（马桥、嘉定、奉贤、康桥）和 1 个常温产品物流仓库（桃浦）为试点，充分利用信息化、自动化、智能化技术，全面梳理仓储管理和物流配送的业务流程，将产品追溯和仓储物流作业相结合，进一步提高工作效率和完善运行管理。一是建成覆盖收货、入库、仓储管理、分拣、配送、交货等全业务流程与产品追溯流程相结合的仓储管理系统和运输管理系统；二是对马桥仓库进行智能化追溯扫码和分拣试点改造，提高追溯扫码和分拣的工作效率；三是构建分销追溯信息管理系统，将试点产品涉及的经销商和分销商纳入监管，最终掌控渠道和终端情况，实现防伪防违规跨区域销售管理（见图 3）。

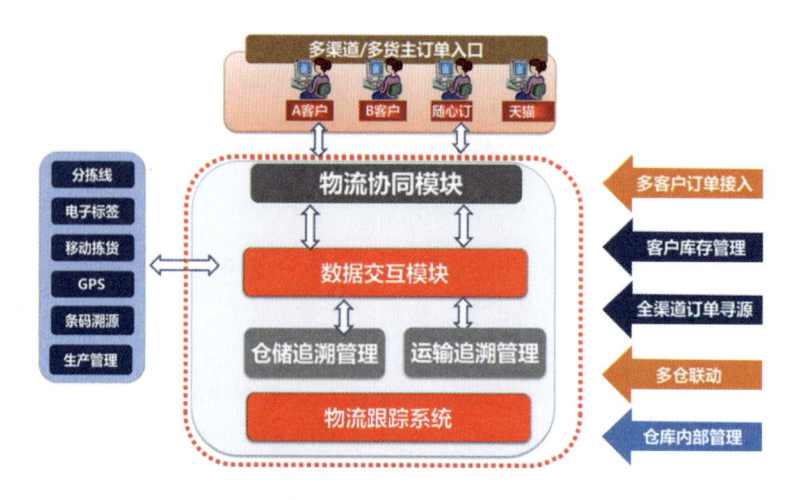

图 3　分销追溯信息管理系统架构图

（4）管控平台。建立管控平台，实现聚合接入牧场智能管控系统、生产智能管控系统、流通智能管控系统、经销商管理系统、产品追溯信息及订单系统的订单信息，形成覆盖牧场、工厂、仓库、物流车辆、销售网点的乳品全程双向信息追溯，实现对产品质量和安全情况的全面管控（见图4）。

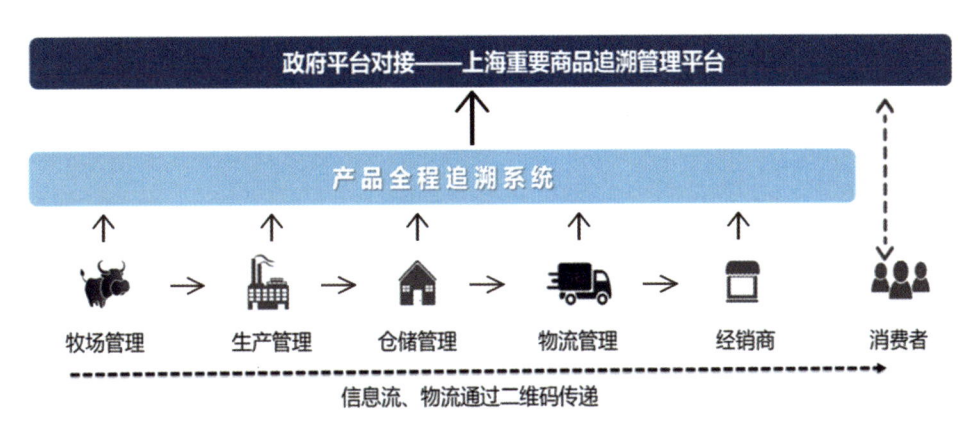

图 4　管控平台架构图

（5）服务及营销互动平台。面向社会公众，将产品信息追溯服务和企业营销活动深度结合，通过营销活动促进用户积极参与并反馈优惠活动，为企业防止假货、串货，防止伪冒生产日期等提供支撑和帮助。用户行为和增长趋势分析图如图5所示。

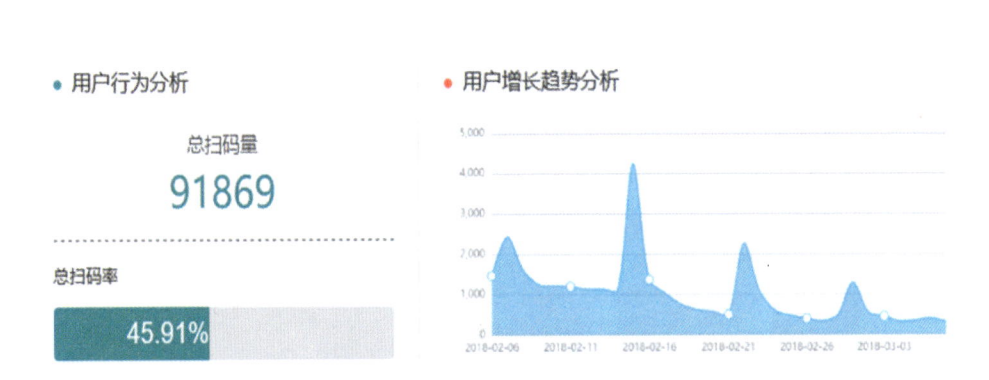

图 5　用户行为和增长趋势分析图

（6）全程追溯和质量管控指挥中心。在公司建立全程追溯和质量管控指挥中心，并在奶源中心、生产中心、物流中心分别建立奶源指挥分中心、生产指挥分中心、物流指挥分中心，实现对全产业链产品信息追溯和质量的实时监督和管控，便于应对突发食品安全事件的高清视频会商、指挥调度和决策分析。

（四）项目实施收益

1. 数字牧场：可控可追溯的优质奶源

在金山牧场里，每头牛都佩戴耳标、智能脚环、项圈等智能设备，这些智能设备能实现牛的 ID 识别、活动量、饮食等生长习性监测，建立牛的身份档案数据库及家族系谱，推动奶牛优生优育，发情揭发提高 6%，疾病揭发提高 5%，识别率接近 100%。

牛棚里安装的精准喷淋系统，利用微波、红外技术精确为奶牛降温，节水率达到 40%；智能推料机器人 24 小时在岗，推送精确搭配、营养全面的饲料，比人工效率提升 2 倍以上。金山牧场如图 6 所示。

图 6 金山牧场

2. 数字工厂：数字化管理手段彰显科技力

光明乳业的华东中心工厂，实现了对工厂的计划、调度、工艺、质量、执行、统计、分析的全过程管理和控制，控制系统能同时操控几十万台设备互联互通，实现生产过程的全自动化，并对质量进行实时监控和预警。华东中心工厂前处理车间如图 7 所示。

图 7 华东中心工厂前处理车间

在管控方面，有了数字化控制系统，就能对1581个关键智控点进行实时管控，实现了杀菌温度±0.25℃的精准控制，再加上技术和工艺的不断升级，光明乳业成功实现巴氏杀菌技术从85℃降低至75℃的这一技术飞跃，保留牛奶中更多活性物质，把中国乳制品质量推向新高度。作为国内第一家采用世界级工厂/制造的乳制品企业，未来光明乳业还将继续推动数字化升级，实现从技术到产品的突破。

3．数字物流：大数据加持，领"鲜"一步

光明乳业旗下领鲜物流依托数字化技术，建立了精准的仓库控温系统和运输途中的数字监控系统。目前，光明领鲜物流在全国拥有仓库60多个，总面积约为18.4万平方米。通过数字化管理体系的加持，可以借助温度监测和视频监控对仓库进行即时监测，保障储存环境稳定。领鲜物流如图8所示。

图8　领鲜物流

在冷链物流环节，凭借物联网技术和人工智能算法应用，光明领鲜物流全国2000余辆冷藏车都被纳入温度监控体系，全力保障全国范围内5万多个网点的新鲜牛奶配送服务。在物流运输的途中，通过车载监控设备实时监控车辆位置和温度状态，实现冷藏车四温区管理，保障运输品质。大数据还能计算出更快捷的交通运输方式，提高运输效率，降低运输成本。

目前，光明领鲜物流是行业内首家且唯一获得五星级冷链资质的企业，是行业内唯一一家获得BRC（食品安全全球标准）最高等级AA+级别认证的企业，也是连续三届中国国际进口博览会餐饮食品供应保障的物流配送企业。

4．"随心订"购物平台：以现代化服务手段，让产品新鲜到家

2020年，光明"随心订"以新鲜为原点立体延展出鲜食业务，将"随心订"定位由"送奶到家"升级为"鲜食宅配"平台，四随服务"随心订、随地付、随意选、随心换"为全国90多个城市350多万个家庭提供鲜食周期购服务。经过1年多运行，平台用户数量达到350多万人，通过云计算、大数据技术和中台架构数字赋能的"随心订"平台，可以弹性支撑业务量

和业务模式的增长，峰值数据处理能力达到以前的 15 倍以上，订单创建速度达到以前的 2 倍以上。

光明"随心订"是行业内通过"上海品牌"认证的食品平台，连续两年获得"上海品牌"认证，连续两届承担了"上海五五购物节"电商平台推广任务，把上海优质产品推广到全国市场，让全国人民体验"上海制造，上海购物，上海服务，上海文化"。

科技强国，创新兴邦；科技强乳，光明未来。站在"十四五"规划开局之年，"两个一百年"奋斗目标的历史交汇期，在"新发展格局"下，每家乳制品企业都有责任去肩负时代赋予的使命，推动我国从奶业大国迈向奶业强国。光明乳业坚持新鲜战略的同时，加快数字化升级转型步伐，促进产业链各环节协调发展，聚焦科技强乳、创新引领推动奶业现代化进程，向着"中国最好的乳制品企业"的目标不断迈进。

专家推荐语

近几年，乳制品行业数字化发展如火如荼。通过数字化水平的提升，企业的内部流程、管控能力得到显著改善，因此面对突发事件，整个乳制品行业自我调整、恢复得很快。光明乳业是乳制品行业数字化转型的先锋，它的数字化管控建设覆盖了产业链从奶源到餐桌的全场景。光明乳业利用新技术，如 5G、云计算、大数据、物联网等，保障了产品新鲜，使高新技术普惠老百姓的生活，改善了消费者不容易看到的前端供应链、内部管理等方面，通过对工作流程进行重构，使效率提升、履约能力增强。

案例 14　打造纺织服装企业数字化生产与管控示范工厂

——上海嘉麟杰纺织科技有限公司

（一）基本情况

上海嘉麟杰纺织科技有限公司（以下简称"嘉麟杰"）是上海嘉麟杰纺织品股份有限公司的全资子公司，是一家主要从事高端户外针织面料及成衣开发、生产与销售的公司，在针织方面具有从纬编织造、染色、后整理到成衣的连续加工生产配置，是一家集研发设计、生产制造、营销服务于一体的产业链集成、综合创新型、国际化纺织服装公司。公司从成立之初就一直以市场为导向，以科技产品为龙头，以科技引领生产，走"定位高端，错位竞争，生产少人化"的道路。经过多年的发展，公司已在户外专业运动市场的功能性面料领域拥有了稳固的行业地位，是工信部"绿色工厂"、上海市"绿色制造示范企业"、"上海市专利工作示范企业"。

（二）背景需求

近年来，东南亚国家由于劳动力成本等方面的优势开始逐步承接其他国家部分低端制造产能，纺织品制造和出口贸易快速增长，纺织制造中心有向东南亚国家转移的趋势。国内纺织产业发展目前已经比较成熟，经济水平的提高、适龄劳动人口比重的下降使得纺织行业近年来招工困难，劳动力成本不断上涨。

随着市场竞争的日趋激烈，客户个性化要求越来越高，客户流失现象更加严重。再加上纺织行业信息越来越透明化，重大的转型正在发生，"一如既往的业务"响应可能无法使企业取得成功。同时，环境、安全及职业卫生管理法律法规对化工行业的管理趋紧，越来越重视环境保护及人员安全，落后的制造工艺、对环境及人员不友好的设备将被逐步强行淘汰，企业将不得不主动升级以适应这种变化。毫无疑问，智能化、信息化是传统制造业的发展趋势。

纺织是劳动密集型行业，智能机器在很大程度上可以克服人工作业上的缺陷，并且相对时间运用上缩短，提高时效，快速投入市场，提高生产产量。在制造过程的各个环节几乎都可以广泛应用人工智能技术。

嘉麟杰在织造车间实施网络化改造和传统织机智能化改装，降低成本、快速响应、提高效率，提升综合竞争力。通过在原有织造设备上加装 MES 控制模块，取得了智慧车间的初步效果，实现机台转速、运行时间、故障报警等数据自动采集、汇总分析，实现设备运维自动化，同时通过比对机台理论运行效率和实际效率，同步 ERP 系统，实现生产计划和设备利用最优化，极大地提高了生产管理效率。

（三）案例实施方案

嘉麟杰一直在进行纺织服装行业的智能化建设和探索，以期实现自动化、数字化、可视化、系统化、标准化的企业管理。嘉麟杰通过信息化建设和推广，大幅提升纺织行业协同创新、精准制造、精细管理的水平，优化供应链，推动行业向高端化、智能化、绿色化、服务化转型。

针对纺织行业数字化改造需求，嘉麟杰构建了四大信息化集成体系：智能生产管控体系、面向客户的智能服务体系、智能化物流仓储系统、产品质量追溯系统。订单管理系统总体业务流程、公司数字化系统分别如图1、图2所示。

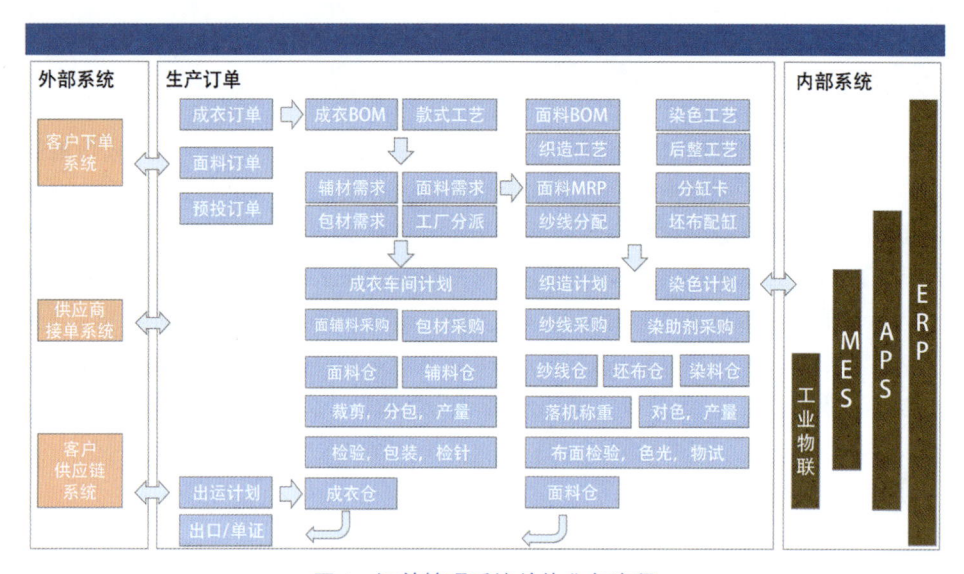

图 1　订单管理系统总体业务流程

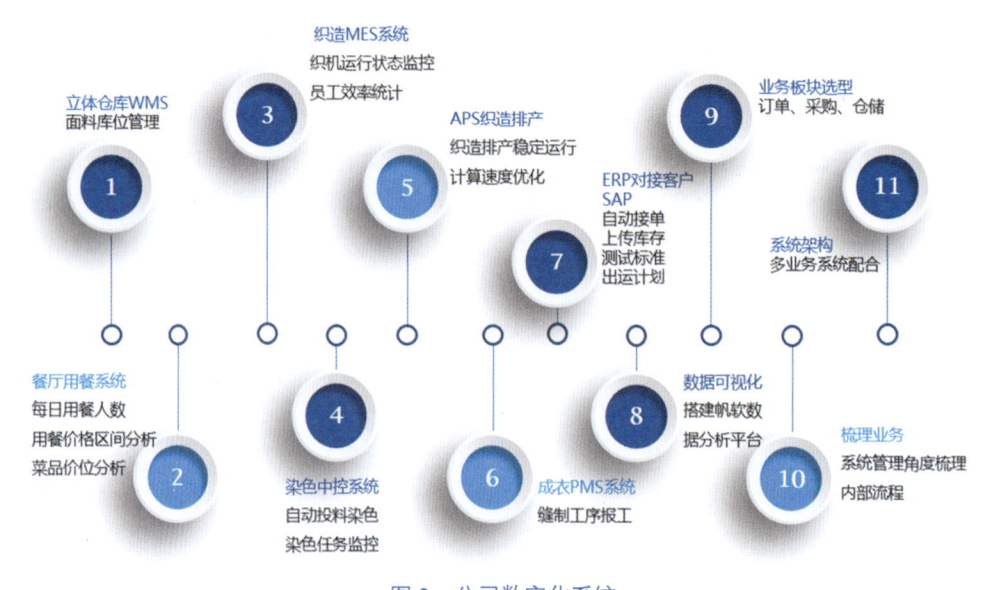

图 2　公司数字化系统

1. 智能生产管控体系

嘉麟杰 ERP 系统是集成了面料订单生产和成衣订单生产的一体化管理系统。该系统实现了从产品设计打样、销售接单、计划、采购、生产、内部物流、品质管控到产品出运等生产经营活动的全生命周期的业务流程过程中数据的采集、分析和流程的管控。2020 年度，公司在现有 ERP 系统的基础上，针对织造、染色和后整工艺流程进行了面料生产 APS 高级排产项目开发与实施，该系统的建立和升级将实现产能计划的智能计算和排程，联动现有生产水平及生产进度实现动态计划调度。同时，该系统与现有 MES 系统和 TIIP 订单系统均有数据互通（见图 3）。

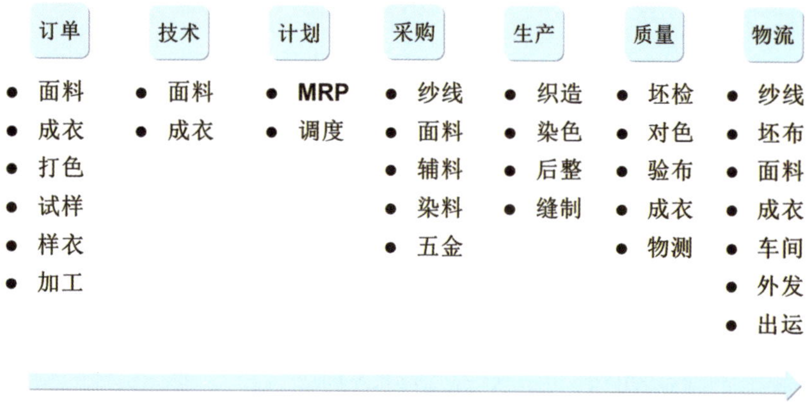

订单	技术	计划	采购	生产	质量	物流
• 面料 • 成衣 • 打色 • 试样 • 样衣 • 加工	• 面料 • 成衣	• MRP • 调度	• 纱线 • 面料 • 辅料 • 染料 • 五金	• 织造 • 染色 • 后整 • 缝制	• 坯检 • 对色 • 验布 • 成衣 • 物测	• 纱线 • 坯布 • 面料 • 成衣 • 车间 • 外发 • 出运

图 3　智能生产管控体系管控图

2. 面向客户的智能服务体系

嘉麟杰建立了面向客户的智能服务体系，打通产业链上下游的供应体系，实现数据共享，提高供应链的响应速度，从而给客户带来价值，实现双方合作共赢。目前，公司已和各大客户实现数据互通，并且根据每个客户的不同特色进行了深度信息化合作（见图 4）。通过电子数据交换接口，自动接收客户订单，通知订单出运计划。将订单执行进度、当前成品库存量、成品批次跟踪信息及时向客户反馈。同时，通过实时接收客户的质量指标反馈，在供应链中实现工厂、品牌商和质检方的良性互动与柔性协调，为客户提供从设计到店铺更完善的服务。

3. 智能化物流仓储系统

嘉麟杰的自动化立体仓库是国内首个纺织品面料自动化立体物流仓库，用自动化存储设备同计算机管理系统的协作来实现立体仓库的高层合理化、存取自动化及操作简便化（见图 5）。公司利用整套库存系统为客户提供配送服务，提高了物流效率，成功扩展了价值链，优化了库存管理。

嘉麟杰构建了智能化物流跟踪系统。在从原材料（纱线）到最终成品（服装）的全流程生产过程中，对厂内的 70 多个实体或逻辑仓库、170 多条进出库路线进行实时监控，通过在多个维度跟踪和分析物流情况，实现工厂库存和车间物流的透明化目标。

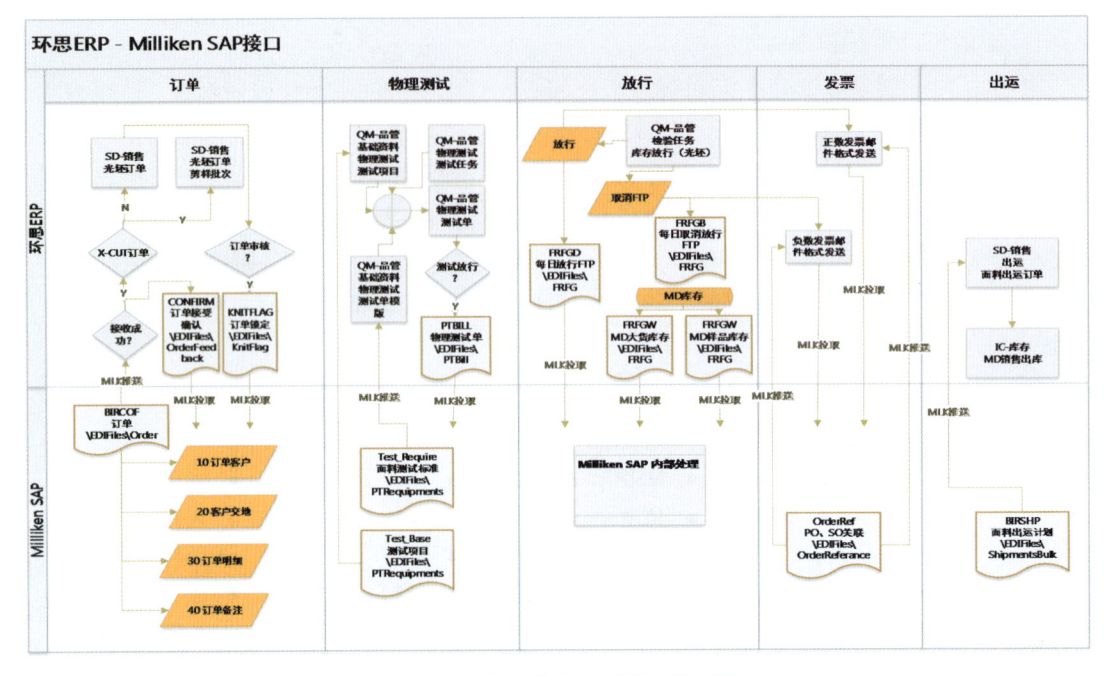

图 4　公司与客户实现系统直接对接

图 5　自动化立体仓库

4．产品质量追溯系统

产品质量追溯系统通过集成上游纺纱企业、厂内三大工段（织造、染色、成衣）和出厂成品质检等多个环节的质量管理体系，以织造上机的纱线批次、染色进缸的缸号批次、成衣裁剪的成品批次为依据，对原料参数、设备参数、操作人员、操作工艺等数据进行全面追溯，实现了从纱线进仓到最终成品放行出运的生产全流程质量追溯功能（见图6）。

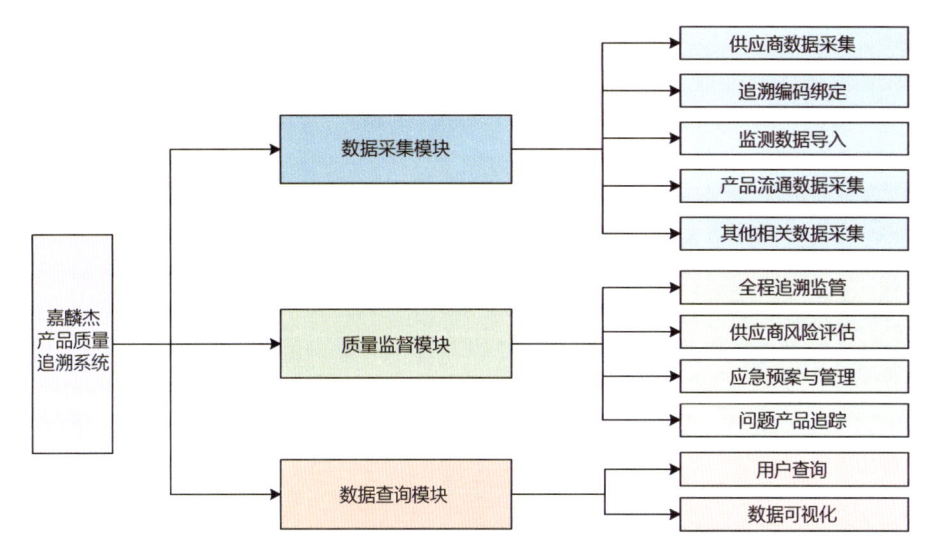

图6 产品质量追溯系统

四大信息化集成体系包含新型智能化和信息化装备的使用，以及工业互联网、大数据分析等新一代信息技术的应用，通过价值链和互联互通完成的横向集成，贯穿整体价值链的数字化集成和企业内部的纵向集成，对纺织行业两化深度融合发展起到引领示范作用；集成企业资源生产计划系统、订单管理系统、计划调度系统、制造执行系统及运营管理系统，涵盖产品设计打样、销售接单、计划、采购、生产、内部物流、品质管控和产品出运等生产经营活动全生命周期的业务流程，实现产品数据、生产状态、计划排程、产品质量等过程和信息的协同管理；构建具有可视化生产和精细化管控的纺织服装生产系统，利用物联技术实现生产物料、设备和生产人员的连接和监控，实现用料成本、人员成本和能源成本等成本的全方位、全流程管控。

（四）项目实施收益

本项目投入使用后生产响应效率提高40%以上，生产环节网络化覆盖率95%以上；生产效率和产品质量明显提升，订单交期由原来的49天减少至42天，订单准时率由70%左右提升至超过90%。织造车间产量同比增长9.1%，染整车间产量同比增长6.1%，用工同比减少2%，成衣车间产量同比增长18%，效率同比增长3.6%。近三年来，公司人员减少8%以上，产量提升24.5%，能源利用率提升13%，产品研制周期平均从15天缩短到12天，企业的经济效益得到了明显提升。

本项目的实施还具有以下作用。

（1）生产车间管理实现实时跟踪、实时显示（见图7）。透明化管理，利用移动终端或者互联网工具即时了解车间生产状况。机台运行数据、信息自动采集，便于统计、分析，提高管理效率。织造过程中故障统计、报警停机，促进产品质量提升。

图 7　织造 MES 系统实现织机在线监控

（2）实现销售业务数据分析（见图 8）。通过目标达成率、部门业绩、品类占比、客户占比，掌控动态趋势，协调供应商及客户，助力目标达成。

图 8　销售数据分析

（注：M 是 million 的简写，代表 100 万）

（3）实现嘉麟杰 ERP 系统和美利肯（Milliken）公司等高端客户的 SAP 系统之间的业务通道（见图 9）。

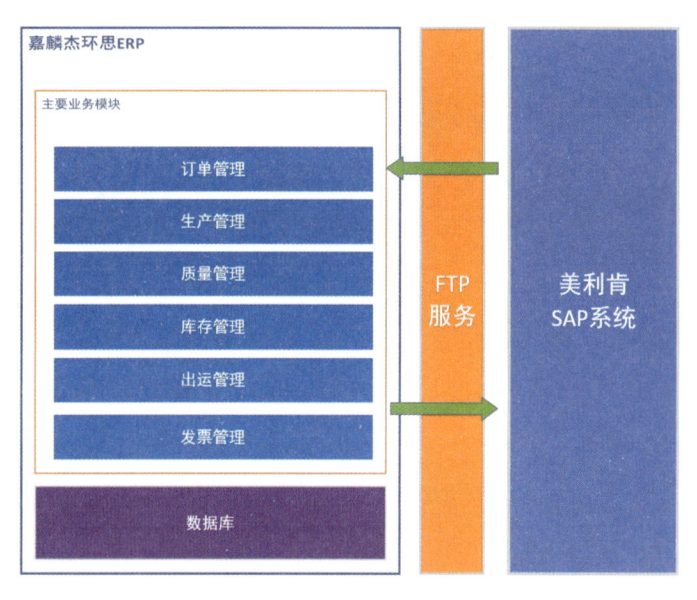

图 9　数字化供应链协同管控

专家推荐语

　　本案例是工业互联网在纺织服装行业创新应用的典型案例。嘉麟杰基于工业互联网的智能感知、工业物联、设备互联互通、数据采集、大数据分析，集成各类制造、计划排程、财务等管理系统，通过各工艺单元间的设备互联、信息互通，实现透明化生产全流程管控，智能化生产、分析和决策；通过自动化物流仓储业务流程再造，协同上下游企业建立个性化定制快速响应机制。对传统的制造业而言，有很好的借鉴和示范作用。

案例 15　数字双胞胎技术加持保障化工公共管廊安全运维

——上海化学工业区公共管廊有限公司

（一）基本情况

上海化学工业区公共管廊有限公司成立于 2003 年 4 月 3 日，注册资本总额为 13326 万元，是全国首家提供专业化公共管廊服务的公司，主营业务是向化工区内用户提供输送油、气和化学品的管廊服务。公司通过多年的努力形成了一整套公共管廊管理经验和成果，在全国多家化工园区推广使用，并作为起草单位编制化工园区第一个国家标准 GB/T 36762-2018《化工园区公共管廊管理规程》，引领整个行业的发展，推动行业管理水平的提高。

基于数字双胞胎的公共管廊智能服务云系统，包括一个具有数字双胞胎的智慧管廊、一个智慧管廊服务云平台，再加上智慧管廊大数据分析系统和智慧管廊运维服务系统。公司借助该系统成功地预防和减少管廊事故发生，经济合理地保障管廊的安全运行，实现管廊内部的跨部门业务协同。

（二）背景需求

公共管廊是化工园区特有的公用基础配套设施，通过公共管廊，气体、液体物料得以在各企业之间、工厂与码头之间便捷、高效地流动，已为世界先进化工园区普遍采用。然而，在发挥公共管廊高效、经济等优势的同时，如何确保公共管廊长期安全可靠地运行，也成为决定化工园区能否安全、可持续发展的关键问题。由于公共管廊管理上具有管廊布局的开放性、物料的多样性和危险性、边生产边施工的特殊性、公共管理的复杂性、设施的重要性等特点，加上化工园区管道数量的不断增加，由此产生的运维风险决定了公共管廊在管理上存在一定难度。管廊管道安全状况不仅直接关系到相关企业的正常运行，还关系到社会稳定和经济发展，同时严重威胁周边环境和人民生命财产的安全。因此，构建智慧化管理服务系统，提高化工园区公共管廊管理水平，显得尤为迫切。

（三）案例实施方案

1. 总体方案介绍

上海化学工业区公共管廊有限公司基于数字双胞胎的公共管廊智能服务云系统，可以总结成"112"，即一个具有数字双胞胎的智慧管廊、一个智慧管廊服务云平台，再加上智慧管廊大数据分析系统和智慧管廊运维服务系统。同时，以"112"为核心，不断进行以"一个云，全方位数据"为目标的数据采集和建设。

基于数字双胞胎的公共管廊智能服务云系统通过建立物理公共管廊数字孪生模型，使主要的业务部门围绕统一的数据应用模型，开展业务流程工作及其优化工作；通过基于数字孪生的大数据智能分析模型，对化工园区管廊进行前中后全流程的数据管理与应用，实现化工园区管廊的远程安全监控、风险区域识别、健康状况检测和风险预警能力；通过云平台的智能应用微服务组件管理，帮助公共管廊公司把标准化的管廊服务体系和管廊智能服务微应用相结合，实现跨企业、跨地域的扩展；通过统一的管廊智能服务一张"脸"，为内部用户和外部客户提供统一的服务界面，对内通过基于位置的移动服务和数据智能技术，实现围绕公共管廊安全和服务的跨部门的协作，对外赋能产业集群用户实时了解自己管道的运行状态、施工状况、监控视频及传感器状态等，为他们提供了统一的自服务窗口和协同安全管理的互动渠道。在数据采集层，通过集成物联网技术、传感器技术、人工智能、机器人技术、图像识别技术等先进技术实现管廊管道数据从点到线到面的全方位集成。在数据处理上，从事前数据预测到事中处理再到事后控制，并反馈数据至系统实现数据处理的闭环和优化。

2．系统架构

基于数字双胞胎的公共管廊智能服务云系统的总体架构如图1所示，可以简单总结成"一张脸、一个脑和一颗心"。其中，"一张脸"指的是智慧管廊运维服务系统，"一个脑"指的是智慧管廊大数据分析系统，"一颗心"指的是智慧管廊服务云平台。

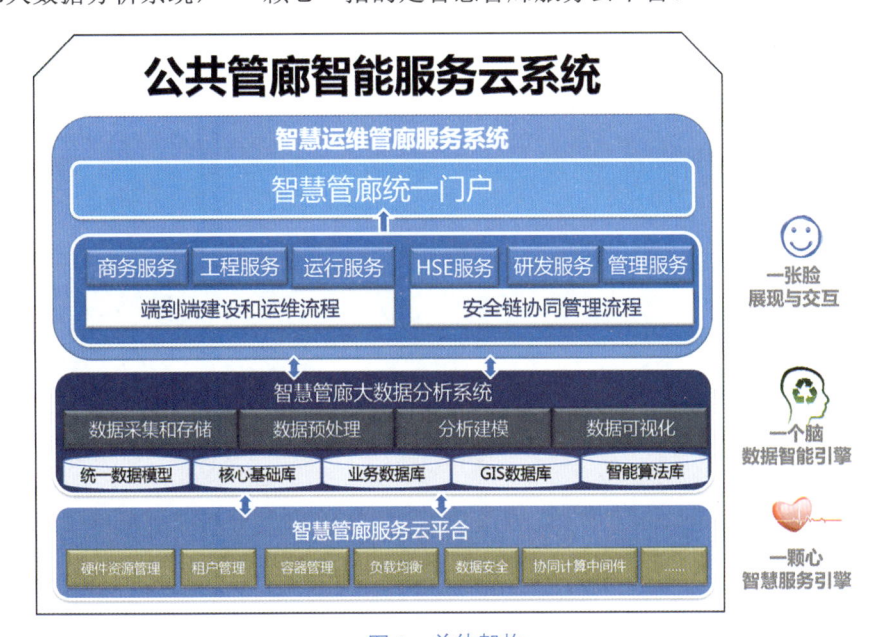

图1　总体架构

在总体架构基础上，演化出化工公共管廊的分层架构。

边缘层：由各类传感器、检测器、机器人等终端组成，主要有管道应力检测、管道测厚、气体检测、公共管廊智能巡检机器人、智能摄像头等终端，实现实时采集管道数据、气体数据、天气数据、图像信息、空间位置信息。

数据采集层：接收各类终端数据，并为其他系统提供接口访问。在边缘层之上抽离数据采集层，实现与边缘层的数据交互，实时接收边缘层上传的数据，以及下发到业务层的指令，实现数据采集与指令下发的复用性，如应力采集系统、测厚系统、智能摄像头图像采集。

数据存储层：由实时数据库、缓存数据库等组成，形成了以mysql、sqlserver为持久化存储的核心、redis为缓存核心的数据存储系统，同时基于智慧管廊大数据分析系统形成了统一数据模型库、核心数据基础库、业务数据库、GIS数据库、智能算法库。

数据融合层：以大数据融合分析处理为核心，实现各业务系统数据流转无缝连接，以及为数据处理分析提供共性数据的支撑。基于此目的开发了智慧管廊大数据分析系统，对各业务系统的数据进行采集和存储，对数据进行预处理，实现数据的标准化，并实现了数据的分析建模，为公司的数据可视化提供基础。

业务层：各业务系统的管理功能，有商务服务、工程服务、运行服务、HSE服务、研发服务、管理服务。此层作为直接面向用户使用的层级，该层与业务紧密相关，同时经常会用到其他服务的数据。通过数据融合层可以规范业务层的数据录入，解决数据的流转等问题。

上述内容构成了化工公共管廊从终端到终端的分层架构。

（四）项目实施收益

在项目建设过程中，数据智能技术得到创新，包括管道碰撞分析、数据驱动风险缝隙和基于多米诺事故的应急辅助决策。风险评估及管廊危害等级分类如图2所示。

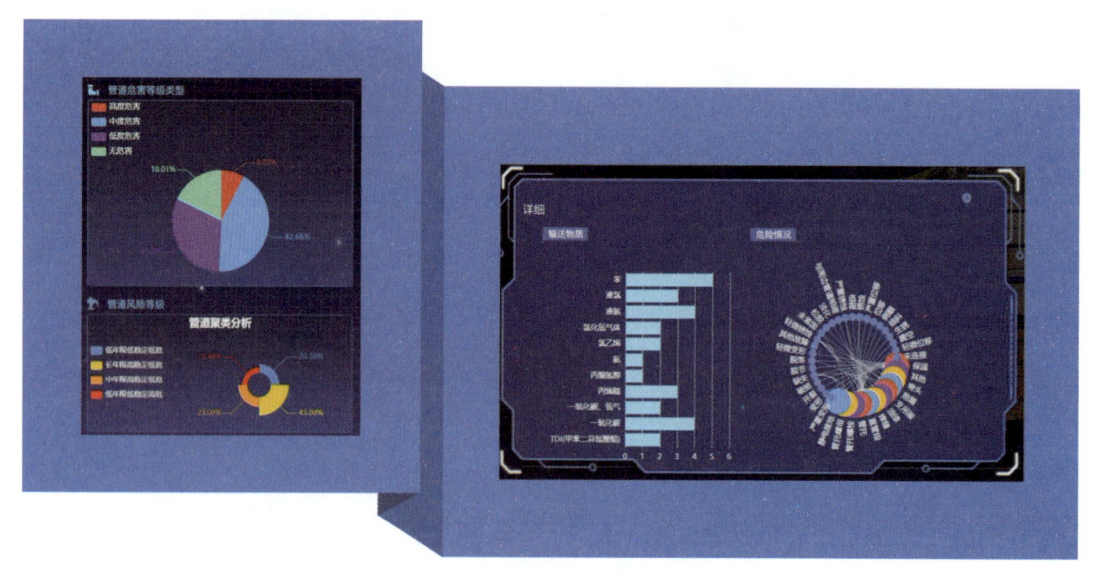

图2　风险评估及管廊危害等级分类

公司借助两化融合和数据智能技术，通过基于数字孪胞胎的公共管廊智能服务云系统的构建，围绕公共管廊公司持续提升安全管理和服务质量的可持续竞争的需求，形成了基于"数字孪生模型"的数据智能，有利于公共管廊业务能力的持续智能化提升，实现了管理方式由被动响应式向主动预测式转变，由依赖人工的被动安全管理向基于数据智能的预测、预警和预案的精细化管理方式转变，实现了客户服务由业务协同驱动向产业集群持续互动的方式转变。

公司多年来通过 1+1+1 安全管理保障体系有效地保障了化工园区的管道的安全运行，所积累的先进经验通过国家标准 GB/T 36762-2018《化工园区公共管廊管理规程》向全国化工园区推广，为其他化工园区管廊的安全管理提供明确、可适用的参照依据，提高化工园区在危险化学品安全输送、风险防控和科学管理方面的能力。公司通过构建基于数字双胞胎的公共管廊智能服务云系统，有助于将先进的管理体系和服务能力实现跨企业、跨地域的扩展，同时基于多租户架构可以方便地满足不同企业的定制化需求，快速地把智慧管廊服务体系扩展到上海及全国其他地方，起到引领和示范作用。

同时，基于数字双胞胎的公共管廊智能服务云系统有力地支持了公司可持续竞争优势机器指标的实现，具体成果如表 1 所示。基于数字双胞胎的公共管廊智能服务云系统成功地预防和减少管廊事故发生，经济合理地保障管廊的安全运行，实现管廊内部的跨部门业务协同，实现巡检效率提升 10%，百万工时伤害率小于 0.8，提升客户满意度到 98% 以上，新增客户 16 家（截至 2021 年 10 月）。基于公司的管廊管理服务体系成功地发布了国家标准，使得化工园区公共管廊公司的管理和综合服务能力位列国内领先水平，同时成功输出管理经验，引领整个行业提升管理和服务水平。

表 1 指标情况表

指标内容	指标完成情况	备注
增效	使管廊巡检效率提升 10%	两化融合由单项应用向综合集成的转变
提质	将客户满意度提升到 98% 以上	运维模式由预防式向预防+预测结合式转变，产业集群持续互动
降本	新增客户共计 16 家	单位管廊的运维成本的降低
降风险	百万工时伤害率小于 0.8	管理方式实现由被动响应式向主动预测式转变
社会担当	为周边乡镇提供 8%/年的回报率	带动周边村民共同发展，分享化工园区发展的成果
两化融合	建立两化融合管理体系	通过了两化融合管理体系评定

专家推荐语

本案例是化工公共管廊的典型案例，项目成果有效支撑了公共管廊管理方式由被动式向主动式的转变，产业集群服务由业务协同驱动向产业集群持续互动的方式转变，实现了提质、降本和增效的目标，具有很好的时效性。项目成果对内有效支撑了公司两化融合水平由单项应用向综合集成的转变和业务流程的持续优化，使其能够实现基于公司全局并融于产业集群的统一业务流程；对外结合化工园区国家标准，以标准化示范形式推广到全国。项目成果的推广和使用，提升了公司在化工管廊行业的地位，引领整个行业的发展，同时通过为园区内的客户提供信息化服务，有效提升了客户的满意度。

案例 16　基于综合性数字化系统实现化工园区安全和智慧运营

——上海孚宝港务有限公司

（一）基本情况

上海孚宝港务有限公司（以下简称"公司"），是提供液体化工产品仓储、码头装卸、陆运装卸等服务的专业第三方公司，是上海化学工业区"五个一体化"中"物流传输一体化""公用辅助一体化"的重要组成单位。公司关注安全健康和环境、诚信、团队精神、承诺、机敏，用心存储（与人类日常生活息息相关的）重要产品，专注于可持续发展，确保为客户提供安全、清洁、高效的散装液体化工产品的存储和处理。

公司遵循上海化学工业区和荷兰皇家孚宝集团的数字化转型目标，通过信息安全建设、数字现代化、数字化创新、数字化平台的路径，明确了智慧液体化工产品港区的顶层设计，将以服务和安全为核心的业务管理体系作为基础，定义以业务服务效率和质量为目标的"1+3+X"的智能化应用架构，打造一个"智慧港区智能运营服务平台"，其中包含三大系统和X个亮点微应用场景，逐步实现以数据和安全为核心的智能化技术体系建设。

（二）背景需求

化学工业在国民经济中占有重要地位，是国家的基础产业和支柱产业，而储罐行业是化学工业产业链中的重要一环。如果把整个化学工业产业链比作人的有机体，储罐行业就好比这个有机体的咽喉。近年来，化工行业安全事故时有发生，特别是"8·12"天津滨海新区特别重大火灾爆炸事故、"4·22"靖江德桥仓储火灾爆炸事故、"3·21"响水特别重大爆炸事故等爆炸事故，不但促使政府不断对危险货物运输安全加强立法管理，而且使化工行业对于如何改变传统方式、如何在利用新技术提高效率的同时进一步保障安全进行了新的探索和实践。随着物联网、大数据、人工智能等新一代信息技术的快速发展，各种数字化、网络化、智能化技术正在被越来越广泛地运用。

公司作为上海化学工业区内主要的液体化工产品罐区和码头运营服务供应商，可存储、操作的液体化工产品达 40 余种，生产运营的安全性、可靠性、连续性，是公司长期发展并不断创造社会效益的首要目标。为了确保本质安全、提高操作效率、提升客户满意度，公司一方面不断更新基础设施、提高自动化程度，另一方面也不断寻求资源与合作，运用物联网、大数据、人工智能等新一代信息技术，在改善传统工作模式和流程、提高操作效率和客户满意度、变安全被动监管为主动监管等方面进行了一系列的尝试和探索。

（三）案例实施方案

场景一：改变传统方式，加强操作安全监管——智能现场管理系统 Safety+

公司在业内率先综合利用物联网和移动互联网技术，从 2015 年开始分三期开发了智能现场管理系统 Safety+。第一期系统颠覆了传统巡检模式，利用防爆手持终端和系统后台，并通过 RFID（无线射频识别）芯片与设备绑定，实现了生产一线的巡检路线规划、作业任务发布和流程控制，以及在线确认、拍照、归档等功能。该系统已于 2017 年上线。

第二期系统开发了手持终端的操作技能在线培训和考核管理系统，对操作人员的操作技能、操作流程等进行在线培训。该系统已于 2018 年上线。

第三期系统基于国家标准法律法规，结合公司实际需求开发了特殊作业许可管理系统，实现了对危险作业许可、重要安全设备停用许可和隔离挂牌上锁许可的在线申请、评估和审批，以及任务发布、完工确认。该系统已于 2019 年年底上线。

Safety+ 第一、二期系统界面如图 1 所示。

图 1　Safety+ 第一、二期系统界面

Safety+ 第三期系统界面如图 2 所示。

场景二：优化客服装卸计划，缩短提货周期——车辆预约管理系统

针对进出公司库区装卸危险化学品的运输车辆数量较多、夏季容易出现车辆集中、现场车辆和司机管理安全隐患大，以及客户存储的、需要车辆装卸的危险化学品的情况，公司开发了一套"上海孚宝车辆预约管理系统"，将客户、车队调度、运输车辆司机、公司库区客服和装卸车台人员有效连接起来，从车辆提单到预约排队，再到完成装卸，通过微信预约系统、PC 端预约系统、自助终端取号系统、电视端开票排队系统、PAD 端开票叫号系统、电视端装车台排队系统、App 端装车台操作系统等子模块，实现了微信车辆预约服务、客户车辆计划整合、装车台在线预约、司机排队拿号、装车台排队叫号、车辆状态实时查看和报告等功能。该系统于 2019 年起进入试运行阶段，已为客户及其委托的危险化学品相关运输人员所熟知和

高效利用。上海孚宝车辆预约管理流程如图3所示。

图2　Safety+第三期系统界面

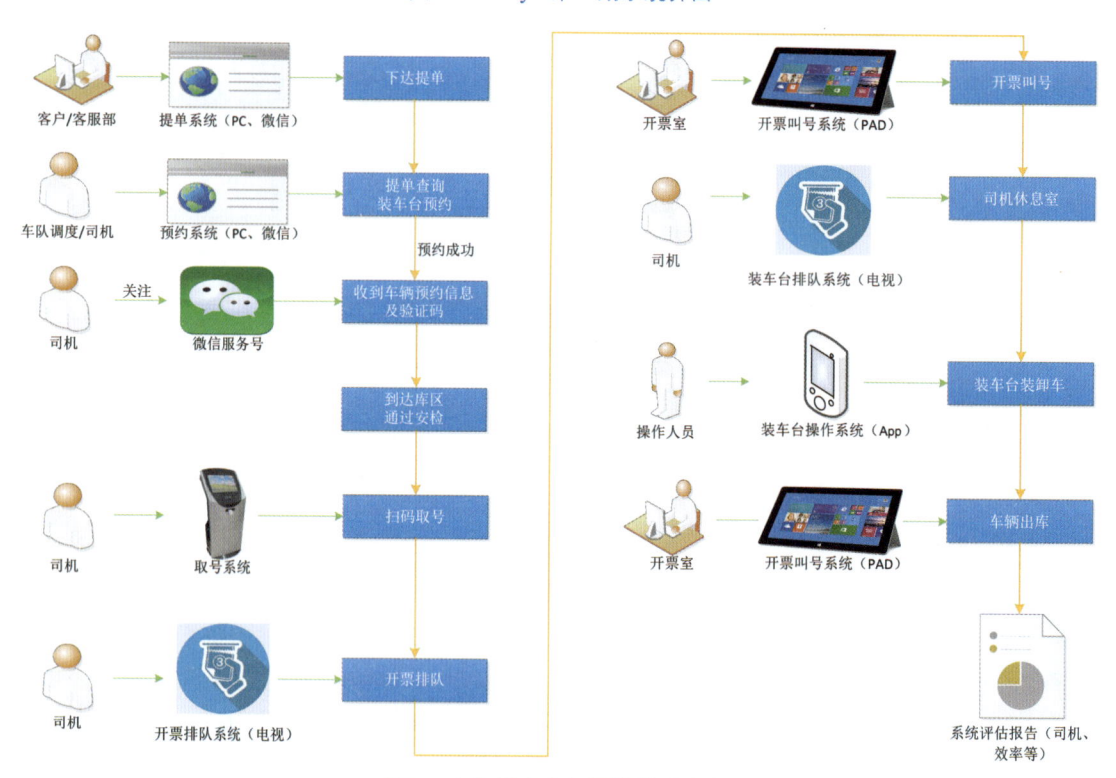

图3　上海孚宝车辆预约管理流程

场景三：采用先进物流装备，灌装车间提质增效——空桶库自动化项目

公司拥有全球灌装业务量最大的丙类化工品灌装车间，以自动灌装机为中心，对其上游的空桶入库、上线，下游的成品桶贴标签、防盗盖压盖工序进行了自动化升级改造，主

要包括以下几个方面。

智能仓储系统——公司通过在灌装机上游采用智能、立体仓储和引入MES管理系统，根据库存情况和生产需求自主规划入库空桶的存放布局，并根据出库请求自主选择出库路径，结合堆垛机和有轨制导车辆（RGV），实现了液体化工产品灌装机用空桶的自动入库、立体码放，还能根据需求实现空桶的自动分拣、智能入库、自动上线及库存的智能管理和调度。

自动贴标机系统——在灌装机出桶辊道上设置自动贴标机系统及检测系统，根据每台灌装机的贴标位置对贴标机进行设置，实现自动将标纸上的商标贴在桶的顶面或侧面，以及自动走标、分标、贴标、整形和标签底纸自动回收，并对贴标机是否漏标进行检测。

压盖机器人系统——在成品桶防盗盖压盖工序中，公司首次将智能机器人应用于成品桶防盗盖压盖，通过机器人本体、视觉系统、上料装置与自动压盖装置的结合，实现机器人自动上盖、自动锁紧，通过视觉系统实现对工件的智能检测、纠偏，以及对已完成工件的追溯，并利用检测装置实现防盗盖、虚盖的智能检测。

空桶库、RGV、贴标机、压盖机器人如图4所示。

（a）空桶库　　　　　　　　　　　（b）RGV

（c）贴标机　　　　　　　　　　　（d）压盖机器人

图4　物流装备

场景四：借力AI视觉识别，技防提高安全意识——智慧监控系统

自2018年起，公司与AI视觉识别行业新秀进行战略合作，率先开发了用于化工生产现场的"智能主动安全监测系统"，该系统可以接入现有监控拍下的视频，实时分析监控视频，对视频中人的不安全行为、物的不安全状态，以及操作流程中未按规定执行的违规行为进行识别并及时报警。

智慧监控一期系统已于2020年5月正式上线，其主界面如图5所示。该系统可实现识别未按规定穿戴安全帽、工服、救生衣及越界的违规行为等4个识别功能，4个功能的算法已在人员密集区域、人与叉车交互频率高的灌装车间、违规穿戴救生衣后果较严重的码头泊位和码头施工区域，以及装车台得到了应用，智慧监控一期系统特征检测如图6所示。该系统有效弥补了现有监控设备只能用于事故后的视频回放，而不能对不安全现象进行实时分析并预警的不足。从接入测试到应用该系统以来，由于人员侥幸心理而发生的相关违规现象大幅减少，各部门将该系统与日常管理相结合，通过报警信息披露、警告等措施，有效提高了现场人员的安全意识。"智能主动安全监测系统"报警列表如图7所示。

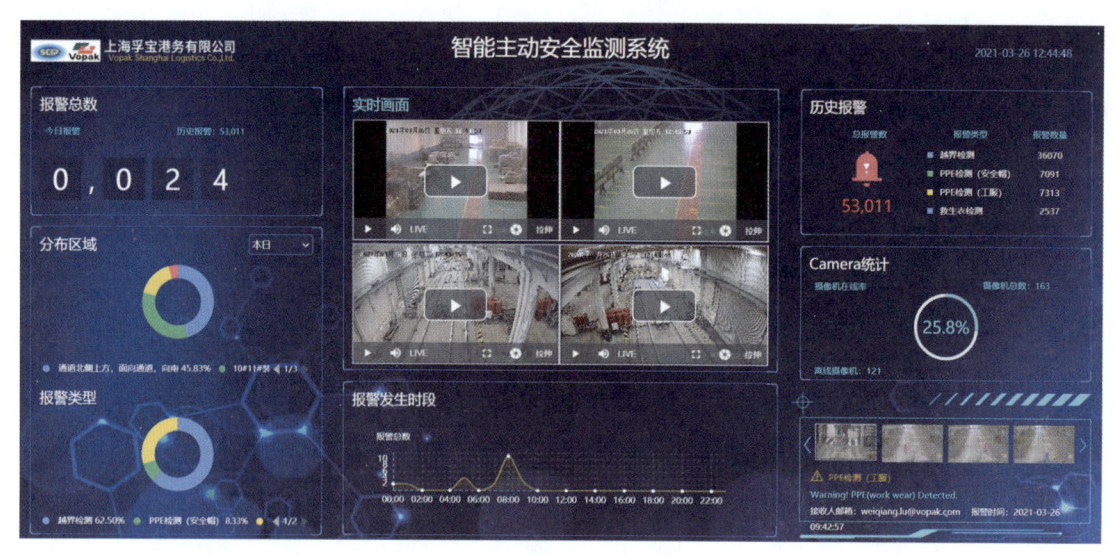

图5 智慧监控一期系统主界面

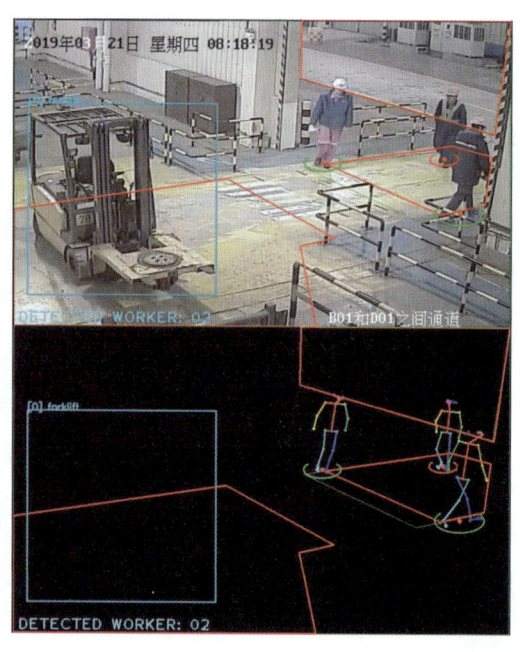

图6 智慧监控一期系统特征检测

图 7 "智能主动安全监测系统"报警列表

二期系统计划于 2022 年年中完成开发并上线运行，主要实现对高空作业人员未按规定穿戴安全带和对液体喷溅、火焰的实时识别和报警，提高项目施工现场的人员安全意识和安全监管水平，并将可灵活布控的移动式监控设备接入系统，实现对重要特种作业现场的实时智能监管。

（四）项目实施收益

Safety+ 系统改变了以往纯人工设备巡检、定时集中技能培训、特殊作业许可审批的传统模式：该系统确保了每日例行巡检的完整性和可靠性，减少了纸质表单和文件的使用；在巡检过程中，即使经验不足的操作人员也能较容易地识别异常的工艺情况；提高了培训效率，缩短了培训时间，提高了操作人员学习操作技能的效率；通过考核及 KPI 分析，较易识别操作人员的技能差距，可以更有效地指导后续的培训工作；数据的处理和追溯更加方便。

车辆预约管理系统使提货车辆可以提前预约、有序到达，有效避免了因现场司机、押运车人员集中而产生的由排队问题导致的争吵或打闹等情况，预防由于集中停车而可能造成的安全隐患，同时使司机在预约时就进行安全培训和测试，确保运输车辆司机在进入公司库区前已对公司的相关安全管理规定有所了解，做好了相关检查和准备，并能有效遵守库区安全提货的要求和规定，使安全管理水平得到了提高。通过预约，客户、车队调度、公司客服、装卸车台人员均能有效地优化计划，提高工作效率。

空桶库自动化项目使 9 条恒常温灌装线共减少上空桶、贴标签、压盖等人员 42 人，年节约人工成本 400 余万元。该项目实现了整个灌装流程的全自动化，空桶仓库空间的利用率提高了 100%，空桶出入库的周转速度是原来人工周转速度的 1.5 倍；降低了人员密集程度和劳动强度，避免了在人工操作时由于人车交互和人工搬运造成的安全隐患；缩短了客户空桶运输车的等待时间，为客户节约了空桶运输成本；MES 管理系统的引入，实现了对货品信息的智能化管理和追溯，降低了出错率；同时创新性地将机器人工作站应用于成品桶防盗盖压盖，属业内首创。孚宝港务在空桶库自动化项目中关于化工品灌装线全自动化的成功实践，也在化工品灌装行业内起到了很好的示范作用。

智慧监控系统采用技防模式，从源头上逐渐消除容易造成安全隐患的人员安全意识不足现象或侥幸心理，通过对不安全行为的实时监测和及时报警、及时反馈、及时纠正，不断提高现场人员和承包商人员的安全意识，为公司一贯严谨的安全文化增加了"双保险"。

专家推荐语

本案例为化工园区综合性安全保障的典型案例，孚宝基于智能现场管理系统 Safety+ 实现了对操作的安全监管；依托车辆预约管理系统，缩短了提货周期，优化了客服装卸计划；借助智能仓储系统打造了空桶库自动化项目，实现了灌装车间提质增效；并通过自主研发的"智能主动安全监测系统"实现了智慧监控和及时报警。基于综合性数字化系统，该案例保障了化工园区的安全生产，为同行业企业提供了优秀的借鉴经验。

案例17　探索化工企业全面数字化，打造绿色安全智能工厂

——上海华谊新材料有限公司

（一）基本情况

上海华谊新材料有限公司（以下简称"公司"）是上海华谊集团股份有限公司的全资子公司，成立于2013年5月，其前身为1991年创建的上海高桥石化丙烯酸厂。公司以丙烯酸及酯项目为产业基础、以催化剂项目和高吸水性树脂项目为竞争核心、以丙烯酸及酯新技术升级为主要抓手，着力打造行业领先的C3+全产业链企业。面对信息技术飞速发展的趋势，公司乘势而上，着力推进数字化转型，谋求新发展。2021年3月，公司启动了创建"灯塔工厂"的项目，致力于在未来两年内通过进一步数字化升级改造，在提升公司效益的同时，获得世界经济论坛的"灯塔工厂"认证。

（二）背景需求

近年来，新一代信息技术与实体经济互相融合渗透，释放数字经济红利并推动数字经济快速发展，引发传统产业加速变革。目前，云计算、大数据、物联网、移动互联网等信息技术已经为制造业的数字化转型提供了良好的技术基础，也涌现了许多离散型制造企业的成功案例。但是，作为流程型制造企业，又是格外需要注重安全环保工作的化工企业，如何将数据流与生产工艺流程、产供销运营流程、安全环保管控流程一一对应，在生产、经营、管控等领域实现全面数字化，提升生产经营效益，满足发展需求，是公司面临的主要问题和挑战。

1. 业务流程管理需求

（1）物料管理需求。公司针对物料管理业务，以物料平衡为主线，主要涉及计划统计、生产管理、岗位操作等业务过程。当前的物料管理，因连续生产且生产工况变化频繁，无法精准完成对物料流向和数量的统计，只能通过"黑箱法"统计关键的产量、销量数据，无法将各个关键节点的数据进行平衡、归并；同时在管理方式上通过人工统计和计算实现ERP系统数据的填报，需要多名人员收集各种数据，统计的准确率和效率不高。

（2）操作管理需求。针对操作管理业务，当前公司对装置运行管理规定的制定、对班组的考核及交接班日志填写、操作调整、装置巡检等工作完全通过人工方式进行，对数据的随意填报或篡改现象时有发生，且操作指标结果完全由技术员统计，班组无法及时根据指标结果调整生产参数、优化生产操作，时效性较差。

（3）生产指挥需求。当前的生产指挥及沟通多通过电话及面对面交流的方式进行，人为影响因素较大，管理层对于异常参数的报警和生产情况的把控不够及时，对操作人员处理问题的能力要求较高。

（4）产品质量检验需求。实验室检测业务流程主要由生产管理部门填写检测申请委托检测，再由检验人员进行采样、检测、填写数据并出具报告。随着公司检测业务量的不断增加，检验人员每天被采样和填写检测数据占用的时间较多，人为影响因素较大。

（5）物流管理需求。当前提货车辆靠人工检查，发货基本靠人工控制，误操作、发货量不正确等情况时有发生。记录靠人工输入，需要的管理人员较多，且由此产生的劳动强度高等问题日益突出。同时，订单执行过程难以及时共享，内部沟通成本高，产供销物流执行效率低。

（6）安全环保管控需求。当前公司对生产过程中废气、废水等排放物的监测不够灵敏，且监测方法较为原始；生产巡检管理仍采用纸质报表和人工读取数据的方式，造成数据误差和管理不透明等问题。

2. 数据开发利用需求

公司通过主数据管理系统（MDM）实现了对数据的统一化和标准化管理，通过 ERP 系统和一体化应急联动平台实现了对经营管理数据的分析和生产过程运行状态的监控和预警，但还未形成统一的生产指挥中心，计划、生产、操作仍旧分段管理，造成信息延迟乃至丢失等问题。

（三）案例实施方案

华谊新材料公司数字化案例的实施，主要从需求端出发，紧紧围绕公司主业"实现32万吨/年绿色新工艺的丙烯酸及酯产业化"，在过程控制层、生产运营层、经营管理层三个层级进行数字化部署和升级，以打通公司底层操作层到各职能部门，再到公司高层管理层之间的数据联通，实现工厂的精细化管理和数据的互联互通，高效协同，改善资源优化配置，提升整体管理能力，提高生产操作质量和效率，初步实现了生产经营"低成本、稳增长、高效益"的管理目标。

华谊新材料公司是连续流程型化工生产企业，过程控制层本身的数据基础较好、自动化程度较高，因此在过程控制层主要依托原有的 DCS、安全仪表系统（SIS）、大机组 PLC（可编程控制器），开展了先进过程控制（APC）系统的建设及 PID 整定等工作；在生产运营层，重点建设了大机组状态监控系统、制造执行系统（MES）、物流管理系统（LMS）、实验室信息管理系统（LIMS）、智能巡检系统（IPS）和一体化集成平台等智能装备和产品软件，且在各系统间实现了数据的互通，避免"数据孤岛"现象的发生。此外，在建设各个系统的过程中，公司重点开展了标准化和技术支撑两个体系的工作，为各系统的顺利建设奠定了基础。华谊新材料公司智能工厂建设技术框架如图 1 所示。

1. 先进过程控制系统的建设（APC）

公司通过在现有生产装置上建设先进过程控制系统，完成对操作过程中多个变量的约束、预测、控制、优化，在追求生产过程操作平稳性的同时，逐步提升生产效率。在建设过程中，该系统通过 PID 整定和基础层过程控制优化改进，建立了系统模型和数据拟合，自动调节相关参数，消除人为操作的误差，确保装置平稳运行。在投用 APC 系统后，关键变量的标准差由 0.329 下降至 0.096，降幅约 70.82%，APC 系统投用前后关键变量的波动情况如图 2 所示。操作稳定性的提升延长了装置的运转周期，在更高水平上实现了"安、稳、长、满、优"运行，进一步提高了公司的竞争力。

图 1　华谊新材料公司智能工厂建设技术框架

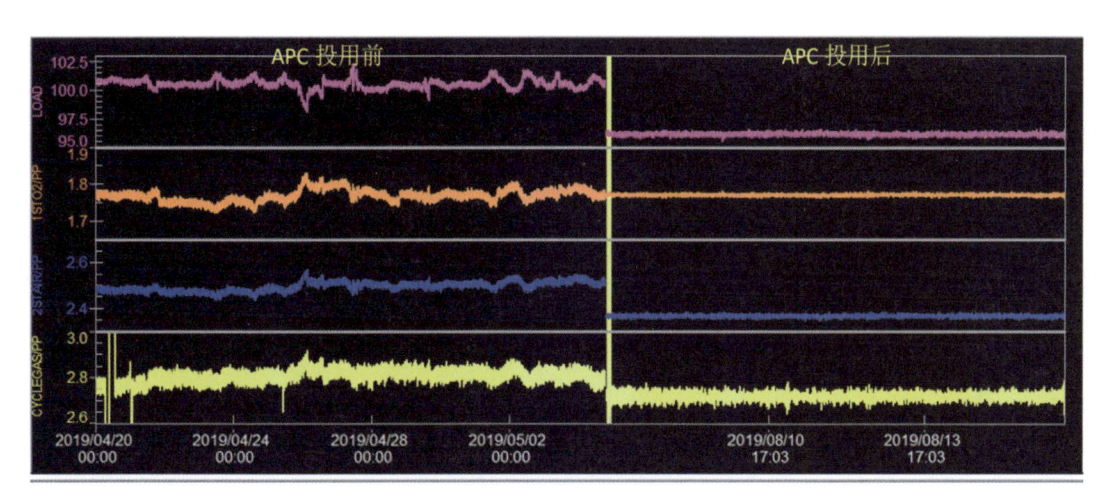

图 2　APC 系统投用前后关键变量的波动情况

2. 智能巡检系统的建设（IPS）

智能巡检系统基于物联网技术，实现规划外操巡检内容、路线、方式、频率，采集并查询外操巡检数据，解决了传统巡检管理工作的不可控性问题，堵住了巡检管理工作中的各种漏洞，真正把巡检管理工作纳入了规范化、科学化的轨道。如图 3 所示，巡检人员手持巡检仪，由巡检仪自动测量设备、管道等的温度、压力、震动等参数，采集的数据通过传感网络通信技术自动、及时地传输到监控中心，然后由监控中心对采集的大量数据进行分析，严格管理巡检过程，保证巡检质量，实现对设备的监测和监控。该系统保障了化工生产装置的"安、稳、长、满、优"运行，提高了管理的精细化程度，全面提升了生产装置的绩效水平。

图 3　智能巡检系统现场使用情况

3．制造执行系统的建设（MES）

以 MES 生产指挥为中心（如图 4 所示）、以生产过程感知信息为基础，公司建立了三大体系：一是以计划、调度、操作、统计和绩效为一体的指挥体系；二是物料、能源、三剂（催化剂、溶剂、添加剂）相融合的生产资源管控体系；三是以设备、工艺、质量、安全、环保为支撑的能力保障体系。通过三种体系的建立，公司形成了贯穿决策、管控、执行、设施全流程的一体化协同管控制造执行系统，创造了一个快速反应、过程透明、管控精细的制造业环境，大力推动了生产制造的高效优化运行。

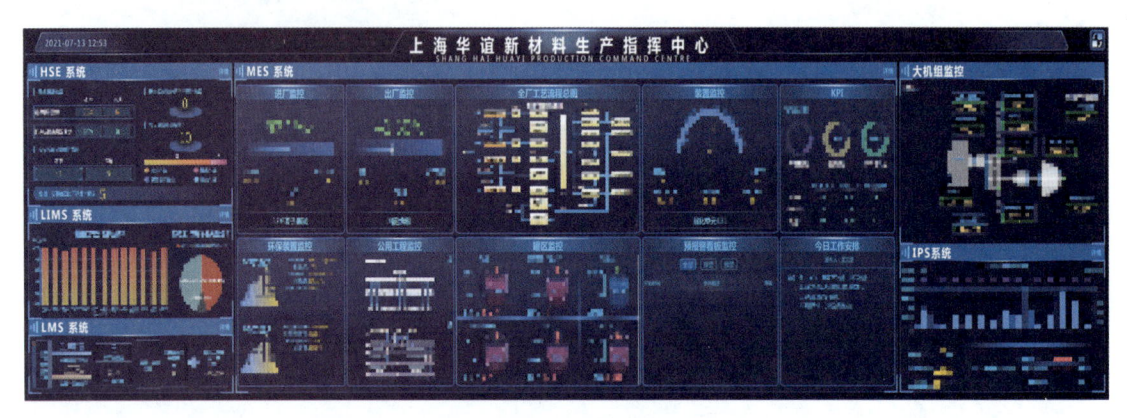

图 4　MES 生产指挥中心

MES 系统将月级平衡精确至班组级平衡，将操作管理由技术员定期检查升级为实时指标监控，同时辅以报警推送、指令下达、操作记录、反馈收集的闭环管理功能，实时调控生产计划、管理生产过程、监控人员操作、把控产品质量，为生产数据分析、操作水平提升、资源管理优化奠定了基础。

4．物流管理系统的建设（LMS）

公司通过物流管理系统的建设，全面提高了物流系统的信息化程度，同时改善了整个物流环节的安全性和可靠性，在管理层面上实现了承运商信用管理、人员资质管理、线上提货预约等功能，大大提高了物流安全水平和监管效率；通过与 ERP、LIMS、MES 等系统的对接，实现了运输计划、运力安排、运输执行、在途跟踪、签收回单等全物流过程的相关信息共享和异常信息反馈，以及运输载体的全过程在途跟踪监控和异常预警，系统自动记录产品送达客户的时间并及时反馈客户签收结果，结合实际业务设计多样化的运费结算方式，优化运费结算流程，实现了自动生成运费、自动审核运费等功能。物流管理系统架构如图 5 所示。

图 5 物流管理系统架构

此外，在下游的高吸水性树脂等产品仓储环节，公司还配备了自动叉车和自动化立体仓库，实现了仓库高层合理化使用、存取自动化、操作简便化管理，如图 6、图 7 所示。

图 6 自动叉车

图 7 自动化立体仓库

5. 健康安全环境监控系统的建设

通过建设有毒有害物质自动检测和控制系统，公司对丙烯酸化工行业产生的污染物进行实时监测，并对异常情况进行报警和紧急控制，保证生产安全。公司还建设了智能巡检系统和应急调度指挥中心系统，通过系统自动检测、控制，消除了因人工干预或不正当操作造成的安全隐患，实现了生产现场视频监控、实时数据监控、应急信息管理、应急联动等一体化管控，确保生产区域内人员的健康和安全。

（四）项目实施收益

上海华谊新材料有限公司通过智能工厂的建设，提升了在生产过程控制、质量控制和追溯等方面的智能化水平，实现了信息流、物流、资金流、业务流、价值流的有机统一和集成。

（1）通过先进过程控制系统，生产氧化单元关键变量的标准差由0.329下降至0.096，降幅约70.82%，成功提升了装置操作水平。

（2）通过企业资源管理系统，公司实现了对关键业务、流程的管控；实现了信息共享并消除了"信息孤岛"现象；实现了业务、财务的实时关联；实现了对生产过程质量的透明化管理。

（3）通过制造执行系统，公司全面实现了在线智能检验、生产过程实时监控、设备故障诊断和预警等预期功能。本项目的研发为公司创造了一个快速反应、过程透明、管控精细的制造业环境，推动了公司业务的整体发展；以先进制造理念为基础，打造了丙烯酸及酯数字化生产样板车间。

（4）通过物流管理系统，公司全面提高了物流系统的信息化程度，同时改善了整个物流环节的安全性和可靠性，最大限度地降低了人工操作的工作强度并减少了由其造成的隐患，在精细管理、提高效率等方面取得了显著的效果，物流效率提高了25.6%。

（5）通过健康安全环境监控系统，公司对丙烯酸化工行业产生的污染物进行实时监测，并对异常情况进行报警和紧急控制，保证生产安全；实现了生产现场视频监控、实时数据监控、应急信息管理、应急联动等一体化管控，确保生产区域内人员的健康和安全。在项目试运行期间，事故率降低了66%。

专家推荐语

上海华谊新材料公司通过在安全环保、物流仓储、工艺优化等方面的数字化探索，全面打造了一个绿色、安全、智能的现代工厂，成效显著，实现了由劳动密集型的局部自动化生产向智能生产装置及设备集群化生产的转变、由粗放管理向精益管理的转变。在未来的3~5年，上海华谊新材料智能工厂在丙烯酸及酯智能制造方面的成功经验有望在行业内，特别是流程型制造行业内得到推广，这对于制造型企业提升安全环保管控水平、提高生产效率、节能减排等方面均有借鉴意义。

案例 18　探索基于化工设备大数据的智能设备预测性维修

——上海赛科石油化工有限责任公司

（一）基本情况

上海赛科石油化工有限责任公司（以下简称"赛科"），是中国石油化工股份有限公司（中国石化）、中国石化上海石油化工股份有限公司（上海石化）、中国石化上海高桥石油化工有限公司出资成立的有限责任公司，其前身是由中国石化、上海石化和BP华东投资有限公司出资组建的中外合资有限责任公司，总投资额逾 30 亿美元。赛科具备先进管理理念和技术优势，采用世界上先进的工艺技术，生产乙烯、丙烯、聚乙烯、聚丙烯、苯乙烯、聚苯乙烯、丙烯腈、丁二烯、苯、甲苯及副产品等，每年可向市场提供国内紧缺的高质量、多规格、宽覆盖面的石化产品超过 320 万吨。未来，赛科将实现在生产计划决策层面的价值链表征及优化、装置调度，在生产运行层面的全流程协同、全链物联感知，以及在安环管控水平再提升方面进一步应用工业互联网成果，在决策、生产、安全、环保四大业务领域加快数字化建设步伐。

（二）背景需求

赛科在运作了 16 年后，积累了大量的工艺数据、设备监测数据和运行数据，在智能化和自动化的制造环境下，这些海量数据在生产过程中被自动或半自动地记录和存储在实时数据库中。这些海量数据究竟是资产还是负债，取决于其价值能否得到发挥。机器能以每小时、每分钟、每秒甚至每秒多次的频率提供数据，该数据可以是压力、转速、化学成分指标等。目前，按照时间序列建立的数据库被称为实时数据库，它就像一个记录过程数据的飞行记录仪。与关系型数据库不同，对于每一个数据，实时数据库只存储简单的名称、值、质量和时间戳，因此大大提高了存储和检索数据的速度，通常每秒可以处理上百万个事件。计算机运算能力的提高、成本的降低和机器学习的崛起，为发挥这些数据的价值提供了一种有效的途径。所以如何有效运用机器学习提升生产运营效率、降低成本、支持经营管理决策，就成了一个有意义的研究课题。

在石油化工生产中，20 多种重要的单元操作可归纳为三类：一是流体流动过程；二是传热过程；三是传质过程，压缩机、风机、泵、阀门、压力容器等是传质过程中的关键设备，它们的稳定运行直接关系到石化行业的安全、平稳生产。为此，石化行业在关键设备方面投入了大量资金，用以配套相应的传感器、物联网。赛科自 2005 年至今，纳入在线检测机组 332 台，其中关键机组 59 台，实现了对设备工况数据的实时采集。赛科的设备实时数据通过物联网，集中到 GE 美国通用电气公司的 SYSTEM1 和 OSIsoft 软银投资工业软件公司的 PI 实时数据库系统中。自 2013 年起，针对积累的海量设备实时数据，赛科开展了大数据分析和机器学习的研究，为设备预测性维修提供支持。

（三）案例实施方案

赛科针对本次研究涉及的设备，选择了压缩机、挤压机、搅拌器等 15 台设备。从 2014 年 6 月到 2017 年 6 月，15 台设备共产生了 56 条故障性维修记录；其中 40 条记录在预测系统中有对应的故障早期预警，最长的预警提前时间是 157 天，最短的预警提前时间是 5 分钟，其中 10 条记录在故障维修开始 1 天前给出预警，在理论创新和实际推广两个方面论证了机器学习在石化行业设备健康预测中的巨大价值。

石化行业设备作为化工生产、传输气体和液体的动能核心，其稳定性是化工生产安全、平稳运行的首要保证。然而，石化行业设备在运行的过程中经常会遇到多种故障，如动设备转子不平衡、轴裂纹、滚动轴承故障等。这些故障会使设备部件出现一定程度的结构损坏，进而导致其工作性能受到极大干扰甚至运行失效，因此必须对设备健康诊断进行深层次的研究。当设备发生某种特定类型的故障时，通过研究其性能参数（如温度、转速、振动等）在哪类故障的影响下会发生哪些特定变化，维修人员可以推出设备发生了哪种类型的故障。

自 2013 年起，赛科开始基于数据驱动的方法进行故障诊断工作，具体诊断流程如下。

步骤 1：在实时数据库中，系统针对某一台设备提取监测转速、压力、温度等性能参数的传感器数据，实现对该设备相关参数的监测，分别获取该设备在正常工况下和出现各类故障时的参数；清洗设备运行数据，收集和整理动设备测量点位号，如电流、振动、轴温、压力等测量点位号，从实时数据库中导出相关测量点位号的数据，根据设备维修记录和设备报警限值清洗数据，以获取该设备在正常工况下的运行数据。

步骤 2：系统利用信号处理或其他特征提取的方法，提取信号的本质特征以供后续诊断。由于在实际生产中难以获取设备出现各类故障时和同类故障、不同严重程度的大量数据，因此系统将清洗后的、正常工况下的设备运行数据作为一类数据，用于训练算法，正常工况下的数据供后续诊断。

步骤 3：系统设计并对比相应的机器学习算法，从中选出最合适的一种，然后选择合适的参数，根据步骤 2 的特征进行设备健康诊断。首先，系统将来自传感器的测点数据按照 OSI 公司 PI 设备资产的架构 AF 和时间标签进行整理，得到基于时间维度的设备状态数据集，状态数据集体现了设备的实际运行状态，每一状态数据集与对应工况下的设备实际运行状态一致；其次，系统自动分析工况与状态的关联关系，通过对状态模式的提取、压缩、存储，形成设备的状态模式集；然后，系统从设备的历史运行数据中提取正常状态数据，训练设备健康感知算法，该算法自动对工业设备的实时健康状态进行在线评估，这一过程称为"状态感知"；最后，通过状态感知，算法将设备的实时健康状态综合为一个 0%～100%的评价值，即健康度（HPI），如图 1 所示。

关联性是工业系统在运行过程中，变量之间、设备之间广泛存在的相互关联的特性。工业系统中的关联性是动态的，关联因素及关联强度（权重）都随时间和状态的变化而变化。系统通过关联因素排序实现工业设备的测点变量之间的动态关联分析，当设备的健康度出现下降时，表示设备的运行状态与历史同工况下的正常运行状态相比已经发生了变化。系统的关联计算引擎从设备的大量变量中识别出关键的影响因素，自动计算动态权重，感知在对象的测点变量中对实时状态贡献最大的变量，并以主关联因素排序的方式给出。关联因素是实现人机分工的一个重要因素，在实现自动感知状态变化之后，计算机进一步给出主关联因素，将极大地明确专业人员进行详细的机理分析诊断的方向。系统同时提供关联分析规则引擎，通过将设备对象的异常状态规则化，在规则库中建立设备对象的异常状态与关联测点之间的因果关系。通过关联分析，系统将自动触发对应规则，并将预警结果发送给相关人员。

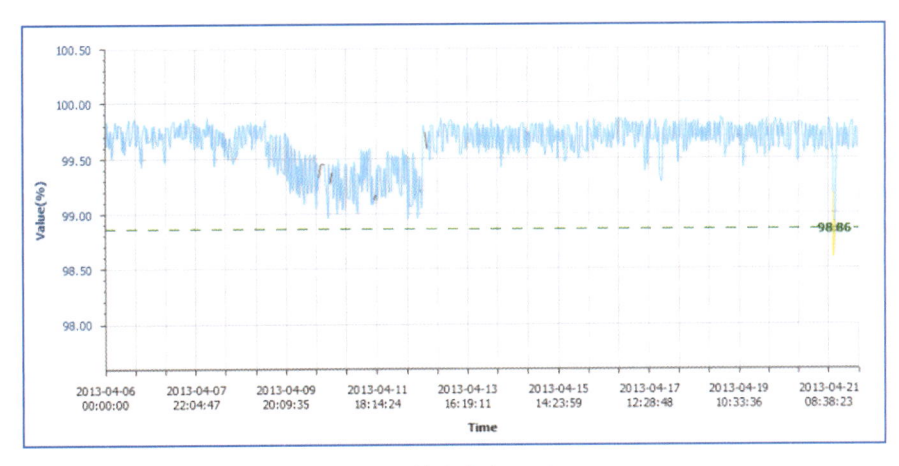

图 1　健康度（HPI）

如图 2 所示，2020 年 8 月 27 日，某设备的健康度曲线发生了波动，表示该设备进入了亚健康状态，随着时间的推移，如果没有人为、及时干预，那么该设备将进入损坏状态。

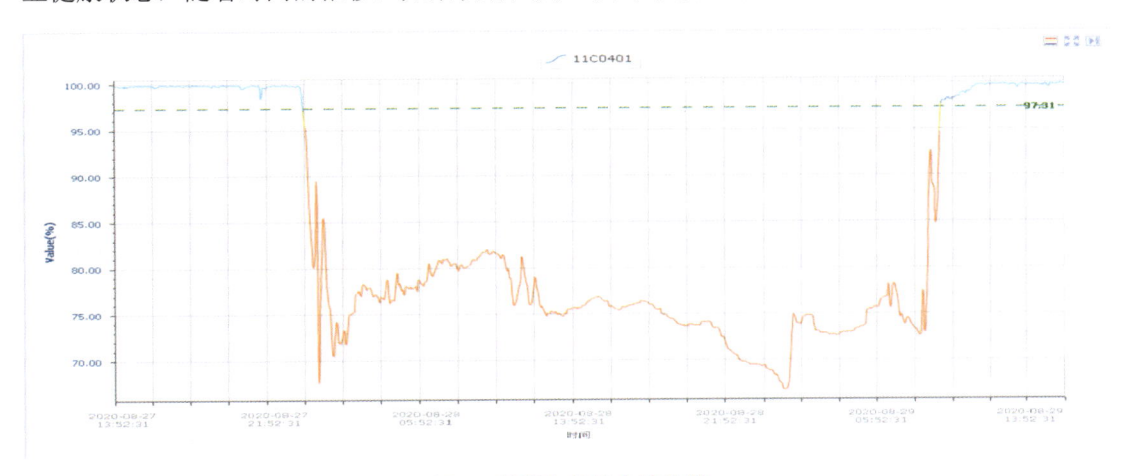

图 2　某设备的健康度曲线

（四）项目实施收益

赛科自 2013 年起，在设备预测性维修系统的基础上，建立了针对部分关键设备的在线健康感知和早期预警系统，对压缩机、挤压机、搅拌器等关键设备训练机器学习算法，通过机器学习算法实现了数据驱动的设备健康实时评估和分析预警。赛科对比设备的现场故障性维修记录和系统中对应的健康感知数据，从 2014 年 6 月到 2017 年 6 月，选择进行对比分析的 15 台设备共产生了 56 条故障性维修记录，其中 40 条记录在系统中有对应的故障早期预警，其余的 16 条记录没有预警的原因是无测点信息或按计划更换设备，因此归为计划维修。在系统提供的 40 条预警记录中，最长的预警提前时间是 157 天，最短的预警提前时间是 5 分钟，其中 10 条记录在故障维修开始 1 天前给出预警。

通过对比分析可以发现，由于机器学习算法以设备正常运行期间的数据为基础，因此系统能在设备运行状态从健康向不健康变化的过程中提前识别出细微的差异。数据驱动的设备预测性维修的关键是如何识别设备的状态变化，从而在设备进入易造成损伤的异常状态之前采取合适的预测性维修手段，防止异常状态的恶化和损伤的扩大。当机器学习算法识别出设备健康异常时，将自动发出早期预警，同时分析并提供导致设备健康度下降的主要原因。如图 3 所示，从设备 74P0402A 的健康度曲线中可以看出，自 2017 年 5 月 10 日起，该设备的运行状态发生了大幅波动。

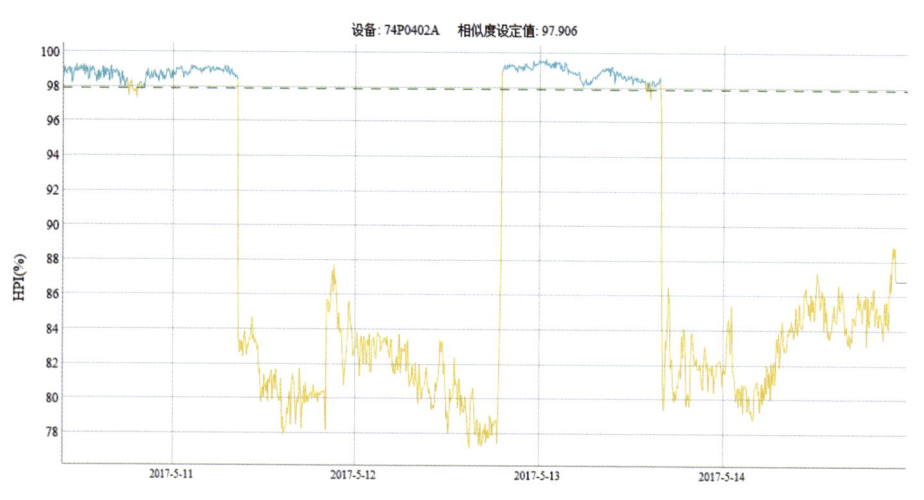

图 3　设备 74P0402A 的健康度曲线

从图 3 中可以看出，该设备在 2017 年 5 月 10 日发生第一次预警后，在 2017 年 5 月 11 日再次发生预警，且持续时间增长，在 2017 年 5 月 13 日又一次发生预警后，该设备的健康度一直低于基准线。通过对该设备在发生预警后的状态进行分析，我们可以得到如图 4 所示的关联点详情。

序号	测点名称	测点描述	单位	实测值	正常值范围	设备最值范围	状态	时间	趋势查询	属性调整
1	74VI04056A.PV	Proppylene In-Tank Pump 74-P-0402A Vibration	g pk	3.574	3至5	3.611至4.356	在线	2017-05-10 18:02:38		
2	74PI04052.PV	Propylene Pump 74-P-0402A Discharge Pressure	MPa	3.848	3.839至4.348	3.893至4.275	在线	2017-05-10 18:02:38		
3	74MPJC04051.PV1	74-P-0402A Power, Recycle Controller	kW	174.021	160至176	162.562至173.006	在线	2017-05-10 18:02:38		

图 4　关联点详情

设备的关联点是在每个状态下对设备健康度贡献最大的测点。在如图 4 所示的预警时段中，该设备的主要关联点非常一致，因此图 4 中的 3 个关联点即被视为导致该设备健康度发生波动的主要因素。对关联点的取值进行进一步趋势分析，如图 5 所示。

(a)

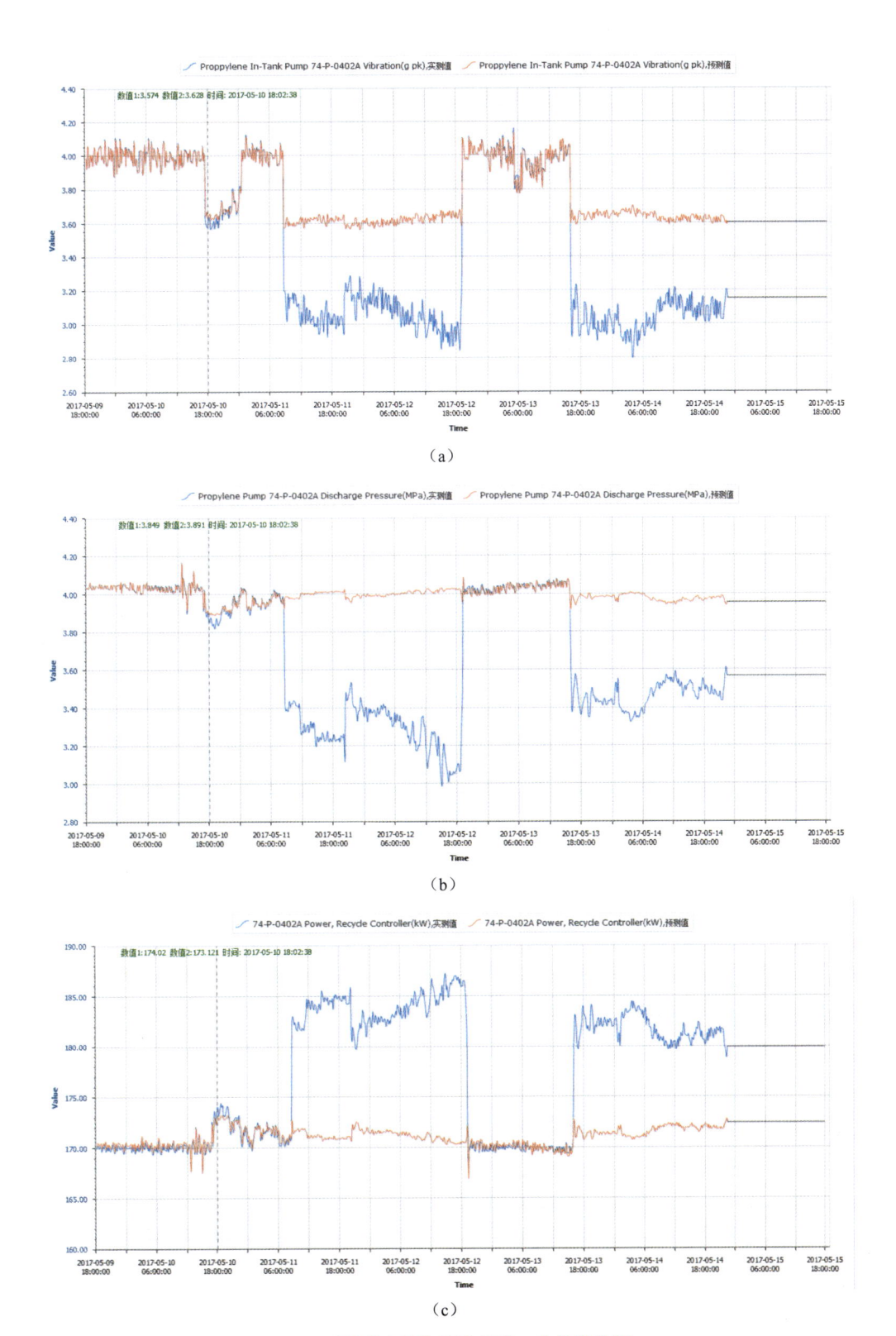

(b)

(c)

图 5 对关联点的取值进行进一步趋势分析

从图 5 中关联点的趋势可以看出，自 2017 年 5 月 10 日 18 时起，该设备测点中振动、油压和功率的波动从小幅变化开始逐渐恶化，使该设备的整体健康状态大幅下滑，直到 2017 年 5 月 15 日设备停车。系统在识别出该设备的健康度下降后，自 2017 年 5 月 13 日起发出状态预警，同时给出了主要关联点的信息。从设备检修记录中可以看出，该设备在 2017 年 5 月 15 日即进行了抢修，通过设备解体检查发现轴承已经有较大磨损，局部组件断裂，并发生了电机缺相，这些故障现象与系统在设备预警时给出的主要关联点完全一致。

赛科是流程大化工企业，必须保证生产线的连续性，因设备故障导致停止生产，一天的损失将达到几千万元。通过设备预测性维修监测系统，我们成功实现了提前知晓设备的损坏情况，做到提前更换、提前维修，满足了生产线连续性生产的需求。

随着近几年国家石油化工行业的发展，赛科的业务步入了高速发展期，传统的管理方式已经无法支撑公司的战略发展，迫切需要借助工业互联网等新兴技术实现信息化与工业化的融合，推动公司的管理变革。赛科于近期开始了对内打造数字化生产工艺数据平台 OSI PI、精益化生产、智能化设备控制的 3 层架构。赛科的未来系统架构如图 6 所示。

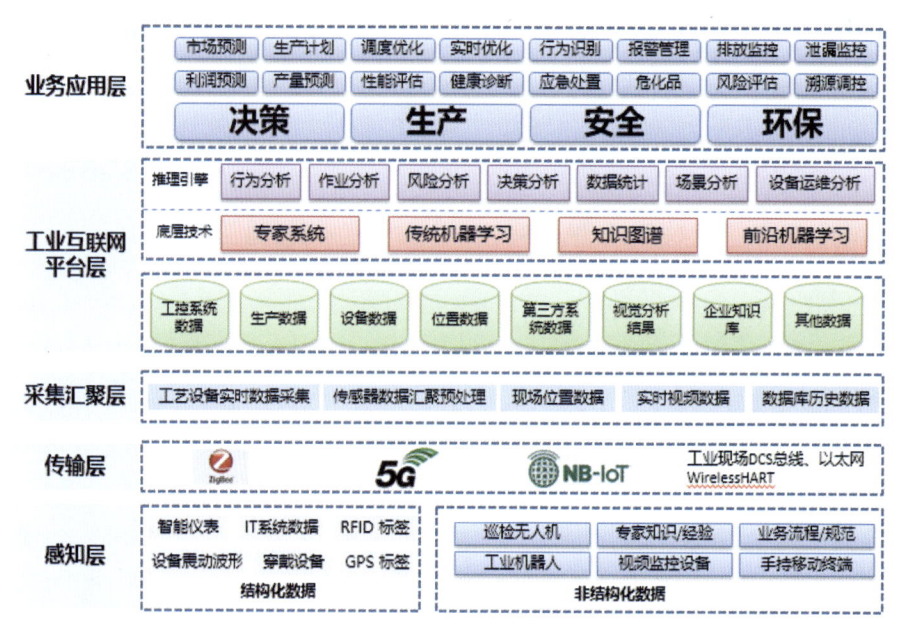

图 6　赛科的未来系统架构

专家推荐语

上海赛科石油化工有限责任公司以数字化统领生产、管理全过程，改进数字化基础设施。随着转型的深入发展，数字化全面覆盖产、研、供、销各个环节，传统的纸质报表和离线巡检等工作方式已经不能满足公司的生产需要。为此，赛科在产、研阶段大量使用智能防爆设备，用于现场作业人员的移动视频监控、智能巡检、现场视频回传、无线抄表等。赛科正致力于打造一个真正的数字化工业互联网平台系统架构，进一步树立起石化行业智能工厂的新标杆。

第二篇

功能体系篇

功能体系完善是推动工业互联网发展的重要抓手，当前，我国工业互联网基础设施及功能体系正日趋完善，供给能力不断提升。本篇围绕平台、安全、标识解析、工业软件、工业大数据等细分领域，呈现工业互联网核心、关键技术的创新突破，夯实工业互联网发展基础，为工业互联网赋能实体经济提供有力支撑。

案例 1　星云智汇平台助力装备制造业全价值链集成创新

——上海电气集团数字科技有限公司

（一）基本情况

上海电气集团数字科技有限公司（以下简称"电气数科"）是上海电气集团股份有限公司直属子公司，是上海电气集团数字化产业发展和转型的关键载体。电气数科对内立足装备制造优势，成为上海电气产业发展和转型的新引擎；对外聚焦工业细分领域，成为数字赋能技术创新和应用的先行者。电气数科面向制造企业，融合信息技术和数字技术，聚焦工业互联网、企业管理信息化、智慧供应链、数字化工厂等领域，助力制造企业实现产品、生产、服务、管理的数字化和智能化，打造上海电气工业解决方案和产品的输出平台，赋能制造业高质量发展。

（二）背景需求

上海电气集团是世界级的综合性高端装备制造企业。近年来，上海电气产业正经历从传统能源向清洁能源的能源转型、从传统制造向智能制造的技术转型、从产品制造向服务制造的商业模式转型。

对于高端装备制造企业来说，以客户的个性化需求为导向、以装配线建设为核心、以部品供应链为协同，通过产品数字化、装备智能化、物流自动化，以及"端"到"端"全过程的信息化和集成化，实现产供销一体计划、供应链质量追溯、跨区域统筹协同，是转型升级的重要方式。当前，高端装备制造企业转型升级的需求越来越多，如通过虚拟化产品设计和规划实现信息无缝互联，使工厂全面透明化，实现虚拟设计与现实生产相结合；将产品及生产全生命周期进行压缩，大幅缩短产品上市时间；自动监控质量确保品质，提高质量一次通过率；实现全自动化物流，大幅缩短补货时间，促进生产效率的提高，建立高度智能化的生产加工控制系统等。

高端装备制造企业基于转型升级需求，瞄准从设备底层、车间制造、企业运营到集团管控的纵向集成，贯穿产业链及供应链上下游企业间的横向协同，以及面向产品全生命周期的"端"到"端"集成，建设工业互联网平台，形成工业大数据的全面处理能力，具有重要意义。平台以网络互联为基础，通过对工业大数据的全面深度感知、实时传输交换、快速计算处理和高级建模分析，实现智能控制、运营优化和生产组织方式的变革，对高端装备制造企业的转型升级具有重要的支撑作用。

电气数科通过建设面向高端装备行业的工业互联网平台，打造设备健康管理、远程运维诊断、能源管理、数字化工厂、机床联网运维等应用，在企业内部实现了生产智能化、精细化管理，在企业外部实现了产品增值服务；并基于平台形成了高端装备行业工业机理模型和App，支撑高端装备企业快速、高效地开展工业互联网创新应用，助力高端装备行业内企业转型升级。通过数据积累、算法优化、模型迭代，电气数科形成了覆盖高端装备领域的各类知识库、工具库、模型库，将自身的经验和知识进行提炼和保存，实现企业内部和行业内的资源共享，同时通过本案例的实施，积累平台建设和应用经验，培养了一批工业互联网平台技术人才，形成了可复制的平台解决方案，为全方位持续开展和向外输出工业互联网创新应用提供坚实保障。

（三）案例实施方案

1. 星云智汇工业互联网平台技术架构

星云智汇工业互联网平台通过 IoT 服务能力、PaaS 服务能力、开发运营能力、可视化开发能力、数据服务能力、安全保障能力等核心能力，构建良好的工业 App 开发环境，使开发者基于平台数据和微服务功能实现应用创新，为用户提供生产过程管理和增值服务等一系列创新性业务应用。该平台主要分为接入层、平台层、应用层 3 层架构体系，如图 1 所示。

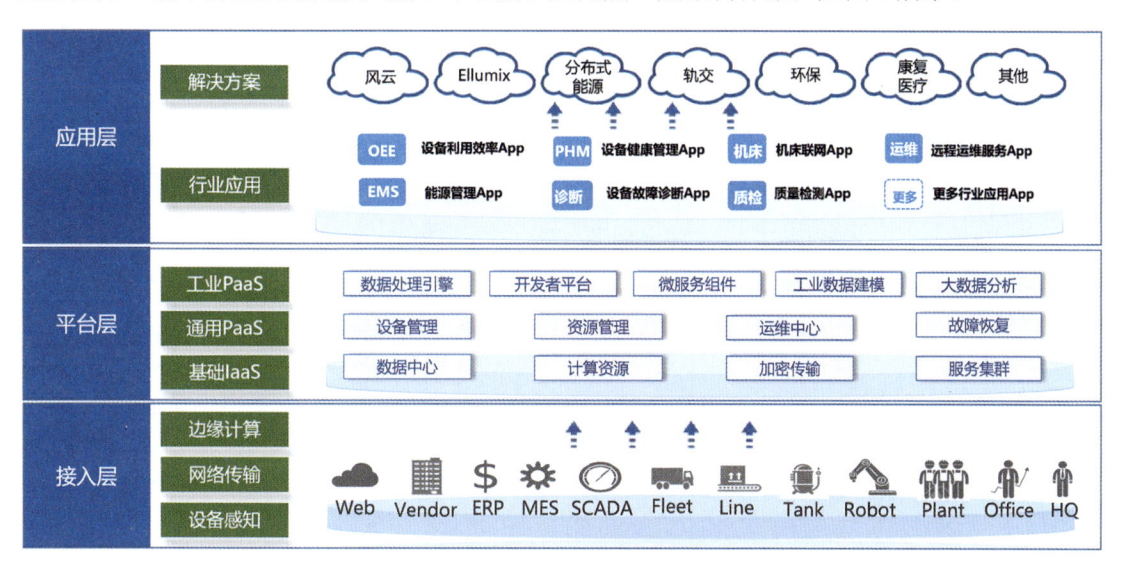

图 1 星云智汇工业互联网平台架构体系

1）接入层

星云智汇通过大范围、深层次的数据采集，以及异构数据的协议转换和边缘处理，构建了工业互联网平台的数据基础：一是通过各类通信手段接入不同设备、系统和产品，采集生产现场产生的海量数据；二是依托协议转换技术实现多源、异构数据的归一化和边缘计算；三是利用边缘计算设备实现对底层数据的汇聚处理，以及数据向云端平台的发送。

2）平台层

星云智汇基于虚拟化、分布式存储、并行计算、负载调度等技术，实现了网络、计算、存储等计算机资源的池化管理，根据需求进行弹性分配，基于通用 PaaS 叠加大数据处理、工业数据分析、工业微服务等创新功能，构建了可扩展的开放式云操作系统：一是提供工业数据处理能力，帮助制造企业形成工业数据分析能力，实现对数据价值的挖掘；二是把技术、知识、经验等资源固化为可移植、可复用的工业微服务组件库，供开发者调用；三是构建应用开发环境，借助微服务组件和工业应用开发工具，帮助用户快速创建定制化的工业 App。

3）应用层

星云智汇创建了满足不同行业、不同场景需求的工业 SaaS 和工业 App，形成了工业互联网平台的最终价值：一是提供生产过程管理和增值服务等一系列创新性业务应用；二是构建良好的工业 App 开发环境，使开发者基于平台数据和微服务功能实现应用创新。

2. 星云智汇工业互联网平台业务体系

电气数科基于在装备制造业多年的数字化转型经验，立足装备制造业的优势和特点，以优化产品服务为切入点、以星云智汇工业互联网平台为载体，开发了面向物联接入、智能制造、智能服务、大数据分析等的各类管理工具和工业应用，同时打通产业上下游，建立智慧供应链平台，探索产业互联新模式。星云智汇工业互联网平台业务体系如图 2 所示。

图 2 星云智汇工业互联网平台业务体系

（1）面向中小型企业，星云智汇通过星云套件的开发，为中小型企业提供快速"上云上平台"的服务，针对行业内中小型企业的痛点和需求，面向智能制造的生产过程、质量管控、设备管理、能耗管理等场景提供低成本、易部署、易维护的轻量化工业应用，提升中小型企业数字化、网络化水平，从而提高生产效率和产品质量。

（2）面向大型企业，星云智汇构建企业级工业互联网平台，针对工业数据打通难、数据标准化难、价值挖掘难等痛点，建立工业数据治理平台，帮助大型企业构建工业数据标准体系，为企业提供工业数据治理和分析工具，通过定制化数据湖建设方案、可视化数据建模工具、插件化扩展预处理策略、流程化运行任务监控，进行分布式处理以提高效率，为不同企业提供场景化服务、决策化支持、创新化业务模式引领。

（3）面向产业上下游，星云智汇打造智慧供应链平台，助力集团型企业采购、销售的数字化转型和产业供应链协作，推进企业业务一体化发展，提升供应链管理水平，为集团型企业和产业链可持续发展提供保障。在工业互联网的基础上，星云智汇发展产业链式经济，探索装备制造产业互联网，将产品、业务、资产、金融全价值链打通，以产业互联经济模式对链上企业进行赋能，实现产业链整体转型升级。

（4）面向城市和区域，电气数科构建工业互联网赋能中心，打造一体化服务平台和可持续发展生态，通过工业互联网平台的核心能力、数字化转型经验、生态伙伴资源的对外输出，赋能"研、产、供、销、服"生产全生命周期，助力区域内企业在制造能力、经营效率、获客渠道、产品质量、供应流通等多方面取得显著进步，同时向当地政府提供宏观数据，作为引导政策实施的有力支撑。

3. 星云智汇工业互联网平台创新应用场景

（1）生产制造执行系统，基于离散型制造车间在生产制造环节信息获取手段落后、质量问题难追溯、缺陷难定位等痛点和需求，通过工业互联网平台架构，打通终端、设备、生产线和业务系统的信息流、数据流，消除"信息孤岛"现象，打造企业级生产管理和质量管控追溯体系，加强产品 BOM 管理，帮助企业提高生产效率和良品率，降低单位成本；将业务功能模块化，从而便于部署实施、产品迭代和功能扩展，满足中小型企业的共性需求，同时满足集团型企业的个性需求。生产制造执行和精益生产管理应用架构，如图 3 所示。

（a）

图 3　制造执行和精益生产管理应用架构

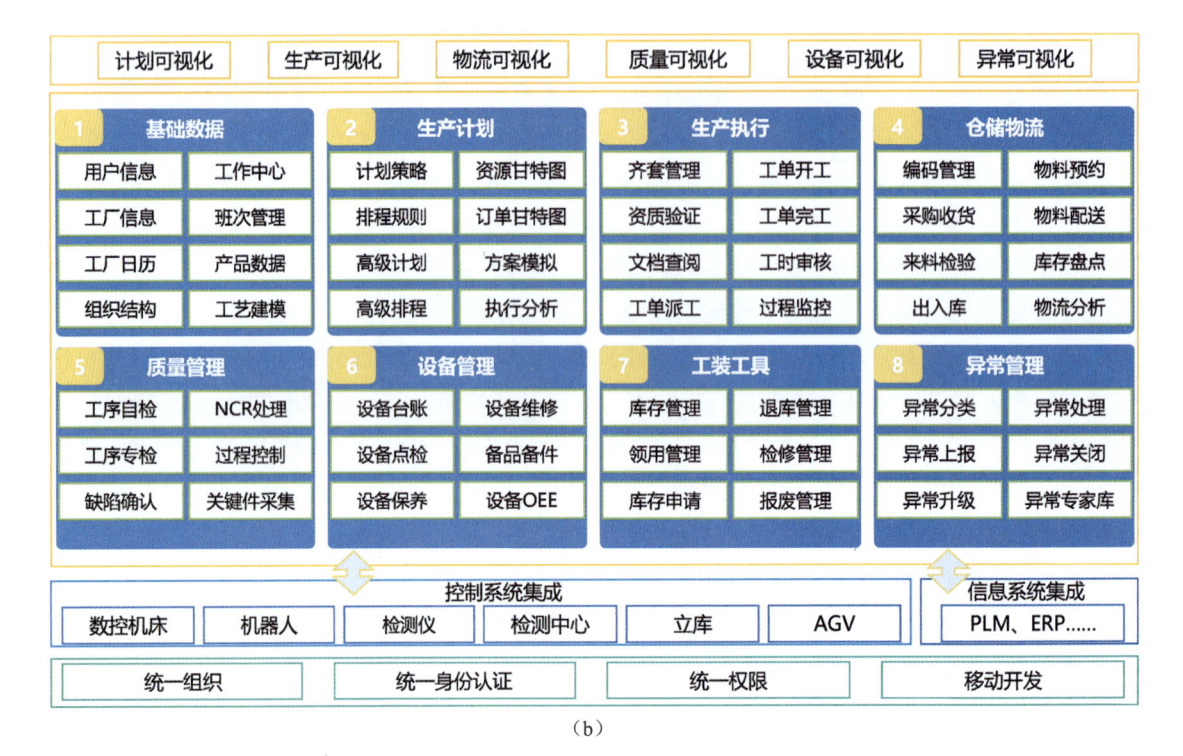

| 计划可视化 | 生产可视化 | 物流可视化 | 质量可视化 | 设备可视化 | 异常可视化 |

1 基础数据	2 生产计划	3 生产执行	4 仓储物流
用户信息 / 工作中心	计划策略 / 资源甘特图	齐套管理 / 工单开工	编码管理 / 物料预约
工厂信息 / 班次管理	排程规则 / 订单甘特图	资质验证 / 工单完工	采购收货 / 物料配送
工厂日历 / 产品数据	高级计划 / 方案模拟	文档查阅 / 工时审核	来料检验 / 库存盘点
组织结构 / 工艺建模	高级排程 / 执行分析	工单派工 / 过程监控	出入库 / 物流分析

5 质量管理	6 设备管理	7 工装工具	8 异常管理
工序自检 / NCR处理	设备台账 / 设备维修	库存管理 / 退库管理	异常分类 / 异常处理
工序专检 / 过程控制	设备点检 / 备品备件	领用管理 / 检修管理	异常上报 / 异常关闭
缺陷确认 / 关键件采集	设备保养 / 设备OEE	库存申请 / 报废管理	异常升级 / 异常专家库

控制系统集成：数控机床、机器人、检测仪、检测中心、立库、AGV
信息系统集成：PLM、ERP……

统一组织　统一身份认证　统一权限　移动开发

(b)

图 3　制造执行和精益生产管理应用架构（续）

（2）智慧供应链平台，为集团型企业的供应链管理和数字化转型提供服务，从供应商到客户、从采购环节到销售环节，打通"端"到"端"对外互动的各类集团型企业的业务场景，帮助其统一标准和开拓个性化业务；从企业业务到行业生态，融合客商关系，帮助企业开拓新市场和新业务，展现企业数据汇聚优势，发挥供应链数据资产金融价值。该平台将促进基于大数据分析决策的智慧化信息管理模式的发展，打造企业级"智慧大脑"，前瞻性地指导、优化传统供应链的运营管理和业务运作模式，打造精益、绿色的供应链业务链条，改善供需分析并实现降本增效，提升企业的经营管理水平，提高社会资源的利用率。

（3）区域智慧能源运营中心，基于新能源场站资源分散、利用率低等痛点，以云计算、大数据分析、物联网等先进技术为支撑，以星云智汇工业互联网平台为载体，为用户建立一个技术先进、数据开放、标准统一、安全可靠，且具备协调控制、视频监控、远程集中监控、集中功率预测、智能生产管理、智能健康管理、智能统计与分析等功能的集控管理平台，实现区域级新能源电站生产运行数据的接入、存储、展示和智能化分析应用，包括风电场、光伏电站、智能微网、离散型微网、海水淡化、智慧港口、智能楼宇等，打造新能源产业数据的综合管理和运营平台。智慧能源大数据中心概览如图4所示。

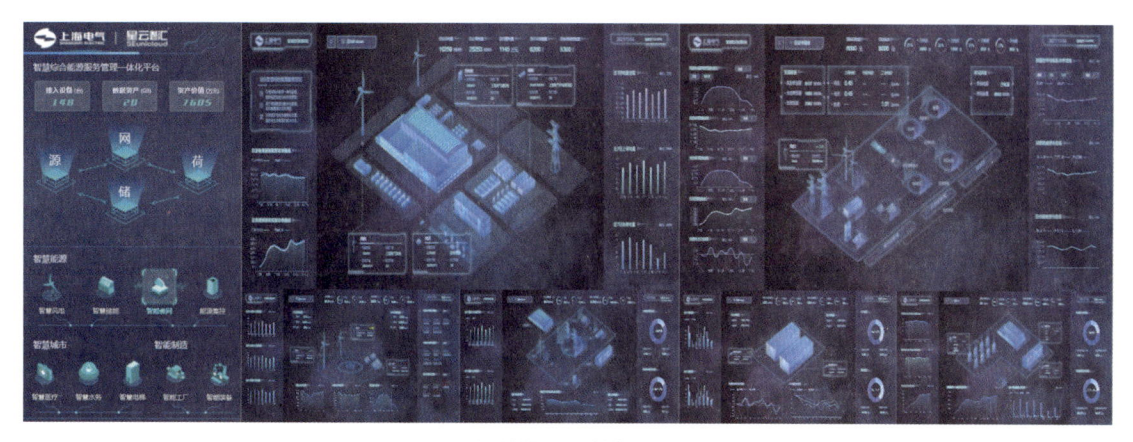

图 4　智慧能源大数据中心概览

（四）项目实施收益

（1）生产制造执行系统，通过应用实现生产车间机床加工效率、设备综合效率（OEE）、质量的动态监控、机床工艺程序的远程下载和维护，以及生产工单派工、报工等功能，树立车间精细化生产新标杆，使设备管理效率提升 30%、产品质量合格率提升 5%、维修期缩短 30%、维修成本降低 30%、操作人员操作规范率提升至 95%以上。通过规范设备数据和信息、优化业务管理流程、建立合理的指标体系，该系统实现设备资产全生命周期规范化、标准化管理，提升设备管理效率，保障设备运行的可靠性、安全性，实现设备故障率年降低 20%、设备消缺时间年缩短 18%、设备日常维修成本降低 8%、年物资采购资金减少 10%。

（2）智慧供应链平台，通过打造电气数科数字化供应链生态，实现采销一体、客商融合，连接 1.7 万家供应商、9500 余家客户，发掘 1300 多家一体化客商，线上交易额超 300 亿元，4.95 万条订单互动协同，协同金额超 15 亿元，完成 3.9 亿元供应链金融业务，实现商流、物流、资金、票据四流合一；通过在线协同和自助化、自动化操作，构建供应商库，提升采购效率，降低间接成本；通过采购过程数字化，支持全球寻源，可追溯、可审计，进一步促进采供销业务从事务型采购向战略型采购的转型、从被动响应向主动服务的转型、从执行部门向运营部门的转型，赋能企业智慧运营。

（3）区域智慧能源运营中心，通过统一监控、调度和管理，实现多类型设备的集中监控和故障实时告警，从纸质化业务流程全面演化为数字化管理模式，运营、运维、工单、票据全面电子化，管理水平显著提升；结合场站特征进行多维度健康评估，包括区域级宏观评估、场站级整体评估、部件级精细评估，使场站工作人员减少为 1 人/每光伏场站、3 人/每风电场站，平均场站日常故障事件响应速度提高 20%，运营成本大幅降低；通过大数据分析技术的应用，对机组运行效率、发电性能指标、发电量完成率、损失电量、发电量偏差等关键绩效指标进行统计、分析和可视化处理，提升区域能源运营管理水平，助力当地能源结构和发电体系的调整和决策优化。

专家推荐语

除了支持企业以技改促创新、增效益，璧山区还通过建设西部工业互联网赋能中心来助力企业实现提质降本、增效增值。该中心以"星云智汇"工业互联网平台为核心，贯穿"研、产、供、销、服"生产全过程，提供共享资源、智能制造、工业自动化、供应金融等服务。

案例2 基于工业互联网的智慧核电平台赋能产业链数字化协同

——上海核工程研究设计院有限公司

（一）基本情况

上海核工程研究设计院有限公司（以下简称"上海核工院"）始建于1970年2月8日，与中国核电同时起步，隶属于国家电投。公司主营业务为核电研发、设计、工程建设管理和服务，具备核工业行业设计、工程造价、建设项目环境影响评价等一系列甲级资质，现有员工2700余名。在数字化转型发展中，上海核工院积极发挥设计龙头作用，依托国家科技重大专项的实施，勇当原始创新策源地和产业链链长，构筑了以"设计4.0"牵引的全产业链数字化协同体系，覆盖了研发设计、设备制造、工程建造、生产运维的全产业链环节，支撑打造具有全球竞争力的一流核能技术创新和工程建设平台的发展目标。上海核工院自主研发的、基于工业互联网的智慧核电平台，完成了首个核电行业工业互联网标识解析的集成应用研究，取得了许多成果并得到了国家和行业认可。

（二）背景需求

核电产业链具有链条长、单位多、范围广、专业性强等特点，因此传统核电研发设计、设备制造、工程建造、生产运维各产业链环节存在如下难点。

（1）核电研发设计环节往往涉及多方、多专业的协同，需要跨地域、跨平台开展协作，现有的研发设计软件种类繁多、设计过程冗杂、协同效率低，迫切需要建设统一平台，集成多专业的研发设计软件，基于云服务支撑异地协同，从而构建多专业协同的研发设计验证一体化云平台。

（2）传统的设计制造数据传递模式以设计图纸为主，在制造单位对设计图纸进行二次结构化后，才能实现模型重构和加工制造。由于设计单位已实现三维模型设计，因此这一流程存在重复建模，重复录入数据，二维、三维数据不一致等问题，在一定程度上制约了设备的研制效率。

（3）核电工程建造环节涉及大量供应商、承包商及业主的多方协同，协作方多、管理难度大、不可控因素多，迫切需要在项目现场管理中合理利用信息化、数字化手段，构建智能、高效、安全、绿色、精益的信息管理平台和"智慧工地"。

（4）现有的核电生产运维环节设备维修模式，主要针对设备开展周期性预防维修，一方面存在重复维修的可能，另一方面无法提前感知设备状态，若关键设备发生故障则需要停产进行维修更换，对核电厂的正常生产会造成较大影响，且仍存在产业链资源共享不畅和无法完全发挥设计方、制造方等多方技术优势的问题。

同时，由于核电行业的敏感性和对核安全的高要求，因此核电产业链对于信息化、数字化新技术的应用相对谨慎，对技术本身的成熟度、安全性等方面有很高的要求。当前，数字化转型发展相对滞后，为了推动核电数字化转型，围绕以上产业链难点、痛点，上海核工院积极发挥设计龙头作用，勇当原始创新策源地和产业链链长，初步打造了基于工业互联网的智慧核电平台，提升了研发设计、设备制造、工程建造、生产运维的产业链数字化协同水平。

（三）案例实施方案

基于工业互联网的智慧核电平台聚焦产业链痛点，上海核工院瞄准核电产业链各环节数字化转型场景，创新变革产业协同模式，以此助力上海核电产业数字新经济，该平台界面如图1所示。

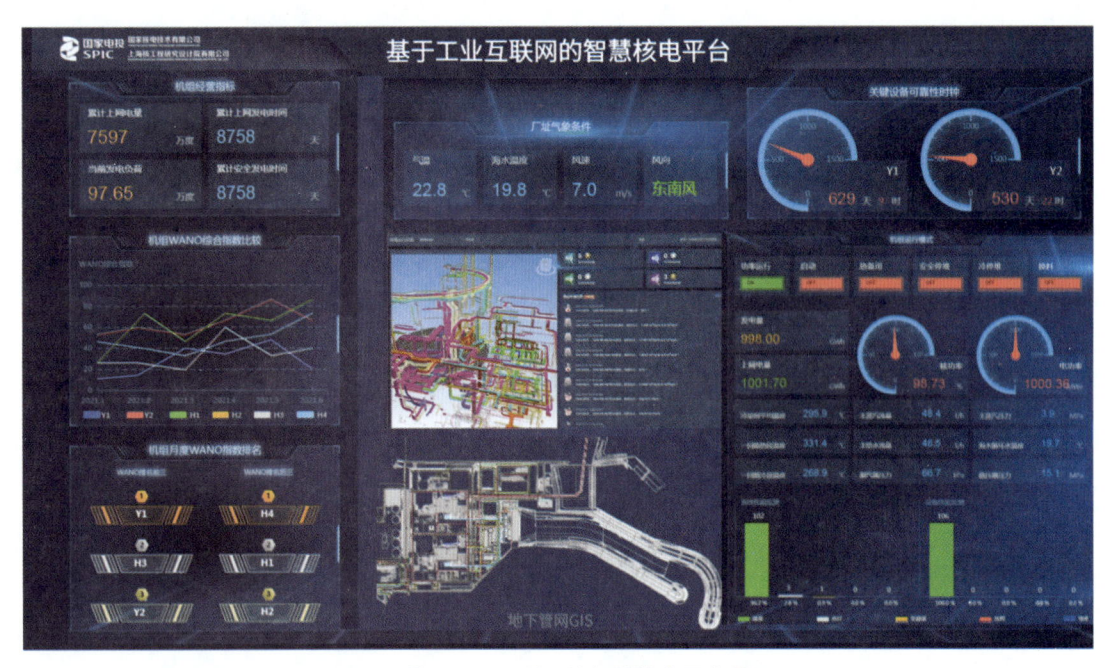

图1 基于工业互联网的智慧核电平台界面

该平台包含核电研发设计云平台模块、设计制造一体化协同模块、智慧工程管理模块、智能监测诊断模块四大模块。

1. 核电研发设计云平台模块

核电研发设计云平台模块采用先进的云平台技术架构，以设计数据中心为枢纽，集成二维、三维设计软件，实现了物理、热工、设备、工艺、电仪、土建、暖通等多专业软件工具的集成和模型数据接口的打通，建成了统一的数字化协同设计平台，同时打通了设计工具和设计分析软件的数据接口，实现了计算分析的"后台化"和"无感化"，形成了以数据和模型为核心，二维、三维联动，覆盖全专业、全业务流程的设计分析一体化协同设计体系，实现了跨区域、在线协同设计。目前，该模块正在持续推进、建设中，初步应用的实践表明，该模块可以较好地满足共享核电研发设计资源和优秀设计管理方法、提升设备分析效率、发展设计技术等迫切需求，不仅有助于提高核电研发设计的作业效率和产品质量，还提升了中小型设计公司的数字研发设计能力。

2．设计制造一体化协同模块

设计制造一体化协同模块在设计、制造各单位间打通了设备模型和数据接口，建立了安全可靠的模型和数据通道，传递工艺与设计协同一致的三维模型，以及三维模型承载的结构化设计信息和加工信息，并据此开展大型非标设备的三维工艺的编制、部分关键工序的仿真和自动化等研究，从而达到设计意图、工艺意图的无疑义传递，压缩了产品工艺技术的准备时间，提高了制造的稳定性和效率，并形成高效、准确的产品数据包，实现了核电装备的设计制造协同。目前，上海核工院已通过该模块与某设备制造厂进行合作，对某型号压力容器顶盖的设计制造协同进行了验证应用，并取得了良好的效果。

设计制造一体化协同流程如图2所示。

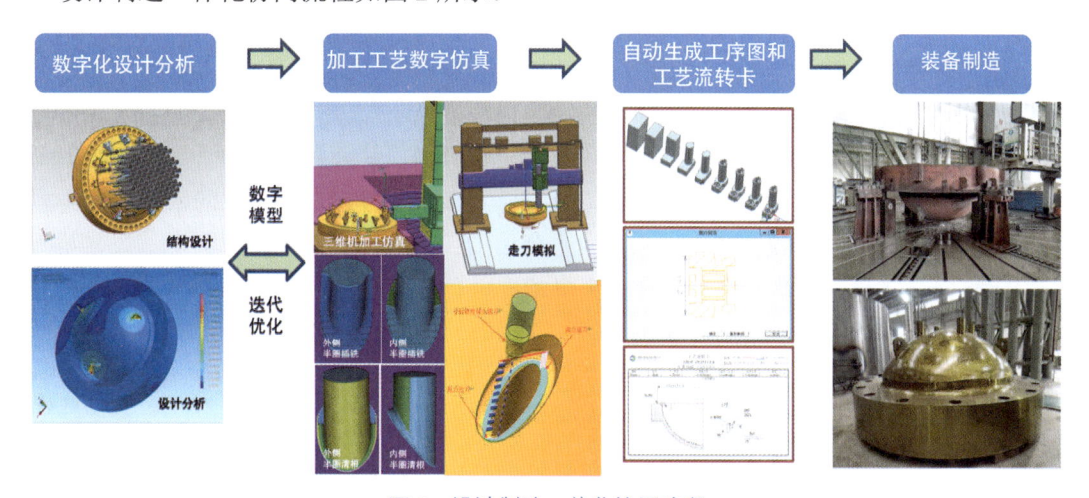

图2　设计制造一体化协同流程

3．智慧工程管理模块

智慧工程管理模块包含关注工程现场管理的智慧工地子模块和关注工程业务管理的工程管理子模块两部分。

1）智慧工地子模块

智慧工地子模块基于核电工程建造的现实需要，聚焦"人、机、料、法、环"各个环节，充分运用"云、大、物、移、智、链"及5G通信技术，通过智能硬件终端设备的数据采集、应用模型的建立和大数据的统计分析对比，为政府机构、项目总承包单位、业主单位等多方用户呈现施工现场的运行状态并实行智能化管理，支持安全、有序、高质量地完成各项施工工作，实现核电工程建造的透明、智能、可控，保障整个核电工程的安全和质量。目前，智慧工地子模块已在某核电现场建设实施，涉及人员管理、安全管理、全厂安保管理、可视化工地、智能仓储等核心应用场景，推动了核电工程建造环节的数字化转型发展。

智慧工地子模块技术架构如图3所示。

图3 智慧工地子模块技术架构

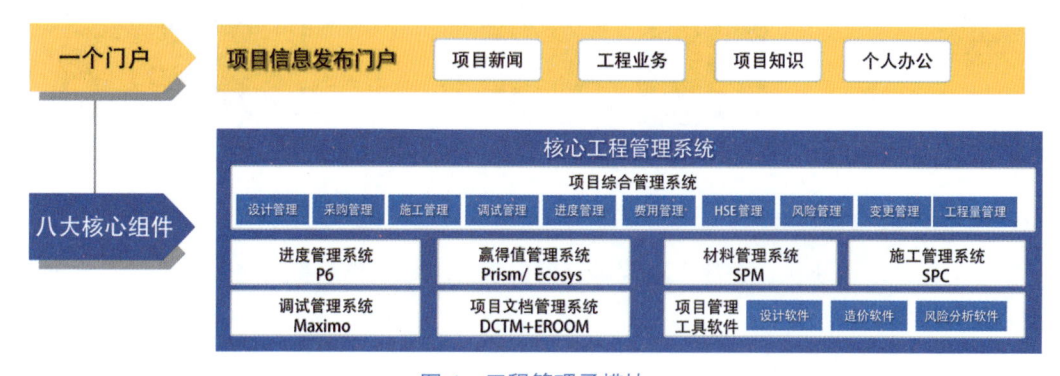

（2）工程管理子模块

工程管理子模块覆盖了工程建造环节的采购、施工、调试、质量、安全、风控、项目及文控管理八大领域，利用信息化、数字化手段实现了各领域、各业务的流程全覆盖和数据全贯通，打造了数字化核电工程项目管理模式，可以满足核电工程建造全周期的数据管理需求，形成核电工程数据资产，为后续核电项目向生产运维环节进行数字化交付奠定了数据基础。目前，工程管理子模块已在多个核电项目中得到应用。

工程管理子模块如图4所示。

图4 工程管理子模块

4. 智能监测诊断模块

智能监测诊断模块针对生产运维环节核电厂智能化管理的需求，基于工业互联网、云计算、人工智能和数字孪生等技术，综合采用机理建模、数据驱动等方法，对核电厂关键设备、系统和构筑物进行了故障模式分析、老化管理、数字孪生构建等健康管理技术研究，并基于故障模式分析开展了测量需求和健康管理算法研究，对核电厂的运行健康状态和整体风险态势进行全面的感知、评估、预测，以提高核电厂运行的可靠性、安全性、经济性。

该模块支持多种主流通信协议，能直接接入核电厂模拟机、数据库和 DCS 实时数据，支持核电厂长寿期运行的大规模数据存储和分析应用，目前该模块的部分功能已部署于多个核电项目中。

智能监测诊断模块架构如图 5 所示。

图 5　智能监测诊断模块架构

基于工业互联网的智慧核电平台从自主研发到应用，不断优化、迭代、再创新，同时也得到了国家和行业认可：获得 2020 中国（上海）大数据产业数字创新先锋奖、2020 年第三届工信部"绽放杯"5G 应用征集大赛总决赛全国三等奖，入选 2020 年"中国 5G+工业互联网典型应用"等，并多次获得核能行业奖项。同时，该平台支撑"国和一号"示范项目 HSE 国际标杆评级达到国内最高的 7.5 级。该平台的研发和应用不仅推动了上海核电产业链优势资源的发展，也很好地促进了"数字经济"新模式的创新。

（四）项目实施收益

基于工业互联网的智慧核电平台大幅提高了企业的研发设计效率，核电关键设备研发设计效率提高了 20%，减少了重复建模的工作量，数据模型迭代、沟通成本降低了 30% 以上，提升了核电施工现场的安全水平，安全管理人员减少了 20%，施工安全隐患减少了 25%，为核电安全、高效发展保驾护航。

该平台作为核电产业最新产业化成果，通过建立"龙头企业带动中小型企业"的模式，推动核电产业链的数字化转型和智能化管理水平的提升，整体降低了核电厂全周期的费用投入，提升了核电厂全周期的安全性、可靠性。这一成果不仅为国内外核电行业提供了创新案例、扩大了中国智慧核电的影响力，同时赋能核能行业和其他行业，产生跨行业的溢出效应。

专家推荐语

本案例运用新技术突破传统核电行业协作壁垒，不仅推动了核电产业链各环节数字化转型升级，而且构建了产业链全新服务体系。上海核工院充分发挥了产业链链长的领军作用、聚合性作用、融合性作用，推动产业升级和行业转型，其基于工业互联网的智慧核电平台有效促进了核电经济提升、降本增效、安全绿色发展，强化自身的引领功能，对能源产业具有显著的借鉴意义。

案例 3　打造纺织工业互联网平台，驱动企业数智化升级

——上海致景信息科技有限公司

（一）基本情况

上海致景信息科技有限公司（以下简称"上海致景"）成立于 2018 年，注册资本 1 亿元，作为广州致景科技有限公司在华东地区的总部，拥有纺织工业互联网研究中心及"全布"业务中心。上海致景通过 IoT、大数据等新一代信息技术，打造了全国领先的纺织工业互联网 SaaS 平台"飞梭智纺"，基于"飞梭智纺"提供优质的平台服务助力纺织产业的数字化转型发展，提升企业生产、管理、服务的数字化、网络化、智能化水平，通过大数据打通原料采购、纱线、坯布、染整、制衣等生产和交易环节，以及产业链条的信息流、商品流、资金流，并融合"三流"连接产业全核心要素，打造纺织产业"云上产业链"协同新体系和新模式，助力纺织制造业高质量发展。

（二）背景需求

纺织业作为国民经济的支柱产业，是我国传统支柱型产业和重要的民生产业，也是我国国际竞争优势明显的产业，在繁荣市场、扩大出口、吸纳就业等方面发挥着重要作用。

目前，纺织行业市场竞争激烈，纺织产业形态极其复杂，整体存在分散化、低端化、同质化的现象。大多数中小型纺织企业的管理和生产依然以人工为主，存在供应链分散、管理模式粗放、技术水平低、经营成本高等问题。例如，大部分企业的机台未接入网络，无法实时监控机台运转状态和效率；业务经营大多通过线下交易，且订单零碎分散，主要依靠人工统计，坯布库存、原料库存无法实时统计；排产难，经常出现在出库时发错坯布或打错发货单等问题；仅靠人工统计产量和计算工人工资，生产管理效率较低。

（三）案例实施方案

上海致景深耕纺织行业多年，旗下的全布是中国领先的纺织工业互联网平台。上海致景通过 IoT 与 SaaS 结合的技术手段和高效的交易平台，提升纺织生产和布匹需求的供应链匹配效率，推动纺织产业链的数字化、智能化升级。目前，全布旗下的飞梭智纺平台服务织厂超过 8000 家，累计接入织机超过 60 万台，覆盖全国 30% 以上的织造产能。基于飞梭智纺，全布打通了纺织产业链条的信息流、商品流、资金流，用纺织大数据提升了全产业供应链的效

率，创造了纺织产业新模式。

上海致景利用 5G、云平台、大数据分析，结合机器学习等新一代信息技术研发工业互联网平台，并将该平台与工业电子商务有机整合，形成供应链金融，打造 B2B 交易、O2O 商业新模式。企业纺织业务模型如图 1 所示。

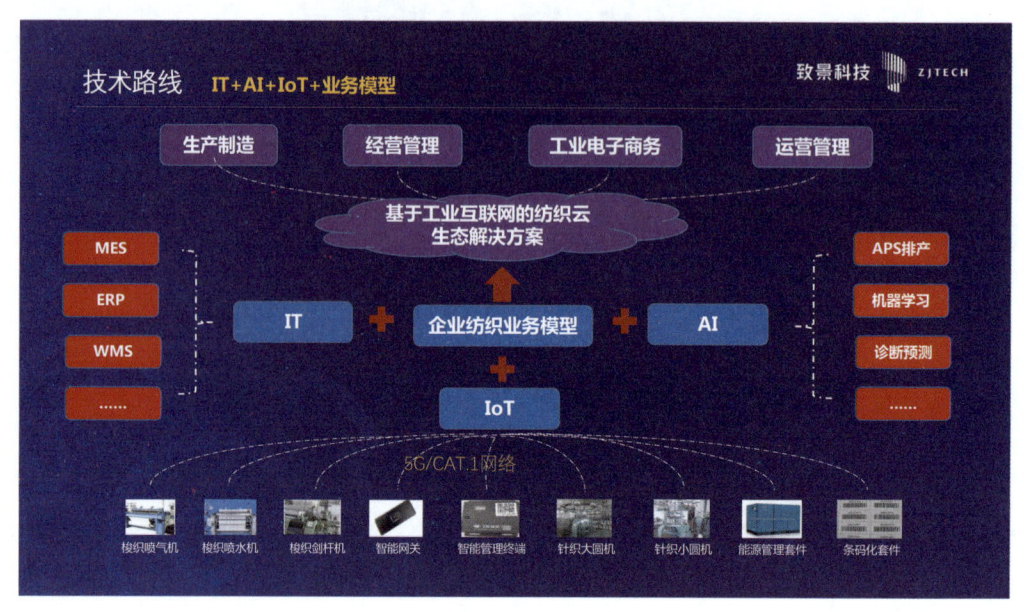

图 1 企业纺织业务模型

典型应用案例一：B2B 交易

B2B 交易解决方案，解决了纺织产业信息不对称的痛点，有效减少了布料与原料交易的中间环节，提升了布料与原料交易的透明度，降低了交易成本，缩短了交易周期。

1. 企业痛点

（1）布料上下游分散，交易成本高：上游布料生产厂家和下游服装制造商零散分布于全国各地，各层级层层加价。

（2）原料议价能力弱，采购成本高：企业采购化纤、棉麻等原料大多采用线下交易、人工报价等传统模式。坯布工厂单笔订单量少、采购品种多、交期要求急，对上游的原料厂家议价能力弱，原料采购采用小批量、多批次模式，小单发货导致整体物流成本上升，同时货物流转周期延长、物流仓储成本增高，导致原料采购成本高、原料交期长。

2. 解决方案

1）B2B 面料交易平台

面料需求方可以直接在平台中搜索、比对各家供应商的面料，既可以采购现货，又可以下单定做生产。B2B 面料交易平台没有中间商，减少了流通环节，缩短了订单从下单、生产到最终交付的时间，还可以根据客户的实际情况，通过大数据平台对订单进行拆分和组合，整合供需双方的资源，从而提高整体的资源利用率，为供需双方降低更多的成本，创造更多的价值。面料需求方可以直接在 B2B 商城中搜索自己需要的面料品种并下单采购，B2B 面料交易平台可以根据订单的整体情况和客户属性，自动搜索、匹配坯布工厂和染厂，实现资源整合。

2）原料采购平台

全布原料采购平台采用集中采购、在线销售的模式，打破了传统的原料信息壁垒，实现了原料价格、交期、质量的透明化和可追溯化，帮助坯布工厂有效降低了原料的采购成本，减少了采购人员的工作量，从而提升工厂效益。原料采购平台可以根据原料品种搜索原料，查看对应的原料详细资料，并发起询价单，原料交易流程如图2所示。

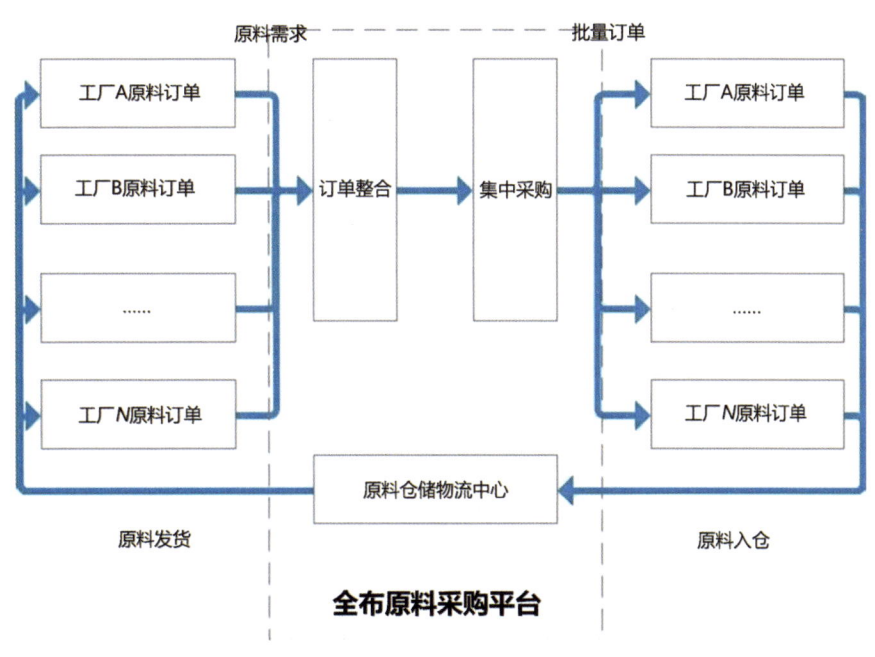

图2 原料交易流程

3）WMS仓储管理系统

通过建立集中仓的形式，WMS实现了集中仓储、集中发货、集中检验，减少了工厂在仓储、物流方面的投入和往返物流资源的浪费，提供了标准化的仓储服务。工厂在货物扫码出仓后将其转运至集中仓，通过WMS实现数据的自动对接和管理。

4）供应链金融

飞梭智纺与金融机构按照"创新驱动、风险共担"的原则，首先推出了"全布纺织供应链金融"解决方案，促进金融更好地支持中小型纺织企业发展，解决中小型纺织企业存量设备无法融资、新增设备融资或租赁成本高的难题。

3. 实施成效

某纺织有限公司在对接B2B面料交易平台后，订单量增加了76%，订单平均单价上升了13%；工厂织机数量持续扩容，从87台增加到210台；工厂原料采购成本降低了24%，原料交期平均缩短了1.3天；仓储方面与使用飞梭智纺WMS和集中仓之前相比，仓储成本降低了20%，物流成本降低了15%，仓储盘点工作量减少了35%，创造年经济效益420万元。

典型应用案例二：针织公司生产线改造

某针织有限公司的生产线改造解决方案，通过解决生产过程不透明的问题，提高了机台产量、生产效率、生产管理效率。

1. 企业痛点

（1）机台未联网，无法实时监控机台运转状态和效率。

（2）订单零碎分散，主要依靠人工统计，坯布库存、原料库存无法实时统计；排产难，经常出现在出库时发错坯布或打错发货单等问题；仅靠人工统计产量和计算工人工资，生产管理效率较低。

2. 解决方案

基于飞梭智纺工业互联网平台，上海致景为某针织有限公司部署了织机联网管理系统、织布生产管理系统、大圆机联网管理系统 App，生产线改造解决方案如图 3 所示。

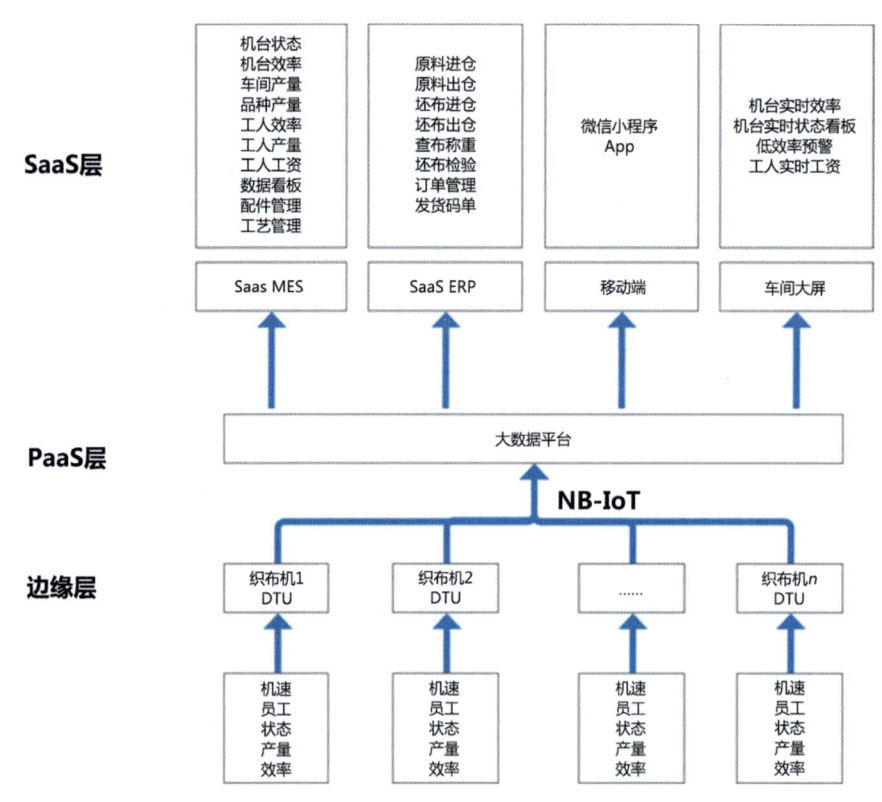

图 3　生产线改造解决方案

1）织机联网管理系统

该系统通过大圆机数据采集器，采集大圆机运行状态的参数数据，从品种、机速、效率等多个管理角度进行监控，真正全程监控织机运转时间、机台运转机速、开机率；通过 PC 端、移动端、大屏看板等多个途径，实时查看织机运行状态、运行记录、产量信息；提供了 30 余种工资计算方案，节省统计人力；及时进行设备维护保养提醒，并将设备维护保养历史数据化，便于企业查看、管理。

2）织布生产管理系统

织布生产管理系统由无线出布、坯仓管理、材料管理 3 个子系统构成，通过工艺库化管理、订单实时跟踪，实现了对排产、工艺、原料、坯布、仓库、财务等多方面的高效管理。

3）大圆机联网管理系统 App

企业可通过大圆机联网管理系统 App 实时查看织机运行状态、运行记录、产量信息，并及时进行设备维护保养等，设备保养记录如图 4 所示。

（a）　　　　　　　　　　（b）

图 4　设备保养记录

3．实施成效

某针织有限公司通过生产线改造解决方案的设计和应用，工厂订单、排产实现了电子化管理，订单进度实时反馈至 ERP 系统，订单延误率降低了 65%；产量统计、工资计算完全由系统替代人工，统计工作量减少了 83%；系统自动分析判断异常机台和效率异常的员工，异常停机时间减少了 35%，机台利用率提高了 22%，员工平均产量提高了 9%；原料库存管理损耗减少了 5%，坯布出库失误减少了 76%；坯布质量问题可以追溯至员工，生产质量问题减少了 32%；使用该方案后，公司创造年经济效益 480 万元。

典型应用案例三：梭织公司生产线改造

某梭织有限公司的生产线改造解决方案，通过解决生产过程不透明的问题，提高了机台产量、生产效率、布匹品质。

1．企业痛点

（1）织机未联网，无法实时监控织机运转状态和产量情况。

（2）验布机未联网，无法实时监测布匹品质。

（3）人工统计产量和计算工人工资，生产管理效率较低。

2. 解决方案

基于飞梭智纺工业互联网平台，上海致景为某梭织有限公司部署了织厂联网管理系统和验布系统。

1）织厂联网管理系统

该系统通过对机台效率、经纬停、低效率织机清单等数据的分析，全面提高了机台产量和生产效率，可从班次/车间/机组等不同角度实时查询工人产量和生产效率日/月度报表；为计算工人工资提供了精准的依据；在生产车间中通过LED大屏数据看板显示所有机台的运行情况，实时反馈各项生产数据，激发员工的生产积极性；实时显示预计了机时间，合理安排原料采购，提醒管理人员安排换轴；实时显示订单生产、排期情况，支持客户在线下单。

2）验布系统

验布系统可生成布匹唯一身份标识（条码），实现了精准控制布匹长度、全流程跟踪疵点、自动评价布匹品质、自动统计挡车工绩效等功能。

3. 实施成效

某梭织有限公司通过生产线改造解决方案的设计和应用，取得了较高的经济效益；产量统计、工资计算完全由系统替代人工，统计工作量减少了78%；系统自动分析判断异常机台和效率异常的员工，异常停机时间减少了67%，机台利用率提高了21%，员工平均产量提高了6%；坯布质量问题可以追溯至员工，生产质量问题减少了32%；使用该方案后，公司创造年经济效益356万元。

（四）项目实施收益

1. 经济效益

一方面，上海致景纺织工业互联网平台实现了生产过程透明化和智能化管控，织机异常停机时间减少至少15%，机台利用率提高至少22%，员工平均产量提高至少9%，坯布出库失误减少至少76%，生产质量问题减少至少32%，产量、工资统计工作量减少至少78%，订单延误率降低至少65%，原料库存管理损耗减少至少5%。

另一方面，上海致景纺织工业互联网平台实现了线上闭环交易，有效化解了企业资金周转困难的问题，服务订单量增加至少56%，订单平均单价提高至少13%，工厂原料采购成本降低至少8%，原料交期平均缩短至少1.3天，仓储成本降低至少15%，物流成本降低至少15%，仓储盘点工作量减少至少35%。

2. 社会效益

一是助力行业数字化转型，使纺织企业"上云"费用减少了80%以上；二是帮助小微型企业融资，基于大数据和区块链技术的授信凭证，向小微型企业累计发放了近5亿元经营贷款；三是构筑纺织产业生态圈，开发了3万余个高价值用户并带动相关产业；四是建立行业标准，参与制定了纺织设备互联互通等标准；五是发布行业指数，根据平台大数据发布纺织行业指数，为从业者提供了参考。

专家推荐语

纺织业是我国国民经济的传统支柱型产业和重要的民生产业，也是我国国际竞争优势明显的产业，在繁荣市场、扩大出口、吸纳就业、增加收入、促进城镇化发展等方面发挥着重要作用。上海致景聚焦纺织产业发展现状及痛点，通过构建全布纺织工业互联网平台，实现了纺机设备数据在线管理、设备全过程监管，提高了机台产量、生产效率、生产管理效率；基于该平台构建金融解决方案，赋能中小型纺织企业，避免因资金链断裂、周转不灵等问题降低生产效能，提升了企业的市场风险应对能力；通过B2B交易新模式，优化了产业链上下游企业产品与需求的契合度，无缝对接产业链上下游生产端，形成了智能匹配的动态供应链体系。

上海致景以纺织工业互联网平台为核心，借助大数据、人工智能等新一代信息技术手段，推动传统纺织产业转型升级，对传统纺织企业的改革创新之路具有借鉴意义。

案例 4　区块链技术构筑地方性生态合成革的"产业大脑"

——中微汇链科技（上海）有限公司

（一）基本情况

中微汇链科技（上海）有限公司（以下简称"汇链科技"）是一家自带深厚工业制造基因、同时具备互联网属性的创新型企业，公司前身为中微半导体设备（上海）股份有限公司数字化创新团队。汇链科技致力于构建基于区块链理念的新一代生态型工业互联网体系，助力重点行业和区域产业建立高效互信的协同生态。截至 2020 年 9 月，汇链科技已在半导体设备、生物试剂等多个行业积累超千家企业用户。汇链科技将秉承创新理念，持续致力于构建跨行业工业互联网生态体系，成为工业互联网平台生态体系建设的践行者。

（二）背景需求

2021 年，汇链科技与某地级市生态合成革产业核心企业和地方园区通力合作，建立生态合成革行业工业互联网平台。当地皮革产业发展较早，已颇具规模，并且产能充沛，完全具有成为该产业国际制造中心的潜力。但目前产业发展面临诸多问题。

在产业层面：产业格局呈现出产业资源分散、产业链松散，产业发展难以形成规模效应；生产水平与工艺较为低端，在国际市场缺乏定价权与话语权。

在企业层面：企业管理模式原始粗放，生产效率提升遭遇瓶颈； 企业及产业信息化基础薄弱；企业间缺乏有效沟通与协同，产业上下游间信息流通不畅；产业链关系层级较为复杂，产业管理困难。

为解决以上问题，汇链科技与当地平台企业、地方管理部门联合，成立专项公司与生态合成革产业大脑平台（即生态合成革行业工业互联网平台）。

（三）案例实施方案

1. 平台应用架构

生态合成革行业工业互联网平台项目的建设内容，主要包括基于 web3.0 的生态合成革工业互联网平台（产业大脑平台）和区块链企业小脑平台两个部分。平台应用架构如图 1 所示。

在应用架构中，汇链科技采用"云+链"服务模式服务产业与企业。一方面，平台利用区块链技术建立产业联盟链，每个链上企业与产业机构都是链上等权节点，企业可以与上下游合作伙伴或银行机构进行点对点连接（交易/协同）；另一方面，平台在产业资源层为链上企业提供丰富的产业级与企业级的应用，企业可订阅应用，获取产业资源或通过应用进行跨企业或与机构的点对点连接，如图2所示。

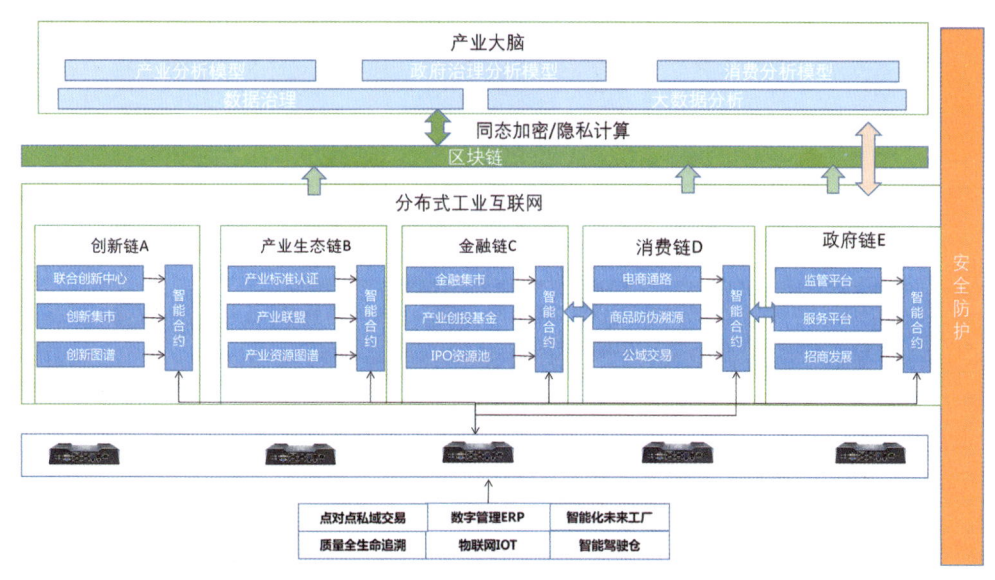

图1 平台应用架构

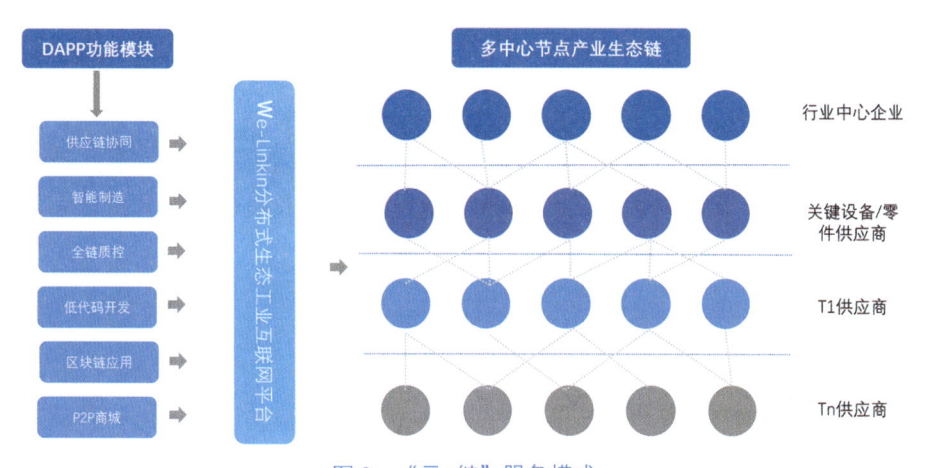

图2 "云+链"服务模式

2．技术架构

区块链作为分布式数据存储、点对点传输、共识机制、加密算法等技术的集成应用，为生态合成革行业工业互联网平台的建设提供了先进的技术理念和框架基础。同时，区块链技术和应用需要将云计算、大数据、物联网等新一代信息技术作为基础设施支撑。该技术在混合云平台的基础上采用微服务的方式，将系统的功能进行细颗粒度的模块划分，本着"低耦合，高内聚"的原则进行系统构架。底层为边缘层，即基于物联网建立的数据采集和传输全托管的云平台。平台旨在使链上企业核心的生产、检测、计量、能源动力等设备设施可以轻松、安全地与云应用程序及其他设备交互，具有通过各种各样的物联网协议安全地连接到远

135

程设备的能力，以及对边缘或云端的传感器数据进行收集、处理和存储的能力。

区块链技术架构如图 3 所示。

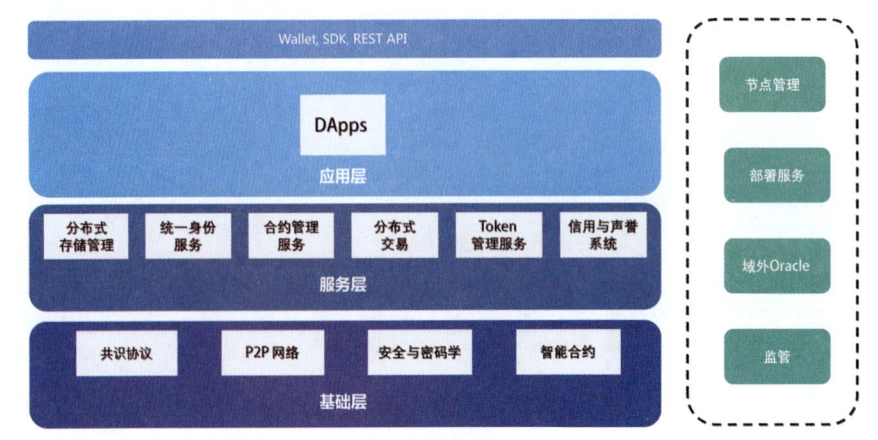

图 3 区块链技术架构

区块链技术在生态合成革行业工业互联网平台的应用主要体现在以下几个方面。

（1）基于区块链分布式账本技术共享、复制和同步数据库，让参与各方共同维护账本、记录数据，一个节点的缺失或损坏不会影响到整个系统的运转，可确保工业互联网系统及数据共享的稳定性。

（2）使用加解密授权、零知识证明等密码学技术，构建了自上而下逐层认证、逐层信任且完整可信的计算信任链，可有效防止非法攻击，实现工业互联网数据在交易、储存、处理过程中的全程加密保护。

（3）利用区块链分布式记账、不可篡改、不可抵赖、可溯源等特点，可有效进行数据确权，为工业互联网标识数据管理过程中的交易真实性及可信度提供重要支持，为跨企业数据交换提供信任基础。

（4）基于区块链实现去中心化理念，在技术上可盘活网络上的存量存储与计算资源，缓解数据存储及运维压力，在应用上赋予链上主体平等的权利，确保产业资源与价值要素的合理分配。

区块链技术在生态合成革行业工业互联网平台应用的价值在于以下几个方面。

（1）区块链可在产业层面实现对生态合成革行业企业的柔性管理。区块链特有的"物理分布式、逻辑多中心、监管强中心"的多层次架构设计，能够为行业内的企业之间提供一种"松耦合"的连接方式，不仅企业与企业之间及企业内部各生产部门之间可实现工业互联网连接主体的管理协同需求，政府监管部门也可作为监管节点，在不侵犯企业数据隐私的前提下对企业进行监管。比如，通过调用区块链智能合约获取产业链整体运营状态信息，以进行产业数据统计与战略观察等。

（2）区块链可以提升跨企业供应链的协同管理能力。基于共识算法、密码学、智能合约等技术，构建多方可信、流程互通、数据互联、隐私加密的"工业互联网+区块链"生产协作平台，提高工业生产制造效率，促进企业管理协同。一方面，企业可与供应链上下游企业共建联盟链，跨企业整合订单、研发、生产、质检等流程，提升协同实时性与数据真实性，从而增强协同效率；另一方面，企业作为链上等权节点，拥有对数据的同等权属，任何一方都无法对流程信息擅自篡改，加强企业对产品质量的把控，同时将工业软件和云平台结合，以云端开放的方式将流程管理信息分而治之，实现"云—边—端"的无缝协同计算。此外，区块链还可提高企业生产制造过程的智能化管理水平，将订单信息、操作信息和历史事物在链上进行记录，协助企业定位、追踪和解决问题，挖掘数据价值。

（3）区块链可助力生态合成革行业工业互联网平台建立安全防护体系。生态合成革行业工业互联网平台作为"数据重资产"平台，汇聚了海量数据，链接了大量的企业、设备、资产，成为网络攻击的重点目标。而区块链技术提供了一种在不可信网络中进行信息和价值传递、交换的可信通道，为解决工业互联网安全问题提供了新方法和新思路。区块链可对皮革化工行业工业互联网平台的运行安全信息和事件日志进行可信记录，通过信息共享、攻击溯源及事件关联分析实现全网快速安全信息更新及事件响应联动，完善皮革化工行业工业互联网平台对安全事件的应对机制。区块链技术还能够实现异地多节点快速共识与备份，降低攻击损失与程度，提升系统恢复能力。

3．场景应用

皮革化工行业工业互联网平台的场景应用丰富。其中，产业大脑平台场景分为产业资源场景、企业交易场景、政府监管场景与技术应用场景；企业小脑平台场景主要是指企业供应链协同管理场景。本文分享其中四个典型场景。

1）产业大脑—产业图谱

产业图谱从产业全局出发，汇聚产业资源与产业价值要素，对产业主体从数据维度进行汇总、管理与分析，促进产业资源的优化配置，如图 4 所示。

图 4　产业图谱

产业大脑平台的产业图谱可实现以下功能。

地方皮革产业全貌展示，清晰洞察产业整体情况。利用数据可视化技术，以三级产业链展示产业全貌、产业链上下游关系，并可通过搜索功能查找产业链上的企业与机构主体。

可搜索查找产业链上的企业、机构等主体的信息。每一个产业链环节可逐层获取对应的企业列表、企业信息。通过企业列表、企业信息，供应商可连通产业商城查看企业供需信息。

2）产业大脑—产业商城

产业商城流程图如图 5 所示。

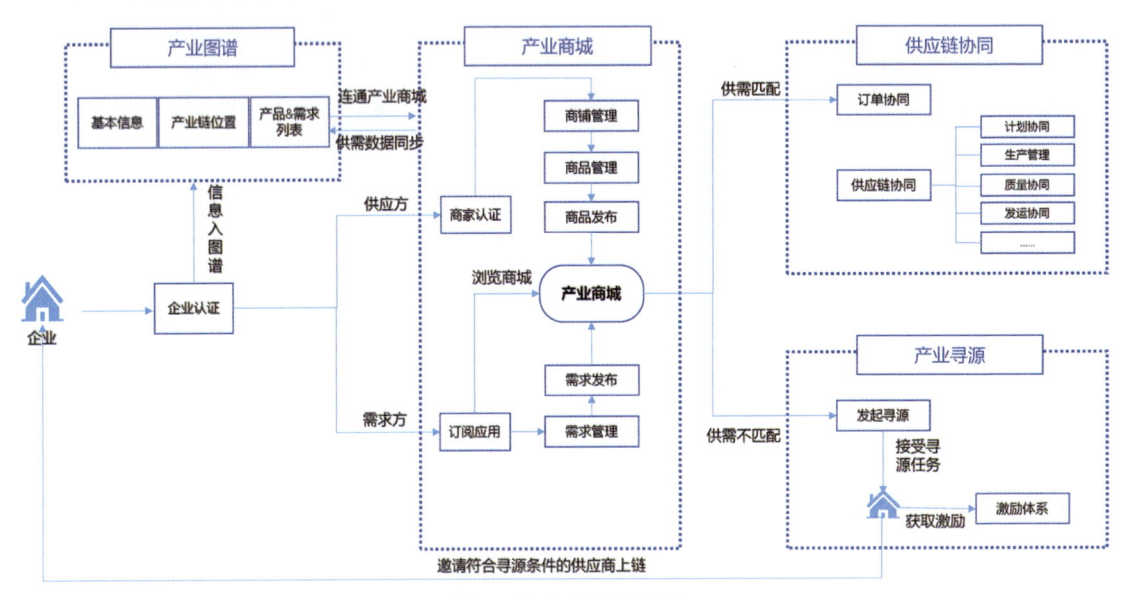

图 5　产业商城流程图

分布式产业商城应用通过区块链技术实现产业内商品上链、商品展示、商品供需匹配、供应商/产品寻源，以及供需主体间的点对点交易。产业商城涵盖的商品不仅包括实体产品，更包括专业服务、创新技术、知识产权、共享资源等。通过产业商城，产业参与主体可实现产业链精准寻源、拓宽产业销售渠道、上下游精准贸易匹配等目的，可最大限度实现产业价值与要素的优化与流通，充分发挥产业集群效应。另外，平台结合企业协同管理应用，为平台用户提供完善的后续协同、售后跟踪、产品全链溯源等一条龙服务。

3）企业小脑—订单协同

订单协同功能应用于平台企业间进行点对点交易的场景，主要包括创建订单、设定交期计划与变更确认、合同审批等应用模块，所有相关信息，包括订单、计划、合同、变更信息等，通过区块链与双方确认进行传递与存证，为点对点交易的进行提供了基础，如图 6 所示。

4）企业小脑—发运协同

发运协同应用可实现双方或多方间的发运订单、货物运输全流程跟踪、数据采集、异常警报、收货确认等功能，如图 7 所示。所有流程上链，对交易各方公开，交易各方均可实时掌握货物运输动态，并可在事后全程追溯。

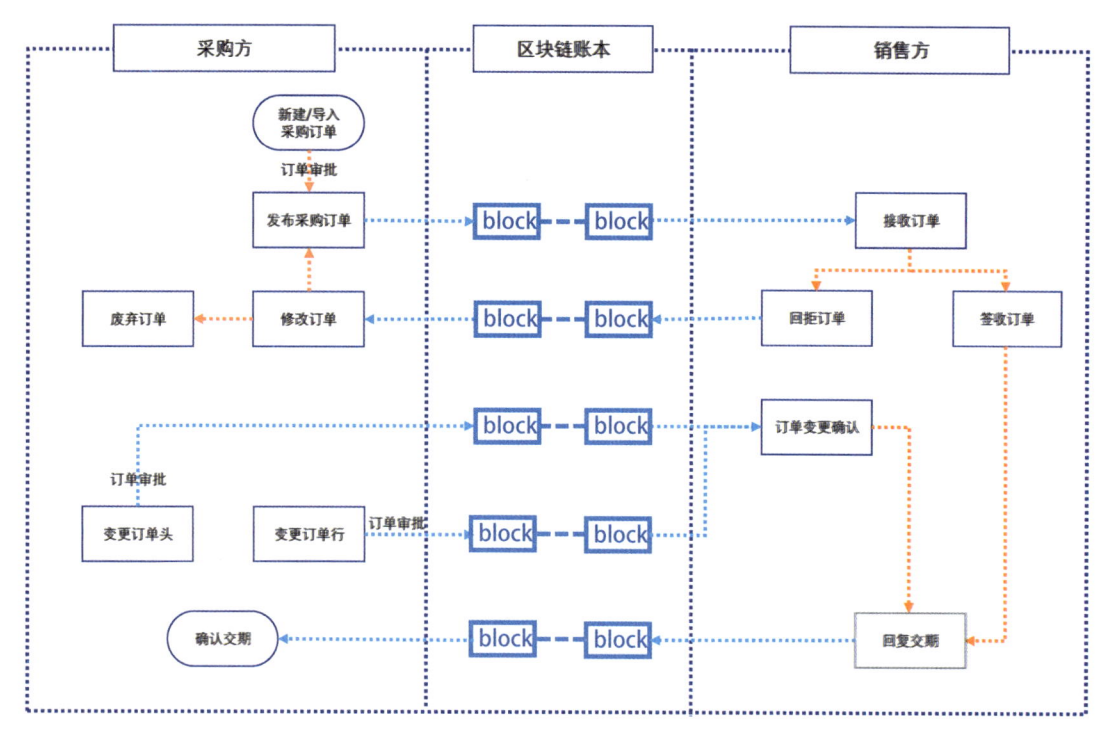

图 6　订单协同

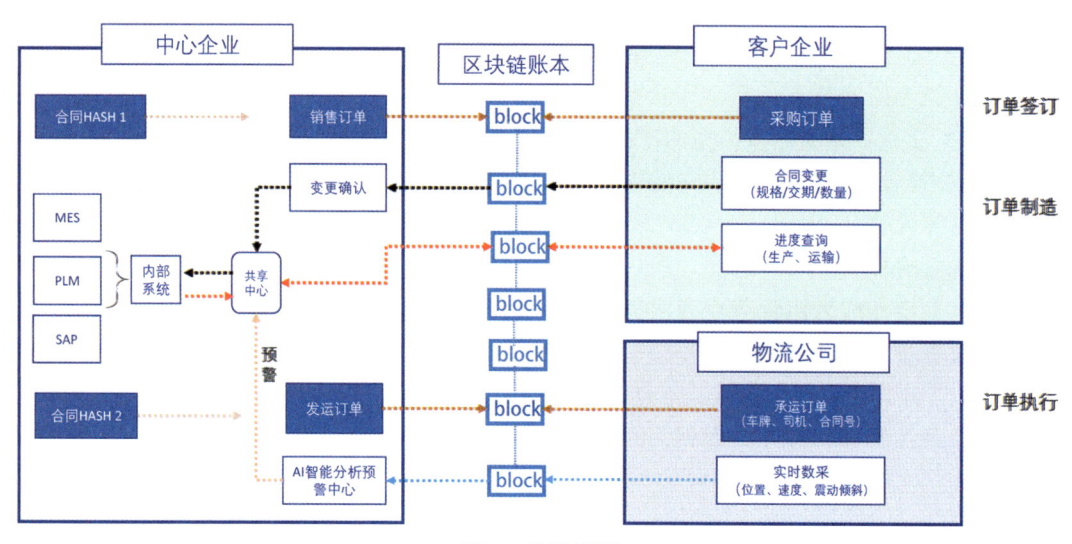

图 7　发运协同

4．平台推广

1）平台现状

截至目前，生态合成革行业工业互联网平台已完成产业大脑平台与企业小脑平台的场景应用功能开发。企业小脑平台已于 2021 年 7 月正式上线，目前企业用户已超过 80 家，分布在浙江、江苏、江西等地。产业大脑平台已上线产业图谱、产品集中采购等部分功能，其他功能正在功能调试与试运行中，预计于 2022 年全部上线。

139

根据平台运营单位与当地园区预测，截至 2022 年年底，平台企业用户将达 300 家以上，其中本地企业占比不超过 60%。

2）平台推广计划

生态合成革行业工业互联网平台的应用推广目前以当地某重点皮革企业为核心企业，带动供应链上下游企业入驻平台，通过平台实现订单协同、采购协同、计划协同、质量协同、发运协同、财务协同等供应链的协同管理应用，这是第一个阶段的推广计划。第二个阶段的推广计划通过使用户意识到平台在供应链协同管理、产业生态构建、企业降本增效等方面的良性价值，主动邀请更多合作伙伴入驻平台。

展望未来，我们对平台的应用推广，除已经实施的前两个阶段的推广计划外，还有第三个阶段的推广计划，即通过建设平台生态对外推广平台，导入更多资源。

（1）构建技术生态。加强与业内产学研机构的技术交流合作，积极参与研发自主可控、互联互通的区块链底层开源平台，并且鼓励企业/开发者基于行业的需求和平台构架开发场景应用。这种场景应用在通过审核后将在平台开放订阅。这种方式一方面可以提高平台效率，以更快的速度满足企业对一些重点场景的应用需求，健全平台应用体系，吸引更多企业入驻平台；另一方面，充分调动了企业和与行业相关的开发者的能动性，使其积极开发优秀应用，根据订阅数量获取酬劳，从而形成平台应用体系建设的良性循环。

（2）培育产业生态。结合地方/产业体系的构建，与产业监管/管理部门通力合作，支持和激励产业覆盖或相关联的企业入驻；将产业相关标准与细分标准上链，完善企业辅导、认证、行业贯标、企业管理、动态评估等应用服务，向入驻企业开放，促进本土企业成长；邀请监管部门上链并成为监管节点，完善行业平台激励与退出机制，形成优胜劣汰的竞争生态；邀请金融、法务、工商、券商等多类型的产业服务机构上链，完善平台金融、产业图谱等基础产业资源服务应用，形成共荣共生的良性生态；定期进行优秀示范企业评选，并进行奖励，吸引更多企业主体入驻。

（3）探索合作生态。一方面，积极与相关政府部门、核心企业、产学研机构展开联动合作，推动其上链并成为监管节点或服务节点，支持其组建和培育专业的骨干节点运营团队，依托基础设施平台和区块链应用公共服务平台，聚拢行业主题生态，赋能相关主题的数字生态。比如，支持其在平台举办相关活动、线上会议、论坛等，汇聚更多资源。另一方面，支持牵头的行业企业参与和行业主题相关的标准制定，加强行业建设，并提供标准化的项目检测认证服务。

（四）项目实施收益

1. 直接收益

（1）基于区块链的生态合成革行业工业互联网平台将提升行业的供应链协作效率，提高行业良率水平，大大缩减成本，为产业链上的每家企业至少节约 10 万元以上的投资成本。

（2）生态合成革行业工业互联网平台将为近百家企业缩减 IT 成本，将节约 7000 万元。

2. 间接收益

（1）生态合成革行业工业互联网平台的建设让平台企业实现数字化转型，提高当地皮革产品的对外输出能力，打造行业标杆性的产品和品牌。

（2）提升整体产业量，实现业务增长，使成本中心转为利润中心，获得经济效益。

（3）提供区块链服务、质量贯标等服务实现产业价值。平台通过对企业多维度信息的有效收集和监管，提供一系列有价值的建设指导数据，有效帮助企业进行产业改革，实现节能减排、增产增效等目标，有效提高企业效益，促进企业健康发展。

专家推荐语

本案例是汇链科技在打造垂直行业分布式工业互联网平台生态组网中的又一个成功项目。汇链科技通过软硬件结合与区块链技术的应用，为当地产业建成产业大脑与企业小脑相结合的平台。平台的一大特色是产业层与企业层丰富的场景应用，根植于产业实际需求场景，将政府端、企业端与产业服务端有机地链接在一起，充分释放产业动能，具有深刻的样板意义。

案例5　全域全场景智能化的数字孪生技术助推制造业转型升级

——海尔数字科技（上海）有限公司

（一）基本情况

卡奥斯是海尔集团基于"人单合一"管理模式和"大规模定制"生产模式打造的工业互联网平台，致力于为不同行业和规模的企业提供基于场景生态的数字化转型解决方案，推动智能化生产、个性化定制、网络化协同、服务化延伸、平台化研发、数字化管理等新模式的普及，构建"大企业共建、小企业共享"的产业新生态。

作为工业互联网领域的领先者，卡奥斯连续两年入选中华人民共和国工业和信息化部"跨行业跨领域工业互联网平台"，先后揽获中国管理科学奖、中国工业大奖，为世界贡献了两座灯塔工厂，牵头或参与制定40余项国际、国家标准，并受邀参与欧盟云计划"Gaia-X"，用工业互联网推动全球产业变革。

（二）背景需求

新数字工业技术的兴起将带来制造业的巨大转变，制造业的市场需求正发生由批量化转为定制化、由单一化转为多品种、由周期长转为更新快、由大众化转为个性化的变化。为了应对市场需求，制造业需要利用智能技术来解决制造问题。数字孪生技术就是前沿关键的智能技术，将给制造业带来革命性的变化。

以一个制造业企业的生产经营环节为例，其可能会遇到以下问题。

① 业务流程混乱：业务部门存在信息获取不及时、业务流程混乱程度高等问题。

② 生产计划改动大：计划修改后直接覆盖已有数据，可追溯性差。

③ 存货管理松散：账面产量与实际产品偏差大。

④ 成本核算复杂：工艺过程中出现多工序、多原料、多产品交互，有联产品、副产品或者中间产品，成本分摊计算不便捷。

⑤ 设备管理靠人工经验：没有数据能动态反映设备状态，查找各设备的相关信息不及时。

⑥ 信息提供迟缓：企业日常数据管理粗放，从总部到子公司，在决策信息方面存在不及时、不准确等问题，增加了经营风险。

卡奥斯推出的全域全场景智能化的数字孪生技术可有效解决以上问题。

（三）实施方案

卡奥斯数字孪生技术的赋能，帮助企业从"企业数字化"迈向"数字化企业"。

1. 全域数字孪生体

全域数字孪生体以卡奥斯 BaaS 引擎为核心，以安全系统为保障，以物联网数据、机理模型库和 IT 数据库为数据和知识基础，以卡奥斯特有的全域实时数据中台为企业数据汇聚治理平台，以标识解析平台的设备标识为索引，有序、合理地规范管理设备数据，配合数字孪生开发平台，以极低的开发成本快速开发企业数字孪生体。同时，它还以数据孪生平台为载体，协同卡奥斯工业人工智能平台集成所见即所得的工业智能应用，持续提升企业数字化、智能化的水平，为企业提供由离散数字孪生到组合数字孪生，再到组织数字孪生的企业数字化、智能化转型，如图 1 所示。

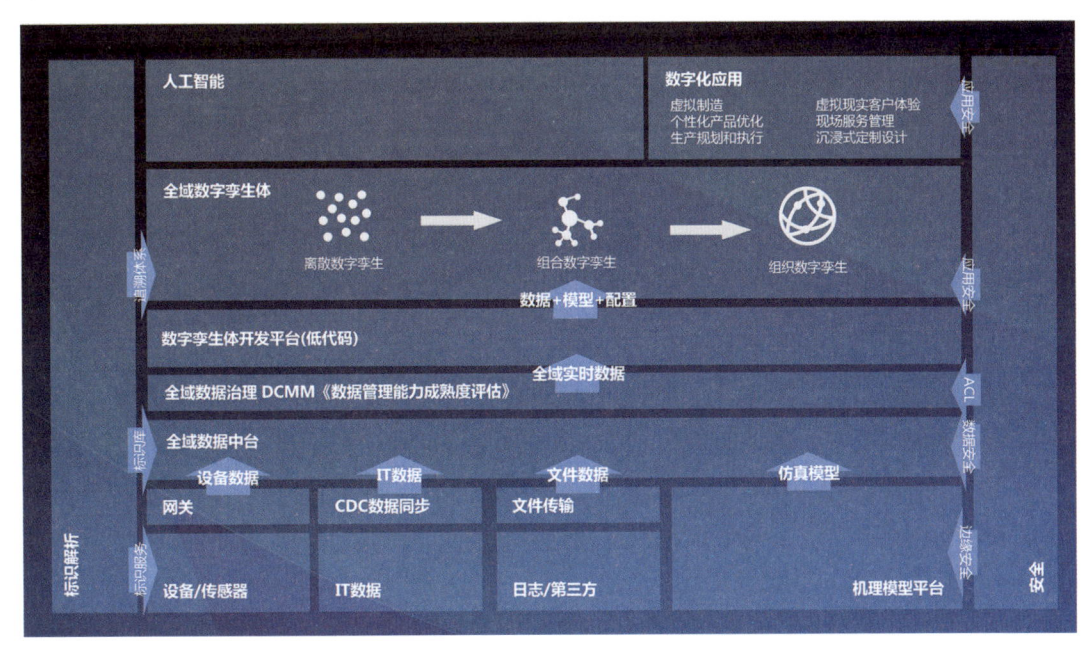

图 1　工业数字孪生平台总体架构图

2. 全域工业数据中台

数字主线是贯穿于公司各个职能部门和产品生命周期的信息流，涵盖产品构思、设计、供应链、制造、售后服务等各个环节，以及外部的供应商、合作伙伴、和客户产生的数据。其对产品运行提供全景的动态信息，赋能数字孪生的开发和更新。

数字孪生必须要有数字主线向其输送数据这一"血液"，这样数字孪生才是"具有生力的双胞胎"，始终保持实时性或准实时性。数字孪生及主线示意如图 2 所示。

基于数字主线理念，卡奥斯开发全域工业数据中台作为卡奥斯数字孪生体的数据支撑，其包括大数据平台、数据治理和科学家工作台。

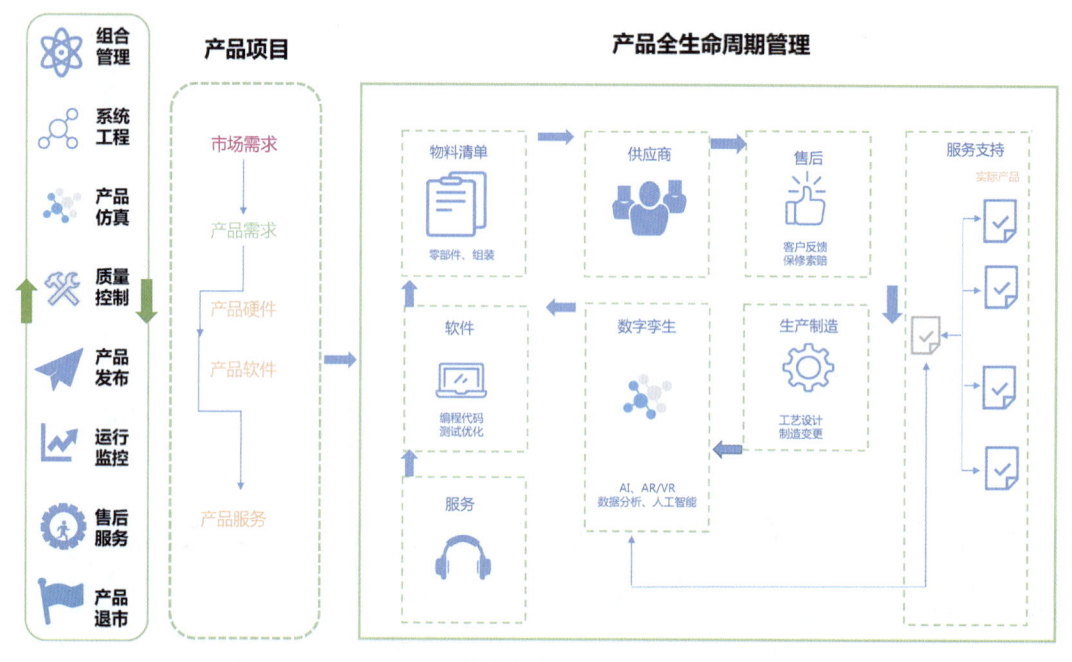

图 2　数字孪生及主线示意

卡奥斯大数据平台在原有基础上完成 CDC 数据实时接入，独创的大数据文件存储结构完全满足数据实时更新需求，保持大数据平台数据和数据源同步秒级延时，真正实现了企业实时数据中台的架构，解决了传统企业数据中台 T+1、T+N 的数据延时问题，使得实时数据应用在企业数据中台中的建设成为可能。同时，卡奥斯大数据平台开展了基于数据中台的全域企业数据治理项目，提供了完整的企业数据资产管理方法论及数据质量管理工具，彻底解决了企业数据不可寻、不可知、不可联、不可控等数据管理和使用问题，为数据价值挖掘提供质量保障。在实时数据中台和数据治理套件的基础上，卡奥斯大数据平台基于容器技术提供完整的企业数据挖掘平台，实现了存储与计算分离、生产和实验分离的数据实验室解决方案，既解决了 IT 运维层面对系统稳定性的要求，又解决了数据科学家、分析师对数据访问灵活性的要求。同时，卡奥斯大数据平台提供了一个可以联合数据工程师、分析师、科学家共同协作的企业数字协作平台，该平台可以一站式解决跨部门数据价值挖掘的协同问题。

基于 IOT 设备的物联能力及工业大数据平台，借助强大的 3D 引擎，卡奥斯建设了企业全域数字孪生体。企业全域数字孪生体将提供满足物联网数据特征的标记语言，并将系统性、结构性地解决海量、复杂的物联网数据与灵活的业务应用之间的数据映射的矛盾。其通过简单的配置、拖曳迅速有效地串联从物联网数据采集到数据汇聚，再到数据分析的各个技术环节，构成端到端数字孪生体应用。企业全域数字孪生体展示场景如图 3 所示。

目前，卡奥斯已为多个制造业企业打造了精确至部件级的实时运行数字车间，帮助制造业企业打通厂内各信息化系统，解决数据孤岛问题，如图 4 所示。

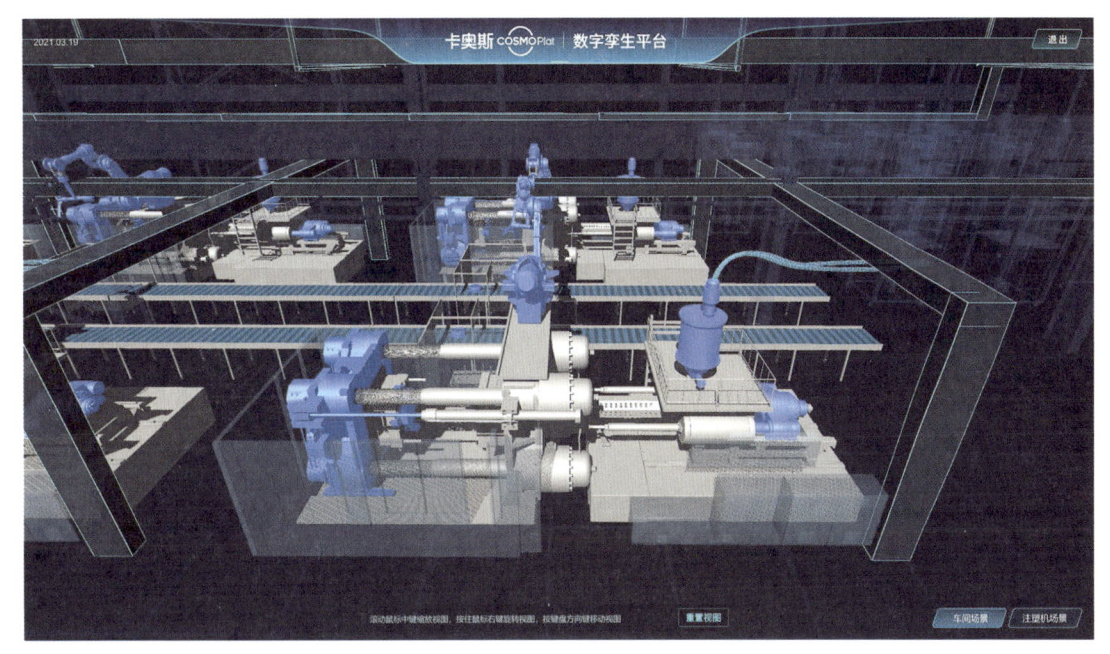

图3 企业全域数字孪生体展示场景

图4 实时运行数字车间

3. 工业数字孪生的服务化延伸

数字孪生技术赋予了城市智慧化重要设施和基础能力。为响应上海建设"具有世界影响力的国际数字之都"的号召,卡奥斯基于工业技术沉淀打造的"AI+数字孪生"的解决方案,高度契合治理、生活、经济数字化转型三个方向。卡奥斯融合创新,推出了覆盖治理、生活、经济数字化转型场景的孪生体平台,实现了数字孪生技术在应急管理、数字博物馆、数字工厂、智慧城市、仿真培训等领域的应用，加速推进了数字化空间的构建。2021 年 3 月，神秘的三星堆考古再次备受瞩目。依托卡奥斯数字孪生平台，我们搭建了三星堆数字孪生云平台，如图 5 所示。其作为智慧考古的重要部分承担起 3D 数字化扫描、存档、建模的重任，为"古今碰撞"和文化交融搭建了数字化空间，也为智慧考古、数字博物馆等文化遗产的保存、传播提供了空间数字化方案。这也是数字孪生技术在国内行业中首次应用于考古发掘领域。在此次三星堆考古过程中，卡奥斯提供的基于 SLAM 的移动式三维扫描空间探测技术及数字孪生技术，能高效、精准地采集考古现场数据，将创建的数字模型快速导入数字孪生系统中，并实现发掘过程的实景化存档。

图 5　三星堆数字孪生云平台界面

（四）项目实施收益

卡奥斯基于数字孪生技术，为制造业企业提供基础设备状态实时监测、故障分析辅助诊断、预测性运维、设备工艺培训、生产过程监控等数字孪生服务，帮助客户优化资源配置、提高员工工作效率、提升柔性制造能力、优化业务流程、缩短产品交付周期和缩短产品研发周期等，可使企业聚焦长短互补，推动企业释放更大的增值，重塑企业活力。

在纺织行业，卡奥斯为亚东集团打造了首家"数字孪生工厂"，该工厂是全国纺织行业首家以 1∶1 比例建设的"数字孪生工厂"。该工厂通过数字孪生技术，实现对车间场景的实时了解、分析和优化。过去一条条跑现场的车间生产线，如今实现"一屏统管"，映入眼帘的是整个企业车间的"云图"。该工厂通过模拟运行调试，有效破解了传统印染行业面临的装备智能化水平低、数据孤岛化严重、维修成本高等痛点，实现效率提升 10%~15%、设备综合利用率提升 9%、产品一次性合格率提升 20%。该工厂通过全域工业数据中台，收集企业各类数据，并进行整理和分析，解决印染企业原材料、加工、贸易等环节上"各自为政"造成的成本高、能耗高等问题，实现了从"代替人"到"协助人"的数字赋能，打造"高效率、高质量、高集成"的工业互联网样板工厂。

在化工行业，卡奥斯助力中国氯碱行业龙头企业——天原股份实现数字化转型，助力其实现从设备接入、数据采集到大数据分析、生产运营的全流程赋能。以天原股份下属工厂海丰和锐工厂为例，其在应用卡奥斯全域全场景智能化的数字孪生技术后，检修率降低40%，生产有效排产效率提升13%，数据分析效率提升83%。

在船舶行业，针对沪东重机零部件管理效率不高的难题，卡奥斯依托企业全域数字孪生体，为其打造了互联互通、数字化智慧仓储系统，通过数字化精准智能管理，将其生产效率提高15%，使库存下降13%。同时，卡奥斯还针对产业面临的产品物料种类多、质量要求高、追溯难度大、孤岛数据难共享等共性痛点，搭建行业工业互联网平台，输出数字化解决方案，助力船舶行业实现产品升级、业务模式转型、平台转型。

媒体推荐语

以仿真力为例，卡奥斯的企业全域数字孪生体在传统数字孪生的基础上，聚焦赋能生产制造产业，以建模快、精度高、效果好、体验佳等优势赋能企业数字化转型。

——中华网 2021年9月4日

案例 6　安全生产管理平台助力化工行业"工业互联网+安全"落地

——上海华谊信息技术有限公司

（一）基本情况

上海华谊信息技术有限公司（以下简称"华谊信息"）是由上海华谊（集团）控股的服务于化工企业及化工园区的现代服务业信息技术公司，公司专注于化工领域的自动化、智能化和信息化建设。自 2011 年成立以来，华谊信息逐步形成五大业务板块：以服务全球化布局的集团型国企为特色，提供数字化转型实施方案，提供 IT 基础设施建设和智能化运维服务；以化工现场安全生产和工艺优化为目标，提供智能制造咨询与实施服务；以化工园区智慧化管理为目标，搭建"互联网+安全生产"园区管理平台；以维护企业网络安全和工控安全为目标，提供网信安全服务；以 ERP 技术为核心，提供企业管理信息系统实施服务。

（二）背景需求

化工行业中大多企业的生产具有高温、高压、易燃、易爆等特征，确保安全生产是重中之重。随着企业的发展及安环管理态势的升级，如何提高企业安全生产的管理效率？如何有效满足各类信息报送需求，保证数据一次录入，多次（级）使用？如何在加快 HSE 管理体系审批流程的同时，进一步强化与安全生产相关的风险管理？这些都是公司面对生产安全管理需要思考、解决的问题。

同时，国家对安全生产的要求越来越高。进入 21 世纪以来，我国政府对安全生产、职业防护、环境保护的要求日益严格，持续出台安全、健康、环保及应急方面的新法规、新标准。2020 年国务院安全生产委员会印发了《全国安全生产专项整治三年行动计划》的通知；工业和信息化部联合应急管理部印发了《"工业互联网+安全生产"行动计划（2021—2023 年）》的通知；2021 年 9 月，新修正的《中华人民共和国安全生产法》正式施行。

以上充分说明党中央、国务院对安全生产工作的高度重视，对安全生产工作提出了更高和更严格的要求。同时意味着企业仅仅凭借以往的经验进行安全管理是不够的，还必须强化技术支撑，构建包括信息化体系建设等在内的新生产安全健康环境保护体系。

安全生产管理服务平台以 HSE 管理体系为基础，以信息化为手段，进行 HSE 管理方法的规范化。HSE 管理要有突破，就需要有一套先进的、科学的管控工具，帮助企业真正落实 HSE 管理体系的管理理念，提升企业 HSE 管理水平。安全生产管理服务平台从关键装置、职业危害场所、环境排放等方面对 HSE 管理过程中的风险防范能力进行提升，有效提高企业对

HSE 管理过程的监控水平；从应急联动、应急辅助决策、事故模拟和虚拟演练等方面进行应急指挥业务的整体提升，以实现企业在事故状态下全过程的应急指挥，有效提高企业的应急能力。

（三）案例实施方案

安全生产管理服务平台以实现化工行业企业安全生产全要素数字化管理为目标，围绕化工环境监测管控和隐患排查治理体系、化工过程安全管理、安全生产标准化、化工作业现场检测等内容，建设集重大危险源监测预警系统、HSE 专业管理系统、人员定位管理系统、安全行为管理系统、安全生产管理系统、厂区及罐区管理系统和机器人巡检系统于一体的安全生产管理服务应用示范。本项目通过感知数据的统一集中管理、海量信息的智能化处理，为企业安全生产打造绿色生产和安全管控的新型能力。

1. 应用场景

1）重大危险源监测预警系统

重大危险源监测预警系统由传感器、数据采集装置、企业生产控制系统及工业数据通信网络等组成，通过数据分析实现对重大危险源的实时监测和预警功能，同时配备系统安全防护设备。重大危险源监测预警系统架构图如图 1 所示。

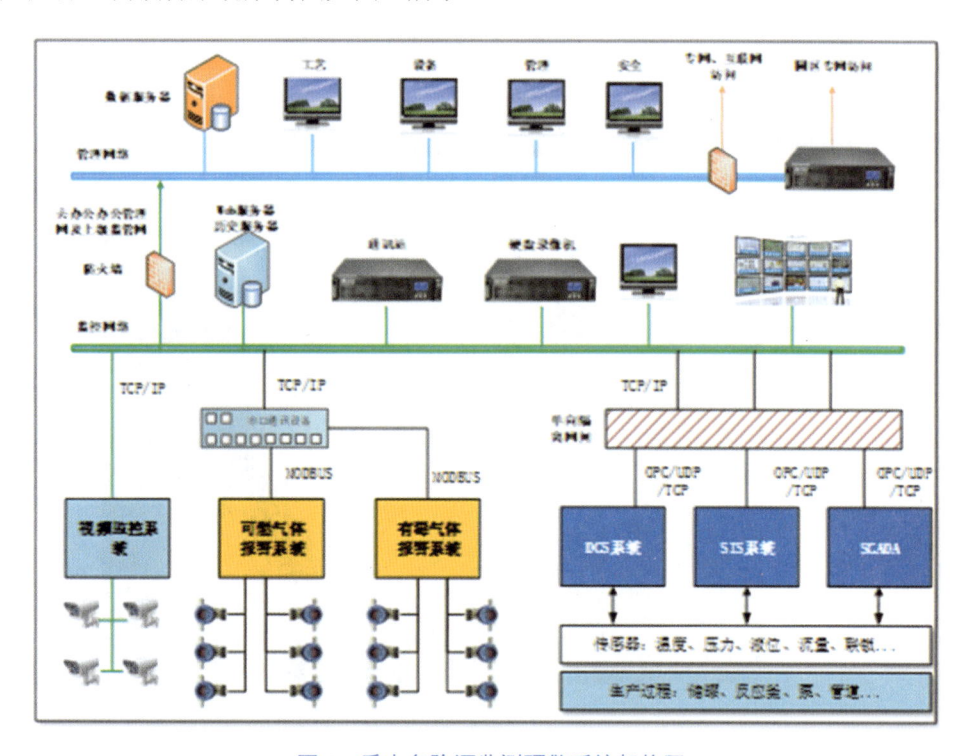

图 1 重大危险源监测预警系统架构图

2）HSE 专业管理系统

HSE 专业管理系统是集安全生产目标责任管理、安全制度管理、教育培训、现场管理、安全风险管控及隐患排查治理、应急管理、事故管理、考核评审、持续改进等为一体的信息管理系统。通过对业务管理系统的建设，化工企业能有效地进行风险管控，优化企业安全管理体系，全面提高安全管理效能。

3）人员定位管理系统

人员定位管理系统是用于管理化工企业生产场所内各类人员定时、定人、定岗履职的信息系统，通过智能识别、门禁人脸识别管理、实时定位等技术的结合，有效识别和跟踪工厂员工、外来施工作业人员、物流车辆及人员的位置和轨迹行为。人员定位管理系统结合管控区域的要求，能有效对违规越界、串岗脱岗、超时滞留等工况提供自动识别和实时报警的功能。

人员定位管理系统的人员实时位置显示和人员轨迹回放如图2、图3所示。

图2 人员实时位置显示

图3 人员轨迹回放

4）安全行为管理系统

基于AI视频分析技术在化工行业人工智能模式识别中的应用，安全行为管理系统包括用于安全着装识别的安全帽佩戴、工服着装、防护服开合检测等管理模块和用于危险行为监测的作业区打手机识别、打斗行为、吸烟识别等管理模块。

其中，安全着装识别如图4所示。

图4　安全着装识别

5）安全生产管理系统

安全生产管理系统包括用于设备安全监测的操作距离检测、操作区闯入检测、机器运行状态监测、安全防护栏检测等管理模块，还包括用于工艺监测的阀门位置工艺检测模块和用于仪表读数识别管理的指针仪表检测、数字仪表检测、状态灯检测等管理模块。

其中，仪表读数识别如图5所示。

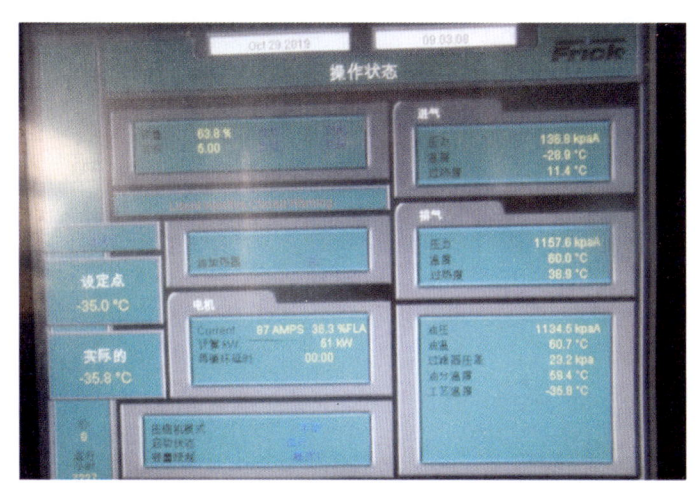

图5　仪表读数识别

6）厂区及罐区管理系统

（1）厂区管理系统。厂区管理系统包括用于人员管理的人脸闸机、人员考勤、陌生人识别等功能模块和用于车辆管理的车票识别、人车匹配、车辆停留检测等功能模块。

（2）罐区管理系统。罐区管理系统是用于管理化工企业罐区日常事务的信息化系统。其从物流车辆预约、签到人车查证到排队叫号，再到散水发货计量管理，对危化品的收、发、存各环节进行安全管控。罐区智能巡检及安全行为识别实现现场有效管理，实现安全无死角覆盖。现场车检如图6所示。

图 6　现场车检

7）机器人巡检系统

机器人巡检系统包括危化罐区机器人巡检、产成品盘点等管理模块。

智能巡检机器人是特种机器人系列中的一种，主要用于代替人工完成生产检测中遇到的急、难、险的复杂工况条件下的巡检和人力所不及的高重复性巡检工作。机器人携带可见光 CCD 摄像机、红外成像仪、高保真监控拾音器等采集设备，以预先规划路线或人工遥控的方式进行现场巡检，对重大危化储罐设备、输送带进行定期巡视，可及时发现设备的热缺陷、管道及连接部件的泄露等异常现象，实现工厂在复杂工况条件下达到无人值守或异常情况发生时触发人工参与决策的高智能系统，全天候地及时发现设备运行隐患，真正实现工作效率和巡视质量的同时提高。

2．进一步工作

接下来，华谊信息将结合产品在应用落地过程中的实际情况，紧扣客户需求，深度运用行业先进的技术工具，进一步优化产品结构，完善产品功能。具体工作包括：建立针对中小企业客户的 SaaS 架构的 HSE 管理体系；推动建立 HSE 管理体系中的智能计划功能，系统可通过短消息等方式自动推动工作的有序进行；对各工作模块的高价值数据进行统计分析，建立优质的数据模型；进一步深化作业票的管理功能。

3．实施路径

1）项目实施路径

- 华谊信息于 2018 年启动集团工业互联网平台建设规划。
- 华谊信息于 2020 年建设大数据平台，确定 HANA+Hadoop 技术路线。
- 数据资源湖架构开发设计和历史数据清洗分析。
- 华谊信息于 2021 年探索人工智能算法训练技术联合应用试点。

2）安全生产主要应用场景和最佳实践

安全生产管理服务平台充分发挥人才专家团队（由安全生产业务专家和化工信息化专家组成）的作用，基于工业互联网平台、大数据平台及 AI 智能分析，结合华谊信息的最佳实践、历史数据及专家人才，将其转化为应用场景、模型、算法等，向集团内外部提供公共服务。

- 重大危险源安全管控。
- 实现企业安全生产的主要流程管理。
- 生产运营及应急联动系统。

应用场景典型用户：华谊集团、广西能化、青海盐湖等。

- 化工现场巡检。

应用场景典型用户：华谊新材料、氯碱化工等。

- 生产作业人员异常行为的智能分析。
- 现场的人员定位和报警。

应用场景典型用户：广西能化、氯碱化工等。

- 化工事故推演场景。
- 化工企业车辆管理。
- 基于 GIS 的危化品地图。
- 基于电子标签的危化品管理全程追溯。

应用场景典型用户：上海浦东机场等。

（四）项目实施收益

1. 直接经济效益

本项目有效提升了生产安全管理水平、生产设备管理水平，实时掌握生产装置和设备运行状态，提升企业在生产工艺诊断、设备状态监测与诊断等方面的技术能力，提升企业精细化管理水平，降低了安全生产事故发生的可能性，实现安全生产。

该项目预计能够降低华谊信息 8%的采购成本，使整体运营效率提升 10%以上，使装置处理量增加 1%~3%，使能耗降低 3%~5%，使运行维护成本降低 5%~10%，使安全事故率降低 10%。

2. 间接经济效益

本项目为面向化工行业的安全作业工业软件应用示范项目，项目的一个重要属性为示范推广，将有效促进化工行业企业实现提质、降本、增效，带来良好的经济效益。

（1）在安全生产方面，对于轻微事故的避免与防范，预计每年可节省 300 万元，而对于重大安全生产事故的有效防范，本软件的价值更是不可估量的。

（2）在生产管控方面，对化工企业的计划、调度、操作等生产全过程进行优化，实现员工总数减少 12%、班组数量减少 13%、外操室数量削减 35%，每年可节约成本 500 万元。

（3）在装备的运行优化方面，建立设备性能模型，可进行典型设备的状态分析和效能分析，核算设备实际效率和能耗，并与设计指标进行偏差分析，找到优化方向，提高设备的利用率，降低运营成本，预计每年可节省 200 万元。

专家推荐语

华谊信息作为化工行业内专业提供信息化服务的提供商，其自研的安全生产管理服务平台基于华谊集团的工业互联网大数据平台，实现了在华谊集团及其二级单位的广泛应用和示范。安全生产管理服务平台在安全生产管理方法、智能化技术和HSE合规性管理方面，对提升整个石化行业的安全生产水平具有重要借鉴意义。该平台在人、机、物融合的安全大数据的基础上，实现了安全检查、隐患排查、隐患治理等功能，能够为化工企业安全生产管控提供切实可靠的帮助，具有较明显的降本和增效的价值收益。同时，该平台软件的SaaS版部署更便捷，成本更低廉，利于行业快速推广，为广大中小型化工生产企业的安全生产提供低成本、高效率的解决方案。

案例 7　工业控制系统半仿真自动化测试实现工业互联网安全可靠

——上海浦东软件平台有限公司

（一）基本情况

上海浦东软件平台有限公司是国家认定的高新技术企业和软件企业，获得了两化融合咨询服务机构、云计算服务能力符合性评估机构、信息系统工程监理、计算机司法鉴定许可证、软件成本度量及造价评估等资质。公司的软件测试和司法鉴定实验室获得中国合格评定国家认可委员会（CNAS）的认可和上海市质量技术监督局的计量认证。

公司主要技术服务有：软件测评、信息系统监理、云计算服务能力符合性评估、司法鉴定、IT审计咨询和软件技术培训等。公司连续多次在CNAS组织的测试能力验证活动中获得满分成绩，名列全国第一；参与了25个国家标准和12个团体标准的编写，是其中5个标准的第一起草单位。公司自成立以来，累计为上万家企业提供了数万次的技术服务，先后被授予"国家软件与信息服务公共服务示范平台""国家中小企业公共示范服务平台""上海市中小企业公共示范服务平台"等称号，是上海市唯一获得两个国家级公共服务平台称号的单位。

（二）背景需求

2021年2月，工业和信息化部官网发布《工业互联网创新发展行动计划（2021—2023年）》（简称《三年行动计划》），指出未来三年是工业互联网的快速成长期，工业和信息化部将从5个方面、11项重点行动和10大重点工程，着力解决工业互联网发展中深层次的难点、痛点问题，推动产业数字化发展，带动数字产业化发展。工业互联网是新一代信息通信技术与工业经济深度融合的全新工业生态、关键基础设施和新型应用模式，是实现新旧动能转换的关键抓手。为此，上海浦东软件平台有限公司推出工业互联网软件测评解决方案，特别是工业控制系统的测评方案。

随着工业互联网的发展，越来越多的工业控制系统接入互联网。在工业控制系统接入互联网后，由较封闭系统转向开放系统，由单一网络环境转向复杂网络环境，使用对象也从较专业用户拓展到众多普通用户。

开放的系统意味着：

（1）增加潜在漏洞受攻击或利用的机会；

（2）增加了引爆"逻辑炸弹"引信的可能性；

（3）保密安全面临更多挑战；

(4)很多嵌入式系统关系到生命安全,系统安全变得尤为重要。

复杂的网络环境与众多普通用户意味着:

(1)人机操作的不规范需要更强的容错性;

(2)在传输过程中,数据的完整性更为重要;

(3)网络更易受电磁干扰。

工业互联网中的工业控制系统出现安全可靠性问题,不能简单地采用重启的方式,否则可能会直接造成财产和生命的损失。因此,面向工业互联网的工业控制系统需要更高的质量和安全可靠性。

同时,工业控制系统在测试全生命周期中面临的问题如图1所示。

(1)工业控制系统在进行真实生产(应用)环境测试时,如果加载一些非常规的输入,就可能会引起不可预期的输出,造成工业控制设备的损坏。因此,工业控制系统难以进行充分的测试以提高安全可靠性。

(2)在研发工业控制系统时,需要搭建测试与调试环境,模拟工业控制系统的输入输出信号。搭建工作费时费力;在测试与调试时,需要手动调整输入信号、手动记录输出信号的状态,效率低、易出错;修补漏洞后的回归测试还需要从头来一遍手动测试。

(3)产品召回,代价太大。如何在产品定型前对其工业控制系统进行充分测试,以降低产品召回的风险?

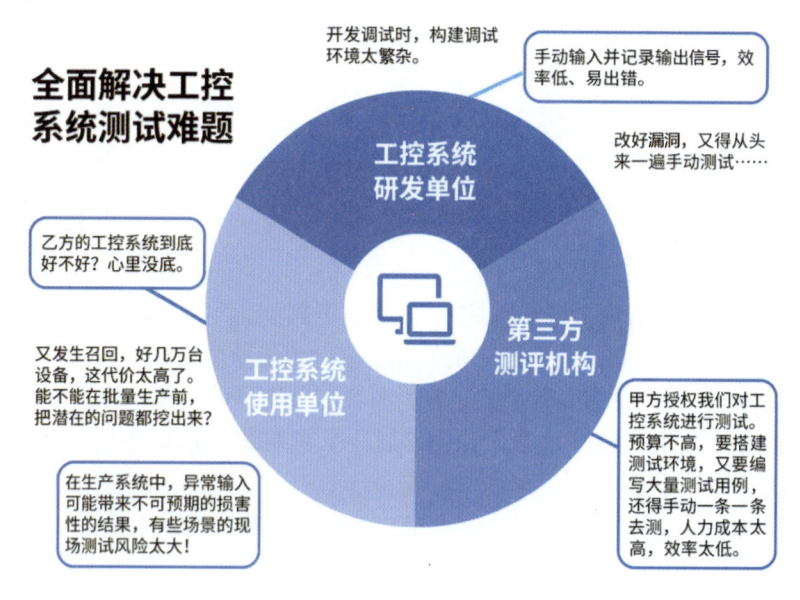

图1 工业控制系统在测试全生命周期中面临的问题

(三)案例实施方案

工业控制系统半仿真自动化测试工具应用半仿真测试手段,解决在生产环境中一些测试难以进行、测试不全面等问题。应用自动化测试手段,解决测试效率低、回归测试成本高的问题。

工业控制系统半仿真自动化测试工具的结构图如图 2 所示，被测工业控制系统的 IO 接口和控制总线与接口仿真设备相连，接口仿真设备通过 USB 接口或以太网接口与安装有自动化测试系统的计算机相连。

工业控制系统半仿真自动化测试工具

被测工业控制系统 → 接口仿真设备 → 自动化测试系统

图 2　工业控制系统半仿真自动化测试工具的结构图

工业控制系统半仿真自动化测试工具的接口仿真设备可以仿真被测工业控制系统的输入输出接口，如开关量输入输出、模拟量输入输出、CAN 总线、RS485 总线、Modbus、FF 总线、CC-Link 总线等，驱动 IO 接口，解释运行测试用例，自动采集被测工业控制系统的输出信号，解决在生产环境中出现的测试难以进行、测试不全面等问题。

工业控制系统半仿真自动化测试工具根据自定义的测试脚本语言可高效地编写测试脚本，并自动生成测试用例下载至接口仿真设备运行，之后自动记录并判断测试结果，大大提高了测试效率，同时实现了一键回归测试。工业控制系统半仿真自动化测试过程示意如图 3 所示。

图 3　工业控制系统半仿真自动化测试过程示意

如图 4 所示，工业控制系统半仿真自动化测试工具具有仿真、自动、回归、快速、安全的特点，可应用于如下场景。

（1）在研发工业控制系统时，快速搭建测试调试环境，运用自动化测试提高测试效率。同时通过真实场景模拟，充分挖掘和发现工控系统的潜在漏洞。当系统面临反复调试修改时，支持一键回归测试功能。

（2）工业控制系统的使用单位在产品投产前，利用工业控制系统半仿真自动化测试工具对产品的工业控制系统进行高效、充分的测试，降低产品召回风险。

（3）第三方测评机构使用工业控制系统半仿真自动化测试工具进行高效测试。

图 4　工业控制系统半仿真自动化测试工具的特点

（四）项目实施收益

2020 年，上海浦东软件平台有限公司的工业控制系统的安全可靠性测试平台推出了工业控制系统半仿真自动化测试工具，为 215 家企业提供了 262 次服务，实现服务收入 517.87 万元。该项目获得了浦东新区专项资金支持。

2021 年，工业控制系统半仿真自动化测试工具被应用于轨道交通、电梯、汽车、智能制造等行业，取得良好成效。

（1）轨道交通行业：工业控制系统半仿真自动化测试工具模拟轨道交通信号系统中电子门控器（EDCU）的输入输出接口，包括安全互锁回路端口 1、安全互锁回路端口 2、开门列车线、关门列车线、门允许列车线、零速列车线、开关门控制切换、S1 锁到位开关、S2 隔离开关、S3 紧急解锁开关、S4 关到位开关等，并进行自动化测试，提高了测试覆盖率，回归测试方便。

（2）电梯行业：采用工业控制系统半仿真自动化测试工具搭建电梯门机控制器控制模块的测试调试环境，仿真电梯门机控制器控制模块的 5 路开关量输入、1 路开关量输出、1 路 CAN 总线等信号进行测试，效果良好。该工具可快速编写测试脚本，并编译出测试用例，下载执行测试。整个过程达到快速搭建测试调试环境、高效生成测试用例、自动判断测试结果、通过真实场景模拟充分测试且无损坏执行机构之忧、一键回归测试等效果，大幅提高了测试效率。

（3）汽车行业：当汽车 OTA 软件在线升级时，企业需要对汽车 ECU 的软件升级功能及中断升级对 ECU 的影响进行测试，应用工业控制系统半仿真自动化测试工具，通过 CAN 总线可进行相应功能的测试，而且回归测试方便，提高了测试效率。利用工业控制系统半仿真自动化测试工具对出租汽车计价器进行测试，模拟里程传感器、空重车转换装置、顶灯等的输入输出信号，对出租汽车计价器产品进行自动化检测，提高了检测效率。

工业控制系统半仿真自动化测试工具还被应用在网联出租汽车计价器软件测评中，获得了良好的成效，网联出租汽车计价器是国家市场监督管理总局批准的上海市试点项目。网联出租汽车计价器软件测评获得上海市市场监督管理局的肯定，上海浦东软件平台有限公司进一步研究，并牵头起草了上海市地方计量技术规范《网联出租汽车计价器软件测评指南》。

工业控制系统半仿真自动化测试工具可进一步拓展、定制，应用于流水线上的工业控制产品的自动化测试。

专家推荐语

通过对工业控制系统半仿真自动化测试工具进行软件测试能力的评价，我们认定该产品是优秀的软件测试工具。该产品根据自定义的测试脚本语言可高效地编写测试脚本，自动生成测试用例并下载至接口仿真设备运行，之后自动记录并判断测试结果，大大提高了测试效率，而且实现了一键回归测试。

案例 8　助力数字化转型下的"安全数字电网"

——上海观安信息技术股份有限公司

（一）基本情况

上海观安信息技术股份有限公司（以下简称"观安信息"）是一家精通"大数据+泛安全产品与服务"的高新技术企业。公司核心团队有着 20 多年的信息安全专业技术经验、10 多年的大数据分析经验。公司设立多个实验室，研究涵盖安全、5G、物联网、政府应用、工业互联网等多个领域，为运营商、政府、金融、电力、公安、医疗等行业用户提供全面的信息安全解决方案。同时该公司也是联合国亚太培训中心在中国国内唯一的信息安全培训基地，被认定为上海市高新技术企业、"小巨人"企业。

（二）背景需求

2019 年 5 月，某电网公司发布数字化转型和"数字电网"建设行动方案，提出"以公司发展战略纲要为引领，深度应用基于云平台的互联网、人工智能、大数据、物联网等新技术，实施'4321'建设"，实现"电网状态全感知、企业管理全在线、运营数据全管控、客户服务全新体验、能源发展合作共赢"的数字电网。

目前，数字电网的建立仍面临一些问题与挑战。

（1）大数据技术创新与应用日趋活跃，产生和集聚了类型丰富多样、应用价值不断提升的海量网络数据，这些数据成为数字经济发展的关键生产要素。与此同时，数据安全规范化、标准化和集中化管理的缺失，导致数据泄露等数据安全问题日益凸显。

（2）电力行业的数据生命周期指数据从创建到销毁的整个过程，包括采集、存储、处理、应用、流动和销毁等环节。数据安全面临着很大风险与挑战。

（3）随着电力行业信息化建设的持续推进，电力企业内部各部门及跨组织、跨区域之间的电力数据传输与共享场景日渐普遍，需要对数据进行脱敏，实现"用、护"结合。如果采用脚本或人工脱敏，脱敏规则不统一，就会导致脱敏效率低下，以及脱敏后数据质量差、数据间关联关系被破坏等一系列问题。

面对日趋严重的数据安全问题，当前很多国家都已通过制定法律和完善标准，对数据安全提出了明确要求。我国也已经将数据安全纳入国家战略保护领域，目前国家已颁布《中华人民共和国数据安全法》《中华人民共和国个人信息保护法》等法案，必须按照相关法律法规来建设和完善数据安全。

（三）案例实施方案

观安信息为保障"数字电网"云化数据中心的数据安全，将依据国家政策法规，采用先进的数据安全技术，建设某电网数据安全保护体系，通过观安数据安全管控平台的一站式数据安全解决方案，具体解决的场景如下。

1. 一体化数据安全运营

当企业内部部署不同厂商或不同类型的数据安全审计系统时，这些数据安全审计系统无法互通数据，形成安全防护孤岛，进而无法形成一体化的数据安全治理和运营能力。

2. 数据流转应用接口安全监测审计

当企业内部的诸多业务系统面对数量庞大的应用和接口时，可用本方案进行自动发现和梳理，并将发现、梳理的涉敏应用和接口列入资产中，进行重点监测。

3. 数据泄露自证清白

当存有公民信息的网络服务商发生数据泄露时，可快速通过记录的审计日志，进行历史流量日志溯源，还原泄露数据时的访问情况，通过业务内部无相关访问线索或访问无异常等来推定公司或部门的访问操作是合法、合规的。

观安数据安全管控平台的一站式数据安全解决方案能够保障云化数据中心的数据安全。观安数据安全管控平台的整体功能架构如图 1 所示。

图 1 观安数据安全管控平台的整体功能架构

观安数据安全管控平台助力"数字电网"的 4 个能力步骤如下。

1. 数据自动梳理

观安数据安全管控平台通过主动导入批量备案的数据资产和对外接口，在不影响企业内部业务系统正常运转的情况下，对流动中的重要业务系统、业务接口、业务数据库等动态资产进行自动化识别和梳理，还可以对数据库、文件源等静态资产自动扫描，通过对数据资产的分类分级，发现这些资产里面的重要数据和敏感数据，再进行打标签，完成全量资产的底账盘查，如图 2 所示。

图 2 数据自动梳理

2．数据流转监测

观安数据安全管控平台通过对数据资产分类分级，自动识别敏感数据，对核心业务系统和接口的动态访问情况实时监测，识别针对对外接口的异常访问，能清楚地知道敏感数据的流向和流转路径，同时对敏感数据做到了事前梳理预防、事中实时监测防护、事后审计溯源分析。该平台可以实现数据流转实时监测、敏感数据重点监测、数据流向路径测绘、审计流量溯源分析、溯源线索聚合分析，对数据流转全链路进行监测，防止数据泄露，如图 3 所示。

图 3 数据流转监测

3. 数据安全防护

观安数据安全管控平台通过敏感识别、分类分级、脱敏、水印、数审、溯源、合规检查等多重组合管控防护，对数据资产实现自动化安全能力编排和自动建构。该平台还通过对数据安全的合规监测、数据流转监测、行为监测，进行审计分析、溯源分析、风险主体分析，全方位、全流程地进行数据安全管控防护，如图4所示。

图 4　数据安全防护

4. 安全管控统一运营

观安数据安全管控平台具备数据资产安全运营、安全策略运营、安全事件运营、数据安全风险运营等能力，对数据安全的现状进行监控和对未来趋势进行分析、预测。观安数据安全管控平台可实现自动化安全能力编排的一站式管控运营，提供自动化的运营安全视图和分析报告，通过发现探针和对流转探针的识别能力来梳理数据资产（安全数据采集、汇聚、共享），组合成汇聚了各个原子能力的数据安全管控平台，经过安全能力编排控制的策略管理实现数据安全能力的抽象、共享和复用，如图5所示。

图 5　观安数据安全管控平台

（四）项目实施收益

观安信息的这个项目为支撑公司后续数字化转型和数据基础底座建设，提供了坚实的数据安全保障。结合公司在能源生态圈的核心地位，观安信息将观安数据安全管控平台推广到电网上下游企业，提高公司在电力行业及其他行业中的竞争优势。

1. 清晰掌握数据资产和动态业务系统资产的情况

利用资产发现技术，对流量中包含的应用、接口、数据库、账号等信息进行自动扫描和识别，帮助用户发现增量的业务系统资产，使用户对资产的热度、动态分布及动态增量变化一目了然。

2. 及时防范内鬼及外部恶意窃取

利用风险因子和风险场景识别能力，及时发现涉敏异常访问行为，进一步识别出涉敏风险访问行为，在第一时间以邮件等形式让用户感知并及时做出处理，防范内鬼或外部对涉敏数据的恶意窃取。

3. 掌握涉敏流量的动态趋势

自动识别敏感流量，并利用观安荧光标记测绘技术，对涉敏数据的流向和流转路径进行可视化测绘还原，帮助安全人员第一时间了解涉敏数据的动态变化情况，使其做到在数据安全运营和治理方面心中有数。

4. 事后追责更加省时省力

一旦发生敏感数据泄露事件，可通过溯源反演能力对事件发生的源头进行自动反查和追踪，并将反查结果进行自动分析处理，供安全人员结合业务经验进行深入分析，驱动业务部门配合调查，极大降低了追查成本，提高了溯源的精准度和效率。

观安数据安全管控平台具备科学、实用的"体系化安全防护能力、规范化安全管理能力、综合化安全运营能力"，确保数据安全全程可知、可控、可管、可查。观安信息为电网公司数据中心的数据底座及云化建设提供了严密的数据安全保障，以积极应对数字化时代带来的全新挑战，如图 6 所示。

图 6 展示效果

专家推荐语

本案例是电力行业的数据安全典型案例。在大数据技术及应用蓬勃发展、工业数字化快速转型的背景下，观安数据安全管控平台针对数据的梳理、监测、保护、运营，提供数据全生命周期的保障，让数据可控、可见、可信。数据安全是推动数字经济可持续发展的基础保障。

案例 9　基于态势感知技术的工业互联网集中化安全检测预警平台

——上海工业自动化仪表研究院有限公司

（一）基本情况

上海工业自动化仪表研究院有限公司（以下简称"上海自仪院"）是专业从事工业自动化仪表产品和生产过程自控系统研究、开发、生产、应用和试验的综合性科研院所。

上海自仪院现拥有一支长期从事工业信息安全技术研发的科研团队，具有较为齐全的检测设备与手段，有一定的专业技术服务与系统集成服务的经验积累。

上海自仪院工控信息安全产品在市场化的运作下，取得了大量信息安全实践案例，促使上海自仪院成为我国工业控制系统和工业互联网信息安全建设的先驱企业。

（二）背景需求

工业互联网产业云是一种满足特殊场景的公有云资源，较阿里、腾讯、华为等的公有云，有着明显的行业特色和优势。在边缘计算技术的带动下，很多工业设备直接跳过企业内网，通过 4G 或 5G 网络转发数据，连接到产业云上，全世界的用户通过公网访问产业云上的工业应用数据，在采集和读取数据的同时，也带来了一定的威胁。

1. 缺乏威胁隔离机制，网络间"僵、木、蠕、毒"恶意程序肆意传播

网络病毒肆意蔓延，导致病毒风暴，引发网络瘫痪，网络各类入侵攻击行为（SQL 注入、缓冲区溢出攻击、端口扫描、勒索病毒、挖矿木马、蠕虫等）威胁虚机稳定运行，以虚机为跳板，发起恶意 DDoS、勒索、挖矿攻击行为，影响云内核心业务长期、有效、稳定、持续地提供服务。云环境中"僵、木、蠕、毒"恶意程序肆意传播如图 1 所示。

2. 网络审计存在盲点，无法直观感受虚机数据的流量、流向的变化

云数据中心的运维管理人员需要实时且全面地了解整个平台内部的运营状况和安全态势，那么全面高效的可视化工具就变得尤为重要。而当网络审计存在盲点时，云数据中心的运维管理人员必然无法直观感受数据流向的变化，如图 2 所示。

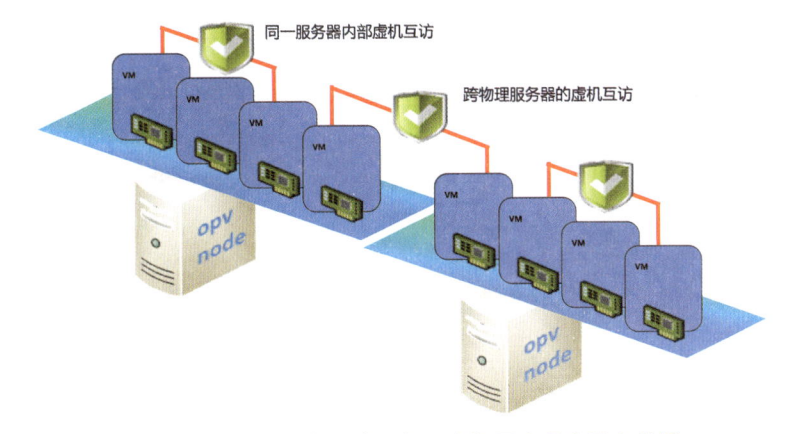

图 1　云环境中"僵、木、蠕、毒"恶意程序肆意传播

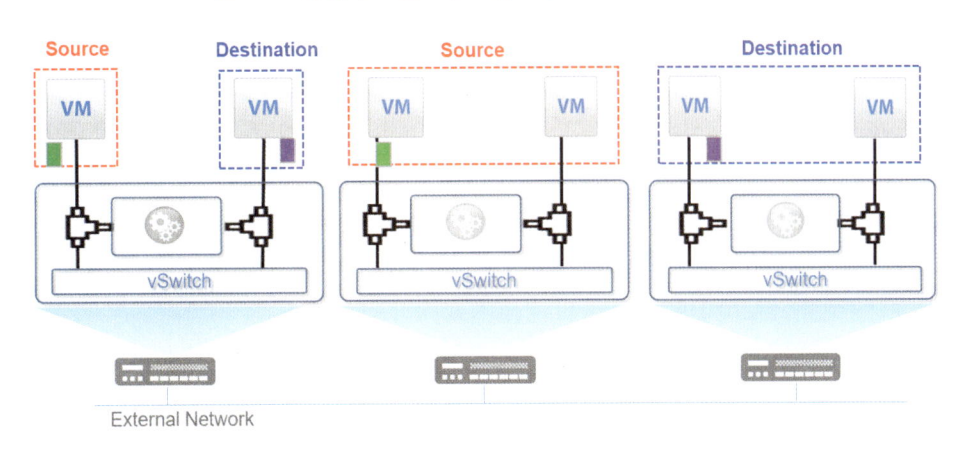

图 2　数据流向不可见

3．应用服务程序日趋重要和复杂，多路径攻击难以应对

整个云数据中心内部的应用访问情况无从得知，应用安全的问题无法得到有效解决。尤其是工业应用的开发者往往只考虑业务功能的技术实现，在开发阶段并不具备安全开发意识，遗留了很多漏洞和弱点，而这些漏洞和弱点特别容易被恶意组织利用。多路径攻击难以应对的场景如图 3 所示。

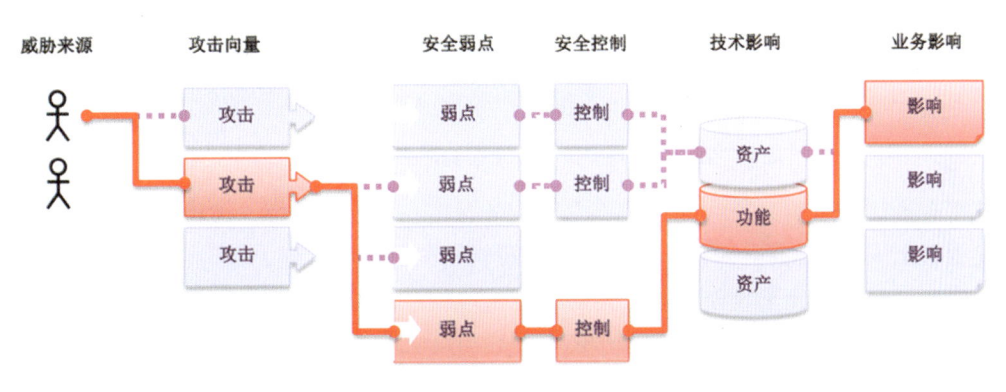

图 3　多路径攻击难以应对

为了保障云数据中心的安全运行，使其提供安全可靠的数据资源，本项目以保障工业互联网产业云为核心要素，实时掌握网络安全态势，识别重要信息系统相关网络安全威胁风险，检测漏洞、病毒木马、网络攻击情况，发现网络安全事件线索和攻击链脉络，协助云数据中心的运维管理人员开展工业互联网网络安全运维工作。

（三）案例实施方案

根据以上需求，工业互联网产业云安全态势感知平台应具备突出的数据融合、处理、分析、搜索能力，具备先进的安全事件分析技术，具备支持风险感知关联分析模型与预测模型持续优化的能力。

该平台是上海自仪院基于大数据全流量分析、多维度特征识别、主动防御等技术，自主研发的一款专注于系统风险的分析、发现、评估、可视化的平台。平台的技术方案将覆盖技术架构设计、架构部署。

1. 技术架构设计

工业互联网产业云安全态势感知平台采用了多维度无损式数据采集、多层级部署、人工智能引擎与机器学习核心算法、全方位安全综合网络实时检测等技术，实现了资产风险识别、攻击事件定位和溯源、威胁行为诊断、威胁情报关联和匹配、日志聚合和智能分析、辅助决策等功能。

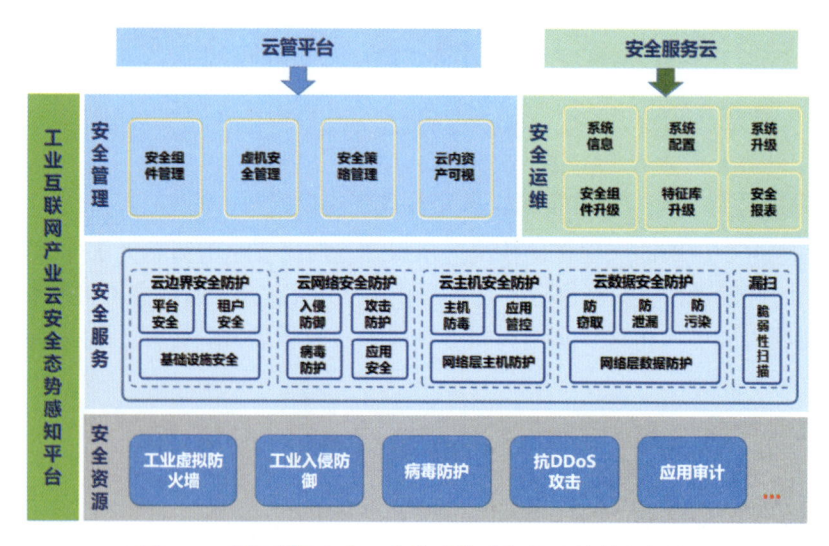

工业互联网产业云安全态势感知平台的技术架构如图 4 所示。

图 4　工业互联网产业云安全态势感知平台的技术架构

该平台通过安全管理，将区域边界安全设备、核心区安全组件、虚拟化平台上的安全组件和虚拟机上安装的 agent 探针等安全资源的逻辑统一化运维管理。

该平台通过将安全管理与云管平台对接，获取租户虚拟机、虚拟网络标识和运行状态，实现自动化识别与区分、安全策略统一化调度和自动化运维管理；通过与云管平台的联动，实现云平台资源快速获取，进一步提升了整体运维的效率。

该平台通过与安全服务云对接，实现对未知威胁感知和突发安全事件的快速应急处置。

2．平台的功能

1）日志采集和搜索功能

采集日志原始数据，经过事件标准化、过滤、归并、关联分析后，生成安全告警事件。平台还提供事件、流量日志、终端日志的高级语法的查询、检索功能。

2）流量采集功能

流量采集功能是指对网络流量进行解码还原出真实流量，提取网络层、传输层和应用层的头部信息，以及重要负载信息，并通过加密通道传送到平台进行统一处理。

3）关联分析引擎功能

关联分析引擎能提供关键字分析、统计分析、关联分析等功能。

4）海量的应用识别和防护能力

核心安全组件集成了应用协议识别引擎，能够识别出2000+场景中的应用，包括150余种工业和物联网协议。同时应用协议识别引擎还支持用户自定义协议，支持用户基于应用协议配置访问控制和安全策略，实现对整个云数据中心内部应用访问及应用安全的全面管控，有效保障用户的业务应用系统和用户应用访问行为的安全。

5）区域化、基于本地的威胁监测能力

通过流量镜像并深度还原网络攻击的方式发现边界的网络安全威胁，包括网络入侵、勒索软件、敏感行为攻击等。

6）基于"情报+机器学习+统计行为分析"的网络安全态势感知能力

从总体态势、运行态势、资产态势、入侵态势、脆弱性态势等多角度对监测发现的网络安全事件、信息系统漏洞等进行可视化安全展示和统计排名分析，并对网络安全形势的发展趋势进行预测。

7）跟踪督导能力

跟踪督导能力是指平台就安全可视化之后的漏洞、木马、可用性、内容篡改、恶意流量、攻击态势、异常访问等网络安全事件，通过企业内部定义的信息通报预警流程向责任部门下发预警通知、整改任务工单等，并对网络安全事件的处置进度、反馈结果等进行跟踪督导。

3．应用效果

工业互联网产业云安全态势感知平台在从2021年2月1日至2021年4月12日的运行期间，对某工业互联网产业网出口核心网络与核心网络设备、应用服务器等进行全方位的安全监测，从流量中获取攻击行为，从日志中识别异常行为，从漏洞扫描中获取资产风险，并将三者结合计算出系统实时安全状况。

在此期间，该平台捕捉到11,213条攻击日志，通过智能分析，生成了5条攻击链，通过匹配威胁情报，捕捉到2个境外恶意IP，如图5、图6和图7所示。

图 5　攻击链分析

图 6　境外恶意 IP（一）

图 7　境外恶意 IP（二）

该平台收集了 11,441,908 条行为日志，通过算法匹配，生成了 65 条潜在威胁行为，如图 8 所示。

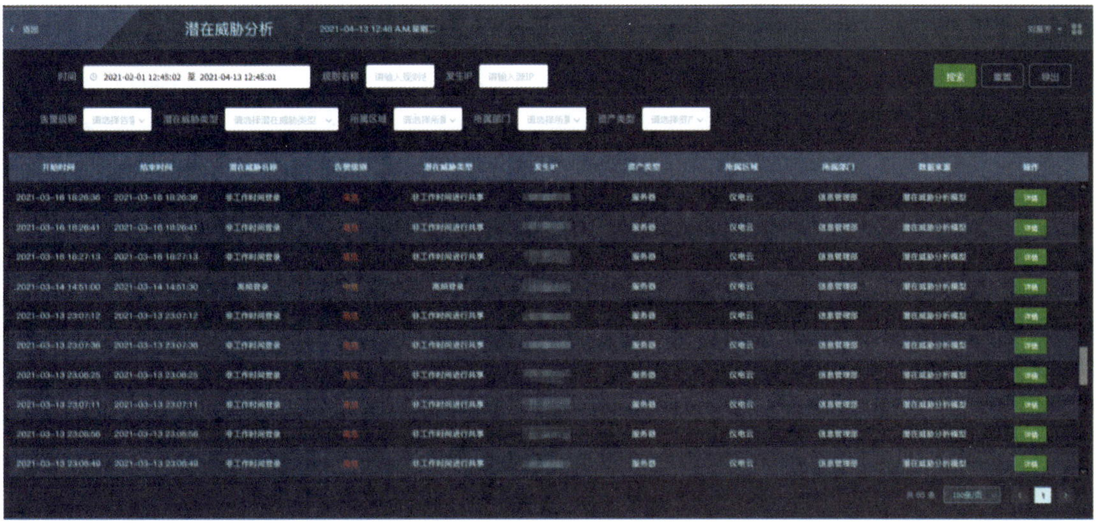

图 8　潜在威胁分析

上述异常均会生成相关处置条目，可以通过发送邮件，及时通知相关责任人进行处理。

该平台可以每天自动生成一张当日的安全处置报表，并在每天 9 点上班前发给工业互联网产业云安全运维团队，每个月还能自动生成安全报表，总结该月的总体安全情况，以及告警处置情况，如图 9 所示。

图 9　安全处置报表

（四）项目实施收益

1. 经济效益

本项目的实施能减少大型企业或集团企业因为工业互联网产业云网络安全问题造成的经济损失，并能对收集到的全量日志进行检索，实现了 170,000：1 的筛选能力，可快速定位到关键 IP，从中发现潜在威胁，大量节省了人力成本。同时该平台在汽车、化工行业中十几家企业的网络安全工作中进行了部署。

2. 社会效益

（1）本项目的实施，适应了当前数字化转型的形势和政策要求，可提升集团企业工业互联网产业云安全监测和态势感知能力，实现对网络安全事件和风险的监测、评估、分析、审计、追踪溯源、威胁感知和风险可视化，增强企业网络安全情报共享和预警通报能力。

（2）该项目通过在工业互联网产业云的应用实施，形成针对工业互联网平台的典型网络安全产品应用和深度行业融合，建立新型工业化产业云安全示范基地（工业互联网产业云），发挥先行先试和示范带动作用。

3. 创新点

1）基于数据处理与计算分析的自动化关联技术大幅缩短数据处理延迟时间

基于数据处理与计算分析的自动化关联技术作为整体的事件处理流程框架，通过不同的处理要求构建相应的事件处理拓扑模型，可以快速地对事件处理流程进行搭建，使用实时自动化关联规则引擎，其内置多种分析规则，针对日志数据、流量数据等多数据元进行异常分析，从而触发告警。

2）高维度可视化方案提高了安全监控的效率

大数据的存储与实时运算能力保证了可视化技术的应用，将原本碎片化的威胁告警、异常行为告警、资产管理等数据结构化，形成高维度的可视化方案，提高了安全监控的效率。

3）采用人工智能算法，有效识别未知恶意程序

本项目采用机器学习等人工智能算法，针对海量程序样本进行自动化分析，有效解决了大部分未知恶意程序的发现问题。由于传统杀毒技术严重依赖于样本获得能力和病毒分析师的能力，基本只能处理已知问题，不能对可能发生的问题进行防范，具有严重的滞后性和局限性。本技术对海量样本进行挖掘，能够找到恶意软件的内在规律，能对未来相当长时期内的恶意软件技术做出前瞻性预测，实现不更新即可识别大量新型恶意软件，在业内处于领先水平。

专家推荐语

随着工业互联网等新基建被多次写入政府工作报告，内容从"打造工业互联网平台"提升为"发展工业互联网，推进智能制造"，这也意味着国家对工业互联网建设和发展赋予了更高使命。但在工业互联网整合部署的过程中，其也暴露出一些不利因素：先天的种类繁杂，工业资源统一对接难实现；安全防护效果和威胁态势难以化无形为有形。为了解决这些痛点，基于大数据挖掘、态势感知技术的工业互联网集中化安全检测预警平台应运而生，为工业互联网提供配置灵活、低投入高产出、易于扩展、高可视化和高敏感预警的运行方式保驾护航！

案例 10　构建基于零信任的可信智慧工厂

——上海安几科技有限公司

（一）基本情况

上海安几科技有限公司（以下简称"安几网安"）以"让智能世界更安全、为数字化保驾护航"为使命，为客户提供信息安全相关产品、服务、咨询、培训、解决方案等。其凭借持续的研发与创新投入，深耕工信部要求着力突破的"零信任"网络安全技术，以专利级"安全端到端"整体化网络安全解决方案防护所有维度的数字资产。其产品广泛运用于高端制造、能源、化工、医药、交通等行业，安几网安也因此荣获公安部安全专用产品销售许可证、公安三所专用安全测试证书及数十项荣誉资质。

（二）背景需求

上海菱重增压器有限公司（以下简称"菱重"）由三菱重工、上柴动力等共同出资成立，主要业务为涡轮增压器制造和销售。在逐步向智能制造转型的过程中，菱重广泛应用了自动化、物联网和大数据等新技术，通过运营技术（OT）与信息技术（IT）的不断加速融合发展，显著优化了生产和加工过程，提高了制造流程效率。随着菱重向现代化数字转型，工厂内控制网络与信息网络不断升级，大量设备与系统正实时进行连接交互，过程中传输海量数据，这在扩大网络攻击面的同时也带来了外部入侵与内部攻击的威胁。

为保障安全生产，提升安全基线，强化网络安全防护能力，防患于未然，菱重需要将先进的架构与运营技术分层模型结合，建设与业务紧密结合的、夯实的、可信的 OT 数字空间，从而应对以下风险。

（1）数据安全风险：工业设备上的数据被非法篡改、泄露；数据在设备、平台、应用传输过程中的泄露。

（2）网络安全风险：无线网络技术的应用带来的网络边界模糊问题；网络数据传输过程中的常见网络攻击问题。

（3）应用安全风险：应用的权限授予、身份认证、访问控制等问题；应用自身的组件、端口、传输问题。

（4）设备安全风险：工业设备自身存在的漏洞与缺陷；工业设备被恶意更改或替换。

（三）案例实施方案

方案核心技术路线为利用工信部要求着力突破的"零信任"网络安全技术，依托自主可信的软件平台与设备，通过分布式边缘计算技术及 AI 大数据态势感知能力，保障设备层、网络层、平台层、应用层的安全性，打造网络可信、身份可信、权限可信、数据可信、策略可信、访问可信的全方位可信工业环境。

第一步：落实"零信任"理念。没有什么设备、网络、用户是可以被信任的，摆脱默认信任，从零开始重新构建信任。基于"零信任"架构，重新审视现有网络架构，不再在"外部"和"内部"网络之间划定界限，而是以更精细的分段与隔离构建内网可信的塔防体系。通过引进"零信任"网络安全技术，优化安全策略执行效果和感知能力，及时发现访问控制疏漏，避免安全设备成为"摆设"，维持坚固的网络结构。"零信任"网络安全技术的架构如图 1 所示。

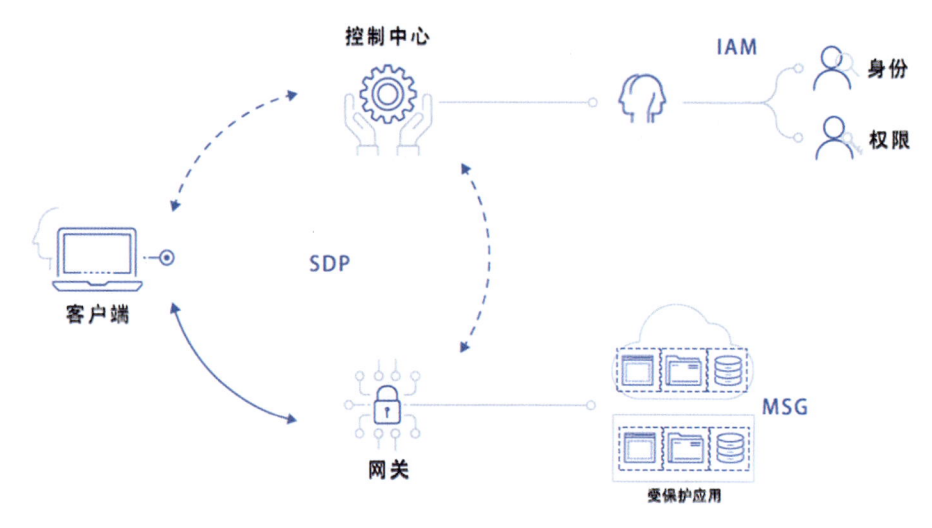

图 1 "零信任"网络安全技术的架构

第二步：构建统一管理平台，控制来自所有网络的访问，并持续监控所有用户和设备的行动，提高管理实效性，以更灵活、更有弹性的技术手段对动态变化的人、终端、系统建立新的逻辑边界，任何网络访问请求都必须不断得到授权。通过对人、终端和系统进行权限识别、访问控制、跟踪，实现全面的身份化，从而以身份为中心构建信任。在平台各组件中，对信息系统、控制系统等所有系统的网络元素和流量进行验证与监控，通过使用网关和认证服务将安全措施应用于所有访问，这使得安全使用各种网络和云服务成为可能，而不需要再区分内部访问和外部访问。从业务的角度出发，制定一套防护策略与操作流程，以验证所有网络元素（包含用户、设备、应用、数据库等）在与人、设备、系统和网络接触/互动之前是否可信，并不断验证这种信任，以确保没有任何威胁。同时，制定相关风险安全管理策略，优先处理具有高发频率和影响性的风险。

第三步：持续重视安全监控，包括但不限于用户与设备的 ID、物理位置、网络 IP、交互流量、历史行为等。通过数据分析构建对风险、威胁的发现和感知能力，向"积极防御"持续迈进。实施自适应防护机制，形成完整的"防护—检测—响应"闭环式安全模型，摆脱当面临风险时对人的决策的依赖，使处置操作更高效。

"零信任"网络安全技术的整体应用架构如图 2 所示。

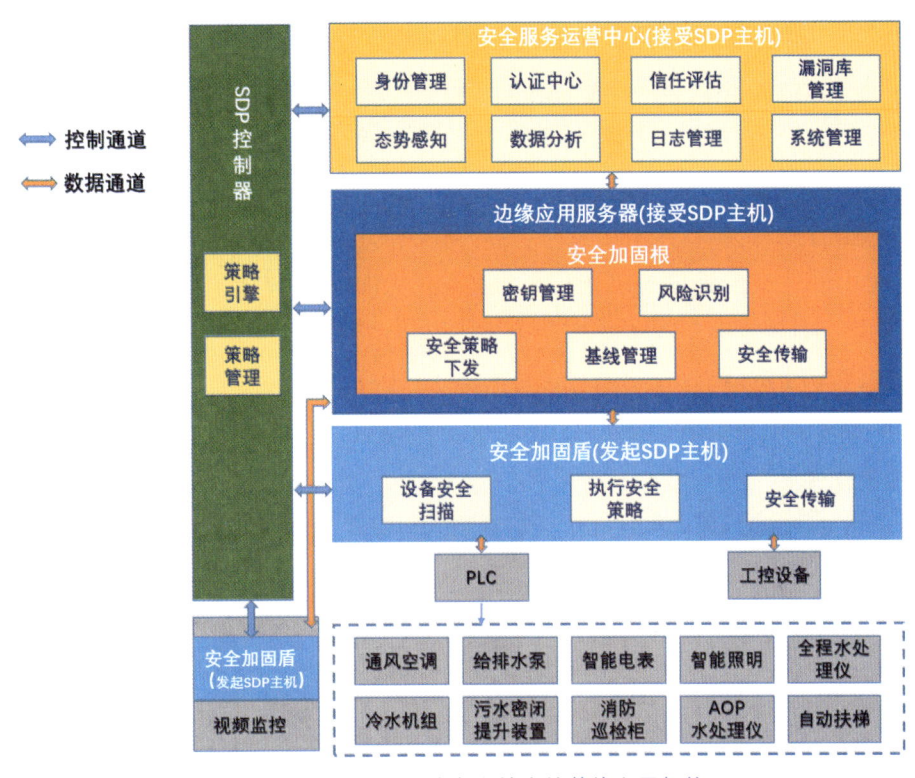

图 2 "零信任"网络安全技术的整体应用架构

（1）感知层：工业设备密切影响着企业的生产效率，仅部分具备计算能力，因此需要"对症下药"。在具备计算能力的设备上安装"零信任"客户端，对设备进行安全扫描、安全策略执行、网络流量通信、数据安全传输等；在不具备计算能力的设备上嵌入额外的"加固盾"设备，对终端设备进行设备安全接入、安全通信、异常指令识别等安全能力巩固。

（2）网络层：边缘网关作为基础设施，发挥着连接南向设备、对接北向业务平台的"承上启下"的作用。通过部署"零信任"边缘计算安全管控平台，全方位保障其身份安全、网关与北向业务系统访问安全、网关与南向 IOT 设备接入安全，以及网关与网关间东西向传输安全，同时保护边缘网关内数据的安全。

（3）平台层：边缘应用服务器主要用于对边缘网关做统一的管理，通过安装"零信任"客户端及网关，实现双向的通信链路的安全保障，并为边缘网关管理赋能，使其承担部分安全服务运营中心的管理负荷，如客户端密钥管理、基线管理、风险识别、安全策略下发、设备跨域通信管理、安全传输等。

（4）应用层：安全服务运营中心是安全大脑及信息中心，承担着整个环境的监控管理、分析管理、响应管理等工作。通过部署"零信任"边缘计算安全管控平台为其管理策略赋能，如身份管理、认证中心、信任评估、日志管理、系统管理等。此外考虑到设备的脆弱性，还赋予其漏洞库管理、数据分析、态势感知等能力，提前预知风险，将事后处置风险前置，隔绝风险入网的可能性，确保工业互联网有保障。

安几网安在构建"零信任"网络安全技术的过程中取得的成效如下。

1. 构建信任根

RoT（信任根）是所有安全计算操作的基础。安装在设备上的 RoT 包含用于加密功能的密钥，并能实现安全的启动过程。信任根以硬件或安全模块形式置入，对恶意软件的攻击提供非常强大的防护作用。

2. 硬件安全组件

通过使用硬件安全组件来创建信任根，利用 TPM 及基于网络或云的硬件安全模块（HSMs）实现硬件防篡改，并提供安全的密钥生成与存储，以及基于硬件的相关安全功能。

3. 设备密钥生成器

用于设备的私钥和公钥在设备上安全地生成和存储，以便设备能够证明自己的身份。

4. 加密软件库

集成已知 CVE 漏洞的强大加密库，以处理加密操作，如加密、TPM 操作和认证。

5. M2M 双向认证机制

以 M2M（机器交互）的相互认证在设备之间建立信任（其中客户端和服务器都经过认证），实施客户端证书认证（即设备本身拥有私钥，只有公钥与对方共享），对确保设备的完整性和可信度至关重要。

6. 自动化 PKI 的生命周期管理

管理 PKI（公钥基础设施）对确保设备的可信度至关重要，自动化流程包含安全的密钥和证书生成、设备证书签署请求生成、密钥和证书管理变更、信任根签名、公钥撤销、公钥所有权转让、公钥终止等。

7. 代码签名与信任根的集中管理

代码签名是对软件可执行文件和脚本进行数字签名的过程，以确认软件的作者和完整性。需要确保固件更新由开发者签名，并在安装前经过设备的验证。及时用更新的证书替换最初的证书，才能确保设备以预定的固件启动。

8. 根证书

实施内部 CA 或第三方 CA，其证书由受信任的根 CA 签署，以沿着数字证书的信任链提供高水平的可信度。

9. 集成设备管理

将 PKI 生命周期管理工具与设备管理系统（DMS）集成，从而使生成密钥对和更新 PKI 无缝衔接。

10. 安全通信

通过加密的 SSL/TLS/IP VPN 通信，结合自动化的 PKI 生命周期管理工具来保障数据安全。

（四）项目实施收益

菱重此次将"零信任"网络安全技术应用到安全体系的构建中，深度结合实际业务应用，搭建了集态势感知、风险预警、应急处置和联动指挥为一体的网络安全支撑平台，解决了生产系统中存在的高风险项，形成多层级的纵深防御、主动防护、综合防范体系，降低了安全运营风险。项目实施收益如下。

1. 安全防护收益

菱重通过升级至下一代网络安全架构，自由实现字段级管控粒度与毫秒级响应速度，有效地降低了安全建设成本，将安全效益最大化。在网络层面，菱重通过最小权限访问策略与服务隐身功能，将异常流量降低了99.9%；在数据层面，菱重通过在所有流量传输时使用单包认证与唯一加密通信隧道，杜绝了传输中数据泄露的风险；在设备层面，菱重通过为每台设备赋予身份属性，避免了设备被篡改或替换的风险；在应用层面，菱重通过端口隐身、持续认证、按需授权等功能，保障了应用的安全性。

2. 经济与效率收益

菱重通过升级至下一代网络安全架构，摆脱了人工处置闭环风险的困境，使自动化风险处置率高达80%+，大大提高了人员的工作效率，使工厂整体生产效率提高30%+。架构自身对业务、系统、网络毫无侵入性，与业务系统深度融合，避免了潜在的网络改造费用，以可信网络助力企业业务稳定运行。企业不再需要购买昂贵的安全硬件设备，ROI提升53%。便捷、高效、人性化的界面使得企业维护成本及TCO大幅降低。企业将现有的IT运维系统打通，安全运维成本下降41%。

3. 社会收益

新技术的融合与应用将科技创新贯彻到企业整体的安全认知中，符合工业制造行业自动化、智能化和网络化等行业新趋势、新技术的发展要求，实现从工业互联网安全到安全的工业互联网的转变，不断为工业互联网建设赋能。

媒体推荐语

目前，安几网安以"零信任"网络安全技术为核心，融合沙盒技术，赋予人工智能算法，为企业提供的"业务、数据、流量、身份"四维防护，是业内最为领先的解决方案之一。

——中国网 2021年6月11日

案例 11 双平台驱动中国制造企业研发管理

——上海思普信息技术有限公司

（一）基本情况

上海思普信息技术有限公司（以下简称"思普软件"）是国内最早从事制造业产品生命周期管理与协同技术研发的公司之一，其技术始终保持国内领先的水平。公司多年来承担了制造业信息化方向的国家 863 计划项目、国家创新基金项目和上海市科技计划项目，曾先后获得上海市科技进步一等奖和国家科技进步二等奖。2001 年以来，公司多次被评为上海市优秀软件企业，荣获长三角最具竞争力科技企业、上海市软件和系统集成企业竞争力 50 强等称号。思普软件作为自主品牌制造业核心工业软件 PLM 的技术和市场领军企业，拥有独创的业务模型驱动架构（MDA）技术，并一直占据国产 PLM 软件市场份额第一位，帮助众多制造企业打造个性化的研发管理解决方案。截至目前，思普软件主营产品——思普产品全生命周期管理系统（SIPM/PLM）已经服务了 1000 多家制造企业。

（二）背景需求

全球制造业正朝着网络化、智能化时代迈进。网络化、智能化的前提是构建一张打通制造业信息孤岛、支撑工业大数据安全有序流动的工业互联网。工业互联网的跨界融合特征不仅会带来一系列技术创新，还将有力支撑大规模个性化定制、开放式协同制造、服务型制造等新模式、新业态的深度应用和全面普及，进而推动人类生产力实现再一次跃升。

随着工业互联网等技术的成熟和渗透，PLM 领域的商业模式也正在发生显著变化，许可证销售正在转向订阅模式，云技术改变了 IT 资源的购买和维护方式。工业企业希望能建设一个体现行业特征、企业特性的研发管理信息平台，支持企业从传统产品开发设计转向研发平台化、订单配置化、产品智能化，以适应日益加剧的市场竞争形势，获得最佳的交期、成本和质量，同时能自主改善 PLM 系统，以低成本实现系统发展与企业发展共生共荣。

传统 PLM 厂商提供的产品均采用大量二次开发进行个性化实施，存在如下不足：

1. 实施成本高

工业企业 PLM 系统建设成本一般软件平台费用和实施费用的比值为 1∶2，例如一个 300 万元人民币的建设项目，软件费用占 100 万元，实施成本占 200 万元，实施成本中，二次开发成本占 60%左右。

2. 软件升级成本高

PLM 软件逻辑结构复杂，关联软件如 CAD、CAM、CAE 等工具软件不断升级，导致 PLM

软件也必须同步升级，软件升级涉及二次开发部分的重新适配开发，导致一般升级成本和建设成本基本相同。

3. 持续运维服务成本高、响应慢

随着工业企业的不断发展、管理的持续改善，系统需要持续运维服务和持续适应性开发。如企业自主开发，服务商或原厂无法提供指导和持续运维服务；如企业委托服务商或原厂开发则成本高、周期长，无法满足其快速发展的需求。

（三）案例实施方案

双平台技术为工业企业打造面向未来的 PLM 系统。

1. SIPM/PLM 平台为产品平台化、订单配置化、产品智能化提供解决方案

思普软件对欧美企业和日本企业的平台化与模块化设计方法论和设计标准，开展了长达 8 年的跟踪研究。通过对三菱、铃木、松下、本田、大众、通用等企业模块化开发的经验和设计规范进行总结、提升和优化，形成了思普软件特色的模块化设计方法论，并将精髓植入 SIPM/PLM 研发管理平台（见图 1）。2018 年起，新一代的 SIPM/PLM 平台向中国工业企业推广应用，提供专业的电子设计管理解决方案、软件设计管理解决方案、产品平台化管理解决方案、模块化配置管理解决方案、模块化 BOM（物料清单）管理解决方案、平台化工艺解决方案和生产 BOM 解决方案，帮助企业实现机电软多专业协同设计、产品研发与订单开发分离、打通设计、工艺和制造的信息流，为企业提升产品标准化程度、加快对市场的响应速度，实现从产品设计走向产品研发。2018 年以来，共为数百家企业快速提升产品研发能力做出了贡献。

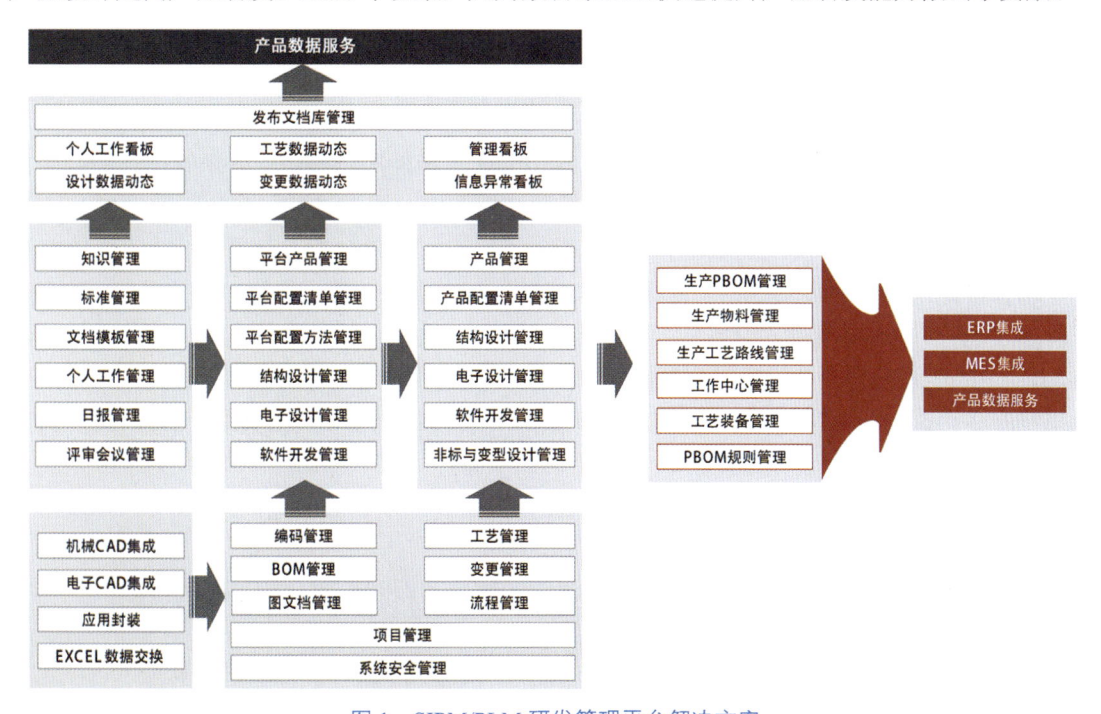

图 1　SIPM/PLM 研发管理平台解决方案

2. 思普云平台为工业企业自主改善 PLM 系统提供全生命周期服务

1）MDA 技术降低个性化开发成本

很多的大型企业都采用了国际上非常有名的 PLM 软件，但失败的案例非常多。为什么没有成功？为什么会失败？根本的原因有两条：第一条是标准化的 PDM 刚性软件与企业个性化管理脱节；第二条是项目目标与管理现状脱节。经过多年的持续研发，思普软件于 2004 年实现了 MDA（Model Driven Architecture，模型驱动架构）技术商业化应用，率先打造了全球领先的基于 MDA 技术的全生命周期管理系统（见图 2），同时实现了只要将企业的技术管理、产品数据管理、过程管理建立数字管理模型，就能自动形成与企业管理相贴合的 PLM 系统，开创了快速、低成本进行客户化管理软件的先河。

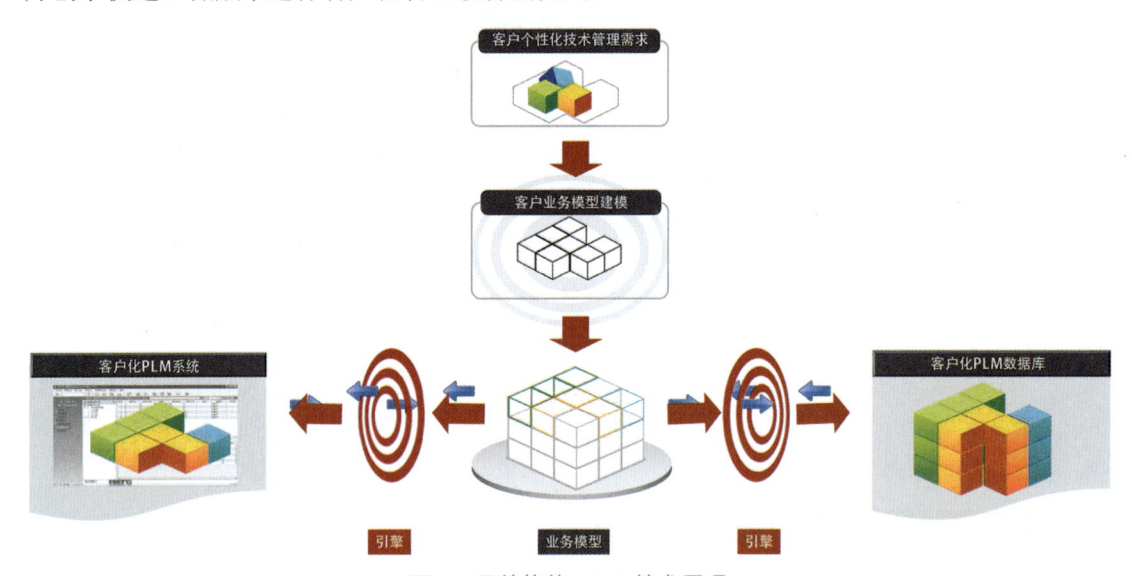

图 2 思普软件 MDA 技术原理

数百家知名企业的成功实践案例表明 SIPM/PLM 系统能提供与企业技术管理体系共生共荣的解决方案，个性化开发简单、可节约工作量 90% 左右，成为企业进步的不断动力。

2）建设思普云平台实现建模工具云服务

思普软件利用华为云 RAAS 平台，加上 20 余台 ECS 服务，建立了高可用的思普云服务。

通过思普云，思普软件的众多客户可以自主进行 PLM 系统的快速低成本个性化建模和开发，实现 PLM 系统与企业管理始终适配，成为企业管理信息化落地的载体。思普云支持企业在线修改和调试业务模型，构建企业个性化的研发业务功能系统，其主要业务功能特性包括：

- 基于思普云在线运行提供 7×24 小时不间断服务；
- 支持业务模型提取、参考和分享；
- 支持在线请求专家；
- 支持在线业务动态建模和业务模型驱动，即时修改即时生效，所见即所得；
- 提供应用集成中间件，支持应用集成接口开发；
- 自动生成业务数据库模型；
- 支持业务模型运行调试与注册发布；

- 支持一键提取全业务模型，并自动安全更新到企业内部的 PLM 系统。

目前，在线客户已经达到 600 余家，每天为 50 余家客户提供自主建模改善服务（见图 3），极大提升了客户自主快速、低成本优化 PLM 系统的能力，拓展了 PLM 的应用范围。例如，宁波申菱机电科技股份有限公司利用思普云平台，快速自主开发了营销管理系统、生产指挥系统等。

图 3　思普云建模管理平台

3. 具体场景：上海三思实现产品研发模块化订单设计配置化

1）项目背景

上海三思电子工程有限公司（简称"上海三思"），成立于 1993 年，专注于研发、生产、销售 LED 显示屏和照明产品及其应用解决方案。公司聚焦 LED 科技发展前沿，重视自主创新，研发生产基地超过 23 万平方米，拥有近 500 名多学科跨专业的综合研发团队，共申请国内外专利 392 项，已授权专利 274 项。公司研发生产了众多拥有自主专利技术的 LED 产品，多类产品份额占市场前列。公司先后获得过上海市质量金奖、上海市科技进步一等奖、中国著名品牌、上海市名牌产品、上海市著名商标、第一届中国留学生人才归国创业"腾飞奖"优秀企业、国家 863 半导体照明重点攻关课题承担单位等殊荣。

2）项目实施的必要性

上海三思的 LED 显示屏和照明产品的订单均是工程类型订单，具有明显的一单一定制特点，随着业务规模的不断扩大，原来的模式存在较大的问题，具体如下：

- 设计周期长，严重影响产品的制造和交付周期；
- 设计变更频繁导致产品质量不可控；
- 制造、采购周期压力大；

- 产品物料、BOM、工艺路线数据不准确导致企业重复采购、呆滞库存增加,从而影响整个企业的运行成本,同时影响了 ERP 系统的运行。

3)项目主要内容及任务

实施思普产品全生命周期管理系统,要实现如下的目标:

- 实现与 CRM 系统信息集成,实现营销和技术基于网络的异地协同,订单信息、售前技术能通过流程实现协同工作;
- 个性化定制模式从按单设计转化为按单配置,提升产品的标准化、模块化程度,提高设计效率和产品质量,减少图纸变更的次数,为制造系统创造良好的条件;
- 实现 CAD 软件的集成,确保图纸资料正确、BOM 信息正确,提高基础数据的准确率;
- 基于网络实现异地协同设计和制造,实现总部、浦江工厂、平湖工厂的产品和工艺协同;实现与 ERP 系统集成,为其提供准确的物料、BOM 和工艺路线数据。

4)项目的主要成果和带来的变化

① 提升效率。通过产品设计平台化,实现按单设计升级为按单配置(见图 4),提升了个性化产品设计效率 500%以上。面对 LED 产品的特殊性导入思普软件 SIPM/PLM 机电软一体的平台化设计理念,在 PLM 系统中以平台产品作为研发核心,并根据实际订单或生产要求,快速衍生多款产品。衍生的产品能拥有平台设计时的相关设计属性、工艺路线、SAP 视图属性,并实现中间件快速变号。根据上海三思统计,相较传统单一产品的客制化设计方式,平台化快速设计约可减少 80%的作业时间与人力消耗,可达成订单快速响应,同时大量减少平台配置过程中可能的人为配置失误,提升可靠性。

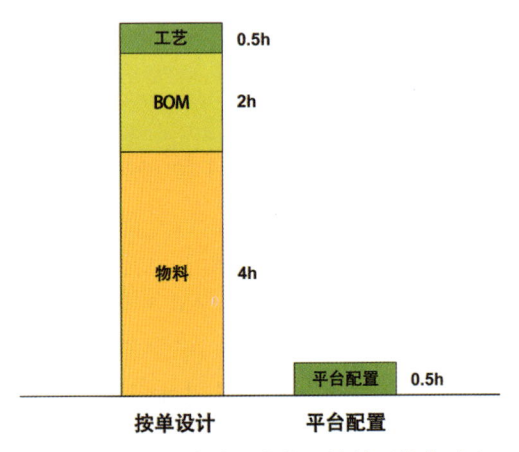

图 4 上海三思实施平台化设计前后效率对比

② 打通企业设计、工艺、制造信息流。上海三思 SIPM/PLM 系统实现接管所有 SAP 生产管理系统所需要的属性(见图 5),即用户在 PLM 系统同步维护 SAP 所需的物料主视图、采购视图、MRP 视图、MRP 区域视图、质量视图、计划视图、存储视图等相关数据。

当设计人员完成设计数据维护后,透过 PBOM(生产 BOM)发布功能,将物料、BOM、工艺路线等数据传输至 PBOM 中间表,此时 PLM 根据专人提早维护的 SAP 视图属性模版,自动匹配与填写大多数视图的关键属性,大幅度降低了用户的维护工作量与难度。

图5 物料主数据维护界面

③ 有效管控工程变更。透过 PLM 系统的工作流管理模块，上海三思实现了在 PLM 系统中线上管理工程变更的目标，其复杂的工作流不只驱动标准 ECR（工程变更请求）变更流程（见图6）统一，更达成了跨部门线上会签、电子文件签名、相关变更附件统一管理、变更任务直接下达与确认、变更完整性确认与关闭等目标。除此之外，透过 PLM 自动分类功能，上海三思可以从各个维度对工程变更进行周期性统计审核与评估考核，为未来变更管理提供必要的数据基础。

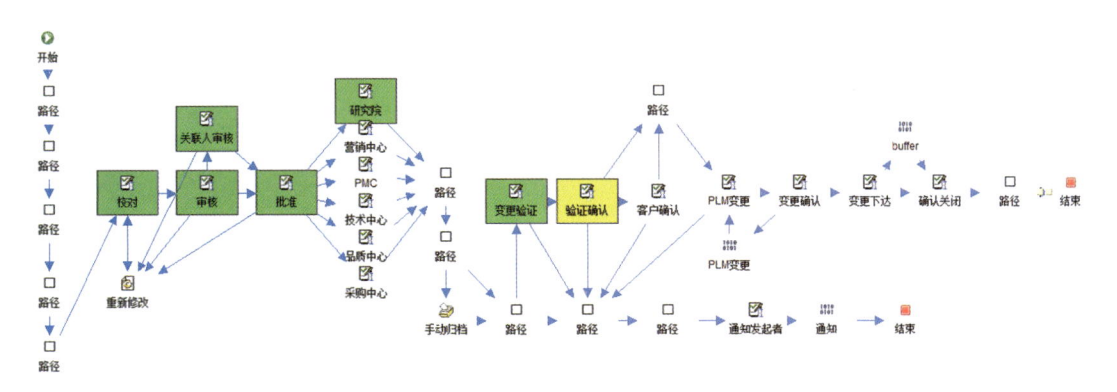

图6 上海三思线上管理工程变更流程

（四）项目实施收益

以思普软件的客户博威合金为例，其利用思普云平台提供的建模功能，完成了合金行业研发全路径管理，改变了过去 PLM 系统只保留研发试验结果的管理，实现了成功和失败的所有配方、工艺数据的精确管理。如果博威合金采用传统开发方法，如友商提供的开发方案，需要 6 人年的开发，则预计开发成本为 6×220×3000=3,960,000.00（元）。如今，博威合金利用

SIPM/PLM 为平台实际建模开发人天为 120 人天，开发费用为 360,000.00 元，节约开发费用为 360 万元人民币，实际节约开发成本 91%。目前，思普云平台在线开发客户有 683 家，按照统计实际每家客户自主建模的工时约为 20 人天/年左右，以节约 90%的工时计算，实现思普云客户的节约工时 15,177 人天/年，为客户节约系统开发费用为 45,531,000.00 元。开发工期缩短 90%，成为思普软件客户快速适应管理改善的重要利器。

专家推荐语

作为中国技术创新管理领域的领导厂商，思普软件始终认为 PLM 软件是"书写笔"，而企业是"书写者"。"玉在山而草木润，渊生珠而崖不枯"，思普软件长期跟踪领先企业的产品研发技术，并不断博采众长，创造性提出了机电软包模块化设计 PLM 解决方案，并经过多家企业实践证明，可极大提升产品技术管理水平、研发效率和质量，帮助企业实现技术积累和知识传承，推动思普软件的客户从数据有效管理的 PLM 应用 1.0 走向提升企业自身研发能力 PLM 应用 2.0，努力帮助企业客户成为"书法家"，用 SIPM/PLM 这支笔书写出流芳百世的作品。

案例12　新能源整车生命周期管理，助力企业全面数字化质量管控

——上海西信信息科技股份有限公司

（一）基本情况

上海西信信息科技股份有限公司（以下简称"西信信息"）（股票代码：872324）是成立于2004年的新三板创新层企业，业务核心是信息化咨询及实施和工业软件研发及实施，主要服务于工程机械、装备制造、汽车行业。西信信息致力于"推动中国制造企业转型升级，打造未来智能制造新模式"，深度自研形成WIS-MOM软件产品，全面覆盖包括决策层、企业层、业务层、执行层、控制层等在内的智能制造业务全链条，为企业决策提供业务全价值链信息系统支持，助力企业实现数字化转型、智能化升级。

（二）背景需求

当前，我国汽车产业发展面临全球性的能源与环境问题，汽车电动化带来的车用能源多元化有助于缓解能源安全问题。发展新能源汽车也是提高国产汽车国际竞争力的战略性举措，是推动产业转型升级的中坚力量。发展新能源汽车已上升到国家战略的高度。

随着市场规模不断扩大，竞争愈加激烈，对于新能源汽车生产也提出了更高的品质要求。在新能源车企大力推进数字化转型与智能制造的过程中，实现整车生产全生命周期的数字化的质量管控显得尤为重要。

某国产汽车生产服务商是新型移动出行服务的提供商，公司原有的质量管理体系面临着系统零散、信息化程度不够、数字化管理水平较低、数据分析利用率较低、售后环节未实现线上线下打通等问题，亟须一套信息化系统实现新能源汽车质量信息整合集成、质量任务集中管理、质量状态整体展现、互联网创新服务优化等功能。西信信息服务项目组结合新能源行业发展的宏观要求与该汽车厂商质量管控的具体目标，助力其搭建基于新能源汽车和互联网创新服务的全面质量管理信息化系统（QMS），实现了新能源整车全生命周期质量管控的目标，夯实了国产汽车质量体系基础。

（三）案例实施方案

全面质量管理信息化系统贯穿整个新能源汽车生命周期，以质量策划为先导、质量数据为支撑、质量改进为核心，涵盖研发质量、过程质量、售后质量及供应商质量，功能模块覆盖

体系与综合管理、全生命周期质量管理两大块（见图1）。

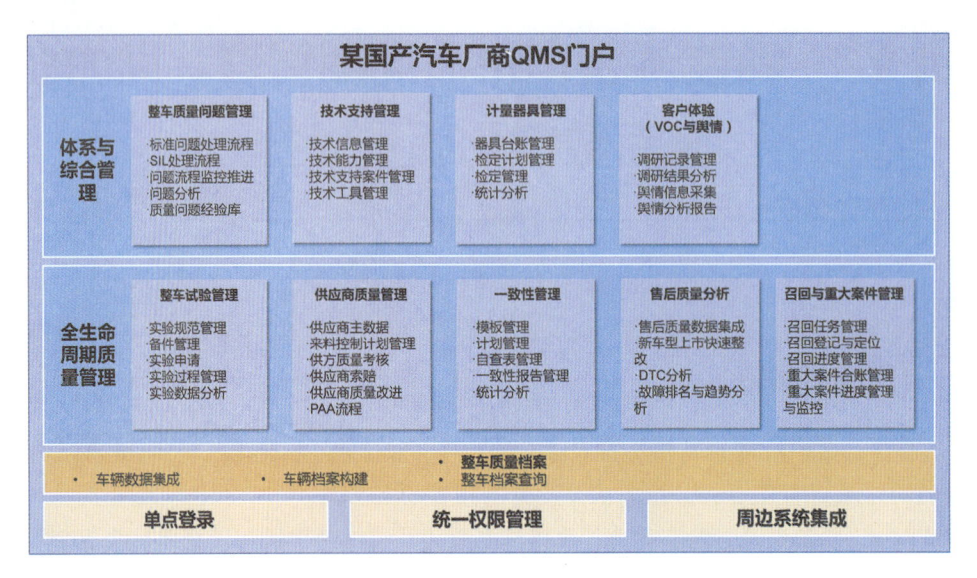

图 1　某国产汽车厂商 QMS 门户功能模块

1. 整车质量问题管理

（1）标准化处理流程：参考"七步法"建立质量问题处理流程（见图2），实现质量问题协同处理。针对部分业务流程，对"七步法"进行流程节点的裁剪。

（2）质量问题在线协同：研发、试制、量产、售后相关质量问题在线实时处理，提供质量问题在线监控、推进、验证处理流程。

（3）统计分析输出：针对问题处理过程的各个节点时长，提供监控与超期提醒功能；支持问题数量、状态、责任部门、处理时长等多维度统计分析。针对已经处理完成的问题提供多维度的查询功能，同时支持问题报告的导出。

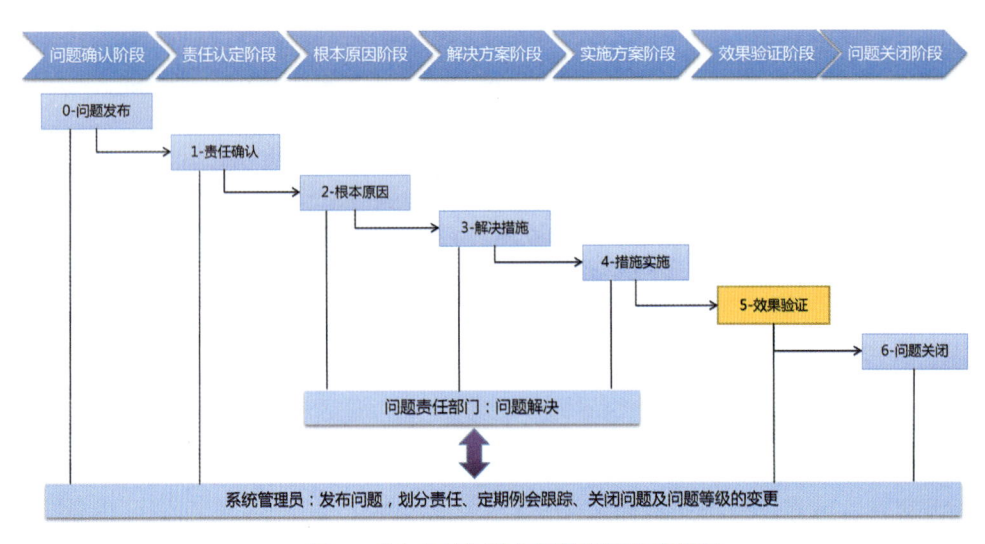

图 2　"七步法"建立质量问题处理流程

2. 技术支持管理

（1）数字化在线处理：建立市场行动任务数据管理及审批流程，进行市场行动任务进度管理；建立重大案件信息申报流程，进行重大案件基本信息与调查流程管理。

（2）技术支持管理：基于售后市场中的技术案件提供技术问题支持流程，整合相关部门提供案件处置方案并跟进后续处理工作。

3. 计量器具管理

（1）以计量器具和标准器具的鉴定与状态控制为主要目标，帮助计量部门建立信息化的管理平台。

（2）建立动态的器具台账管理和状态管理，跟踪每个器具的全生命周期。具备自动检定计划和提醒功能，帮助使用部门及时送检。

（3）通过器具使用信息、检定信息的有机关联，实现器具的追踪与追溯。支持检定管理信息追溯，帮助实现全业务流程信息监控。

（4）建立器具入库流程，提供多种数据分析并生成可视化报表，同时支持器具封存、启封、延期等状态的监控管理。

4. 客户体验（VOC与舆情）

传统汽车行业在汽车售后管理方面数字化程度较低，汽车售出后一旦出现质量纠纷，纠纷问题在车主、经销商、生产商之间流转，车企与车主之间沟通效率低下，甚至会出现十余天的时间延迟。QMS系统在客户舆情处理方面，可进行数据智能采集管理、实时监测、追溯源头等操作，具有可追溯、智能化的特点。

（1）舆情采集/预警/处理：实现投诉/召回舆情采集，针对关注度高、传播范围广的门户及媒体进行舆情消息采集、导入。舆情供应商针对爆款话题在内的严重问题进行预警。针对原始数据提供基于关键字、ABC类、数量趋势、排名等分析，用户根据条件发起整改，选择责任部门、责任人，系统通过邮件（附带对应舆情原始数据）方式，通知其维护问题发生的原因、处理措施。

（2）任务闭环管理：所有任务完成后由工程师汇总信息。责任人反馈的问题可由质量中心导入，实现任务闭环管理。

5. 整车试验管理

（1）试验数据录入维护：支持试验计划在线制定、下发，根据时间节点自动发送提醒通知；支持试验工作任务分配管理；支持试验过程数据及问题录入、维护。

（2）系统模块互联：通过整车试验问题与整车质量问题系统对接，确保质量问题得到有效处理。

6. 供应商质量管理

与外部系统对接互联，支持从SRM系统获取供应商基本信息主数据。开发前期，对DRE工程师与供应商签订的技术协议进行评审、签核、认可，系统实现统一存档管理。供应商来料检验记录报告，支持在系统上进行上传、评审、认可等相关供应商的质量管理。

7. 一致性管理

（1）问题汇总、在线分析：实现一致性检查过程记录的填报、汇总，并生成一致性检查问题清单，在线进行问题责任的分析、分发及对不符合项的处理，并可对整改过程进行跟踪和验证。同时支持自动生成一致性自查报告，并可快速编制、审签流转和发布。

（2）信息库查询：生成企业级一致性检查信息库，方便快速检查、生成所需信息列表，并多维度汇总统计。

8. 售后质量分析（见图3）

（1）多样化分析支持：质量系统和汽车经销商管理系统对接，获取索赔车辆信息和销售车辆信息，计算出 IPTV 和 CPV 数值。数据支持多维度筛选，如地区、里程等，且支持逐级钻取，每一级报表都可以生成折线图和饼状图，并可以导出，为汽车售后质量提供数据支撑。

（2）集成平台数据分析：支持进行索赔数据分析、DTC（Direct to Customer，直接面向消费者）数据分析、CCC 呼叫中心数据分析。集成 CCC 呼叫中心平台数据，统计分析客户通过呼叫中心反馈的质量抱怨、质量问题，输出趋势、排名等统计报表。集成 DTC 平台数据，在不解体（或仅卸下个别零件）的条件下，确定汽车技术状况，查明故障部位及原因，包括汽车发动机、汽车底盘、汽车车身及附件的检测与诊断及汽车排气污染物与噪声的检测等内容。

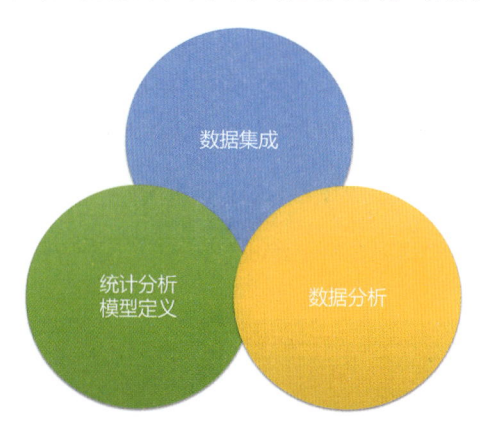

图3 售后质量分析

9. 召回与重大案件管理

（1）对接多个系统：从 MES 制造执行系统、SRM 供应商关系管理系统、DMS 汽车经销商管理系统、PDI 车辆售前检验记录、BTS 电池信息管理系统等众多系统中，获取包括车辆生产制造过程数据、追溯件（含车辆电池的 PACK、组、芯信息）数据、销售数据、客户数据、售后维修数据、售后 DTC 数据、出行平台数据等整车相关信息。

（2）建立一车一档：通过打通外部系统数据获取多方数据支撑，采集车联网平台(TSP)未经加工处理的数据，对 TSP 数据进行多维度（车辆、零件、故障模式、时间等）分析，输出趋势、排名等统计分析结果，形成整车数据，实现单车的产品档案及全生命周期的信息数据追溯管理，为整个企业的质量改善与提高提供了全方位的强力支撑。

（四）项目实施收益

质量管理信息化系统纵向贯通该公司总部及下属工厂的质量信息链，横向协同研发设计、采购、试验试制、生产、售后质量的业务链，帮助企业构建以质量管理为核心的一体化、集成化、智能化的决策支持平台。

1. 实现整车、计量器具的全生命周期管理

（1）以整车为单位，形成"一车一档"，从研发到交付全流程，核心零部件供应装配、研发、制造等关键信息在整车档案中均可查询（见图4）。

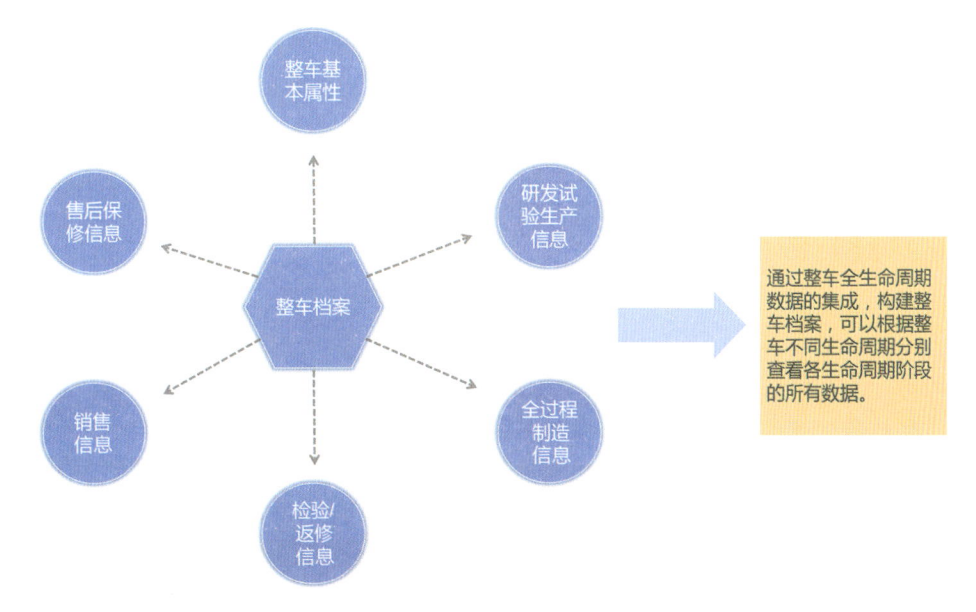

图4 整车档案管理

（2）建立信息化计量器具管理平台，实现了整个企业计量器具从入库、使用、报废、检定等各个状态的全生命周期管理。

2. 质量管理信息集成度提升

原有管理系统过于零散，QMS系统能够集成外部多系统（研发、制造、售后、供应商）的质量信息数据采集和存储，形成全面质量信息中心，消除信息孤岛。

3. 企业数字化质量管控水平提升

（1）质量数据集成由人工操作改进为系统自动化实现，大幅降低了工作成本并提高了管理效率。电子化管理节约纸张成本，绿色环保。

（2）定义标准化问题处理步骤，移动端、PC端在线数字化处理。形成质量问题库，沉淀企业质量问题的解决办法。

4. 提升售后质量管理水平，降低索赔成本

（1）打通整个售后环节，提供分析后的数据支撑，运用售后质量数据反馈支持未来研发、

发展、制造方向进行优化、改进。

（2）通过质量趋势预警，解决了 30%的索赔问题，有效地降低了索赔成本。

5．数据处理、分析能力提升

建立在线质量信息数据库，提供多样化智能质量报表统计，提高信息准确性、利用率，节约人力成本。按照一个工厂两个班次需要两名专职统计员负责数据汇总，可节约人力成本 20 万元/年。

6．行业可示范性

QMS 系统能够为企业提供可追溯、智能化的互联网创新服务。

（1）客户舆情处理智能化：相比于传统客户舆情处理线下化、分散化、难追溯的特点，立足全媒体，建立起智能化获取舆情数据、24H 实时监测、追溯事件源头、积极响应处理的一整套反应机制流程。

（2）质量问题在线管理：从单一质量活动管理升级为实时跟踪多个质量活动（市场行动、重大案件、技术支持、一致性），形成问题流向与任务待办标准化、在线化处理。

专家推荐语

本案例是工业互联网在新能源汽车企业的创新应用的典型案例，用户对汽车品质提升的要求使得企业必须提高质量管控水平，从整车全生命周期管理的角度，构建"一车一档"，打通售后环节、打通线上线下、打通系统内外，建立全面数字化质量管控。在产业发展新形势下，新能源车企的质量管理为其他企业提供了良好的示范、借鉴。

案例 13　热电生产智能化的持续减排减碳之路

——上海全应科技有限公司

（一）基本情况

上海全应科技有限公司（以下简称"全应科技"）是一家聚焦热电能源智能化的工业互联网企业，自主研发的全应热电云，以热电机理为基础，以工业大数据和人工智能为核心，以"云+边+端"的工业互联网体系架构为依托，实时采集热电生产过程数据，云端构建热电生产端到端数字孪生模型，边端实时计算最优工艺参数，实现了热电生产过程最优调控，有效提升了热电系统生产效率，为热电企业创造节煤降耗、安全保障、清洁环保、智能运行之重大价值，为我国能源安全和蓝天保卫战做出了贡献。全应热电云已经在江苏、浙江、山西、山东、陕西、湖北、宁夏等11省18市县的热电企业提供在线智能运行云服务。

自2017年以来，公司先后获得知名产业投资机构、博华资本、凯辉能源基金、高瓴创投、明势资本、线性资本和松禾资本的投资。

（二）背景需求

最新科技助力企业减排减碳。

我国的热电生产企业，特别是中小型规模热电生产企业，其生产过程信息化水平参差不齐，自动化程度不一，而且国家的"碳达峰""碳中和"战略对整个热电生产企业影响较大。总体来看，热电生产效率较低、环保排放压力大、生产品质有较大的提升空间，热电生产企业迫切需要安全生产、节能降耗、提质增效的智能化产品。

浙江某热电有限公司，拥有5台循环流化床锅炉、3台汽机、5条蒸汽输送管线。通过各类公用市政主管线建设30千米、各类支线建设近40千米，接入热用户140余家，同时发电全部上网，年产140万吨蒸汽，年发电1.5亿度，年耗煤量25万吨。该客户在热电生产过程中有以下几个方面的问题表现突出：

（1）锅炉控制不精准。负荷、煤质不断变化，根据运行人员的经验，可对床温、床压及一两次配风等控制，却无法达到最佳。

（2）负荷分配不精准、不优化。没有锅炉不同负荷下的性能数据，锅炉负荷分配用最直接的方式，导致锅炉无法运行在最佳能效点，锅炉机组性能不优化；汽电分配不是最优方案，能效不是最优。

（3）热网蒸汽过热供应。热网管线单线最长10千米，不同气候条件下管损差异大。人工运行无法实时掌握各条管线的热损失及蒸汽超标供应造成的能源浪费。

因此，在国家"双碳"政策下，该热电有限公司迫切需要既能减排减碳，又能提高生产品质的解决方案，助力企业探寻适合自身发展的"碳达峰""碳中和"之路。

依托全应科技的全应热电云解决方案，这家热电有限公司完成了热电生产全过程的智能化升级，从传统的"人工+DCS控制"的生产工艺转至数据智能驱动的智能化生产工艺，实现企业减排减碳，扎实推进绿色转型。

（三）案例实施方案

以人工智能技术驱动热电生产智能化升级。

全应热电云利用物联网、大数据、人工智能等技术研发面向热电行业的工业互联网平台，通过建立热电生产过程的数字孪生体系，对热电生产进行预测和仿真，在高维空间寻找安全、环保和满足客户需求的，生产效率最高的生产控制参数。全应科技的热电生产系统端到端在线优化控制，如图1所示。

图1 热电生产系统端到端在线优化控制

全应热电云解决方案采用常用的工业互联网平台架构："云+边+端"。

（1）云是指全应科技通过 SaaS 模式交付给这家热电厂的全应热电云解决方案的云端部分，发挥公有云系统在存储空间、算力、安全性、可扩展性等方面的优势；

（2）边是指边缘端，位于这家热电厂的机房，靠近生产系统，在网络传输速度、网络可靠性和安全隔离性等方面有其独特的优势；

（3）端是指边缘客户端和云客户端。边缘客户端是一套软硬件一体的专有智能看板设备。云客户端通过一套手机 App 和一套 PC 浏览器系统来实现，极大地提高了便捷性。

全应科技结合热电厂实际情况，在热电厂侧共计部署智能边缘控制器 5 台、企业防火墙 1 台、工业交换机 1 台、智能看板 6 台（见图2）。既能提供热电生产的智能化运行，又能确保热电生产系统与外界隔离，确保热电生产安全、稳定运行。全应科技构建热电生产数字孪生模型，如图3所示。

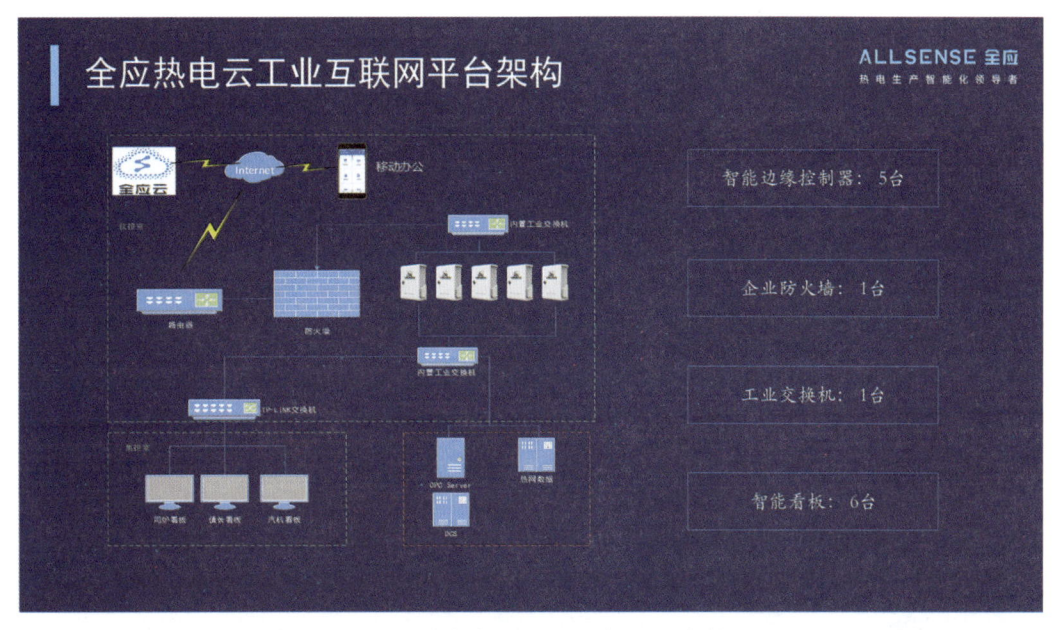

图2　全应热电云工业互联网平台架构

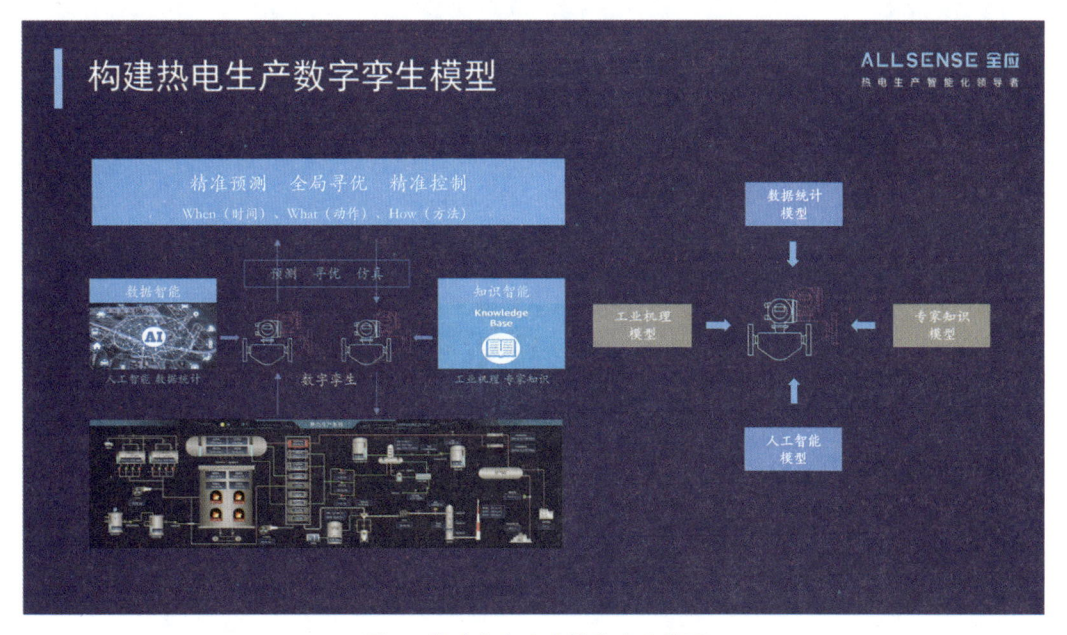

图3　构建热电生产数字孪生模型

全应热电云解决方案收集该热电厂具体生产现状的端到端数据，结合专家知识和工业机理，在云端建立热电厂的数字孪生模型。数字孪生模型的构建主要包括以下几个方面：

（1）使用专家知识、工业机理模型来覆盖目标行业中多年来沉淀下来的相对稳定的知识体系。不同类型的设备（如锅炉、汽机、供热管网）具有不同的生产特性，但是相同类型的设备具有相同的工作参数。

（2）使用人工智能结合大数据体系，依靠对大量历史数据的分析产生对该设备此时此刻的运行规律的准确认知，对相同类型、相同工作参数的设备的使用年限、环境、操作等进行分析，准确获得他们之间逐渐产生的特性差异。锅炉燃烧优化，如图4所示。

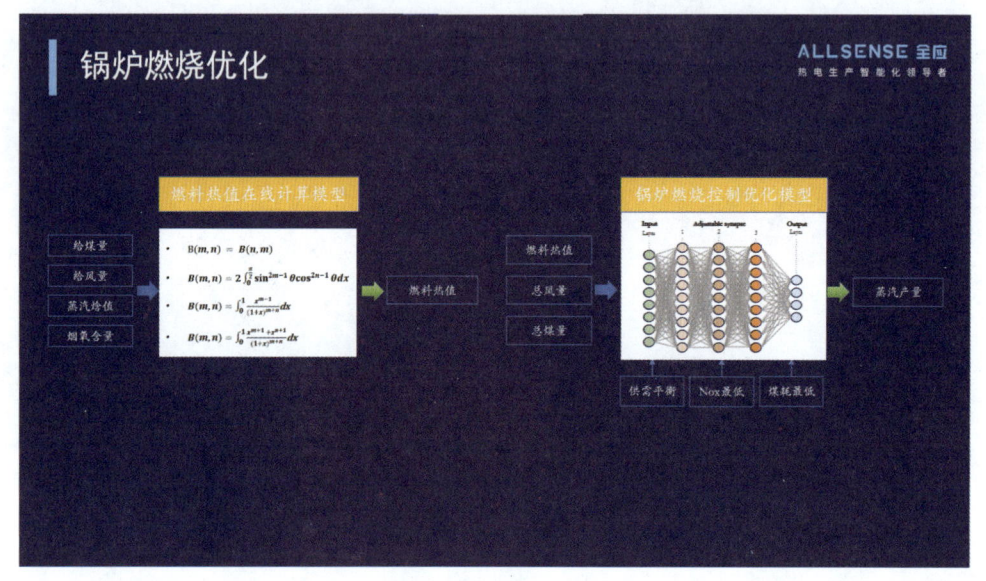

图4　锅炉燃烧优化

对生产过程中锅炉燃烧进行专门的优化，根据当前的工况条件下的负荷情况，通过在线实时计算燃料热值、统计总风量、总的入炉煤量，结合建立的数字孪生模型，实时计算出锅炉燃烧的最佳效率点，并给运行人员提供最佳运行参数。多炉多机协调优化，如图5所示。

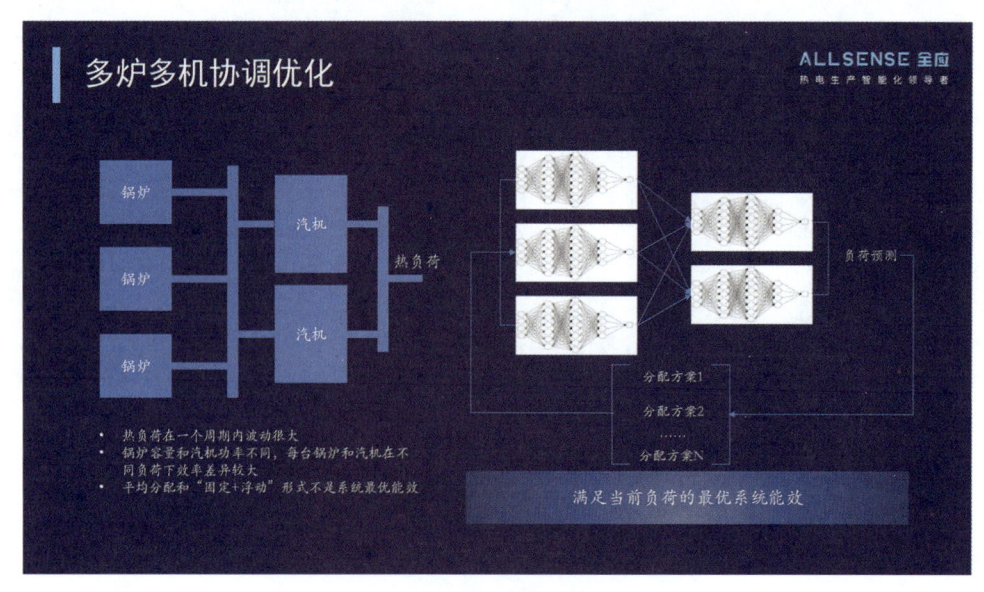

图5　多炉多机协调优化

在多台锅炉和多台汽机同时运行时，可以通过优化多台锅炉和多台汽机间的负荷分配，让多台锅炉和多台汽机都运行在较高效率的区间，提升整体效率，从而实现节能降耗。例如：

（1）在负荷相对稳定的前提下，结合每台锅炉的燃烧特性和最佳能效区间，在进行锅炉负荷分配时，优先对性能好的锅炉增加负荷，而对性能较差的锅炉则降低负荷。

（2）在蒸汽输入相对稳定的前提下，结合每台汽机的特性和最佳做功区间，在进行汽机负荷分配时，优先对性能好的汽机增加负荷，而对性能较差的汽机则降低负荷。蒸汽过热度优化，如图6所示。

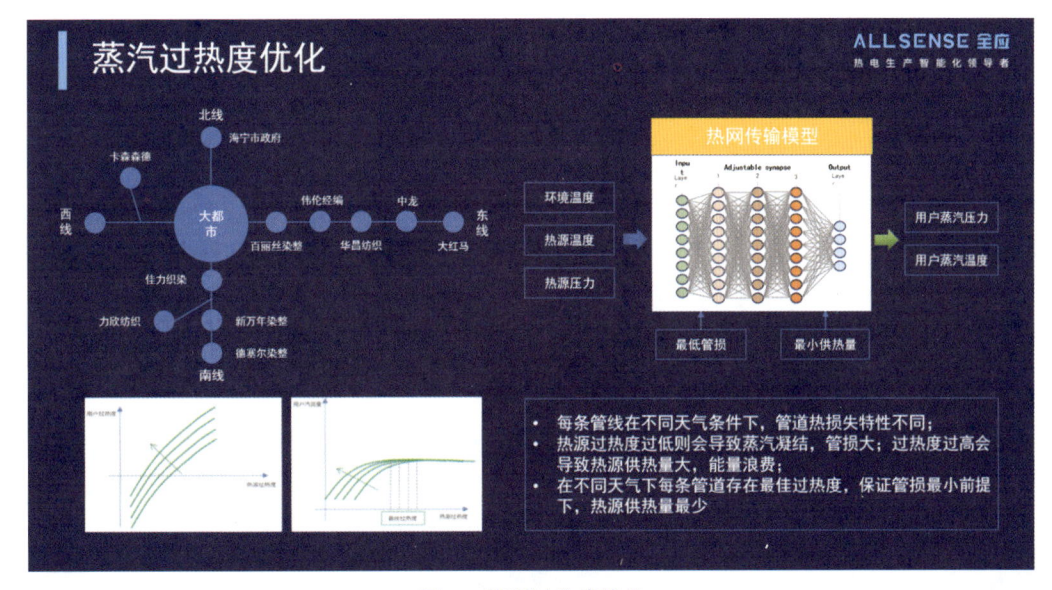

图6 蒸汽过热度优化

对于供热用户，在满足用户需求的前提下，不同环境气温变化及用户负荷流量变化时，通过对分汽缸蒸汽压力与温度的调整精准压线控制用户端的蒸汽参数，可以避免造成浪费。例如：供热管线入口蒸汽的温度为210℃，下游企业实际需要的温度是205℃，供需之间存在过热供应现象。

全应热电云对整个供热管网进行整体建模后，主要设计管道的压降模型和供热延迟模型，结合实际用户端的实时流量数据，预测下一个供热时延周期，供热管线入口处的热负荷，协调锅炉和汽机负荷。实际效果：可以降低供热管线入口蒸汽温度至206℃，即满足用户端使用，又能提高整个热电系统的能效水平。

（四）项目实施收益

热电生产智能化升级项目效益。

全应热电云对该电厂进行了端到端的智能化升级，涵盖锅炉、汽机、供热管网等全厂设备，共计建立了105个数字孪生模型和188个控制逻辑单元。模型主要包括用户能耗模型、化水模型、汽包模型、输煤模型、送风模型、燃烧模型、引风模型、脱硫脱硝模型、管网模型等（见图7）。从而实现了全厂的数字化模拟，达到全厂的智能控制和智能调度，帮助该热电厂实现热电生产的智能化升级，提高热电生产效率及产品质量，减少污染物排放（见图8）。

图7　浙江某客户工业园区热力中心

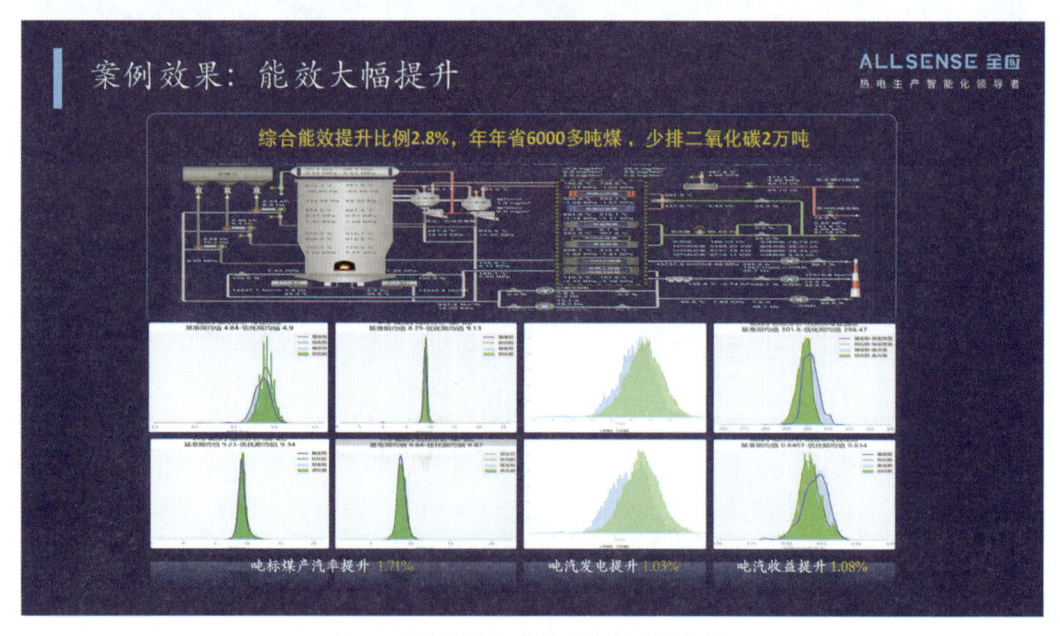

图8　热电生产智能化升级带来的收益

全应热电云通过人工智能司炉、人工智能司机和人工智能管网模块优化热电生产工艺，结合热电厂日常生产数据，最终吨标煤产气率提升 1.71%，管损率降低 0.35%，吨蒸汽发电量提升 1.03%，厂用电量降低 1.02%，吨蒸汽收益提升 1.08%。综合能效提升比例达到 2.8%，折合燃煤节省 6000 多吨，仅燃煤成本节省就达到了 600 多万元。通过减少燃料投放，还能节省相关辅机设备用电，药剂节省，减少 CO_2、NO_x 等污染物的排放，从而带来更多的成本节省（见图9）。

图9　全应热电云项目的社会效益

全应热电云是目前为止热电生产行业首批的工业互联网平台项目，是使用人工智能、大数据和云计算等先进技术，推进流程性行业生产工艺在线智能化控制的项目，以工业 SaaS 服务为主导推进的盈利模式。全应科技通过推进智能化建设，为企业节能降耗、提升管理水平，极大降低了热电、火电生产行业的能源消耗、环境污染等，推进了国家绿色环保事业的进程。以一家年耗 100 万吨煤的热电企业为例，使用了全应热电云方案以后，平均可以提升综合生产能效 2.5%，每年可节省燃煤约 2.5 万吨，如果每吨煤约产生 2.5 吨 CO_2，那么总计可以减排 CO_2 超 6 万吨。

在我国对碳消耗总量、碳排放强度的双控政策的实施，并且承诺将在 2030 年实现"碳达峰"、2060 年实现"碳中和"的政策背景下，全应科技不仅可以帮助企业探寻适合自身发展的"碳中和"之路，而且可以为国家的蓝天保卫战贡献力量。

专家推荐语

推动煤炭清洁高效利用是扎实做好"碳达峰""碳中和"工作的关键，海宁热电企业结合行业发展实际，巧妙搭建"全应热电云"平台，不断尝试运用最新科学技术提升煤炭使用效率。如海宁马桥大都市热电有限公司与上海全应科技有限公司合作，运用人工智能、大数据、5G 技术和专有手段等手段和"云+边+端"的方法，搭建了"全应热电云"平台，通过采集历史数据、深度自我学习和训练，结合现实数据采集，根据外界负荷变化的提前预测和各机组在不同工况下的不同效率，对机组进行动态最优生产控制的提示和预警，以实现总体运行效率的提升，达到节能减排的目的。

案例 14　工业互联网赋能化工行业安全作业管理数字化升级

——上海异工同智信息科技有限公司

（一）基本情况

上海异工同智信息科技有限公司（以下简称"异工同智"）成立于 2015 年，其核心业务是为化工行业提供数字化软件系统及解决方案，已取得 30 余项软件著作权，通过了高新技术企业认证、软件开发能力成熟度 CMMI 3 级认证。异工同智已服务了上百家行业标杆企业，涵盖石油化工、煤化工、精细化工、医药化工、芯片材料等多个细分领域。

案例中的化工集团是全球领先的 MDI 生产企业，是全球化工 50 强企业。2018 年该化工集团引入了异工同智的工智道数字化安全作业管理平台，为其作业管理全流程带来了安全和效率的全方位提升。

（二）背景需求

安全作业票的办理和签发是化工企业现场特殊作业安全管理中必不可少的环节。通过办理安全作业票以确保充分识别现场作业风险、落实现场安全管理措施、实施对施工人员的安全交底和安全教育，从而有效控制作业风险、避免事故发生，是现场安全管理的重要手段。

化工行业作业管理普遍仍停留在纸质作业票证阶段，少量企业通过简单的表单式软件系统进行管理，极少数企业采用复杂且配置性低的国外系统，以上三种方式均存在诸多问题，难以满足化工生产企业的管理需求。

1. 以某化工集团为代表的大部分化工生产企业，使用传统纸质票证进行安全作业管理，存在以下问题

（1）现场持续改进作业量大，安全作业压力大，实时现场情况如同黑盒。对于某化工集团这类的大型企业，管理人员很难全面掌握现场实际作业情况；

（2）涉及的特殊作业多，现场 70%的作业涉及一项或者多项特殊作业，重复签字和笔误降低审批效率。且纸质票证信息流转率低，统计工作繁重，耗时耗力，员工无法将精力集中到正常的安全生产管理上，历史记录追溯查询也较困难；

（3）企业建设的 IT 系统丰富，如 OA、ERP、MES 等。然而这些系统侧重于企业资源和计划管理，无法满足现场安全作业管理要求。安全作业管理更重现场，亟须有效的移动 App 工具；

（4）传统纸质票证篇幅有限，无法完全覆盖低频且重要的信息，危害识别不全，易导致风险评估不充分、管控措施不到位，发生事故的概率提升，且对作业评估人员专业能力要求高。纸质票证校验作业合规性难度较大，如审批流程、气体分析时效、人员资质信息等易出现管理不到位的情况；

（5）工厂承包商数量多，流动性大，承包商人员素质可能不高，导致作业票填写中存在不规范，漏填、错填、涂改等情况，提高了作业现场风险。承包商绩效考核需依据现场违章数量，传统管理方式使违章的记录和统计缺少有效的工具。

2. 少量企业使用简单的表单式软件系统进行管理，存在如下问题

（1）未融入生产场景，与现场管理脱节，数据与现场不同步；

（2）简单的数据填报，未实现智能引导、防呆防错、知识矩阵，未发挥数字化转型优势；

（3）部分表单类系统只支持 Web 端，增加了操作人员重复录入工作量，同时增加了现场人员工作负担，数字化效果却不明显。

3. 极少数企业采用复杂且配置性低的国外系统，同样无法满足企业管理需求

（1）系统操作非常复杂，对操作人员不友好；

（2）配置性低，无法满足企业个性化的管理需求；

（3）迭代周期长，系统升级缓慢，无法快速跟进企业因自身管理提升而不断更新的需求。

（三）案例实施方案

某化工集团在建设数字化安全作业管理平台时，与上海异工同智信息科技有限公司相互配合，将行业一流的管理理念与先进的移动化、数字化理念结合，充分利用了异工同智内部产品设计人员的化工专业知识和经验，在产品中植入了大量的行业先进经验和管理标准，为该化工集团这样的大型企业落实已有的管理制度提供了有力工具。该化工集团数字化安全作业管理平台建设步骤为：流程梳理、系统搭建，防呆补漏、强化管理，系统对接、融会贯通。

1. 流程梳理、系统搭建

通过流程优化，将原有作业申请单、特殊作业许可证、安全交底单业务内容融合，搭建三证合一 PTW 电子化业务流程，并将管理制度固化在系统里，不同的人员通过系统办证时，均能满足制度要求，实现 100%合规。

结合 HSE 管理人员、生产人员多年安全管理经验，梳理总结出风险和安全措施数据库，完善原有纸质票证限于篇幅导致的内容不全或针对性不强的问题，电子化的风险和安全措施数据库可以实现根据作业内容、作业区域等弹出对应的风险和安全措施内容。比如，作业涉及电焊和气焊，因其危害不一样，系统可以根据数据库设定的内容进行自动识别。

通过合理的流程设置及专业信息化工具，引导员工正确办理票证，降低了办理难度及复杂性，提升了办理效率及正确率。Web 端作业管理平台页面，如图 1 所示。

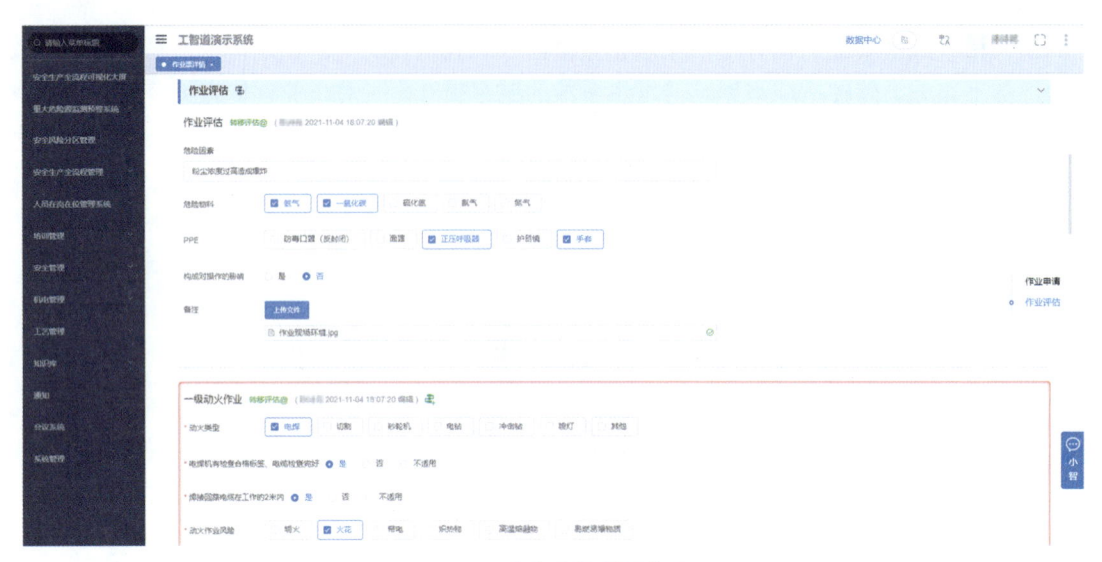

图1 Web端作业管理平台页面

2．防呆补漏、强化管理

传统纸质票证内容大多需要手动填写，数字化安全作业管理平台结合智能化优势，将填写内容梳理并将大部分内容设置成点选的方式，减少输入操作；通过系统设置，可以对票证内容的必填项和合格标准进行设置，起到防呆补漏，减少出错的情况（见图2）。

图2 App端数字化安全作业管理平台页面

系统对作业人员、监护人员、审批人员等资质进行了校验，杜绝现场无证、无资质作业等情况；承包商人员信息详尽，安全绩效了然，在系统使用过程中加强了对现场人员特别是承包商的管理力度（见图3）。

图 3　Web 端数字化安全作业地图页面

3．系统对接、融会贯通

工智道数字化安全作业管理平台从设计最初就考虑了系统、功能模块之间的互联互通，基于工智道数字化工厂平台整体架构，具备向下兼容各类智能终端、接入不同数据采集设备和数据库的能力，充分整合利用各类云资源和平台资源，基于自有的应用开发平台、应用集成平台、数据管理平台和可视化工具开发。

从应用服务层打破了传统化工生产企业中的专业化管理壁垒，消除了业务孤岛和数据孤岛，实现了以重点业务为核心，结合外围模块，形成全覆盖、高附加值的核心业务平台；以高频业务为入口，关联其他专业，形成全线上、互联互通的数字化工厂业务网络，并可接入其他系统数据，能够极大地提高协同效果和使用效率。工智道数字化工厂平台整体架构图，如图 4 所示。

图 4　工智道数字化工厂平台整体架构图

工智道系统上线后和该化工集团原有的多套信息系统对接，消除信息孤岛。工智道系统通过安全作业管理平台和该化工集团的门禁系统对接，实现人员的动态管理，严格控制作业人员的进出；通过与 PM 系统对接，实现 PM 工单自动流转到安全作业管理平台，减少信息的重复整理录入；再结合隐患管理系统和 OA 办公系统，形成以安全作业管理电子化为核心的数字化安全作业管理平台（见图 5、图 6）。

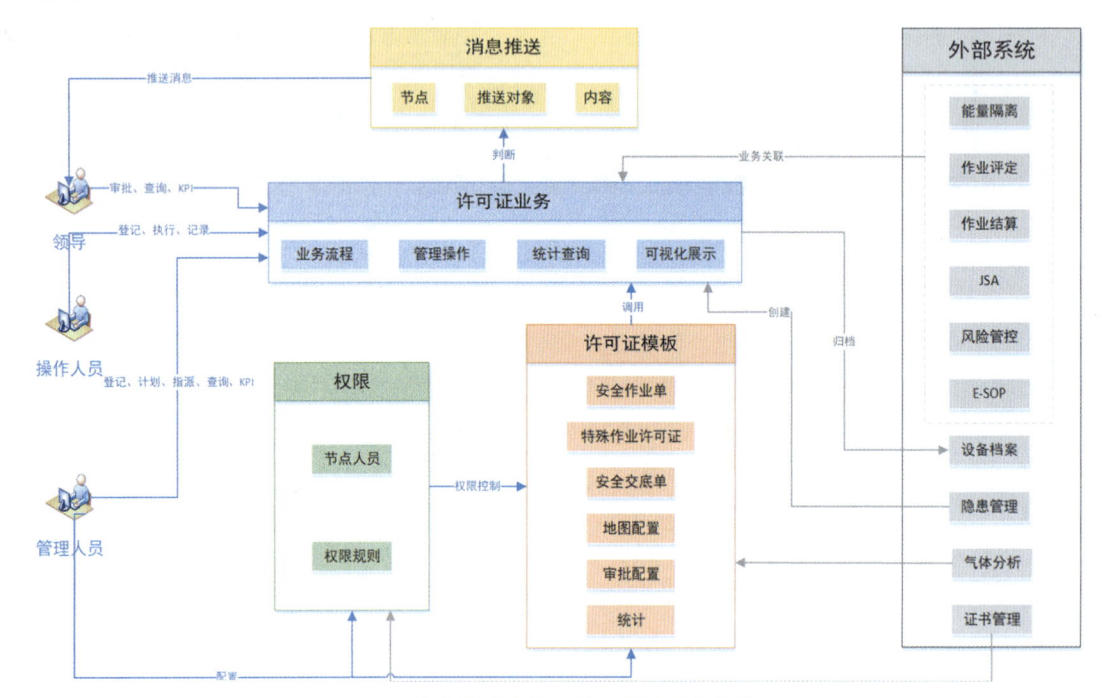

图 5 数字化安全作业管理平台功能架构

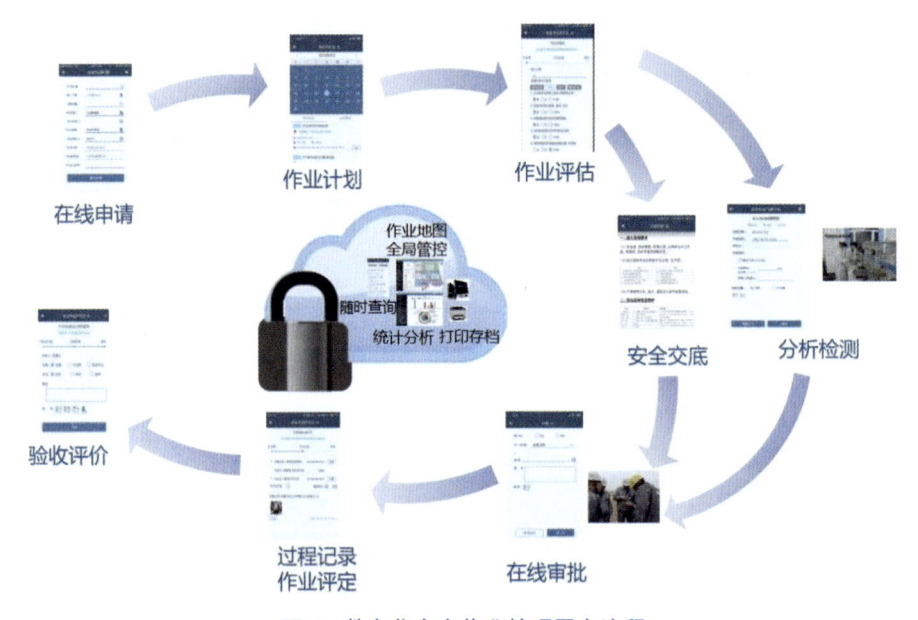

图 6 数字化安全作业管理平台流程

数字化安全作业管理平台建设过程中运用了以下新技术，为企业安全作业管理赋能助力：

1）无缝整合最新 IT 技术的方案

最新 IT 技术发展日新月异，结合化工行业需要，进行无缝的高度整合，提供最完善的解决方案，结合移动互联网实现 App 端作业闭环管理，结合 AI 实现作业人员及环境智能分析，结合 AR／VR 及智能穿戴设备实现危险作业培训及远程作业指导协作，结合高精度定位实现作业人员行动轨迹管理，结合 IoT 实现数据整合分析、结合 5G 实现危险作业直播等。

2）全平台开放 API 架构

使用开放 API 架构，既实现了外部信息系统的融合贯通，又高效统一了自有系统的全平台数据交互，使系统更稳定可靠和灵活。

（四）项目实施收益

在实际应用中，某化工集团总结了安全作业管理数字化升级的多重价值点，多方位为该企业提高效益：

- 流程规范化
- 信息网络化
- 经验数字化
- 绩效可视化
- 数据价值化
- 管理合规化
- 业务场景化
- 融合知识管理
- 智能化拓展

在社会、经济和安全效益上，数字化安全作业管理平台均给该化工集团带来了大幅度的提升，对行业内相同类型的企业也具有参考价值。

在社会效益上：某化工集团上线数字化安全作业管理平台以来，显著提升了安全管理水平、人员效率。在行业规范和国家标准的落实方面提升了效果，为基层员工提供了标准化操作和赋能工具，为管理人员提供了性能分析和优化的效率工具，为企业高层提供了绩效对标和全局管控的信息支持。

在经济效益上：经统计，使用工智道数字化安全作业管理平台，可使作业票审批效率提高约 40%，现场人员违章率降低约 20%。其中仅作业票审批效率提升一项，经估算可为企业每年带来可观的效益。

在安全效益上：提前进行作业计划降低了作业随机性，有助于控制作业风险；系统自动校验人员资质，杜绝无证作业的情况；作业全程闭环管理 100%合规，历史记录可追溯，有助于提高安全管理水平；作业地图支持管理人员实时监控查看企业生产现场各类作业票证的所在位置、票证当前状态等信息，支持多种分类汇总统计，帮助实现快速安全管理决策。

本项目具备行业通用性。安全作业票的办理和签发是化工企业现场特殊作业安全管理中必不可少的环节，《GB30871—2014 化学品生产单位特殊作业安全规范》规定了化学品生产单位在生产过程中进行特殊作业时需要遵循的安全要求，化学品生产单位生产过程中涉及以上作业时，需按照该标准要求执行相关要求，并办理安全作业票。异工同智安全作业管理平台依据《GB30871—2014 化学品生产单位特殊作业安全规范》标准规范，融合行业特点进行开发，并且可通过配置满足不同企业作业管理需求，具备可推广性。

专家推荐语

上海异工同智信息科技有限公司提供的安全作业管理解决方案，使该化工集团实现了作业管理全过程的数字化升级，从传统纸质的作业票转型至全业务覆盖、高标准评价体系、安全风险全局管控的、可视化的、标准化的安全作业管理平台；结合移动互联网、大数据、云计算，融合行业标准和先进的管理体系，帮助企业实现质量、效率、效益等多层面的提升，保持企业竞争优势。该项目是很好地将新技术与行业标准、先进理念相融合的传统行业数字化升级案例。

案例 15 装备入云创建传统制造企业服务化延伸的新时代

——中国联合网络通信有限公司上海市分公司

（一）基本情况

中国联合网络通信有限公司上海市分公司（以下简称上海联通）是联通在上海的重要分支机构。在稳固传统网络、全速建设 5G 的同时，大力拓展以物联网、大数据、云计算、人工智能为代表的新兴领域创新能力，在国家"深化'互联网+先进制造业'发展工业互联网"的政策指引下，上海联通积极响应信息化与工业化深度融合的号召，面向制造业数字化、网络化与智能化升级的广阔市场需求，依托网络、平台方面的优势，推出面向工业企业的工业感知终端、泛在网络连接、边缘计算、云平台、多种工业场景应用的智能制造产品和解决方案，助力传统制造企业数字化转型，步入个性化定制、网络化协同、智能化制造、服务化延伸的新时代。

（二）背景需求

"十四五"规划中明确指出，未来制造业要以智能制造为主攻方向，以数字化转型为主要抓手，推动工业互联网创新发展，培育融合发展新模式新业态，加快重点行业领域数字化转型，激发企业融合发展活力，打造数据驱动、软件定义、平台支撑、服务增值、智能主导的现代化产业体系，全面推进产业基础高级化、产业链现代化，为实现"新四化"的战略目标奠定坚实基础。推动工业企业产品供应和服务链条的数字化升级，从原有制造业务向价值链两端高附加值环节延伸，发展设备健康管理、产品远程运维、设备融资租赁、共享制造、供应链金融、总集成总承包等新型服务，实现从单纯出售产品向出售"产品+服务"转变。鼓励工业领域工程服务商深化数字仿真、制造信息建模（MIM）等新技术应用，提升工厂建设和运维的数字化水平，实现从交钥匙工程向"工程建设+运维服务"转变。在此背景下，上海联通重点推出面向服务化延伸的装备入云平台，陪护新产品新模式新业态。

（三）实施方案

中国联通依托网络平台优势及自研开发能力，同时借助物联网、云计算等技术沉淀，形成了一套完整的装备入云解决方案。该解决方案通过专业化低耦合数据采集、高安全数据传输、可配置化的数据引擎、可定制化的交互应用，助力客户实现装备入云快速部署，实现装备数字化全生命周期的统一、集中管理。

1. 顶层设计

联通装备入云平台业务架构图如图1所示。

图 1　业务架构图

2. 解决方案

装备入云采用全云化、微服务的技术架构。设备层采用工业网关对CNC、AGV、PLC、商业机器、医疗器械等设备进行数据采集。网络层支持有线网、无线网、4G/5G蜂窝网传输数据。PaaS层采用MQTT、HTTP、COAP等标准协议，数据经过设备管理层的物模型解析，最终为企业提供灵活、高效、安全、易扩展的应用层。企业可根据自身的业务需求进行BI报表、设备管理、状态监控、运营维护、故障预判、远程排障、点检工单等全域闭环工作流程。

3. 业务场景

1）通用磨坊

通用磨坊是全球领先的食品制造企业之一，国内主营产品为哈根达斯冰激凌。公司在各类零售渠道投入大量的冰箱设备，但无法及时掌握设备的实时状态，设备的维护和管理是客户多年来存在的痛点。公司在市场上投放的商用冰柜数量巨大，但投入在冰柜管理上的人力配置有限，人均管理数量严重超出管理负荷。市场中的冰柜在缺失人员管理的情况下，容易发生私自转移、客户突然关店等情况，导致冰柜遗失使公司资产蒙受损失。此外，冰柜日常维护不及时、发生故障，将会影响冰激凌质量，甚至导致整柜冰激凌的损失。通用磨坊公司期望在给到渠道的冰箱上，提前安装具备定位、温度检测及数据远传等采集功能的模块，通过工业互联网平台进行设备管理，来帮助其改变以往传统的依赖人员的冰箱管理模式，降低遗失风险，并使冰箱在损坏前能及时进行预警处置，提升运营管理水平。

冰箱管理中存在的问题：

① 管理难，一经投放，离线失控，是否在店铺内使用无法得知，冰箱周转效率低下。
② 维护难，故障无法及时知晓，无法及时排障，容易影响冰激凌品控和销售。
③ 运营难，投放的并 UI 无法对应到业务订单和销售，管理责任难落实。

上海联通对通用磨坊调研业务需求的充分理解，为通用磨坊提供装备入云平台+对接 SFA 平台的服务，为通用磨坊提供了装备入云快速部署，实现冰箱数据的远程采集、故障远程诊断、故障及时提醒处理、工单处理全流程服务、端到端的装备入云解决方案。通过提前安装具备定位、温度检测及数据远传功能的模块，准确收集散布在各地的每台冰柜的运行状态，从而降低遗失风险、解放人员生产力，并使冰柜在损坏前能及时进行预警处置，帮助客户创新以往的冰柜管理模式。通过冰柜大数据的挖掘、分析后形成对业务运营的指导也是项目运营将为客户带来的重要价值。

系统整体架构如图 2 所示，温度、GPS 传感器通过 4G/5G 数据采集设备传输到联通物联网平台，物联网平台为应用系统提供统一的编程接口，装备入云平台作为客户直接使用的应用平台，在此基础之上叠加针对客户个性化定制的应用能力，实现监测、设置、报警等功能。

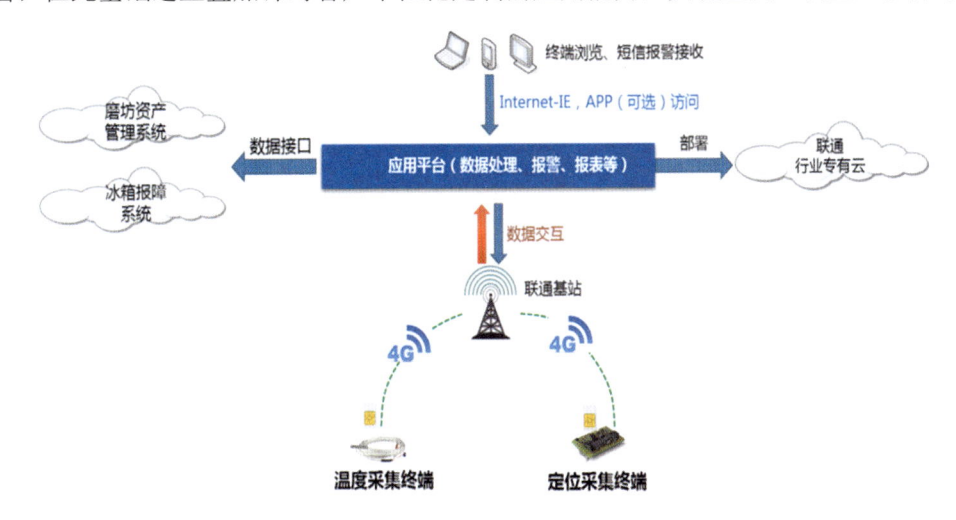

图 2　系统整体架构

本项目采用联通自主研发的工业网关作为数据采集硬件设备如图 3 所示。是集合数据采集、无线传输、定位、远程操控的应用于工厂、物流、车辆管理等场景的硬件设备，属于中国联通全新的自研 IoT 系列产品之一，同时实现与中国联通各类应用平台系统无缝对接，实时采集、管理相关数据，用户可通过 Web、APP、小程序等平台对设备进行远程操控，提升工作效率。

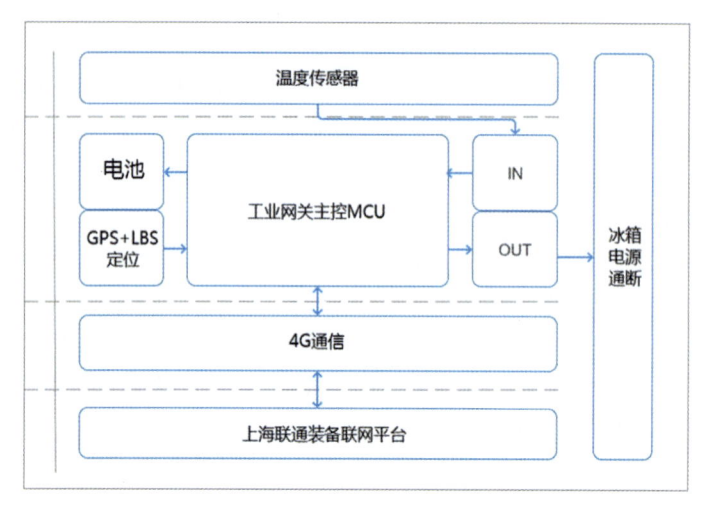

图 3　联通工业网关结构

在平台交付基础上，还对未来功能做了规划，包括冰箱的预测性维护，基于冰箱运行数据的大量积累和大数据分析挖掘，建立冰箱运行的状态模型。通过平台的人工智能诊断服务，对冰箱运行数据进行深入分析，精确掌握设备健康状态、劣化程度、故障位置、参与寿命等，实现预先制订预测性维修计划。基于冰箱感知的门店运营数据采集，通过对冰箱开关门次数监测、冰箱前人流量监测、冰箱内货品数量识别等手段，实现对冰箱投放门店实际运营情况的采集和分析，为门店运营优化、投放选址等业务开展，提供数据指导依据。基于 AI 视觉的货品识别监测，增加货品监测功能，通过冰箱内加装摄像头捕捉识别是否存在非本品牌产品，加强对投放门店实际销售货品的有效管理。

2）创力集团

上海创力集团股份有限公司是全国煤炭机械工业优秀企业，上海民营企业 100 强，主营业务为煤炭综合采掘机械设备、煤矿自动化控制系统及矿用电气设备的设计、研发、制造、销售以及技术服务。设备在井下的工况环境非常特殊，高温、高压、粉尘等各种因素都会影响设备的使用寿命。而为了赶生产进度，往往都是带病操作，小故障不修导致最终大故障停工停产，大量的售后工作给创力集团带来了巨大的维保压力。

创力集团管理中存在的问题：

① 设备出售后设备运行状态无法获知，缺乏有效的设备健康管理途径，无法帮助企业优化产品质量。

② 接到设备报障后难以判断故障原因，上门排障成本压力巨大，工单流转缺少信息化留存机制。

③ 挖掘机结构复杂，配件编码不一致，导致每个客户采购的设备需要编制一套独立的设备图册。

上海联通经过多次深入的业务调研，为创力集团提供装备入云平台+监控大屏，为创力集团提供了装备入云一站式监管平台，实现挖掘机数据的远程采集、故障远程诊断、故障及时提醒处理、配件唯一编码的整体解决方案。其系统架构图如图 4 所示。通过给挖掘机上位机安装摄像头和 4G 工业网关，准确收集挖掘机的运行状态，从而将设备运行数据、现场实时视频采集并汇总至创力管理后台，形成平台一站式的观、判、派（售）、修管理模式，通过实时采集的数据观察设备运行状态和现场实际情况，设备参数超过阈值时进行线上预判，或进行售后维保或进行配件售卖，最后派单至维修工程师上门进行配件维修或更换并形成电子化的工单。创力集团不仅可以通过数据优化产品，还可以沉淀设备运营的经验，给客户带来更高的价值。

图 4　系统框架图

本项目采用联通认证的第三方工业网关作为数据采集硬件设备，是集合数据采集、无线传输、定位、远程操控的应用于工厂、物流、车辆管理等场景的硬件设备，实现与中国联通设备管理层 IoT 平台无缝对接，实时采集、管理相关数据，用户可通过 Web、APP、小程序等平台对设备进行远程操控，提升工作效率。工业网关结构如图 5 所示。

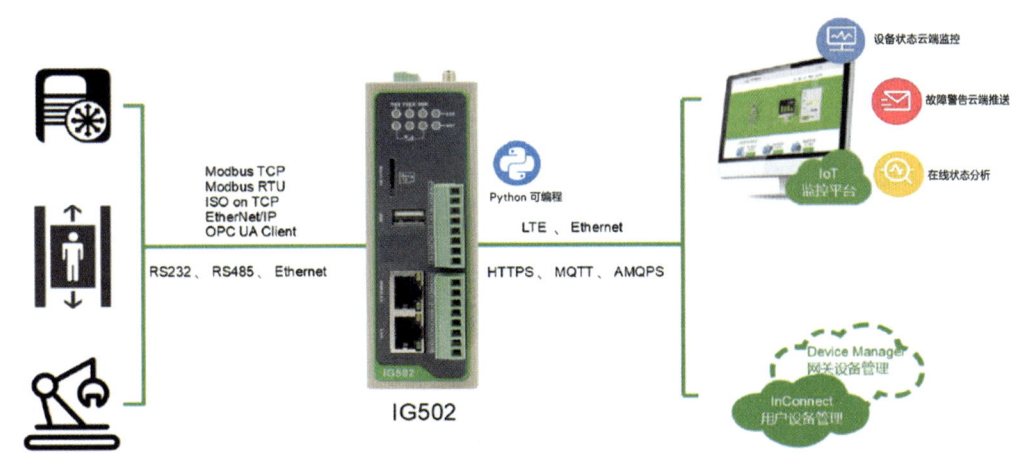

图 5　工业网关结构

在平台交付基础上，还对平台的功能做了长期规划，包括挖掘机的 AR 远程维护，基于 BIM 的设备可视化数字模型，通过动态三维的形式展示挖掘机运行状态，提供 AI 智能诊断服务，对挖掘机运行数据进行深入分析，精确掌握设备的健康状态、劣化程度、故障位置、参与寿命等，实现预先制定预测性维修计划。

3）辰光医疗

辰光医疗是一家专业从事磁共振射频探测器和超导磁体的研究开发、生产、销售和维修的自主创新型高新技术企业和上海小巨人（培育）企业。拥有逾 34000 平方米的高灵敏度磁共振核心部件研发和生产基地，年新增维护核磁共振设备近 200 台。辰光医疗要负责维护的核磁共振设备分布在全国各地，维护手段单一且售后维护成本极高，难以有效管理售出的设备，甚至设备出现故障收到医院投诉后，才安排工程师去现场排除故障。2019 年发生过一次故障，由于核磁共振设备长时间断电导致超导环境遭到破坏，而重建超导环境的花费就要超过 30 万元，还不包括工程师差旅费。

辰光医疗管理中存在的问题：

① 出售的设备分布在全国各地，售后服务最远要跨越数千公里，差旅成本几乎占据了一半的利润。

② 医疗设备技术含量高，维修不及时造成超导磁体消磁后，就丧失了维修价值，且更换成本异常昂贵。

③ 设备运转不正常不仅仅是部件损坏，更有可能产生无法逆转的放射性医疗事故。

通过给设备加装传感器和工业网关，将设备运行的基础数据通过网络传输至装备入云平台，对重点关注的参数在规则引擎中进行阈值配置，当超过或低于阈值时，第一时间通知设备使用方，及时检查设备是否掉电其系统架构图如图 6 所示。同时，辰光医疗的设备运营人员也可以通过 PC 后台或小程序等入口，查看设备的运行状态，并根据采集到的数据进行远程故障诊断，此方案以极低的代价降低了辰光医疗巨大的运营痛点。

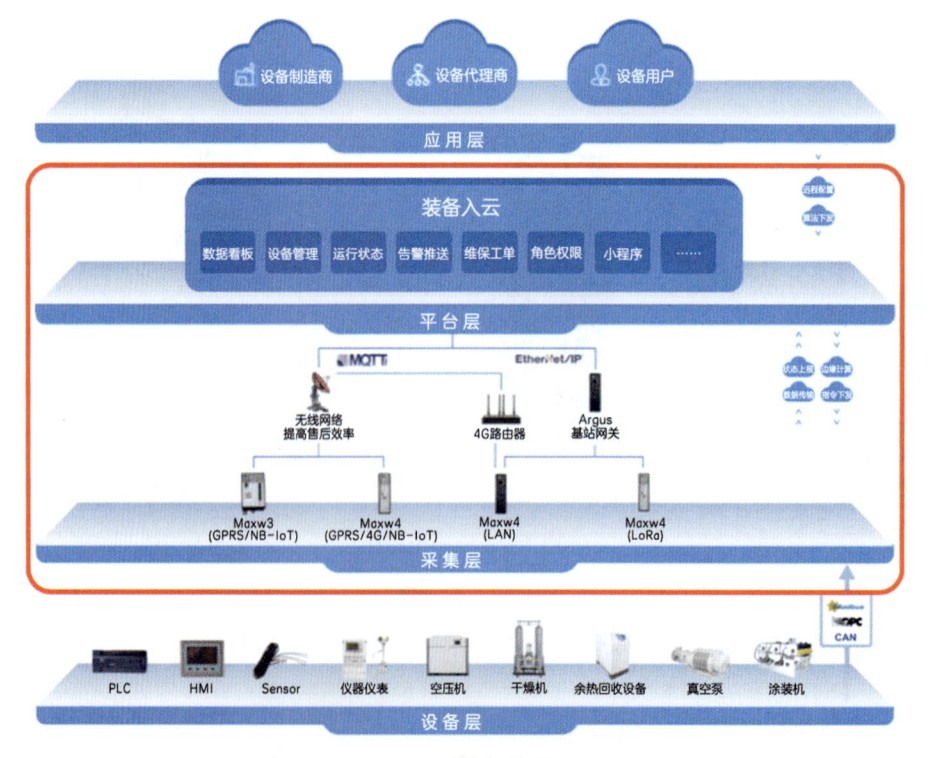

图 6　系统架构图

- 设备智能化监测：可以实现核磁共振设备远程数据采集，实时监测核磁共振设备的状态，一旦运行异常可以及时告警通知。
- 差异化竞争优势：把核磁共振设备状态、能赋予医院相关领导，能让医院相关管理者，使其也能看到设备的运行状态；
- 降本增效：通过核磁共振设备智能化改造能够降低维护成本和人员差旅成本，提升故障诊断效率。

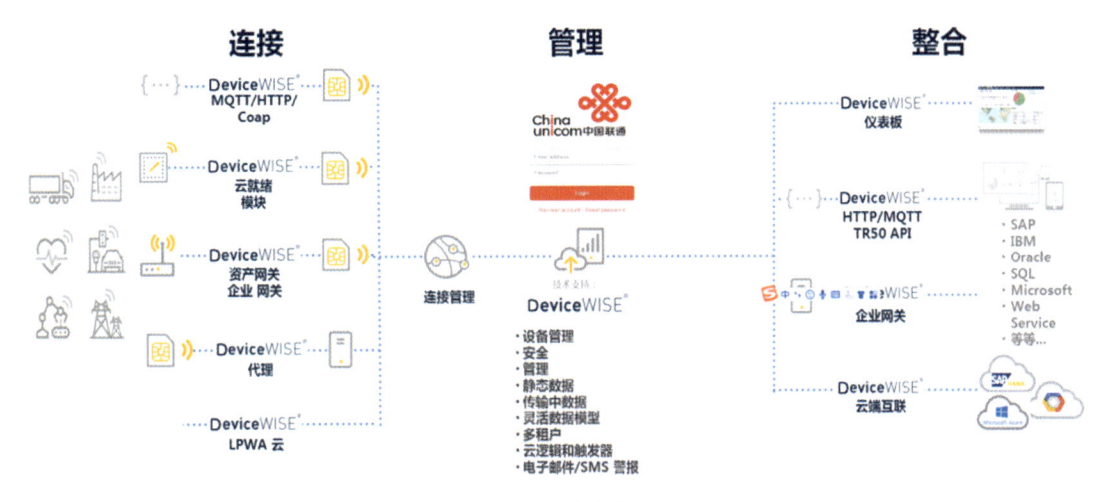

图 7　业务架构

装备入云平台提供给了辰光医疗端到端一站式的整体交付，实时监控设备的运行状态，实时分析状态数据，还提高了故障判断的准确性，同时也可以通过分析故障原因来提升产品的质量，通过装备入云提供的预测性维护降低发生故障的概率，提升客户对产品的信赖度。

（四）实施收益

1. 经济效益

通用磨坊项目实施之前，由于零售终端门店转让或关闭都会造成冰箱遗失，冰箱出现故障后，由于保修不及时，会造成食品融化不可再出售而造成大量的经济损失。项目实施后，可以清晰地了解冰箱所在位置，直接降低了70%的遗失率。打通通用磨坊 SFA 系统后，自动将实时数据上报至装备入云，经分析判断为冰箱故障时，自主上报故障到 SFA 系统，并通过 SFA 系统派单给冰箱厂商维修处，排障响应率提升了 50%，售卖产品损耗降低了 30%。上报资产、产品物损等管理成本间接降低了 20%，冰箱周转率提升了 15%。

辰光医疗项目实施之前，销售出去的核磁共振机分布在全国各地，一旦设备出现故障，只能通过工程师上门检测并排障，人员差旅费单次往返在 3～5 千元，若缺少更换的配件，需要多次往返的差旅费可能上万元，排障周期从出发到返回至少要 5 天，不仅维保成本居高不下，而且还影响医院由于设备不可用而造成的医疗纠纷、医疗事故。项目实施后，核磁共振机的运行数据实时可以反馈到辰光医疗的管理后台，通过参数阈值可对重要部件进行监控，一旦出现故障风险点，就可以立即通知院方停止使用，并且设备出现故障时可以通过实时数据做线上诊断，诊断效率提升 90%，同时维修工程师可根据故障原因整备相应的维修配件，维修成功率提升 80%，差旅费降低 50%。

2．工作效率

创力集团项目实施之前，由于每台挖掘机的工况环境复杂、设备智能化程度低、售后管理难度大、配件编码表不统一，任意配件的故障都有可能造成整台设备工作异常，不仅增加了维修难度，还影响客户的生产任务。项目实施后，设备全生命周期通过一张 BOM 表完整描述产品结构和生产、使用周期等。输出客户的设备图号信息表从原来的 2 天缩短至 10 分钟。从原来的放任松散式的管理到实现从生产到使用再到售后系统性的管理，不仅提升了服务模式，还提升了客户满意度。

3．复制效应

① 设备互联数据互通：通过设备联网，了解设备实际运行情况，基于数据建模和统计分析优化生产、提供决策支持。

② 预测维护有效利用：通过监控设备的关键指标，及时运维，让设备保持最佳运行状态，降低非计划停机风险。

③ 远程管控即时售后：基于监控和地图定位，有效管理并控制设备，即时响应处理故障情况。

④ 模式升级服务创新：升级商业模式，提供云管理平台和运维服务，帮助设备商从提供产品到提供服务转型。

专家推荐语

以装备产品为核心，将市场人员、销售人员、售后人员、研发人员、生产人员、客户等有机结合起来，借助移动互联技术和物联网技术，解决手工管理模式下不可避免的诸如统计工作繁重、信息重复摘录保存、信息传递延误、客户感知度不足、数据分析困难等问题。

提供智慧运维服务、远程诊断服务、招投标管理、设备报价管理、设备订货管理、设备投产管理、验收发货管理、设备配件管理、设备售后管理等，覆盖产品全生命周期的信息化平台，帮助企业实现智能无纸化管理、数据融合、智能分析，提高设备市场竞争力，实现以活数据为依据的辅助决策机制。

案例 16　工业互联网标识解析驱动材料行业数字化转型

——上海华峰创享互联网络科技有限公司

（一）基本情况

上海华峰创享互联网络科技有限公司（以下简称"华峰创享"）成立于 2018 年 8 月，是由中国 500 强企业华峰集团与专业团队共同打造的国家高新技术企业。公司拥有一支具备专业理论知识和丰富实践经验的 OT、IT 联合技术团队，专注于数字化、智能化等前沿技术，致力于服务并驱动工业高质量发展。华峰创享为企业提供生产数字化、产业链协同数字化、"工业互联网+安全生产"智慧安环等企业数字化转型解决方案咨询、系统实施及定制开发服务。

2018 年起，华峰创享参与了全国首批工业互联网标识解析二级节点（化工新材料行业）建设，并成长为专业的标识解析服务商，2019、2020 年连续两年入选上海市"工业互联网平台与专业服务商推荐目录"，为国家电网、上海建材、国药控股、华峰集团等单位提供标识解析二级节点建设及基于标识解析的数字化应用落地服务。

（二）背景需求

己二酸是一种典型的化工基础材料，在化工生产、有机合成、医药、润滑剂制造等方面都有广泛的应用。华峰化学公司是我国己二酸的主要生产企业，其市场占有率为 40%，居全国第一。本案例主要介绍工业互联网标识解析在华峰化学公司己二酸产品线的落地应用及成效。

化工材料行业普遍存在企业内部及产业链上下游各环节的数据编码标准不统一、对同一对象描述格式不统一等问题，导致跨系统、跨企业数据无法有效流通，业务难以高效协同，这主要是前期缺少顶层规划及技术手段不足所致。华峰化学公司也存在同样的问题，具体而言，主要存在的问题和挑战如下：

（1）各信息系统数据标准不统一、流程不连贯，导致信息缺乏连续性、完整性；
（2）缺乏精细化的产品管理，数据采集主要依靠人力汇总，错误率较高；
（3）水、陆、铁运多种形式混杂，中转频繁，物流信息管控难度大；
（4）客户无法及时获取产品的关键信息，与客户沟通渠道缺乏。

工业互联网标识解析体系作为我国新型数字化基础设施，提供跨国家、跨地域、跨行业、跨企业的信息互联互通能力，企业用户可以通过工业互联网标识解析体系，来访问保存设备、物料、零部件和产品等相关信息的服务器，并通过标识实现对异主、异地、异构信息的智能关联，为华峰化学公司解决上述难题提供了有效的技术手段和支撑。

（三）案例实施方案

1. 项目总体实施架构

华峰化学公司基于工业互联网标识解析的数字化应用项目，通过工业互联网标识解析体系，对接 SAP、TMS、LIMS、MDM 等多个异构系统，对己二酸产品的生产、质检、仓储、销售、配送到装车、出厂、运输乃至售后服务的全生命周期的信息通过标识解析进行标识注册、解析、管理、流转、统计与分析，并以全球唯一码进行二维码追溯，支持全球移动式动态信息查询、追溯的商业应用。项目中，为华峰化学公司、物流公司、客户公司分别部署标识解析企业节点，接入国家新材料行业标识解析二级节点（88.101）。华峰化工系统功能架构示意图，如图1所示。

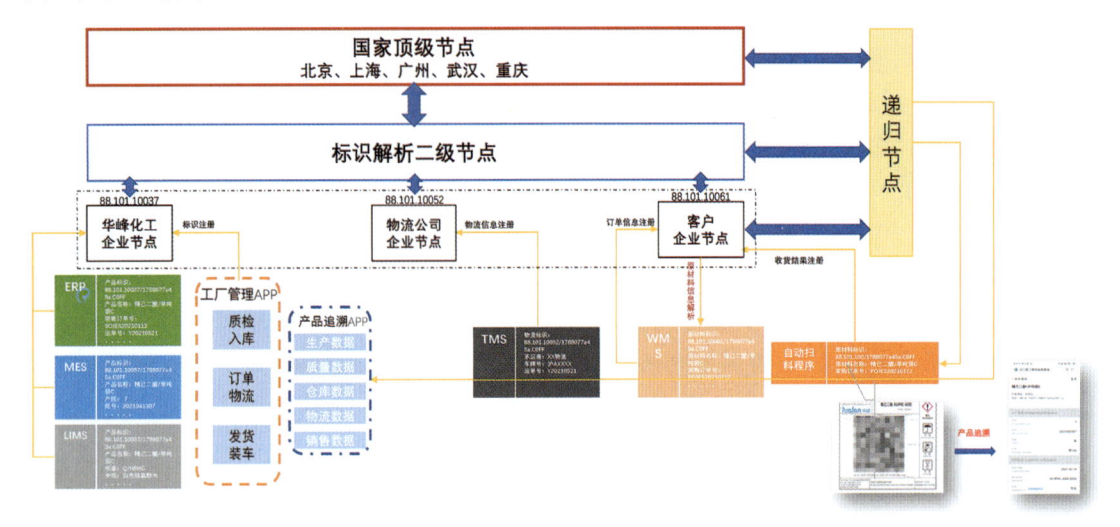

图 1 华峰化工系统功能架构示意图

2. 项目业务流程

项目利用标识解析技术和条码技术相结合，从产品的生产、质检、仓储、销售、配送到装车、出厂、运输乃至售后服务的全生命周期追溯，客户利用智能手机，扫全球唯一标识码即可随时随地查询单包产品的状态、属性、位置等关键信息，全方位掌握产品数据，促进企业内部各部门、各组织及与客户之间信息数据的共享。

同时，下游客户除了可以逆向查询数据，还可自动识别订单，实现购销数据自动转化，促使上下游企业的信息对接与互通，提高现场的作业效率。

3. 具体应用场景和应用模式

1）场景一："码"上知晓产品全生命周期数据

随着市场对化工产品的要求越来越具个性化，客户对产线、品质都有特定要求，但基于传统的技术手段，较难让客户知道产品的生产线记录、品质详细记录及发货状态和物流在途状态等。企业与客户之间缺乏高效的信息共享和沟通渠道，影响客户满意度，甚至可能导致客户流失率攀升。某企业的总体业务示意图，如图2所示。

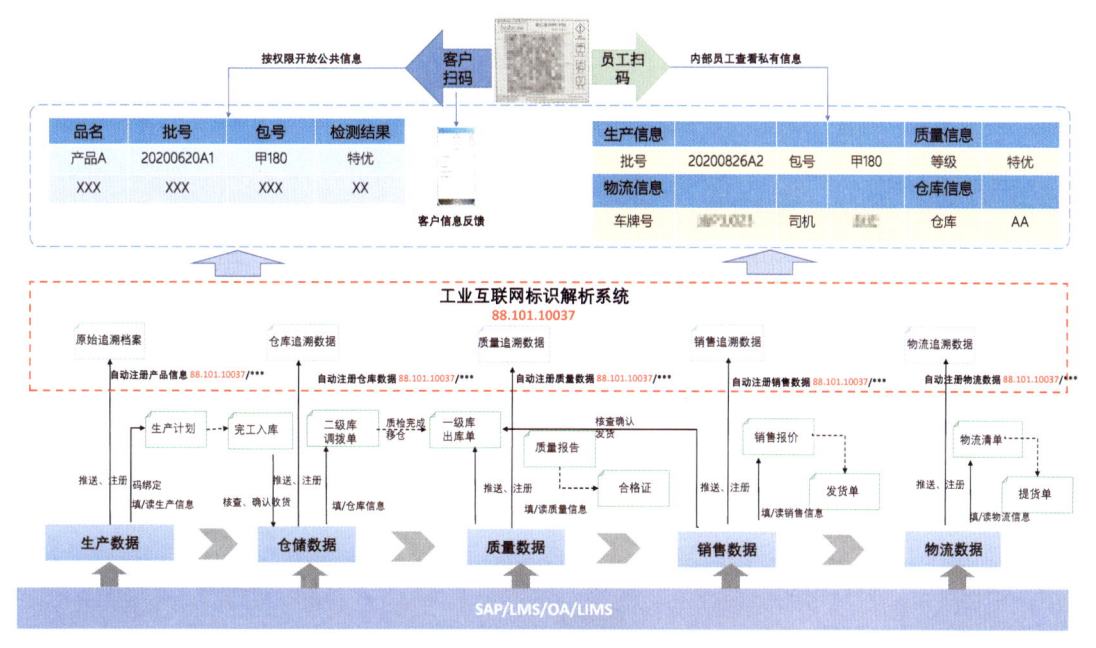

图 2 总体业务示意图

根据华峰化学公司的管理及运营要求，以产品为中心、以产品流转为脉络，利用标识解析企业节点，打通各异构系统壁垒，对数据进行规范、萃取、提炼，将生产、质检、仓储、销售、配送到装车、出厂、运输乃至售后服务的全生命周期的各环节数据进行汇总、统计、集成、展示，为工厂的精细化智能管理提供支撑。同时，利用华峰创享自主研发的基于标识解析技术的产业链 API 中间件进行智能适配，达成数据标准化、采集自动化，实现信息互联互通的效果，满足客户对产品信息实时查询的诉求，提升市场服务水平。基于标识解析的二维码追溯功能示意图，如图 3 所示。

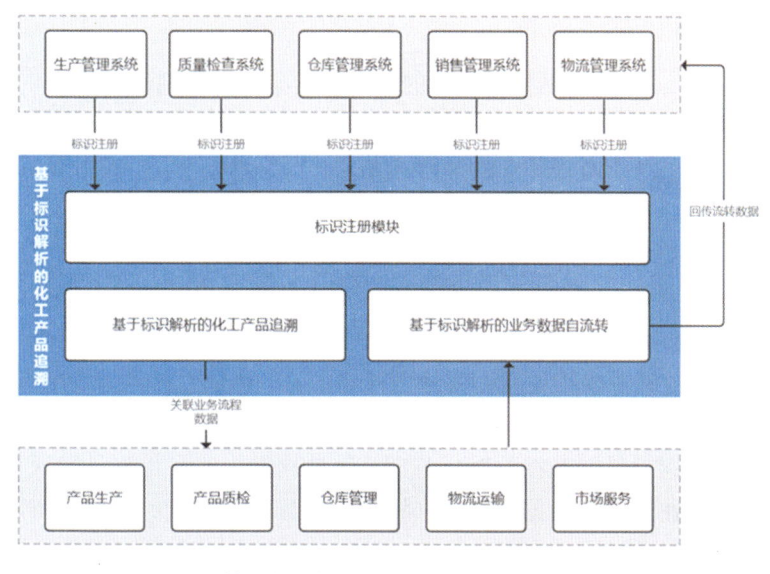

图 3 基于标识解析的二维码追溯功能示意图

215

2）场景二：一"码"贯穿，优化作业流程数字化管理

在己二酸从生产到客户收货入库的过程中，存在诸多人工操作环节，如生产过程、生产下线、厂内物流、入库、质检、出库、运输、转运、客户收货入库等。传统的作业流程中，存在人工操作不规范、效率低、错误率高、货物损坏或遗失等问题，通过基于标识解析的轻量化操作 App，实现作业流程一"码"贯穿，有效解决了上述问题（见图4）。

图 4　基于标识解析的作业流程数字化示意图（发货、提货）

3）场景三：基于工业互联网标识解析的数据分析与价值挖掘

华峰化学公司的信息化系统出自不同的供应商，数据无法整合，全局视角下数据碎片化严重，无法满足管理层对全面管理的数据分析要求。

华峰创享利用工业互联网标识解析系统的标识管理功能，对产品赋予一个全球唯一标识码，在产品下线时赋予单个包装上。这样，对每包产品都能在标识系统中识别追溯。在各业务管理中，尽管产品编码、产品名称或客户名称都不相同，但以标识码为关键字，可以在不改动各业务系统全局参数的条件下，对各系统提供的业务数据进行重新整合，将有效数据按全新的商业逻辑重组，展示成管理层需要的可视化图表。比如，仓储系统中有产品库存数据，质量系统中有产品质量数据。但因两套系统产品数据不一致，导致无法获得特定质量的产品库存数据。现在，用标识码就能在不改变各自系统数据规则的条件下，把两套系统的相关数据提取到标识解析企业节点，根据全球唯一标识码，按全新的业务逻辑把特定质量的产品库存数据展示出来（见图5）。

图 5 带标识码的库存信息

除此之外，公司还能根据各种不同的管理需求，重组和展示数据，更进一步对数据进行统计、分析，实现业务、市场等信息洞察，为优化公司经营提供数字化支撑手段（见图6）。

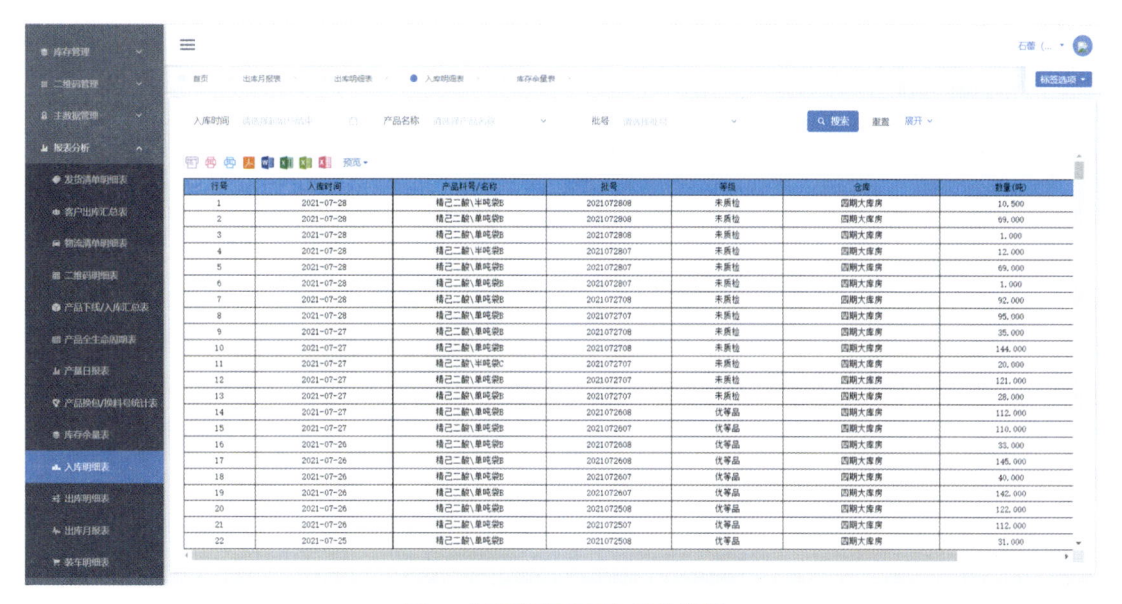

图 6 标识数据分析与价值挖掘

（四）项目实施收益

本项目是国家工业互联网标识解析体系在传统制造业数字化转型应用方面的成功实践，实现了标识解析在工厂内部和产业链上下游的应用落地，并为标识解析的推广起到了较好的示范效果。项目的创新性主要体现在以下几个方面：

1. 标识码管理和标准化

采用国家标识解析体系赋码规则和管理机制，给每件产品赋予全球唯一标识码，便于在全球范围内追溯产品各类数据。并且，通过标识解析逐步实现产业链标识编码和标识数据标准统一。

2. 数据自动采集和实时防错、纠错

系统在下线入库、发货装车、物流运输环节设置了多种数据核验机制，保证了产品从下线、入库到发货、装车、出入车区、客户签收等各环节关键数据自动采集和数据一致性、关联性及准确性。同时，优化过程中数据防错、纠错的机制。

3. 标识解析与工业软件集成 API

为适应企业目前多种异构信息化系统的并存并用，系统提供了标准的 API 接口，可灵活适配各种管理系统，提取关键追溯数据。

4. 一码查询产品数据及数据价值挖掘

通过产品标识码，可以追溯产品下线、入库到发货、装车、出入车区、客户签收等各环节关键数据。并对数据做全面分析，支撑公司经营优化。

本项目的实施成效：基于标识解析的数字化应用提高了企业的管理水平及问题处理能力，提升了工厂协同效率，降低了因信息错误导致的问题；通过对产品全流程的追溯，提升了产品交付质量，提高交付合格率；通过产品防伪、新的客户协同渠道等，提高了企业市场反应速度和客户满意度。

专家推荐语

工业互联网标识解析体系自 2018 年启动建设以来，已建成上海等五大国家顶级节点、160 余个行业/综合二级节点，但基于标识解析的应用整体仍处于探索阶段。本案例较详细地描述了标识解析在化工材料领域生产制造与产业链协同数字化方面的实践，体现了标识解析在产品追溯、数字化管理、数据整合与价值挖掘等方面的作用，具有较好的示范效应和较强的推广价值。

案例17　标识新能源行业应用——
标识赋能电芯生产

——江苏中天互联科技有限公司上海分公司

（一）基本情况

江苏中天互联科技有限公司上海分公司（以下简称"中天互联上海分公司"）是江苏中天互联科技有限公司对外连接的窗口，主要承担一部分国家重大战略需要和国际先进产品的引进及基于工业互联网标识产品和服务全球输出的任务。江苏中天互联科技有限公司目前是国家工业互联网标识解析体系建设运营和产业生态建设最重要的参与者，各项建设运营指标全国遥遥领先，其自主研发的Asun工业互联网平台跻身中国工业互联网平台第一梯队且入围工业互联网标识首批应用供应商名录，也是唯一一家全面参与了企业节点、二级节点、递归节点和顶级（备份）节点的建设和运营，各项运营指标居行业领先位置。在短短1年多的时间内，中天互联上海分公司已经为多个二级节点提供了工业码平台解决方案，并且也为数十家企业节点的部署提供了相关产品和服务。

（二）背景需求

1. 项目背景

中天储能科技有限公司（以下简称"中天储能"）是江苏中天科技股份有限公司全资子公司（上证代码：600522），属于高新技术企业。中天储能现拥有10亿安时磷酸铁锂电池产能规模。2016年度，中天储能是国内唯一一家入围工信部智能制造试点示范项目名单的锂电池企业。

项目主要是将中天储能当前的生产执行系统（MES）与工业互联网标识解析技术相结合，中天互联上海分公司运用标识解析应用——以工业码云平台为基础，通过与中天储能的MES系统和标签打印系统进行对接改造，将标识解析技术与中天储能的生产流程进行结合，进一步拓展标识解析技术在企业生产制造领域的应用，使用标识解析技术实现企业在整个生产流程的可控。

企业长期面临的难点和痛点有如下几点：

（1）无法得知电池组中每一块电芯的信息，给电池组的质量管理带来了极大的困难；

（2）没有对电芯进行数据采集，当电芯销售出去后，企业无法获知电芯的运转情况；

（3）当某块电芯出现问题时，企业售后无法准确定位到电池组中的问题芯片；

（4）无法准确追溯到问题电芯生产的原材料及生产工艺流程，也就无法获知问题芯片的原材料供应商及生产工序，不能进行有效的产品品质管控。

为进一步提高公司生产管理水平，顺利实现企业的数字化转型，中天储能决定在生产上运用先进的工业互联网标识解析技术，中天互联作为工业互联网标识解析技术领域的佼佼者，也是全国拥有数量最多的标识解析应用的工业互联网企业，同时也是中天储能的兄弟单位，因此，该项目由中天互联的重要产品和服务输出单位——中天互联上海分公司负责整体方案的制定及实施。中天互联上海分公司对中天储能的生产情况进行了详细的调研，了解了新能源行业对于产品编码的统一、产品信息可追溯的要求，因此在项目的整个实施过程中均采用简单、易实现的方式进行。

2．项目简介

该项目充分运用了工业互联网标识解析技术，充分考虑了中天储能的企业实际情况，同时针对整个新能源行业的相关要求，对中天储能当前的生产及仓储流程进行了优化，主要是针对正在使用的 MES 系统进行改造，还改进了当前激光打印系统及标签打印系统，与中天互联上海分公司当前的标识解析应用——工业码云平台相结合，实现工业码云平台、MES 系统与打印系统的互联互通，项目整体实施周期为 3 个月。

3．项目目标

项目实施通过工业互联网标识解析体系在新能源行业的尝试，首先通过标识解析实现中天储能内部的电池组及电芯的数据追溯，从而进一步推动标识解析在中天储能供应链上下游的协同制造。

（三）案例实施方案

项目在实施的过程中，尽量减少对当前业务流程的改动，改动部分尽量由软件系统完成，由此可以大幅降低项目实施过程中的风险。项目实施主要涉及的系统及平台有工业码云平台、MES 系统、打印系统，通过标识解析技术，解决中天储能电池组的全生命周期管理，同时实现电池组的全流程追溯管理。

1．项目总体架构和主要内容

系统改造主要涉及工业码云平台、MES 系统、打印系统等，对接方式是通过接口对接的方式，主要是将 MES 系统中的产品、领料、生产流程等信息进行整合，从而实现产品信息的追溯，整体数据流转的架构如图 1 所示。

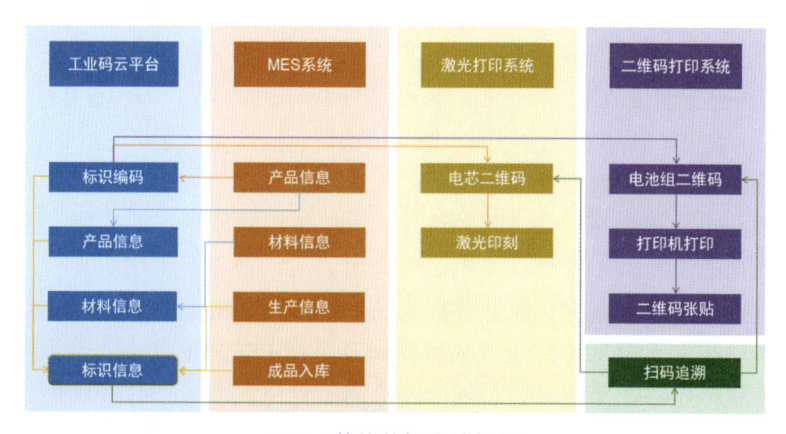

图 1　整体数据流转架构

2. 平台架构

工业码云平台产品总体架构，如图 2 所示。

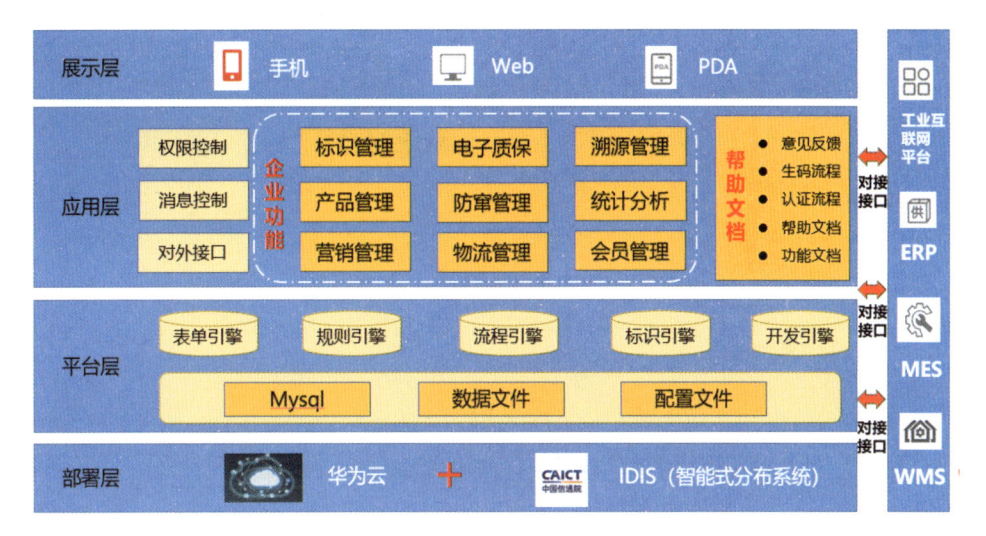

图 2 工业码云平台总体架构

展示层：用户可以通过手机、Web、PDA 对码信息进行查看、校验等。

应用层：应用层主要面向企业用户，其中包括企业功能和帮助文档。企业功能是企业注册该系统后可以使用其中所有的应用模块；帮助文档类似于一个知识库，解决企业在操作使用中的困惑。

平台层：是整个工业码云平台的核心所在，旨在构建整体基础服务平台，包括表单引擎、规则引擎、流程引擎、标识引擎和开发引擎，为上层应用提供技术支撑。

部署层：工业码云平台基于华为云和信通院发布的 IDIS 进行底层开发，对接工业互联网平台，工业码云平台生成的码基于 IDIS 可直接在二级节点平台解析。

对接服务：工业码云平台可以对接企业现有的 ERP、MES、WMS 等系统，将原有的设备、流程等进行标准化编码。

3. 具体应用场景和应用模式

中天储能在本次项目的实施过程中，首先进行物料的标识化，将每种物料全部生成标识，因此在公司内部流转时就采用标识流转，尤其在生产领料及成品入库时直接使用 PDA 扫描物料的标识码。

在生产的过程中，通过 MES 系统将每一块电芯的基础信息传输到工业码云平台，同时工业码云平台将对这些电芯赋予工业互联网标识，并将标识编码传输到激光打印机，并由激光打印机在电芯上印刻二维码。在后续生产流程中，所有扫码过程都是通过扫描这一标识二维码，将电芯生产的工艺流程、质检信息等依次进行上传，丰富标识内容。

电池组是由一定数量的电芯组成的，因此在电池组拼装的过程中，需要将电芯的标识与电池组的标识进行绑定，并将绑定信息同时更新到电池组的标识信息中。更新完成后，工业码云平台将电池组的标识传输给标识二维码打印机，进行标签的打印，然后再在电池组外包装上粘贴二维码。电池组与电芯的追溯信息，如图 3 所示。

图 3　电池组与电芯的追溯信息

客户在接收到电池组后，可以直接扫码解析电池组的相关信息，同时能从电池组进行下一步的追溯，对电池组中每一块电芯的信息进行追溯，从而实现了电池产品全流程追溯的目的。

4．其他亮点

1）业务流程改动小

项目实施过程中，充分考虑到企业流程的改进难度，在整体的流程设计时进行了多方面的调研，最后拟定上述流程，所有的操作过程都不做太大的改动，仅从软件层面进行改动，不增加现有人员的工作量，使得项目实施过程非常顺畅。

2）项目投资小

项目在实施的过程中，并没有对产线或其他的硬件设备进行投资、改装等，同时，由于工业码云平台是一款 SaaS 化的标识应用，所以整个项目未进行任何硬件的投资，仅从软件层面入手，极大地降低了实施成本。

3）效果显著

项目实施完成后，可以随时查看电池组中每一块电芯的情况，在电池组出现故障后能迅速定位到发生故障的是哪一块电芯，并能对该电芯的生产流程等进行追溯，直接发现问题所在，减少了电芯问题追溯的成本。

5．下一步实施计划

1）产业链协同制造

中天储能将标识解析技术运用在电池组和电芯之后，极大地提高了中天储能在生产领料、产品入库等环节的速度，更重要的是形成了以标识为载体的物料标准化，对于中天储能来说，如果上游供应商及下游客户都在物料上运用了标识解析技术，将进一步加快各自的物料流转速度，促进整个产业链的供应链发展，进而实现整个产业链的协同制造。

2）新能源行业推广

目前，新能源行业正在我国如火如荼地发展，新能源企业也在不断成立，对于众多的新能源企业来说，产品信息追溯是亟待解决的问题，也是促进整个行业蓬勃发展的基石。因此，中天互联将在新能源行业进行推广，同时进一步开发标识产品在新能源行业的标识解析应用。

（四）项目实施收益

1．项目先进性及创新点

本项目是工业互联网标识解析技术在新能源领域的首次实施，对于其他的新能源企业有着积极的示范作用，同时将推进整个新能源行业在产品追溯上的应用，促进新能源产业链的供应链协同，进一步推进国家新能源产品的质量，提升中国新能源产品在国际上的影响力和竞争力。

2．实施效果

项目实施后，由于物料标识码的应用，整个电池组均实现了信息可追溯，产品、材料的出入库速度提升了25%，生产效率提高了10%，产品信息追溯查询效率提升了90%。

媒体推荐语

随着全球制造业竞争不断加剧，制造业通过智能化转型向高端化发展已是大势所趋。为进一步提升各类业务的智能化水平，推进不同业务间的协同联动，中天科技组建"智能制造联盟"和"制造业数字化专项工作组"，统筹公司数字化转型。中天互联"5G+工业互联网"融合应用项目建成后，可应用于工业互联网标识、多机交互、智能安全、远程监造、巡检、智能生产、智能仓储物流、智能检测、智能展示、远程运维等多种业务场景。

——人民邮电报 2021年1月12日

案例 18　基于标识解析的产品追溯和设备管理

——工业互联网创新中心（上海）有限公司

（一）基本情况

工业互联网创新中心（上海）有限公司（以下简称"上海工创中心"），由工信部与上海市合作共建，是工信部与上海市实施"发展工业互联网"国家战略的推动者和践行者，也是中国信通院全球数字化战略的重要组成部分。

上海工创中心主营数字工业、数字健康和检测认证三大核心业务，聚焦新一代信息技术等前沿领域，全方位助推数字化转型，涵盖创新孵化、技术赋能、产品研发和价值交付等环节，为航天、船舶、汽车、化工、医疗、能源、消费品等行业客户提供数字化场景解决方案。

针对工业互联网标识解析体系建设，上海工创中心经过自主研发与实践，开发了工业互联网标识解析二级节点和企业节点系统，同时打造了标识解析二级节点应用服务平台。

（二）背景需求

1. 行业背景

随着互联网和新一代信息技术与传统行业的加速融合，一系列新的生产方式、组织方式和商业模式不断涌现，工业互联网正在推动全球工业体系进行深刻的变革。工业互联网的本质是以机器、原材料、控制系统、信息系统、产品及人之间的网络互联为基础的，通过对工业数据的全面深度感知、实时传输交换、快速计算处理和高级建模分析，实现智能控制、运营优化和生产组织方式变革。

2. 行业现状

生产制造企业在产品设计、生产、流通、消费到回收的整个生命周期过程中，缺乏有效的、可扩展的标识管理机制，导致无法统一查询各环节的溯源信息。造成标识对象的难以定位及历史信息追溯链的断裂，无法实现产品追溯。

对于设备管理而言，随着制造行业的生产水平的提高，设备的种类和功能繁多，自动化程度也越来越高，以机器设备为主体进行生产的制造企业设备管理水平将直接影响到企业的生产发展。

3. 亟待解决的问题

1）产品追溯方面

目前，主流产品质量追溯系统的追溯信息被存储在中央数据库中，控制方式集中化，数据容易被篡改并且不能被及时发现，追溯数据的采集单一化，数据的完整性也无法被验证，因此无法获知产品质量的真实性。

2）设备管理方面

目前，制造企业在设备管理环节中主要出现的问题有：设备台账手工记录、内容杂乱无序，纸质记录容易丢失；设备基础数据不完善；没有合理利用采集的设备数据，缺乏大数据分析。

（三）案例实施方案

1．项目总体架构和主要内容

1）项目总体架构

基于标识解析的产品追溯和设备管理系统的总体架构如图 1 所示。采用现有行业二级节点的通用技术方案，为了行业的通用性要求，对适配性和兼容性进行优化提升，通过将标识解析与工业数据分析、微服务架构技术相结合，打造基于标识解析的产品追溯和设备管理创新集成应用。

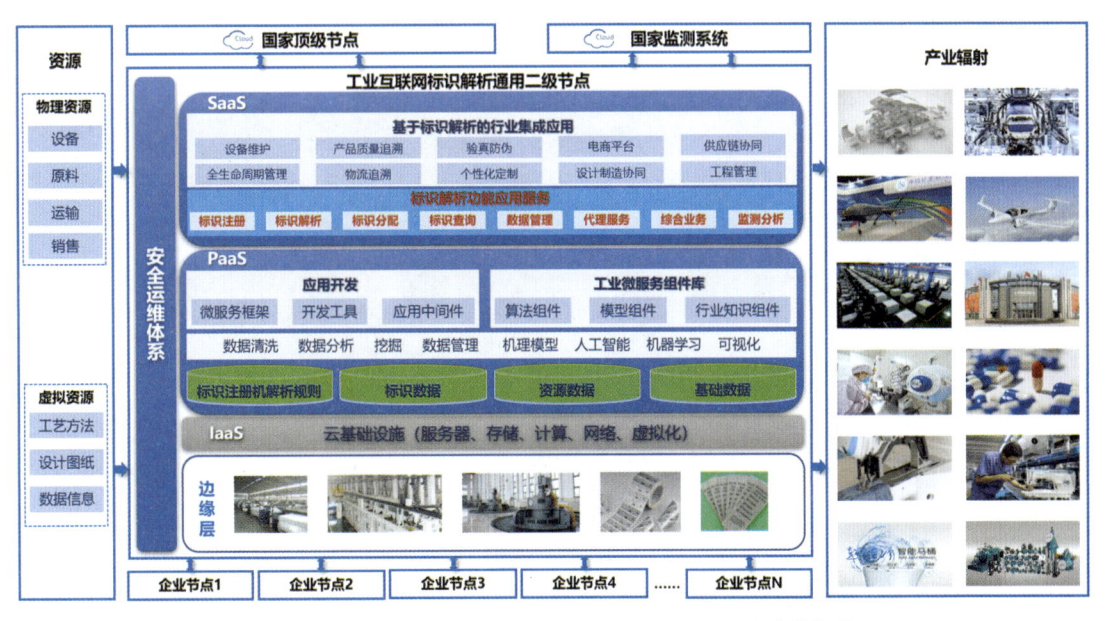

图 1 基于标识解析的产品追溯和设备管理系统的总体架构

2）项目主要内容

本项目基于上海工创中心自有的综合试验床平台打造智能生产环境下"基于标识解析的产品追溯和设备管理创新集成应用"。在产品溯源和设备管理这两个方面中，利用标识解析技术实现智能仓储、智能物流、智能生产与智能检测全要素各环节信息互联互通，从而高效实现产品追溯和设备管理应用功能。

产品追溯方面：将产品数据通过标识解析通用二级节点注册到标识解析体系中，汇聚产

品生产历史数据,通过标识解析体系实现产品追溯;

设备管理方面:利用标识解析技术统一标识其关联信息,实时采集设备数据,实现跨平台数据互通、设备远程运维管理,从而实现设备全生命周期管理(见图2)。

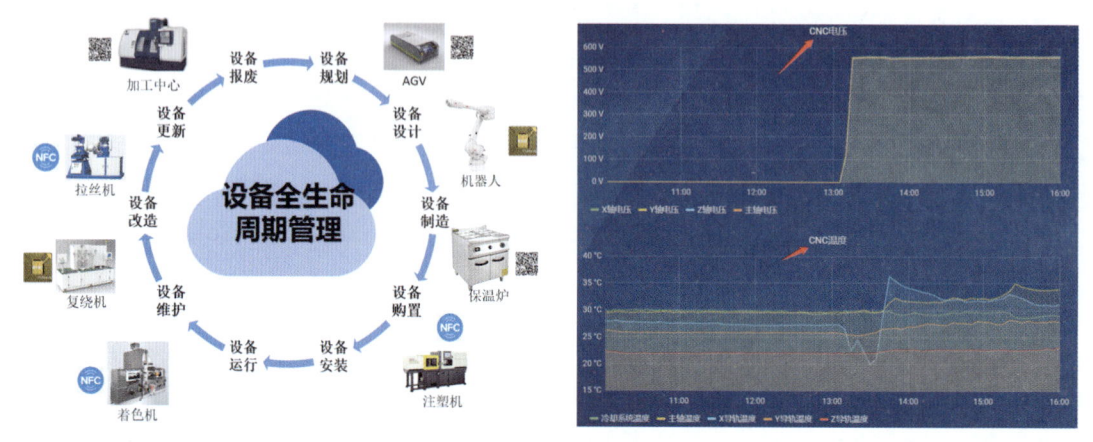

图2 基于标识解析的设备管理

2. 具体应用场景和应用模式

上海工创中心综合实验床平台,如图3所示。

图3 上海工创中心综合型实验床平台

整个智能生产环境包括模拟订单下单、智能仓储、机器人自动上下料、智能加工、柔性物流、超声波清洗、视觉检测、智能装配、自动包装打标和基于云平台的生产执行管理等智能生产关键环节。标识解析技术在本项目中的主要应用场景包括以下几个方面:

1)产品生产过程的质量追溯

本项目将产品数据通过标识解析综合型二级节点,使用统一标识规范标准注册到标识解析体系中,包括加工数据、检验数据、物流仓储数据等,以及产品各个组装零配件、原材料的入厂信息等，汇聚产品生产历史数据，通过标识解析体系实现产品追溯，并在跨环节衔接与信息对接中进行解析应用。

2）设备信息管理

基于标识解析的设备管理中的数据都是通过工业互联网标识解析二级节点进行储存、关联和更新的。

3）设备状态监控

设备状态监控是对设备进行实时监控，包括设备状态监控和设备数据监控。

4）设备维护管理

设备维护管理是对设备进行定期维护保养及报修维修的管理，包括维护记录和维护台账。

3. 标识解析技术对产业发展的促进作用

本项目通过标识解析技术的引入，重新构建智能生产的产品追溯、质量追溯和物流追溯方式，实现工厂层的先进控制和优化决策，对设备、零件、原料形成全生命周期的追溯和管理。在质量和仓储方面，优化生产模式，降低生产故障并提升生产效率。企业利用体系赋予的标识码建立贯通产品全过程的信息关联，同时形成对产品和设备的全生命周期管理（见图4）。

图 4 产品生产过程的质量追溯场景

（四）项目实施收益

1. 项目的先进性及创新点

本项目充分考虑到制造企业的业务需求现状及对工业互联网标识解析技术的共性需求，通过标识解析技术赋能传统制造生产过程，可以形成很好的辐射效应；基于工业互联网标识解析综合型二级节点规划研发，实现智能生产各个环节和企业间数据共享互通，突破不同领域间的信息壁垒，促进智能生产各个环节大数据资源互通、共享和协作生产；本项目的成功落地将保证更多的中小型企业能够以较低的技术门槛及经营成本获取智能化升级的关键技术与解决方案，兼顾普适性与前瞻性。

2. 实施效果

本项目利用标识解析技术解决了智能生产过程中的产品追溯和设备管理痛点问题。打通了智能仓储、生产、清洗、装配、检测、包装和物流多环节全要素的数据信息。

产品追溯方面：实现了产品的可追溯、可召回、可理赔，提高了产品品控，为政府监管部门、制造商、工程方、终端用户提供了公共服务。

设备管理方面：在整个智能生产的过程中，对设备数据进行实时采集，实现多维度数据的互联互通；通过标识解析技术建立照明器具设备台账库、设备资产库、设备资料库；利用标识解析技术，实现设备动态数据联网化，实时监测设备运行数据、设备能耗数据、设备告警数据，联动关键机电系统；实现了生产制造设备智慧运维，故障告警移动推送，建立监测、故障、运维闭环体系，故障预测，节能运行，在线工单。

专家推荐语

本案例是传统生产制造业向数字化生产转型升级的典型案例，在智能化柔性生产的环境下，利用标识技术实现了产品在生产制造、质量检测、仓储物流等各环节信息流的互联互通，在生产全生命周期层面重构了生产过程追溯和设备运维新模式，为整个生产过程的优化和决策提供了全方位的数据支撑，对制造行业的数字化转型升级具有借鉴作用。

案例 19　EHS 管理平台赋能医药企业环境健康安全风险管控

——上海歌安科技有限公司

（一）基本情况

上海歌安科技有限公司（以下简称"歌安云"）是专注 EHS 软件+数据服务的科技公司，构建以 EHS 业务为主线，以风险管理为导向的产品矩阵。歌安云成立于 2019 年，创新性地提出基于风险驱动的数字化解决方案。歌安云在产品端以风险为顶层建设，推出歌安云平台 SaaS+工业互联网的新技术模式。歌安云在以数据为核心的产品化基础上，构建现场数据与业务数据集成、清洗、分析与结构处理，将碎片化的风险情报知识图谱化，构建从合规驱动逐步过渡到风险驱动的安全体系能力。歌安云通过技术创新和模式创新，致力于引领工业互联网的智能化风险管控体系。

（二）背景需求

江苏恒瑞医药股份有限公司（以下简称"恒瑞"）是一家从事医药创新和高品质药品研发、生产及推广的医药健康企业，创建于 1970 年，于 2000 年在上海证券交易所上市。截至 2019 年年底，恒瑞共有全球员工 24 000 余人，是国内知名的抗肿瘤药、手术用药和造影剂的供应商，也是国家抗肿瘤药物技术创新产学研联盟牵头单位。目前，恒瑞在连云港、上海、北京、天津、苏州、成都、广州等多个城市建立了国际高标准产业化基地。

在恒瑞建设 EHS 信息化平台的过程中，就 EHS 管理如何满足行业工业互联网的发展新要求这一重要命题，恒瑞同整个危化行业一样，都面临着以下几项挑战。

1. 业务效率低、协同难

EHS（环境、健康、安全）管理涉及面广，对外涉及合规与法律的要求，对内涉及诸多关键安全节点的人员管理、设备管理、工艺管理、流程管理。在危化行业的一个千人规模的工厂中，至少有 40%的员工的核心工作是提供生产运维保障，因此如何让全员参与并落实责任是难题。

2. 风险场景复杂动态难管控

如何实时管控动态的风险，消除事故隐患？如何解决多变的现场信息？风险之间的关系不是独立的，一个误操作引起工艺参数的跑偏可能导致泄漏事故，感知和行动慢一点就可能导致重大安全事故。复杂风险管理关键操作、设备监测状态、工艺参数、流程管理的可知、可见、可预测技术是关键。

3. 如何解决系统性安全管理问题

第一层，合规性安全，有没有业务触碰法律底线，哪些业务在审计上存在巨大处罚风险；第二层，事故性安全，哪些环节失控可能引发重大事故；第三层，系统性安全，上万个工控报警、几十个管理安全流程、数十种化学品工艺操作、数十套大型装置安全系统如何评估整体安全能力水平。如何能让管理者明确监控指标和目标，做好事故前的早期预警？

EHS管理是一项系统工程，恒瑞医药EHS总监面对传统的EHS管理面临的"痛点"，急切地想通过信息化、智能化手段优化管理手段，实现提质增效、消患固本，以更完整、更可靠、更智能的系统，将传统的安全管理从合规驱动逐步过渡到风险驱动。

（三）案例实施方案

1. 恒瑞EHS业务&技术规划

1）业务架构

歌安云基于恒瑞的需求，在成熟的集团架构上，为恒瑞定制了一套内部PaaS平台，包括运维中心、监管中心、工厂EHS信息化平台"三位一体"，以提高企业效能、避免重复开发、推动EHS业务创新。恒瑞的统筹架构如图1所示，产品架构如图2所示。

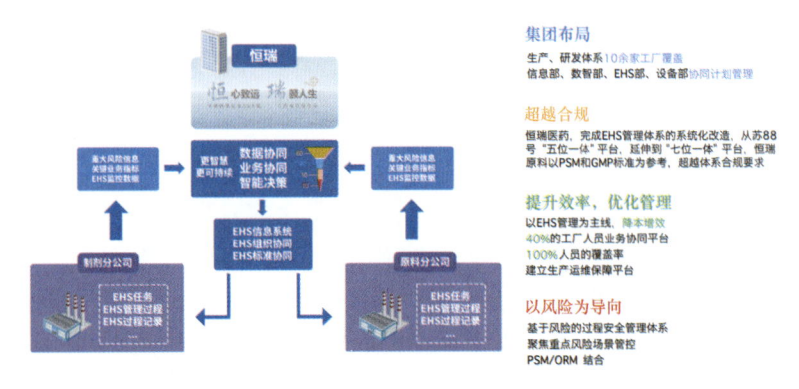

图1 恒瑞的统筹架构

图2 产品架构

2）技术架构

恒瑞 EHS 信息化平台在底层采用了行业领先的基于 Spring Cloud 的微服务架构（见图 3），将传统上复杂的 EHS 软件拆分为一个或多个微服务，保证各应用都拥有自己的行程和轻量化处理，实现技术异构性，应用隔离性、可拓展性，易优化性。

图 3　微服务架构

2. 工厂级的 EHS+工业互联网建设路径

歌安云基于工业互联网建设的要求，推进恒瑞 EHS 数字化转型，确定 EHS 工业互联网平台的四大里程碑。

（1）以信息化为先：搭建 EHS 协同管理系统，实现无纸化办公和业务在线化协同。

（2）以数字化为主，针对工业互联网的数据资产盘点，集成 EHS 核心数据资产分类储存。

（3）以智能化为导向，以安全管理的机理模型+智能算法冗余，以及数据+算法+模型打造智能化的风险管控路径。

（4）为工业 4.0 智能制造布局，着眼全工厂的数字化，EHS 业务为生产运维保障的核心场景，探索生产运营系统（ERP&MES）、供应链管理和三方服务的新模式。

歌安云推出的三大产品体系帮助企业实现 EHS 信息化、智能化的两化升级之路。

（1）PSM（过程安全管理）平台（见图 4）：一款以线下 EHS 业务转化数字化、信息化为核心的工业级 EHS 流程管理系统，连接一线工人与管理者的沟通桥梁。PSM 平台便于企业跟踪和报告企业的安全数据、分析趋势并得出见解，从而简化整个组织流程，提高合规可靠性。

（2）PRM（过程风险管理）平台（见图 5）：使企业能够制定统一的风险管理策略，控制工作计划、风险评估和掌握关键风险数据。通过引导式风险分析评估，建立风险数据库，替代 80%的基于法规与标准的安全检查，实现基于高风险场景的隐患排查，切实落地双重预防机制，同时为 DRS 平台提供高质量的数据源。

（3）DRS（动态风险模拟）平台（见图 6）：实时采集、分析、关联数据，赋能 EHS 业务应用场景，在数据感知层集成工控系统（如 DCS、SIS）、可燃有毒气体探测系统、火灾报警系统、散点仪表及监控设备，实现 AI 视频识别、泄漏与腐蚀监测、人员行为监控、设备状态监控等；中间层为智能预警平台，歌安云基于底层动态数据和 EHS 静态业务数据，通过数字孪生技术，建设恒瑞 DRS 平台，将高风险场景可视化，基于 AI 动态屏障预警，解决恒瑞原料药四大高危险工艺数字化管控，对加氢化、烷基化、氟化、加氢工艺的风险场景建模。DRS 平台让风险状态可知、风险措施可控。

图 4　PRM 平台

图 5　PSM 平台

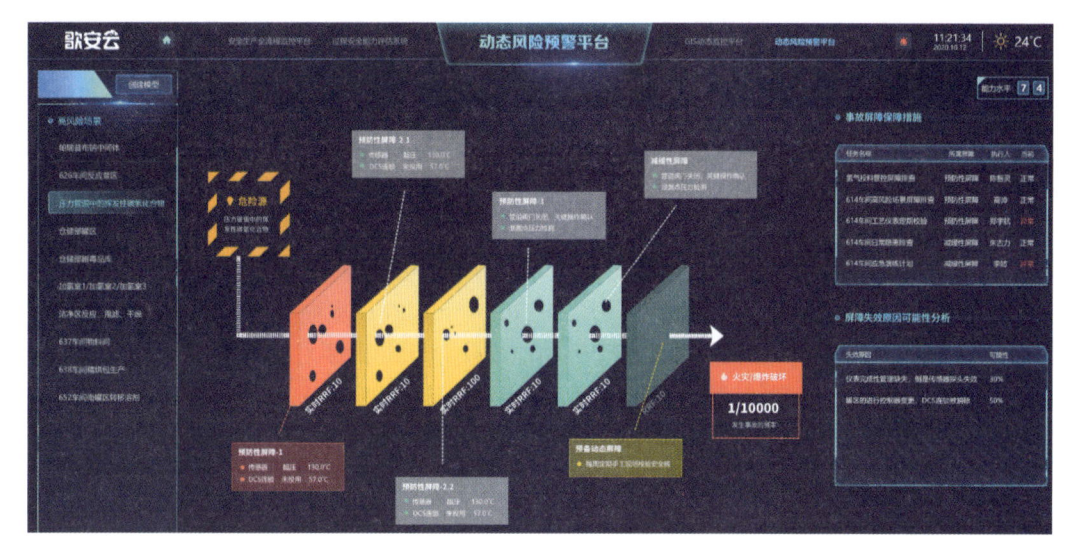

图 6　DRS 平台

（四）项目实施收益

1. 恒瑞 EHS 监管平台

恒瑞 EHS 监管平台全面支撑 EHS 办公协同、业务协同、生态协同，涵盖安全管理、职业健康、环保管理、风险管理四大模块，通过"一张图"展示各子公司和工厂 EHS 体系运营情况，包括动态风险等级、绩效考核得分等；支持跨组织、跨层级的信息推送，推动企业安全文化建设；构建多维知识管理库，集中管理隐性、显性知识，建立并建设 400 多个岗位能力模型，已完成 1000 多个课件的整理、输出、共享，使一线员工安全培训计划覆盖率达 100%，一线员工自主学习次数超 5000 次。恒瑞 EHS 监控大屏效果展示如图 7 所示。

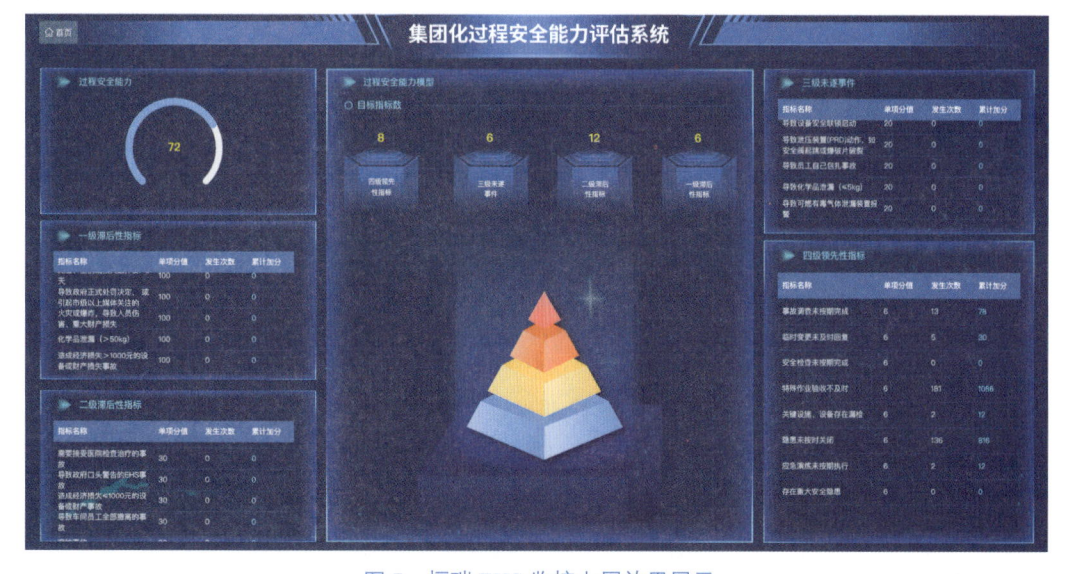

图 7　恒瑞 EHS 监控大屏效果展示

2. 恒瑞 EHS 平台

以恒瑞医药原料药分公司为试点,歌安云将 21 项 EHS 线下业务进行优化改造,消除了传统 EHS 表单的孤岛效应,通过安全流程引擎串联安全管理业务,实现对 EHS 业务的全生命周期跟踪。在作业管理中,提升审批效率 200%,将线下作业审批的人工时从 6 人/天降低为 3 人/天,同时使作业风险通过 AI 视频监控、在线作业地图得到有效监管,将特殊作业违规率降低 70%。

恒瑞新建业务流程 7 项,包括 PPE(个人防护用品)全流程管理、固废管理流程、化学品管理全流程等。其中 PPE 全流程管理实现了 PPE 登记、PPE 定额配置、车间采购申请、PPE 入库管理、员工领用申请、PPE 领用发放等功能模块。职业健康管理目标、指标全部得以实现,各岗位职业危害因素辨识率达 100%,PPE 超领、误领率降低 70%,在定额完成率达到 95%的同时,PPE 耗费同比 2020 年减少 80 万元。

歌安云帮助恒瑞完成 3 个高风险 DRS 场景的搭建,完成 1000 多项风险动态数据集成,实现厂区内高危安全生产场景 100%动态监控、智能报警 20 余次,快速响应率达 100%,有效地遏制了事故的发生。

可量化指标展示如图 8 所示。

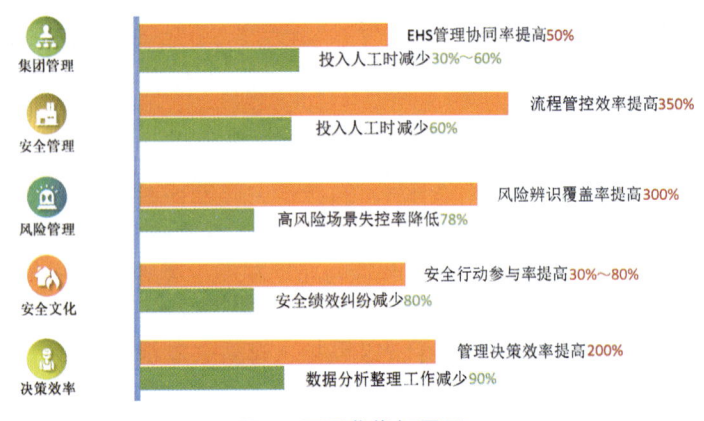

集团管理
- EHS管理协同率提高50%
- 投入人工时减少30%~60%

安全管理
- 流程管控效率提高350%
- 投入人工时减少60%

风险管理
- 风险辨识覆盖率提高300%
- 高风险场景失控率降低78%

安全文化
- 安全行动参与率提高30%~80%
- 安全绩效纠纷减少80%

决策效率
- 管理决策效率提高200%
- 数据分析整理工作减少90%

图 8 可量化指标展示

专家推荐语

本案例是医药化工行业 EHS 信息化平台建设的标杆案例,化工行业的生产现场情况和设备状态是一直在变化的,尤其是医药化工行业,产品变更频繁,风险管控难度更大。歌安云推出的 DRS 平台,将高风险场景可视化,通过 AI 和大数据技术,实现事故预测并提出纠正建议,能够开创性地解决各类问题场景。

包括化工在内的诸多行业,在生产环节中都不可避免地会产生大量涉及员工安全、健康、环保的风险隐患,这些问题长期存在并得到社会越来越多的关注,以及企业高层的高度重视。企业高层还就此展开多次讲话,行业相关监管部门也为此出台法律法规。歌安云已经做好了 3 年发展规划和最新一代产品准备,不单单是推出 PSM 和 PRM 平台,还会从健康、环保、安全多个维度满足行业腰部以上客户的各种诉求。

案例 20　聚焦海量工业实时数据管理，赋能集团级智慧集控运维

——上海麦杰科技股份有限公司

（一）基本情况

上海麦杰科技股份有限公司（以下简称"麦杰科技"）成立于 2000 年，是一家拥有国际领先的核心基础技术的工业数据管理软件公司。麦杰科技一直专注于工业实时数据管理技术的研究和应用，为客户的工业互联网平台提供工业大数据管理、云计算、边缘计算的基础构架产品和方案，目前已经为电力、石油、化工、冶金、环保、钢铁、装备制造、工程建筑等众多行业的超过 1000 家大中型客户提供工业数据管理服务。麦杰科技的工业物联网数据平台已经为超过 8000 万台设备提供数据连接和数据分析。

（二）背景需求

在"双碳"目标下，去化石能源是大势所趋。在中国当前经济社会发展的碳约束条件下，能源电力领域是减少碳排放的"主战场"，要实现"双碳"目标，能源电力系统脱碳是关键。加速发展以风电、光伏为主的新能源，来逐步替代传统化石能源，成为大型能源集团实现能源电力系统脱碳的重要手段。在这样的背景下，新能源发电迎来了巨大的发展机遇，但也面临着不小的考验。

大型能源集团通常管理数十个甚至几百个新能源发电（风电、光伏）场站的几万台风机、光伏发电设备，由于各场站建设时期不同，存在设备多样化、数据标准不一、管理制度和流程不同等多种差异；场站工作人员的专业技能欠缺，运行中的疑难问题难以及时解决；部分场站运维制度不完善、不规范，生产运维规程执行的规范化程度参差不齐，这些问题都为集团统一化、标准化、规范化运营管理体系带来巨大压力。

无论是从行业还是企业角度看，建设集团级智慧化生产运维中心平台，提升集团数字化、智能化管理能力，都已经成为能源集团市场的重要竞争力。然而，面对几万台设备上千万个测点的秒级实时数据生成、基于海量数据的智慧化分析与管理、集团运维体系的数字化全面升级等问题，企业需要的不是简单的功能性平台，而是高质量、高效率、高技术含量、自主可控的综合型智慧化数据管理平台。

（三）案例实施方案

1. 方案总述

（1）方案组成。新能源智慧运维系统由大数据管理平台和应用模块组成。基础数据管理平台采用麦杰科技的工业大数据管理平台，面向业务的基础应用模块和高级应用模块由企业在大数据管理平台的基础上开发完成。

（2）功能涵盖。新能源智慧运维系统涵盖陆上风电、海上风电、光伏、储能等不同种类的项目，提供新能源全生命周期的过程管控和数据支撑。

（3）自主可控。新能源智慧运维系统采用国产核心硬件设备作为基础支撑，核心软件产品采用麦杰科技具有自主知识产权的实时数据库系统，打破了大容量数据平台系统对进口核心芯片、操作系统和数据库的依赖。

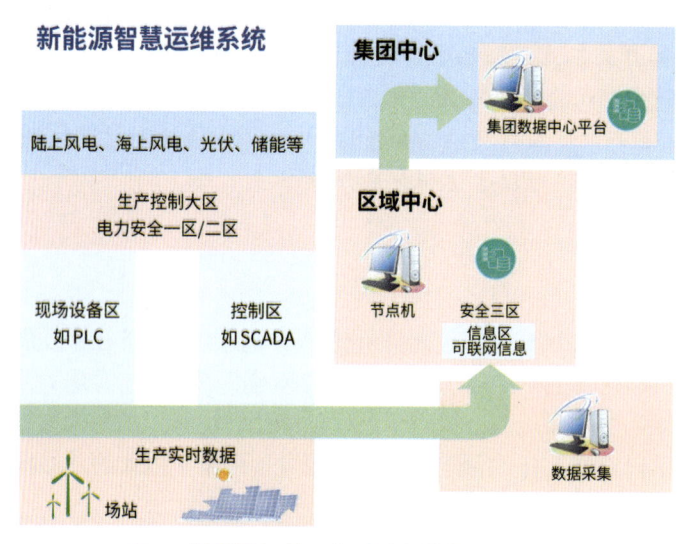

新能源智慧运维系统的数据汇聚方案如图1所示。

图1 新能源智慧运维系统的数据汇聚方案

2. 网络架构

本案例采用统一的数据接入标准，通过场站接口机采集生产实时数据，生产实时数据在通过隔离网闸后由内网向区域中心汇聚，再由区域中心向集团中心汇聚。所有现场汇聚数据都经核心交换机、主链路防火墙与集团中心对接，数据分别存储于区域集控运维中心节点机、集团监管中心虚拟化服务器、灾备数据中心（异地），实现多点备份和全生命周期完整存储。网络架构如图2所示。

3. 系统设计

针对工业领域的大数据管理平台：本案例采用麦杰科技的工业大数据管理平台开发框架，核心软件自主研发，坚持高效性、高可靠性、高扩展性、高安全性和易用性的设计理念，支撑千万测点的实时并发，以及海量测点的多维查询和分析。软件架构如图3所示。

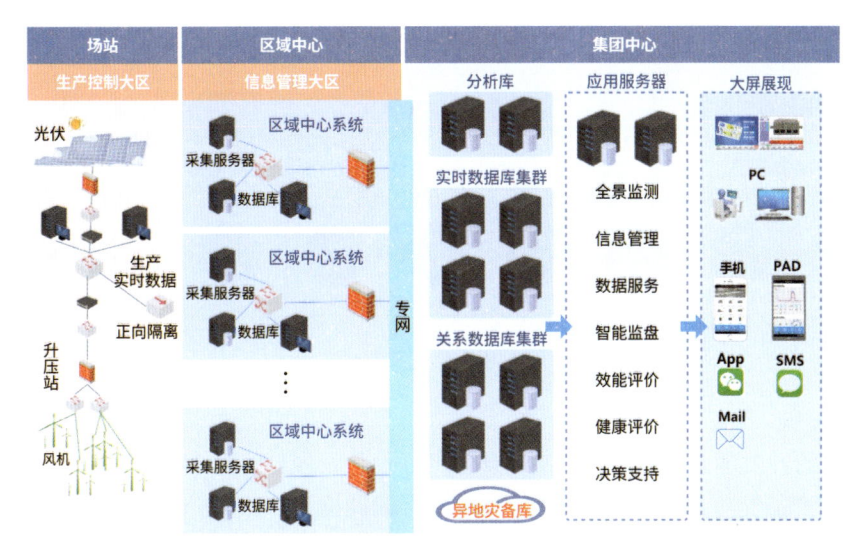

图 2　网络架构

图 3　软件架构

大数据管理平台的主要功能如下。

1）数据管理

（1）异构数据分类集群管理：新能源智慧运维系统集成实时库、关系库、分析库三大集群，将分布式文件存储、分布式全文检索、分布式消息队列应用于基础数据存储环节，减轻业务量增加对单个数据库频繁访问导致的压力。

（2）实时数据管理：本案例采用麦杰科技的 openPlant®实时数据库系统，其单机数据处理性能卓越，8 台国产服务器双机热备的集群即可完成千万级测点秒级数据管理，大幅降低了硬件投入。其高刷新率、高历史数据查询效率，支持新能源智慧运维系统对海量数据在线统计、即席查询、多维钻取的需求。实时数据库集群如图4所示。

图4 实时数据库集群

2）开发框架

（1）先进的开发理念：引入DevOps概念进行设计开发，着眼于重视软件开发和运维的沟通合作，打通产品交付过程中的IT工具链，使得编译构建、代码扫描、版本管理、自动化测试、持续集成、可视化等具体环节更加高效。

（2）应用容器化技术：服务层基于Docker容器标准进行微服务框架构建，将容器管理过程中常用的任务、服务、管理及容器仓库等复杂的功能模块以简洁的方式呈现，功能组件也以容器形式提供对外服务能力。

（3）微服务技术：微服务架构使应用程序更易于扩展并得以更快地开发，从而加速创新并缩短新功能的上线时间。微服务架构的核心是解决应用微服务技术之后的服务治理问题。服务治理的内容包括服务发现、服务注册、服务配置、服务调用、版本管理、流量管理、认证管理等。微服务治理逻辑如图5所示。

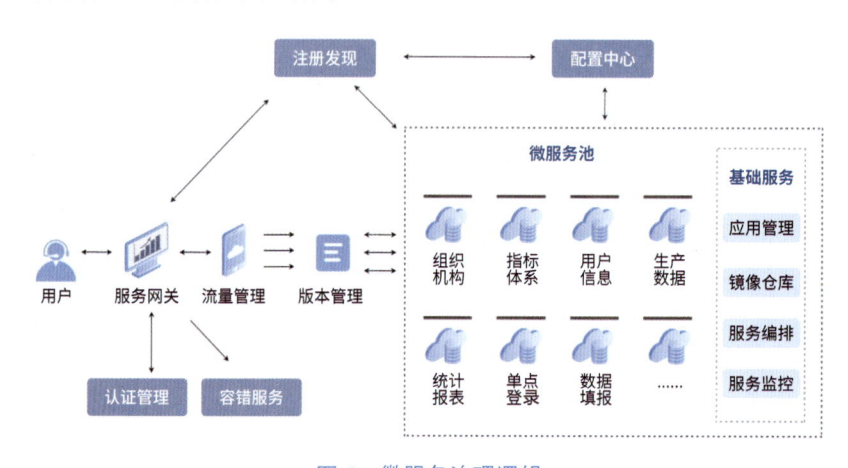

图5 微服务治理逻辑

3）数据治理

数据标准化：为确保数据能在集团内共享、开放，需将数据关系、数据规范、数据质量等纳入治理范畴，使全局数据管理、应用更加规范；在此基础上，对生产实时数据进行动态监视，对各类生产指标进行统计、对标；可建设集团层面的专家系统，并为各二级单位提供技术支持。

4）数据服务

接口标准化：大数据管理平台在数据标准、数据脱敏、数据访问等方面也进行了有效且系统的规范化管理，使得平台数据接口规范、安全、合理、好用。

5）数据应用

数据应用模块：在大数据管理平台的基础上，企业自行研发了立足于集团数字化、智能化运维管理需求的数据应用模块，包括实时数据与基础信息、智能分析与问题诊断、指标对比与电量预测、决策支持与运维支持的应用功能，使数据管理应用覆盖到运行监测、数据标准、性能分析、状态诊断、指标评价、预测报表、参数调整、方式优化等多种控制要素。数据应用模块阶梯图如图6所示。

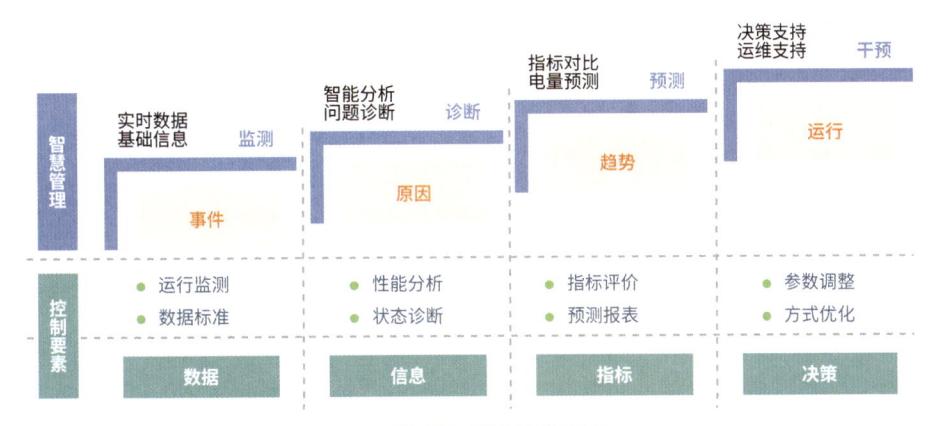

图 6　数据应用模块阶梯图

以风力发电机组电气信号的故障预测应用为例，利用采集到的发电机组的电气信号（如定子电流、转子电流、电压、功率等），提取故障特征，进行频谱分析，并将分析模型固化到平台中，将分析结果数据与趋势数据进行对比，进行机组运行指标评价，最终实现发电机故障的自动预测与预警，从而做到支持决策，进行提前干预，防患于未然。同样的预测方式也适用于风机定/转子绕组匝间短路、单相或多相短路、轴承损坏、转子偏心等故障的预测和诊断，可以在早期发现缺陷并进行预警。运用智能分析模型，结合场站的相关管理流程，最终达到提高设备运转效率和降低设备维修费用的目的。数据应用模块协助设备运维如图7所示。

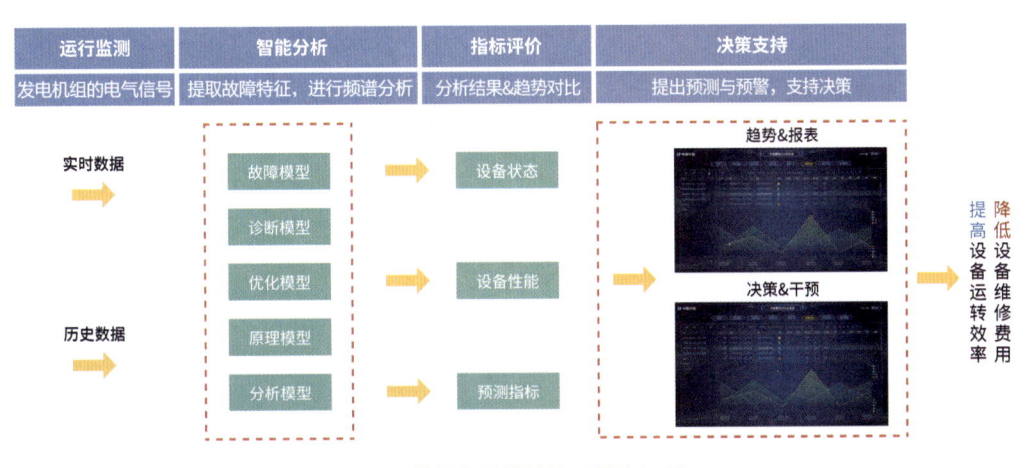

图 7　数据应用模块协助设备运维

6）深度扩展

数据价值：大数据管理平台本身具备可扩展性，并将数据管理和应用的价值体现在决策支持、运维支持、监督与监管上，未来还可将新建、收购增量新能源项目纳入管理，实现数据的横向扩展；当数据积累到一定程度时，大数据管理平台可在现有模块基础上扩展更多基于AI、大数据分析技术的应用，实现应用的深度扩展。

以技术先进性为依托，新能源智慧运维系统实现了新能源专业运维平台功能与企业需求之间的专业映射，直接赋能新能源智慧运维应用的全方位能力提升。

（四）项目实施收益

1. 项目的实施效果

本项目于 2021 年 8 月正式投运，完成了生产状况和设备状况的集团级集控运维和监管，已接入集团下属 30 多个区域、300 多个新能源场站、超过 15 000 台风机，每秒超 1000 万点，预计未来接入规模在 1300 万点以上。顶层规划、统一部署、分级使用，集团、区域、场站的数据、功能具有一致性，避免了不同单位各自开发系统造成的功能差异，提高了整体开发效率；使用高性能核心软件产品，硬件投资节约 50%以上。新能源智慧运维系统已成为麦杰科技数字化转型的重要组成部分，对其提升运维效率、降低运维成本、提升市场竞争力具有重大意义。

2. 项目的创新突破

本项目采用国产硬件设备和软件系统，打破了大容量数据平台系统对进口核心芯片、操作系统和数据库的依赖，国产化技术居于国内领先水平。

新能源智慧运维系统针对工业场合开发的数据应用、数据管理、数据治理、数据服务被融合到大数据管理平台框架内，形成了鲜明的面向工业领域的数据管理特色，为国产技术应用于更加广阔的海量高频工业数据管理应用场景积累了经验。

3. 同类项目的示范意义

未来新能源电站、储能电站建设都将持续大力开展，集约化、数字化、智能化已经成为电站运维管理模式发展的必然趋势。在同类型企业间推广使用由国产硬件、操作系统和核心软件建构的新能源智慧化运维中心数据管理平台，将助力我国建设以新能源为主体的新型电力系统，并助力我国新型电力系统运维体系的持续高水平迭代。

专家推荐语

（1）本案例是具有工业数据管理特色的大数据集成架构，该架构使成千上万台风机的数据传递、分析和智慧运维更加智能化。因此，该架构在以工业互联网技术为背景的智能化管理运营体系下，使智慧集控、智慧运维在高技术加持下更加高效率、高质量、集约化、智慧化。

（2）本案例在以数据驱动的背景下，凸显了数据管理和数据应用的能力，充分说明技术企业在产品、方案开发方面注重性能与实用性，在专注行业的理解上下足功夫，领会到了数据价值的精髓。

（3）从项目正式启动到新能源智慧运维系统正式投运，麦杰科技做到了由点到面整合集团分散设备，自上而下形成集团、区域、场站管控体系，打破数据壁垒，消除"数据孤岛"，造就千万点实时数据的管理规模，有效提高了数据技术的核心价值。麦杰科技能在短时间内取得如此成绩，难能可贵。

案例 21　基于数字孪生技术的钢铁能效智慧管控系统

——上海优也信息科技有限公司

（一）基本情况

上海优也信息科技有限公司（以下简称"优也"）坚持以创造客户效益为核心，致力于服务基础工业的数字化转型和智能化发展。优也秉承深厚的工业底蕴，将卓越的运营管理实践、深厚的工业知识积累、先进的工业互联网技术和领先的智能制造理念深度融合，为工业企业客户提供 Thingswise iDOS 工业互联网平台、工业智能应用和运营转型咨询服务的"三位一体"的综合解决方案，推动企业运营提升和转型升级。

优也重点服务行业为钢铁、电力、烟草、煤化工等流程工业，聚焦于能源、质量、工业互联网平台的数字化解决方案。

（二）背景需求

中国钢铁工业目前面临着新旧两方面的巨大挑战，诸如结构调整、创新驱动、绿色发展、提升效率、控制产能等传统挑战仍然存在。与此同时，新的课题又被推到了眼前，其中包括如何面对粗钢产量即将成等差级数的下降？如何集中解决电炉的短流程废钢利用和高质量发展问题？如何挑战理论极限、挖掘减碳的巨大潜力，以面对日益增加的不确定性？如何加快产业瓶颈和核心技术研发的攻关进程，攻克"卡脖子"问题？如何做大、做强国有资本，培育具有全球竞争力的世界一流企业？

钢铁工业作为中国经济的重要组成部分、"十四五"数字化转型的试点验证及"3060"双碳战略下节能减碳的重要践行者，是能源消耗、碳排放及去产能的大户。如何在完成低碳化改造的同时，实现高质量的发展、获得更新的可持续发展软实力，已经成为整个上下游共同关注的焦点话题。

要实现碳减排，钢铁工业就必须走低碳化、脱碳化发展道路。中国钢铁工业碳排放总量主要受吨钢碳排放强度（包括高炉-转炉长流程和全废钢电炉短流程之间的比例）和粗钢总产量的影响。中国工程院的殷瑞钰院士指出，中国钢铁工业实现碳达峰、碳中和的思路在于首先从宏观上调整产业结构，削减总量、淘汰落后，走减量与高质量并行的道路。钢铁企业应该走节能减排和脱碳的绿色发展道路，其中生产制造流程脱碳化难度较大，却至关重要。

数字化转型、智能化升级和低碳化改造可以为钢铁企业实现大幅度的效率跃迁和节能减碳；通过数字化转型实现高效运营，通过智能化升级实现成本节降，通过灵活性改造持续挖掘减碳潜力。

在钢铁企业转型升级的过程中，工业互联网技术是钢铁企业高质量发展的重要保障和支撑。作为新一代信息技术与制造业深度融合的产物，工业互联网技术在能效提升和智慧能源方面发挥着关键作用。为实现系统性节能减碳，笔者建议企业通过数字化转型，借用工业互联网技术、大数据技术及数字孪生技术，打造钢铁企业工业互联网平台及能效智能应用系统，全面实现生产企业的智慧化节能减碳，源源不断地释放节能减碳潜力。

（三）案例实施方案

优也采用精益管理、角色定位、协同管控、策略导航的开发思路，根据钢铁企业的价值改善点及目前"双碳"国策背景开发了针对性的能效智能应用系统。

1. 过程路线

钢铁企业应对挑战的关键在于牢抓成功要素，实施关键举措，系统化推进以能效精益运营为核心的数字化转型。通过全价值链深入诊断分析，形成系统化设计、结构化分解、模块化实施、阶段化推进的钢铁企业专属解决方案。基于精益能效管理及工业互联网、数字孪生、大数据挖掘等技术，优也钢铁能效智慧管控系统，实现小时到秒级的数据驱动闭环优化，全面体现时效利润最大化原则。

优也"三位一体"整体服务模式如图1所示。

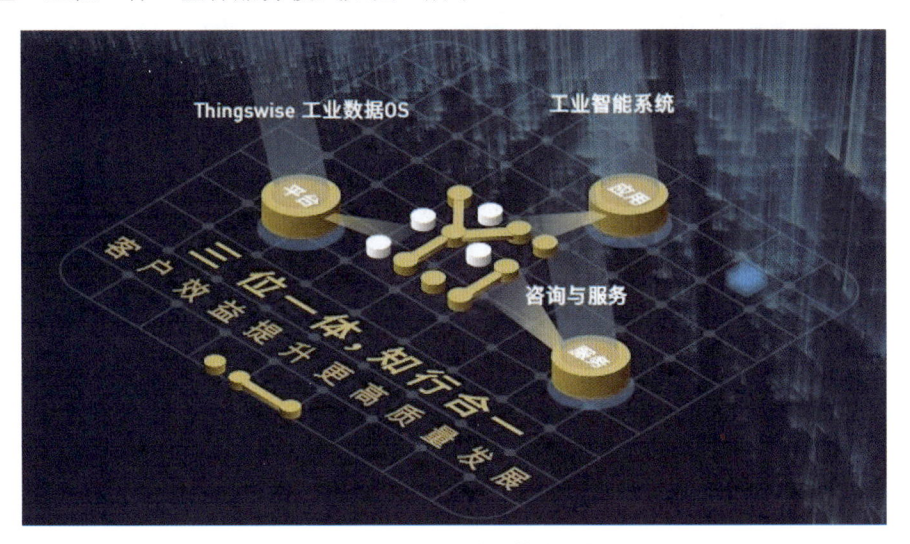

图1 优也"三位一体"整体服务模式

2. 技术框架

优也 Thingswise iDOS 工业数据操作系统独特的数字孪生技术框架为基于模型优化的智慧能效管理提供了有效载体，融云原生、大数据、机器学习、应用 DevOps（开发运营）等先进技术为一体，有效抽取、解耦、沉淀其中具有共性的通用功能至平台不同功能层，为钢铁企业构建基于数据价值挖掘的数字孪生钢厂、重构数字化项目落地流程、挖掘数据价值、实现产业数字化创造了条件。

优也 Thingswise iDOS 工业数据操作系统的架构如图 2 所示。

图 2　优也 Thingswise iDOS 工业数据操作系统的架构

优也钢铁智慧能源管控平台基于数据可视化，实现生产智慧监屏；通过对行业的认知及数据价值的挖掘，运用大数据分析、关键能效根因分析与基于规则的优控，实现能源管理业务的数字化、智能化管理；基于跨工序协同联动、智能寻优与平衡、资源优化配置，通过构建能源介质多参数智能平衡模型，打造能源智能导航系统，实现钢铁企业能源介质的智能管控。

优也钢铁智慧能源管控的功能框架如图 3 所示。

3．应用场景

优也能源全栈智能导航系统（见图 4）根植于精益能效管理理念及能源介质全流程价值最大化原则，针对企业"痛点"，以能源价值链综合协同为主线，通过跨工序协同联动、智能寻优与平衡、资源优化配置，构建能源介质多参数智能平衡模型，实施动态时效利润分析、优化策略智能化推送，打造能源智能导航系统，实现钢铁企业能源介质的智能管控。

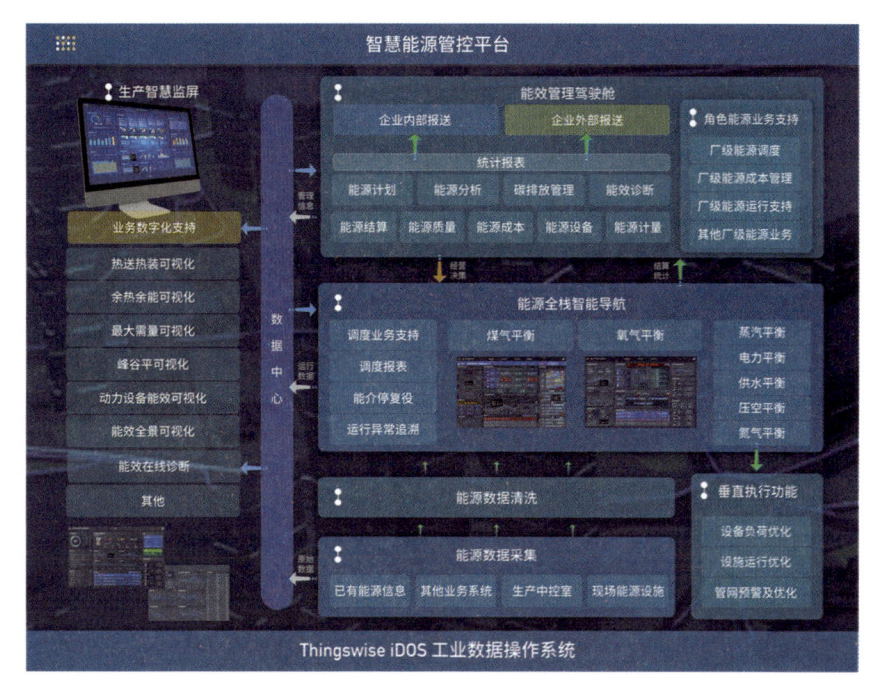

图 3　优也钢铁智慧能源管控的功能框架

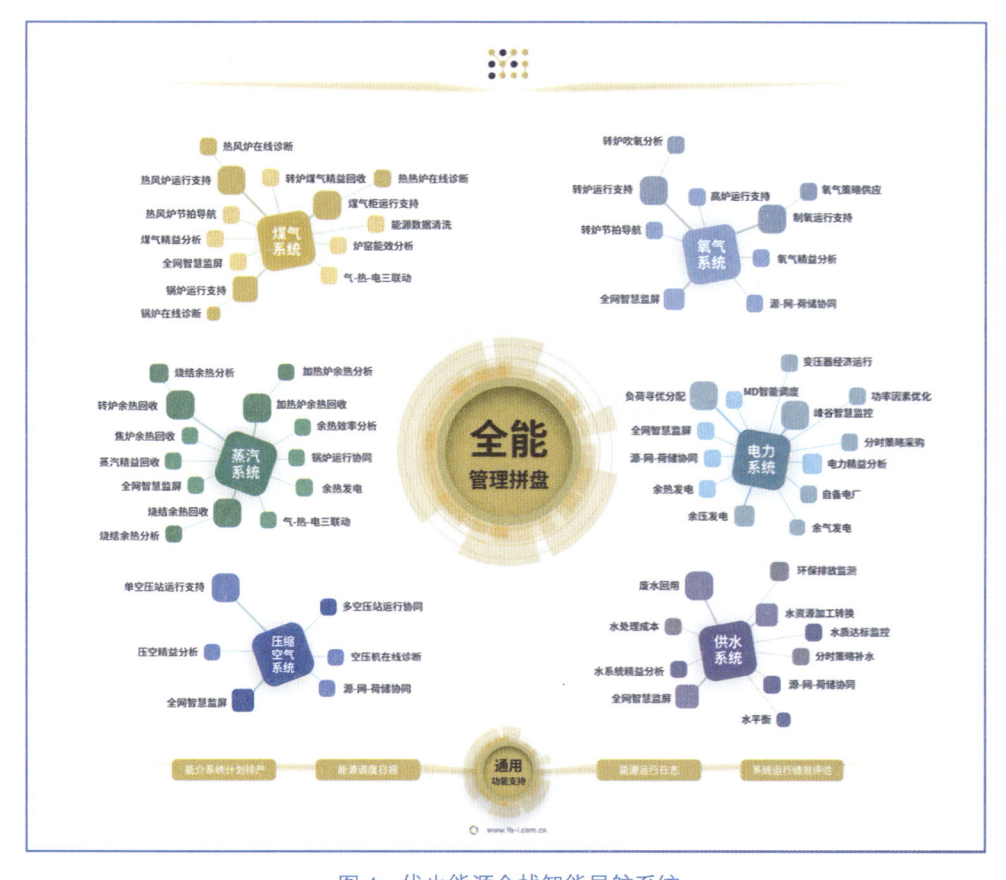

图 4　优也能源全栈智能导航系统

（1）煤气智能平衡系统：助推煤气资源"零"损失。煤气智能平衡系统涵盖钢铁企业的高炉煤气、焦炉煤气、转炉煤气及混合煤气系统，支持从煤气的产生、回收、贮存、管网输配到加工使用、放散全过程及全要素的数字化监控与智能化调度业务管理；通过跨空间工序调度信息全面呈现，进行供需变化、需求动态预测，基于生产规则动态异常诊断，为关键岗位提供精准的实时辅助决策。

（2）氧气智能调度系统：实现氧气资源最优配置，可减少氧气消耗5%～10%。氧气智能调度系统通过提升氧气供应保障和柔性生产能力，减少氧气系统放散及液/气转化，实现氧气资源最优配置。全网信息跟踪氧气系统，解决氧气生产连续性与用氧间歇性之间存在的不平衡矛盾，优化转炉/连铸生产模式，减少氧气消耗5%～10%。

（3）蒸汽智能平衡系统：对蒸汽系统的全过程及全要素开展数字化监控与智能化调度，平抑管网波动，提高蒸汽的综合利用效率。蒸汽智能平衡系统构建锅炉多机组多参数状态下的煤气—蒸汽转化逻辑，实施煤气—蒸汽/煤气—蒸汽—发电/蒸汽—发电的资源配置，从而实现蒸汽资源利用效率的最大化。

（4）氮气/压缩空气智能平衡系统：对氮气/压缩空气系统的全过程及全要素进行数字化监控与智能化调度业务管理，确保生产安全、稳定、经济地进行。

（5）给排水智能平衡系统：为调度系统提供全面生产运行数据，提升给排水调度平衡管理水平，提高水资源循环利用率，最大化回用中水，减少新水消耗量，对标节水；帮助客户高效、便捷、迅速地掌控水资源使用情况，大幅提高水资源利用效率，降低成本和减少资源消耗，对于水资源比较紧张的企业尤为重要。

（6）电机系统状态监测：识别早期征兆，使电机系统（泵/风机）的工况受控，设备运行安全、稳定、可靠，能效利用效率最佳。电机系统状态监测可帮助企业实现电机系统（泵/风机）能效水平的评价，量化各类损失与改善潜力，通过运营管理水平提升，新技术、新设备的应用，以及设备基于能效的维修，实现泵类设备的能效提升，为企业带来15%～30%的能效提升率。

（四）项目实施收益

1. 创新性

在本项目中，中国东部某300万吨钢厂采用精益理念、工业互联网技术、数字孪生技术、大数据技术设计和氧气智能调度系统，通过推送策略指导客户实施氧气动态平衡调配，为客户提供系统异常预警和事件追溯，规范了调配过程协同机制，帮助客户围绕管网压力稳定实施了精益运营操作。本项目通过精益管理与智慧能源管理技术相结合，给相关行业的能源管理优化提供了标杆性的参考。

2. 可推广性

本项目在一家钢铁企业的成功应用可以被推广到所有钢铁企业，可以有效地推进整个行业的能源管理智慧化进程，使能源介质价值最大化。

3. 可量化效益

通过在300万吨产能的案例钢铁企业的应用，实现：煤气年化节能降本800～1000万元，可减碳约 2.7 万吨 CO_2；氧气年化超 600 万元的节降收益，折合减碳约 8000 吨 CO_2，转炉冶炼周期缩短 0.2 分钟；蒸汽年化超 600 万元以上的节降收益，可减碳约 5000 吨 CO_2；氮气年化超 500 万元以上的节降收益，可减碳约 4000 吨 CO_2。

专家推荐语

优也钢铁能效智慧管控系统在多个钢铁生产场景通过智能寻优与平衡、资源优化配置帮助企业实现节能增效。该系统以精益管理理念为基础，以具有独特数字孪生技术框架的 Thingswise iDOS 工业数据操作系统为平台进行开发与设计，确保了在实现钢铁企业能源管理优化目标优化的同时具有较好的示范效应和较强的推广价值。

案例 22　轮胎生产工艺中的工业知识图谱构建与决策技术

——上海道客网络科技有限公司

（一）基本情况

上海道客网络科技有限公司（以下简称"DaoCloud"）自成立以来便与工业互联网结缘，2015 年助力车联网领域业务发展，2016 年开始探索制造业数字化转型，2019 年积极参与能源互联网、电力互联网等工业领域的建设，并在工业互联网平台建设方面与海尔、上海宝信软件股份有限公司等合作伙伴结出累累硕果。近年来，DaoCloud 积极融入上海市本地的工业互联网生态圈，立足于云计算、大数据与 AI 技术，以强大的工业领域服务能力入选长三角 G60 工业互联网生态的核心合作伙伴。DaoCloud 积极参与国家工业互联网生态的建设，不仅为多家巨头企业提供工业互联网及大型制造企业数字化转型服务，还深入特定行业和特定领域，用前沿技术解决工业企业的实际生产问题，同时积极参与国内大型工业比赛，并取得优异的成绩。

（二）背景需求

在轮胎的生产过程中，一个重要的生产操作工程是密炼工艺。该工艺是通过封闭式炼胶机在适当的加工条件下，将配合剂与生胶均匀地混合在一起，形成质量均一、能满足后续加工要求的混合物的操作过程。在该操作过程中，企业通常采用密炼曲线的方式呈现加工过程。当前的密炼工艺过程缺少直观、可视化的渠道展现密炼曲线，过多地依靠人工经验判断工艺质量，生产线因质量问题的告警不及时等问题显著。为了提高炼胶质量、完善密炼工艺、减少能量消耗、提高生产效率，DaoCloud 需要使用大数据和知识图谱的方式解决如下问题。

（1）建立标准曲线。完善数据采集能力，根据采集的生产数据、行业规范、产品规格、专家经验进行建模，生成标准曲线，作为检查的判断标准，并以图形可视化的方式呈现。

（2）更新优化标准。通过实时采集的数据和标准曲线进行数据迭代分析，自我学习更新，利用知识图谱和算法模型对标准曲线进行优化。

（3）实时校验告警。根据知识图谱得出的阈值及规则，对采集到的数据进行细分的分析（分时等），对数据进行校验并设置告警。

（4）辅助决策措施。目前，系统在告警后提供辅助决策措施，需要相关人员到场通过手动操作进行确认，并不自动干预生产。辅助决策措施包括停机、热电偶检修、温度压力参数调整等。

（三）案例实施方案

1. 案例整体架构

DaoCloud 联合上海工程技术大学，以工业知识图谱为技术突破点，结合边缘计算平台对轮胎密炼工艺的数字化沉淀，以密炼工艺数据为中心，探索并解决了轮胎密炼工艺从现场运行数据获取、知识图谱构建/算法分析模型及决策应用的协同化场景（见图1）问题，构建了端到端的轮胎密炼工艺大数据全流程应用工业大数据平台。

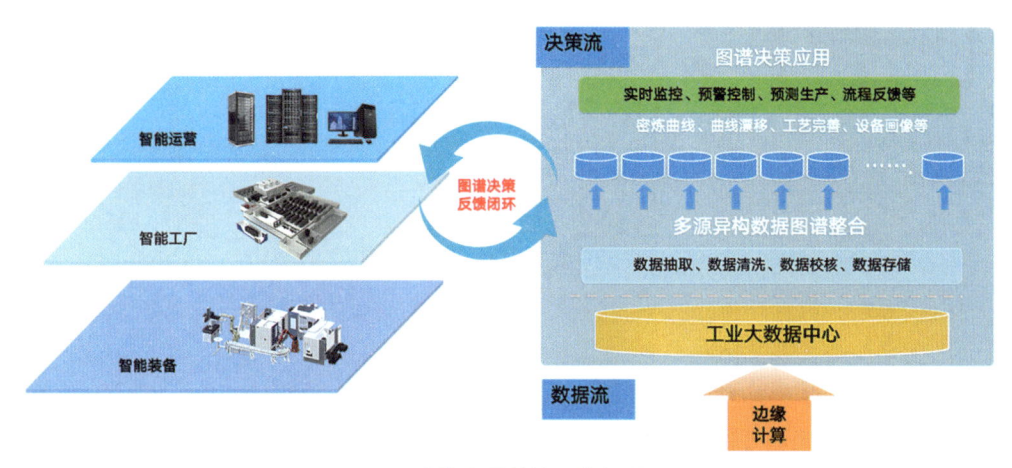

图 1　决策应用的协同化场景

（1）工业边缘计算平台：提供边端和云端的协同支持，满足行业数字化在敏捷连接、实时业务、数据优化、应用智能、安全与隐私保护等方面的关键需求，为构建知识图谱提供相关数据准备。

（2）工业知识图谱整合：实现对数据的清洗、校核等处理工作，构建轮胎制造行业知识图谱及知识模型，具备工业知识自动构建、推理、推荐与指挥决策等服务能力。

（3）工业决策分析系统：构建了包括三大类指标体系、七小类评价指标、13种测试方法的智能轮胎制造推理决策指标体系并实际应用。

（4）工业能力治理与开放模块：以服务与 API 为核心，重点建设了协议转换、服务注册、审计安全、服务代理及负载均衡等企业级就绪的功能，确保工业能力治理与能力开放系统稳定运行，将知识图谱能力应用于智能工厂轮胎生产质量检测。

2. 关键技术创新

（1）边缘计算平台（见图2）。DaoCloud 通过具有自主知识产权的边缘计算平台，实现生产过程中数据的实时准确获取，解决工业实施现场网络环境复杂、生产边缘模型应用不足等问题，实现弱网环境自治、云边数据协同分析、生产应用边缘生命周期管理等功能。

（2）知识图谱技术。DaoCloud 和上海工程技术大学合作建立基于多模态工业数据的工业制造与机理建模及知识表达范式理论，完成多模态数据的语意刻画与度量，形成工业表达知识范式，构建轮胎制造行业知识图谱（见图3）。

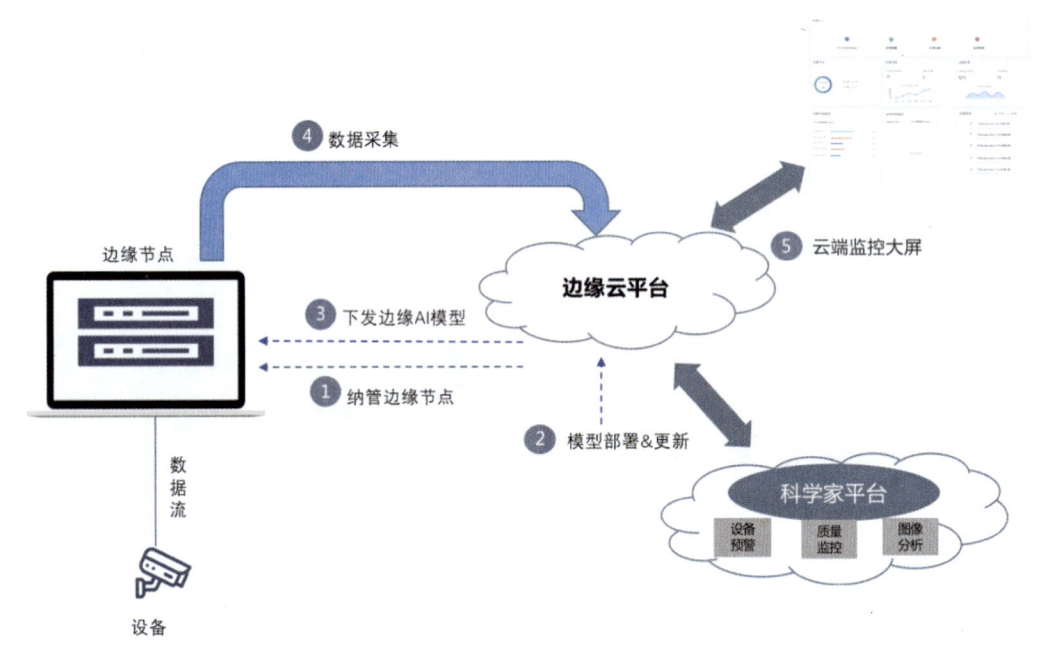

图 2 边缘计算平台

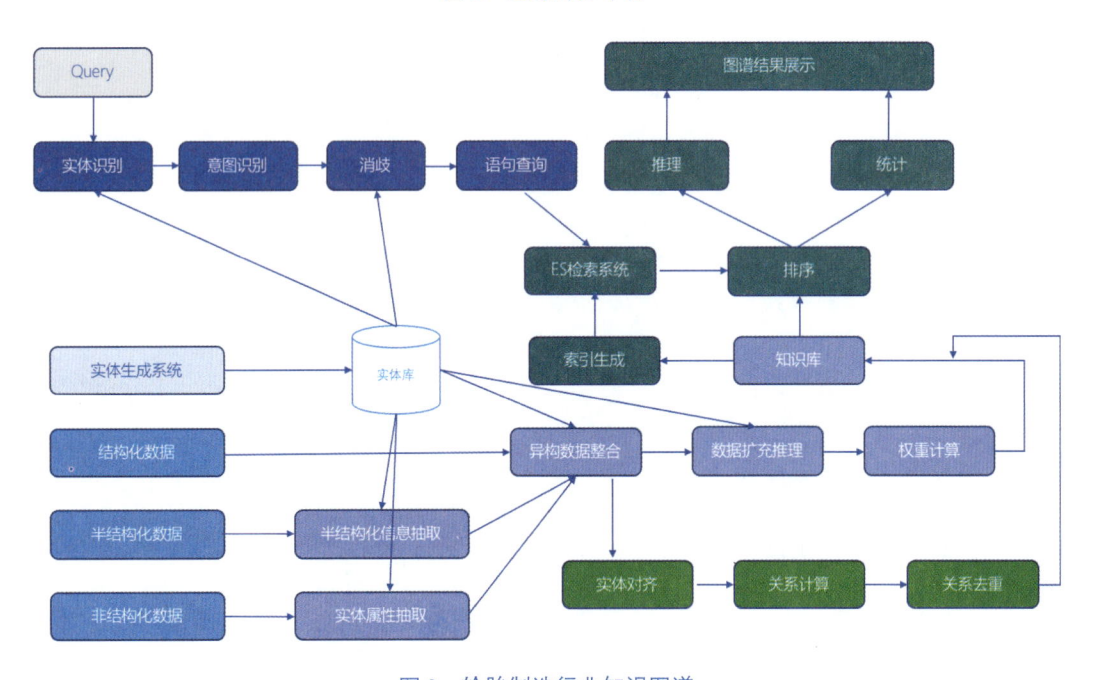

图 3 轮胎制造行业知识图谱

（3）智能决策验证系统。DaoCloud 联合上海工程技术大学，完成工业知识图谱智能决策验证系统（见图4），实现多样时变环境下的知识增强推理与推荐，达到知识情景融合驱动的工作流多尺度协同决策效果。

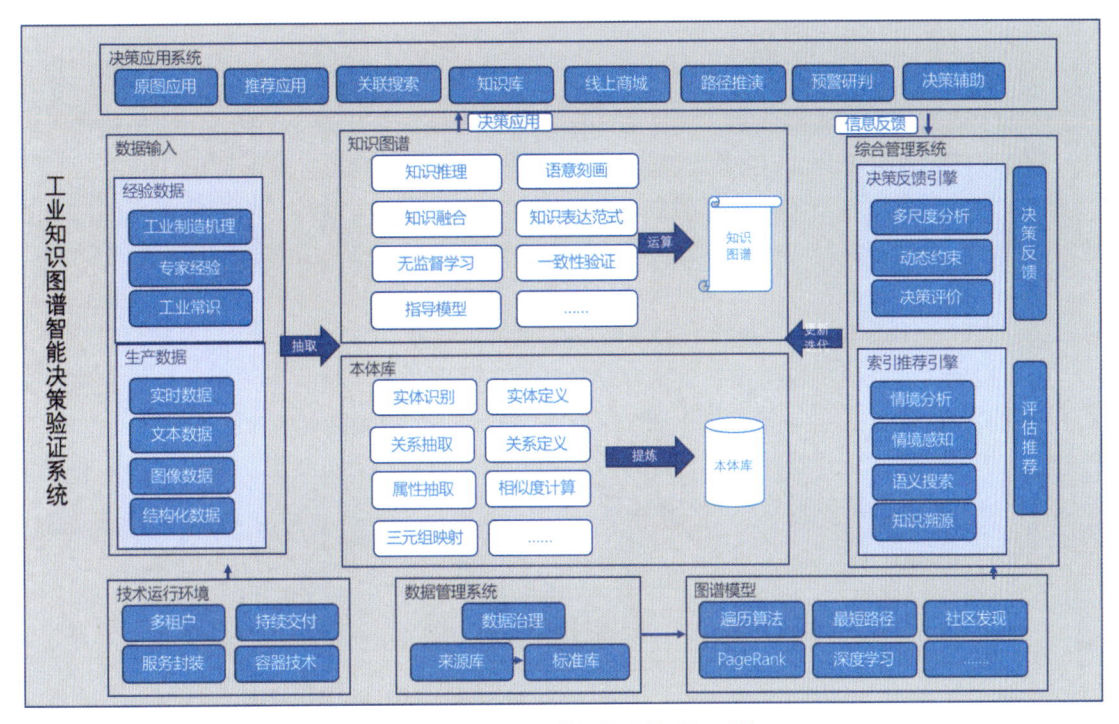

图 4　工业知识图谱智能决策验证系统

3．案例应用前景

（1）研发面向轮胎制造工艺的应用，填补市场的空白。借助大数据和知识图谱技术提升数字化分析决策能力，对特定的场景进行深度的数据分析与挖掘，优化设备或设计生产、经营等具体环节，在现有基础上借助平台增强能力。

（2）克服高端设备运行时数据采集的困难，标准化数据采集。借助工业互联网平台靠近设备现场端的应用分发及配置更新的能力，将最大限度地释放设备数据的能力，实时更新数据模型，以及在更靠近设备现场的地点做数据预处理，极大地减轻数据传输过程中带宽的压力。

（3）引入知识图谱技术，将工厂车间、人工资源、物料组件、设备制具、工艺流程、故障等制造业的基础数据进行知识分类和建模，通过对知识的抽取，对定量知识与事理知识的融合实体之间复杂关系的挖掘，构建制造业知识服务平台，建立产品规划、设计、生产、试制、量产、使用、服务、营销和企业管理等全生命周期的互联。

（4）形成轮胎制造行业基于多模态工业数据的工业制造与机理建模及知识表达范式理论的机理模型标准，构建工业知识图谱智能决策验证系统，进行轮胎制造全产业链的知识协同情境自适应智能交互决策探索，将知识转化为决策依据，破除产品封闭式的重复研发，实现创新，进行全流程多方面的协调管控，提高制造流程中问题的预见和解决能力，提升资源管理能力、生产效率和产品质量，从源头提升整个产业链的质量和效率。

（四）项目实施收益

（1）生成密炼工艺标准曲线，提供曲线异常告警和异常参数分析，密炼工艺质量得以提升，密炼原料消耗减少 4%，生产过程能耗降低 5.5%，一次交检合格率达到 98.3%。

（2）构建具有超过 10 000 个节点的轮胎制造行业知识图谱，探索出一套行业内的知识图谱构建流程，建立知识自动构建与推理决策的指标体系和测试方法，决策准确率达到 98.7%。

（3）完成符合行业特点的知识协同情境自适应智能交互决策，进行行业全产业链知识系统调研，为行业实现数字化、网络化和智能化提供技术支撑。

（4）构建了行业机理模型库，支持存储轮胎制造行业的相关模型，采用分布式架构进行设计，以服务化的方式面向全产业链合作伙伴提供服务，可提供 99.9% 的服务保障。

（5）探索建设工业边缘计算平台，将数据中心的算力资源下沉到工业现场端，让生产线的数据就近处理，提高数据处理的效率。

专家推荐语

"冰冻三尺，非一日之寒。"DaoCloud 深知服务于工业制造领域的企业需要沉下心、弯下腰到工业制造现场，深入了解相关制造工艺。在本案例的探索过程中，DaoCloud 创新性地将边缘计算、知识图谱构建、智能决策等业界先进的技术与制造工艺领域结合到一起，解决了工业问题，同时提高了生产效益。

案例 23　以 AI 创新工业高危生产安全管理新模式和新路径

——上海湃道智能科技有限公司

（一）基本情况

上海湃道智能科技有限公司（以下简称"湃道智能"）成立于 2018 年，是一家以 CV、深度学习与行业知识图谱为核心的 AI 企业。其致力于打造领先的计算机算法、精准的图像识别技术与行业先进的知识和经验融合的智慧安全监测平台，帮助高危行业及企业在安全生产领域实现全域高安全与智慧化管理。截至 2021 年 3 月，湃道智能先后获得了启明创投、百度风投、德迅投资与致道资本的数亿元投资。

目前，湃道智能针对工业安全领域的场景特点，已自主研发覆盖超过 40 个高危安全生产场景和超过 100 种 AI 算法的功能，检测精准度达到 90% 以上，并获得 8 项安全检测专利、13 项软件著作权及 ISO 9001 质量体系认证，是 AI 技术在工业高危安全生产场景落地的领跑企业。

（二）背景需求

石油和化学工业是我国重要的基础产业、支柱产业，石化行业的生产行为有着十分严格且高度统一的作业规则。由于行业周期性和工艺特殊性，人的作业一般不容易与生产作业系统的信息或处理技术产生交集，这对于企业的现场信息处理、分析、快速反应能力提出了很高的要求。与此同时，随着生产规模的扩大和生产、储存装置的大型化，重大危险源不断增多，石化行业事故多发，安全生产形势严峻，石化行业仍处于爬坡过坎、攻坚克难的关键时期。在石化等高危行业的安全生产过程中，人、物、环境的不安全行为或状态常常引发安全事故，造成生命及财产损失，生产安全性可谓至关重要。传统的安全监管模式不能及时、有效地排查隐患、控制风险。监管手段的信息化、数字化及智慧化升级，是预防治本、提升安全监管效能的重要举措。

湃道智能的 AI 智慧安全监管解决方案的建设旨在响应国家、地方政府、企业等对 AI 等新技术、安全生产信息化建设的号召，充分利用 CV 技术，深入高危安全生产场景，与安全生产管理深度融合。该方案围绕人、物、环境等安全要素，利用 AI 技术全面感知、主动发现，全天候对企业安全生产中的人员行为、设备异常状态、环境缺陷、违规作业流程主动监测安全隐患并实时预警，有效地提高了监控设备的利用效率和监管质量，全面提升了企业的风险感知及隐患排查能力，帮助企业和监管部门解决了监管问题，高效推动质量变革、效率变革、动力变革，为实现安全管理数字化转型赋能、赋智、赋值。该方案已被广泛应用于化工、煤矿、非煤矿山、石油、核能、钢铁、冶金、电力、建筑等高危安全生产场景。

（三）案例实施方案

湃道智能的 AI 智慧安全监管解决方案充分利用 CV 技术，深入高危安全生产场景，依托工业互联网，与生产、环境、运营等生态系统数据融合，为安全管理提供技术保障和决策辅助。

该方案从上海石化储运部具备典型示范效应的汽车灌装作业场景切入，将 AI 技术应用到汽车灌装作业全流程智能监管和现场安全生产智能监管中，对汽车灌装操作流程中的人员防护、行为安全、设备异常、环境状态及流程序列等进行智能监管，降低风险和事故发生率，提高人员、设备和生产效率。

该方案采用湃道智能创新研发的基于人物交互关系及序列动作识别的前沿 AI 模型和算法，通过设计 CNN（卷积神经网络）+Transformer 框架，无监督实现序列视频动作的特征提取，并将基于 Transformer 得到的序列动作的时序关系、人体的骨架信息、人物交互状态估计等特征相融合，实时、准确地实现作业中连续动作的认证，保障作业全流程的操作规范及避免因操作不当引发的安全隐患。该方案帮助监管人员对作业过程中的违章作业行为进行实时识别、分析、预警，大大提升了监管效率。

该方案自实施以来，实现了汽车灌装作业流程的全面安全监管，提升了汽车灌装作业安全管理智能化水平：①该方案自实施以来未发生安全事故，事故率为 0；②该方案对多个槽车灌装平台，布控 10 余个灌装作业全流程安全管控智能算法，算法平均准确率达到 94%；③与上线前采用大量人力事后复盘手段相比，该方案降低了实时/事后作业行为监管分析的人力成本（降低了 56%）。

湃道智能的 AI 智慧安全监管解决方案是由湃道智能基于自身领先的 AI 视觉算法、知识图谱技术，融合高危行业先进知识与经验，聚焦场景，围绕"人、设备、环境、作业流程"监管四要素，基于人-物关系、序列动作、零/小样本识别及异常检测等自主研发的算法研发的，集人员行为管理、作业环境管理、作业许可和作业过程管理、重大危险源巡检管理、设备安全管理、安全生产分析及 BI 展示等功能模块于一身的智慧安全管理系统。该方案基于数据感知，针对不同场景的网络环境和视频设备设计合理的系统架构，通过深入高危安全生产场景需求，追求高危安全生产场景中人、物、环境等诸要素的安全可靠、和谐统一，打造场景化专用算法，使用 AI 技术对高危安全生产场景进行全面感知、AI 发现、预测预警及决策辅助。系统的建设能有效提升监管质量和效率，提升企业的风险感知能力，及时、主动地对风险隐患进行预警干预，帮助企业和监管部门解决监管"痛点"及困境，大大减少及避免事故的发生，提升企业全要素的安全生产水平，推进高危行业转型升级和高质量发展。

1. 全面感知：多模态数据融合能力，解决工业场景安全管理问题

湃道智能的 AI 智慧安全监管解决方案根据场景内的监测对象及监测需求，支持 RGB 相机阵列（3D 场景建模、多视角、光场等）、多光谱相机（红外、紫外、X 光等）及位置、气体、液体、声音等其他传感器的多模态融合，实现场景数据的全面采集和综合利用，解决工业场景安全管理问题。湃道智能的 AI 智慧安全监管解决方案的总体架构如图 1 所示。

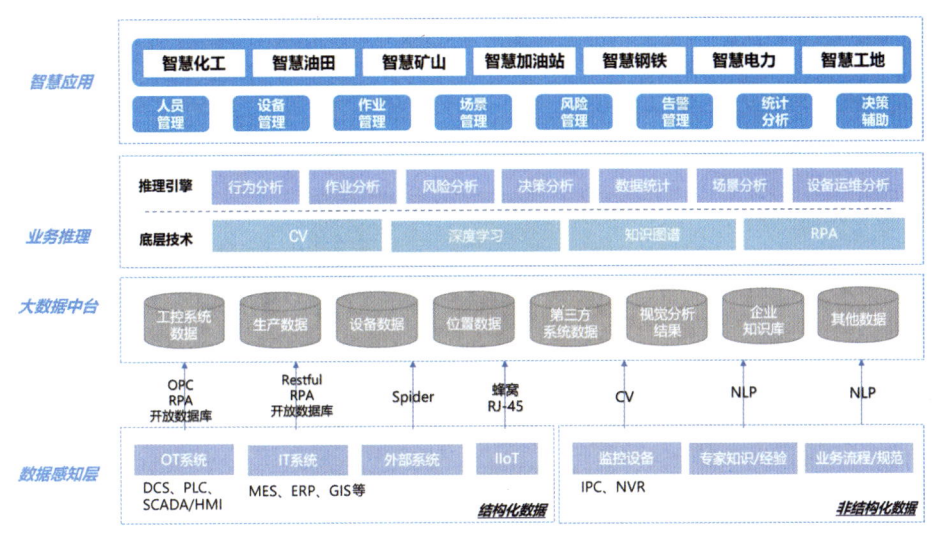

图 1　湃道智能的 AI 智慧安全监管解决方案的总体架构

2．AI 发现：基于人员行为、人-物关系的全场景理解

基于算法的基础任务，湃道智能自主研发针对高危安全生产场景的数十种人-物算法，并在此基础上，实现以人（位置、身份、属性、动作&交互、序列动作&交互对象）和场景（位置、身份、状态、结构、关系）为中心的智能监管，具备对高危安全生产场景内各种要素、结构、状态、相互关系、异常变化与行为操作等的全面理解能力。湃道智能自主研发的 AI 专有算法如图 2 所示。

图 2　湃道智能自主研发的 AI 专有算法

3．预测预警：基于先验知识的智能推理，对安全隐患进行实时预测及预警

基于知识谱图（规章条例、经验），按照高危行业安全生产条例，AI 系统主动对场景中的人员行为、设备装置状态、环境风险、全作业流程等进行监测。AI 系统根据已有的规则进行智能推理，自动获得全方位、安全专家级的研判信息，从而对安全隐患进行预测及实时预警和管理。这一技术支撑，将 AI 技术与行业规则、经验积累相结合，让湃道智能的 AI 智慧安全监管解决方案成为切实可用的、可靠的"安全专家"。湃道智能的知识图谱系统如图 3 所示。

图 3　湃道智能的知识图谱系统

4．决策辅助：以 AI+BI 实现综合管控、智慧运营、科学决策

湃道智能的 AI 智慧安全监管解决方案利用 AI 技术实时感知，实现安全隐患的主动发现，全面洞察安全态势；基于获取、清理、集成和存储的数据进行全面分析及 BI 综合监测、告警、态势展示，形成结构化、智能化、可视化的科学决策，为监管部门的管控和运营赋能。

5．多视角、多终端展示：企业与集团公司视角、大屏、PC 端、App 多端交互

湃道智能的 AI 智慧安全监管解决方案立足于企业及集团公司多视角及管理需求，覆盖企业各层级安全生产信息、人员行为、重大设备、作业流程、厂区作业环境及异常状态等应用需求，按照统一建设标准规范汇聚各子公司的数据，建立集团层面统一的安全管理平台，以满足不同角色的展示设备需求，实现企业、集团内外的信息共享。上海某石化企业充装场景示意图如图 4 所示。

图 4　上海某石化企业充装场景示意图

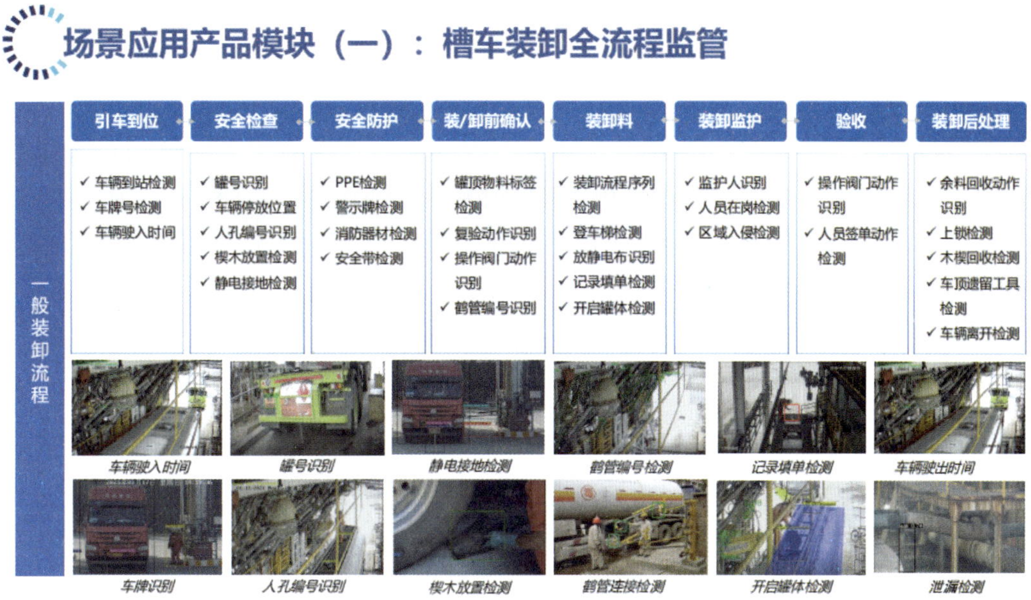

图 4　上海某石化企业充装场景示意图（续）

6. 技术创新点

湃道智能的 AI 智慧安全监管解决方案涉及的大量核心技术多为湃道智能的自主创新技术，湃道智能对其拥有完全自主知识产权。湃道智能的主要技术创新点如下。

（1）基于工业 CNN 的小样本和零样本检测识别算法。

在化工等高危安全生产场景中，企业需要对高危异常状态进行实时检测，包括爆炸、跑冒滴漏、人员从高空坠落、乙炔瓶和氧气瓶过近引起的火灾等。然而，这些事件的数据稀缺，且真实模拟代价高昂。传统的神经网络框架需要使用大量的数据驱动模型的学习，无法适应数据缺乏场景。湃道智能通过自主研发工业 CNN，利用大量的正常数据及少量的异常数据训练神经网络并提取特征，在此基础上利用压缩感知优化启发的神经网络架构设计分类网络，通过刻画数据在空间中的分布，实现了小样本识别和零样本识别，在高危安全生产场景中实现 99%以上的危险自动检测，并实现实时预警。

（2）基于 CNN+Transformer 的连续标准动作认证。

在实际的工业高危安全生产场景中，人和物的交互通常存在标准动作，如产品的组装和装配、设备的检修等。标准动作通常具有唯一性，但错误的动作有多种，且模拟代价巨大。该方案通过设计 CNN+Transformer 框架，无监督实现序列视频动作的特征提取；通过将基于 Transformer 得到的序列动作的时序关系、人体的骨架信息、人物交互状态估计等特征相融合，可以实时、准确地实现连续动作的认证。在充装平台中，该方案的算法可以达到 95%以上的检测准确率。

（3）基于自然语言知识图谱和视觉知识图谱的推理框架。

在化工、煤矿等工业高危安全生产场景中，企业需要一个专家系统实时监控并自动预警，这需要一个知识谱图来帮助实现推理。在知识提取方面，湃道智能实现了基于自然语言和视觉知识的知识图谱的创建。视觉知识图谱是以图像为主要研究内容，由视觉样本构造，且节点和边均有视觉表示的知识图谱。相对于文本知识图谱，视觉知识图谱可以基于海量的数据学习常识，如图像中显示，在装车平台上，油罐车的链条通过接地处理来排除静电，在转化为知识图谱后则显示为"油罐车—连接—地面"。这样就可以通过大量的视觉数据丰富知识图谱。基于自然语言的知识图谱可以利用文本手册中的图片和文本，自动进行知识提取。通过将自然语言知识和视觉知识融合构建多模态的知识图谱，可以对化工等高危安全生产场景进行有效监管，实现智能的危险预警。

湃道智能的AI智慧安全监管解决方案采用自主研发的园区数字场景平台，以CV、知识图谱、深度学习等AI技术为支撑，融合了大型关系数据库处理、主流软件开发和容器虚拟化等前沿技术。该方案充分考虑与其他信息系统的开放互联，以辅助HSE生产安全、提高生产效率为目的，在开放的信息服务平台上集成相关应用，建成安全管理信息化的服务平台。

以灌装台汽车装卸作业工作场景为例，湃道智能的AI智慧安全监管解决方案将通过以下技术将汽车装卸作业中的人、车、设备、环境和现有系统等关键要素全部数字化为一个完整的灌装台数字孪生工作场景，形成管理闭环。具体构建过程如下。

首先，通过CV算法识别工作场景中的人、物、环境及其相互之间的关联关系。

其次，将作业安全法规整合到数字化的规章条例库中，构建知识图谱。

最终，运用判定引擎对数字孪生工作场景中的要素进行判断，判断当前的状态和正确的装卸流程是否匹配，一旦出现偏差就报警，从而提高装卸作业的安全性和效率。

7. 功能亮点

湃道智能的AI智慧安全监管解决方案采用分布式B/S架构，方便处理能力的线性扩容，具备以下功能。

（1）统计分析：统计指定周期内安全指数的变化趋势、统计指定周期内各等级报警事件的分布和变化趋势、统计指定周期内固定作业整体和分阶段的完成效率。

（2）场景监控：对槽车灌装作业场景进行安全、流程、事件管理；对一般场景进行安全管理。

（3）场景管理：对场景内的摄像头、布控算法、作业流程、报警规则、事件记录等内容进行配置管理。

（四）项目实施收益

1. 方案的效益

湃道智能的AI智慧安全监管解决方案在增进经济效益和社会效益方面做出了卓越贡献。

1）经济效益

（1）降低人工费用，对中型企业（销售收入为2亿~7亿元）来说，可节约至少6名专职人员的人工费用；对大型企业（销售收入为7亿元以上）来说，大约可以节约12个专职人员的人工费用。

（2）避免了由安全事故造成的停产损失。

（3）实施远程监管，增加了有效工时。

2）社会效益

（1）作为 AI 技术在工业高危安全生产场景的示范应用，该方案可预测、预警重大风险，提升了石化、煤矿等高危行业的安全生产水平，降低了特大事故发生的风险。

（2）提供了安全生产保障。

（3）替代值守和验收人员，减少监督人员数量及工时。

2．方案的价值和意义

使用湃道智能的 AI 智慧安全监管解决方案对工业高危安全生产场景进行实时监控，对于科技兴安、落实企业安全生产主体责任具有重要价值和意义。

（1）落实企业安全生产主体责任的工具和抓手。

在建设该方案后，企业安全负责人有了落实企业安全生产主体责任的工具和抓手，可结合该方案制定相应的安全规章制度，物尽其用，有效提高企业安全生产水平，产生显著的安全效益。

（2）防范安全隐患，主动发现，及时预警，大大降低事故发生率。

借助 AI 技术，该方案对人员违章及违规行为、设备及环境的异常缺陷进行智能感知、主动发现、及时预警，降低了人员作业、环境变化、设备生产安全风险，大大降低了事故的发生率，保障了企业的安全生产。

（3）辅助安全监管，提升管理效率，降低管理成本。

该方案有助于安全监管人员开展工作，改变了传统的安全管理人海战术，使得安全监管人员、企业管理人员可以从日常巡逻检查等事务性工作中脱离出来，更多地从事与安全相关的技术工作、制度修订工作等知识性工作，从而综合降低了企业的管理成本。

（4）规范作业行为，实现作业许可及作业监管的规范化管理。

该方案帮助企业构建及打通电子作业票系统，使动火作业、受限空间作业、临时用电作业等特殊高危作业审批许可作业实现条目化、电子化、流程化，并通过系统对作业全程进行过程和痕迹管理。

专家推荐语

安全事件背后的核心问题是管理的问题。人经常会犯错，而机器不会。犯错就意味着安全隐患，而如何通过管理尽可能地减少犯错、降低风险，是目前高危工业智能化、信息化体系建设的主要目标，也是湃道智能一直在研究和解决的问题。

湃道智能认为，AI 技术是建立在神经网络和数据挖掘的基础上，让计算机能够如同人一般进行学习、思考和管理的一种前沿技术。湃道智能的 AI 智慧安全监管解决方案核是以一种 CV、深度学习与知识图谱核心技术为引擎，为工业高危安全生产管理提供决策辅助的新型的、先进的、科学的、智能的管理工具。

案例 24　大数据技术打造 AIoT 平台，赋能炼钢工艺流程优化

——星环信息科技（上海）股份有限公司

（一）基本情况

星环信息科技（上海）股份有限公司（以下简称"星环科技"）是一家企业级大数据基础软件开发商，致力于围绕数据全生命周期为企业提供基础软件及服务，已形成大数据基础平台、分布式关系型数据库、数据开发与智能分析工具、数据云的产品矩阵，助力企业快速开发数据应用系统，推动业务数字化转型。

星环科技是中国首个进入 Gartner 数据仓库及数据管理解决方案魔力象限的厂商，且被评为最具前瞻性的远见者之一；曾两度被 IDC 评为中国大数据市场领导者；同时，是 12 年来全球首个完成 TPC-DS 测试并通过官方审计的厂商。

（二）背景需求

1. 客户背景

沙钢集团是中国最大的民营钢铁企业，目前其总资产超 2200 亿元，拥有职工近 2 万人，年产钢能力超 5500 万吨，位居全球钢企第 4 位，连续 13 年跻身世界 500 强。

经过多年信息化建设，沙钢集团已拥有生产、质量、采购、销售、财务等大量业务系统数据，但缺乏有效的技术手段打通数据，以实现数据应有的价值。此外，作为流程制造业，沙钢集团有众多生产控制设备与系统，设备故障无法被及时发现。沙钢集团现阶段主要通过定期停机进行调试与维护，无法实时监控各设备的运行健康状态。

在此背景下，沙钢集团积极响应国家号召，以节能减排为己任，以科技为引领，希望通过管理和技术变革实现钢铁工业的节能减排与降耗，全面推进工业数字化转型。

2. 建设需求

星环科技现需构建沙钢集团工业互联网平台，并利用大数据技术的分布式计算能力、实时流计算能力、机器学习能力，帮助沙钢集团建设以下场景。

（1）业务数据的批量计算与 BI 可视化分析：如实现沙钢集团跨年度、长周期产品销量分类统计，以及原材料库存的实时分析统计等。

（2）现场工业设备的执行情况的实时监控和告警：如实现工艺卡、开轧温度、咬钢信号等参数与状态的实时采集与流式计算分析，并进行大屏统一监控。

（3）炼钢工艺过程的机器学习建模：现阶段的炼钢吹炼过程多以老工人人工控制为主，

炼钢过程亟须从经验化转换为标准化。机器学习建模将基于加入炼钢转炉的原料条件，找出吹炼过程中供氧和造渣操作之间的最佳协调方式，以提高出钢终点温度和碳含量的命中率，保证出钢的质量，提高炼钢生产效率，最终降低人力成本，并实现节能减排。

（三）案例实施方案

1. 工业互联网平台的设计思路

沙钢集团工业互联网平台的逻辑功能架构如图1所示。

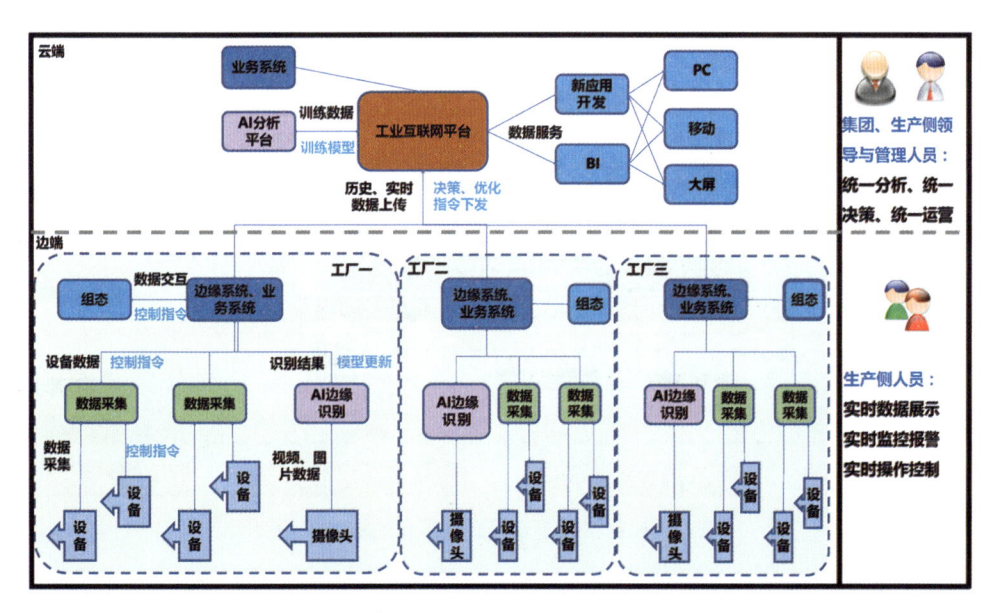

图1　沙钢集团工业互联网平台的逻辑功能架构

沙钢集团工业互联网平台的建设采取"一次规划、重点切入、以点带面、分步实施"的原则逐步推进，以BI分析、大屏监控、智能分析场景切入，搭建主体框架，并逐步渗透到其他工厂与业务主体，实现集团层面的统一分析、统一决策、统一运营。

最终业务应用建设要达到以下目标。

（1）通过生产全工段工艺模型构建与整合，在满足产量和质量要求的情况下实现较低成本、较低能耗；通过人、机、料、法、环数据的大数分析，实现生产现场完全透明、可视化，提高生产效率。

（2）通过对生产、质量、采购、销售、财务等业务系统的融合，实现业务数据化、数据流程化、流程业务化。

（3）通过工业互联网平台的数据平台服务能力，沉淀沙钢集团特有的知识，实现企业对外服务。

2. 平台技术实现

星环科技提供的工业互联网平台帮助沙钢集团快速实现批量计算、实时流计算、机器学习等技术能力。

（1）数据接入管理：通过 ETL 工具与流式计算 Slipstream 引擎实现全类型数据的实时、准实时、定时接入，包括沙钢集团的业务系统数据、传感器数据、设备数据等。

（2）数据存储与计算：通过 Transwarp Hyperbase NewSQL 数据库与 Inceptor 分布式计算引擎实现实时数据的毫秒级计算与全量数据的批量计算，并通过 BI 报表工具 Polit 进行可视化展示。

（3）数据挖掘：基于星环科技的机器学习平台 Transwarp Sophon，促使资深的 AI 技术专家与沙钢集团的业务专家进行联合建模，实现生产工业流程的模型构建与标准化。

沙钢集团工业互联网平台的技术架构如图 2 所示。

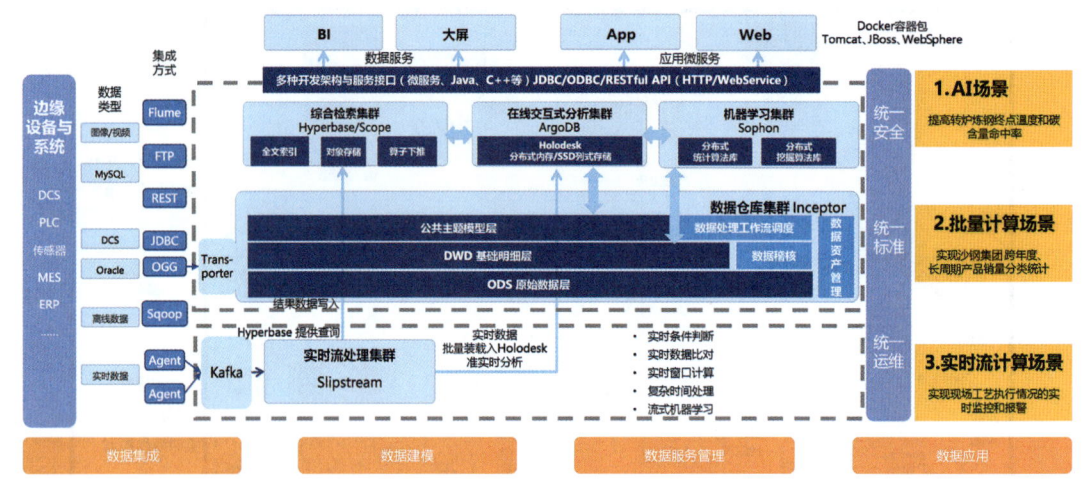

图 2　沙钢集团工业互联网平台的技术架构

3. 数据采集实现

沙钢集团的工业互联网平台整体采用 AIoT（人工智能物联网）的边云一体架构。边缘计算端主要实现连接、处理、转发等功能，同时对设备状态、设备运维、模型等进行管理；云平台端主要实现工业大数据的存储、计算、分析、模型下发等功能，实现边端与云端一体化。沙钢集团工业互联网平台的云边一体架构如图 3 所示。

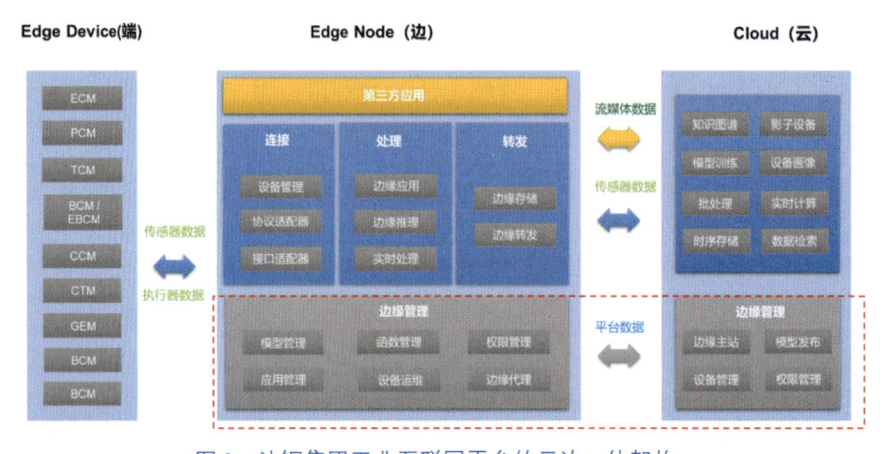

图 3　沙钢集团工业互联网平台的云边一体架构

4. 方案的核心价值

星环科技工业互联网平台+边缘计算解决方案可满足工业行业的批量计算、实时计算、机器学习等综合应用需求。其主要的核心价值如下。

1）云边融合

该方案结合工业制造行业应用特点，兼顾低成本、灵活扩展性和独享性、安全性。云边融合的特点在于重算力、重隐私，且轻存储、轻资产，可在满足企业生产核心业务需求的前提下，最大限度地降低 IT 设施建设成本和运维成本；边端作为云端的有机延伸，既相互交互、"血脉相连"，又公私分明，保障客户核心资产的安全。

边端数据采集与推理引擎部署于企业内网生产端，可确保生产数据的安全性和实时数据的交互效率；云端模型管理引擎部署于企业数据中心服务器中，可降低硬件设备采购和运维成本，且便于提供后续模型训练服务；通过定义产品功能模型接入不同协议、不同数据格式的设备数据，可提供安全可靠、低延时、低成本、易扩展的边缘计算服务。同时，云端可以连通所有边缘节点，管理边缘节点的服务。

2）深度学习

算法训练平台支持 Caffe、MXNet、PyTorch、OpenCV 等多种框架，帮助数据科学家方便地构建 DNN（深度神经网络）或者 CNN。基于深度学习框架的设备预测性维护模型，相比原设备厂商只提供经验或机理模型会更精确、更多维。

3）统一管控

该方案提供统一开发、服务、管理模型平台，可以满足个性化环境中的海量模型迭代需求；同时可以基于平台构建不同设备组联动的动态模型，实现设备组的动态管控。

4）行业模型库

该方案可以打包行业算法，形成行业基础模型库，实现快速迭代复用。

5）预测性维护

该方案可基于设备预测性维护模型实现设备的预测性维护，并联动维护工单系统与备件管理系统，形成预测性维护业务应用的整体闭环管理。

得益于星环科技的 Shphon AIoT 平台与业务逻辑结合开发出的高精度设备预测性维护模型，设备的报警状态可以提前数小时甚至数天。Shphon AIoT 平台可通过设备的报警状态自动生成维护计划，并根据维护时间、维护地点、维护经验等自动调配维护人员，同时结合备件库存状态，进行备件采购或者调配，最终自动生成维护工单。

该方案消除了维护盲目性，具有很强的针对性，根据不同的状态采取不同的处理方法，可降低运行检修费用；能够减少停运（总维护）时间，提高设备可靠性和可用系数，延长设备使用寿命；可以减少维护工作量，降低劳动强度，有利于减员增效和提高经济效益；对生产线影响小，复制性高。

（四）项目实施收益

1. 海量业务数据分析与展示

星环科技工业互联网平台提供的边缘计算解决方案基于工业互联网平台的分布式计算能力，实现了沙钢集团财务、生产等主要业务领域的大数据批量分析与展示。

2. 生产现场实时监控和告警

星环科技工业互联网平台提供的边缘计算解决方案基于边缘计算和实时流引擎，实现了现场工艺执行情况的实时监控和告警，可确保生产过程有序进行。

3. 生产操作人员人力成本降低

原本转炉炼钢部分从铁水入炉开始，废钢及所有辅料添加的时间和量都需要炉长凭经验多次做出决定，机器学习模型却可以通过预测一次做出决策，降低劳动成本。此外，星环科技工业互联网平台提供的边缘计算解决方案还简化了转炉炼钢流程，省去了多次添加辅料和调节氧枪高度的步骤，从而减少了生产操作人员，降低了人力成本。

4. 产品命中率及效率提升

星环科技工业互联网平台提供的边缘计算解决方案基于工业互联网平台的机器学习能力，通过转炉炼钢的生产过程大数据，找出了吹炼过程中供氧和造渣操作之间的最佳协调方式，沉淀了转炉炼钢的工业生产模型，做到了标准化的炼钢生产。模型沉淀后可用于生产化参数远程实时控制，可提高炼钢过程的生产效率 5%；并且可提高出钢终点温度和碳含量的命中率，保证钢水的质量比凭人工经验生产的高 19%～33%。

专家推荐语

沙钢集团借助星环科技的 TDH 和 Sophon 搭建的工业互联网平台，打通并汇聚了各个业务环节的海量数据，通过大数据分析与机器学习工具将"沉睡"的数据"唤醒"，促进了沙钢集团的业务数字化转型；同时，工业互联网平台的建设显著提高了沙钢集团炼钢工艺的质量和效率，大大减少了人力投入与生产过程中的碳排放，实现了由科技驱动的工业数字化、绿色化转型。

案例 25 "快搜"打通全域工业数据链服务，深挖数据价值

——中云开源数据技术（上海）有限公司

（一）基本情况

中云开源数据技术（上海）有限公司（以下简称"中云数据"）是一家专注于互联网开放数据与工业企业数字化服务高质量融合的高新技术企业。其自主研发的工业快搜搜索引擎能为集成电路、AI、航空航天、生物医药、船舶制造、工程机械、汽车制造等行业的工业企业、生产性服务业企业提供全域工业数据链服务，包括遵循工业机理的互联网开放数据获取、数据的语义关联、数据驱动资讯分析、自主数据智能分析、产业链数据共享和数字化转型升级等，助力企业在创造新的商业场景和价值的过程中实现提质、增效、降本。

（二）背景需求

信息技术的快速发展不断重塑现代工业，以技术驱动的工业互联网正逐步向以价值驱动的工业互联网迈进，追求精益的价值已成为未来制造业永恒的主题。以我国船舶制造业为例，目前远洋货轮制造相关行业在其发展过程中仍大规模依靠人脉与经验寻找客户与预估市场，这种传统的销售模式已无法应对信息时代世界船舶工业市场和经济的激烈竞争。例如，自2016年以来，与远洋货轮相关的制造业的原料成本与产品价格倒挂压力增强，钢材价格同比增长超过30%，达到4900元/吨。许多船舶工业企业的手持订单量连续4年下降，工作量只能维持在1年左右，面临着不能保证连续生产的严峻形势。成本损失和市场订单不足已严重阻碍船舶制造业的发展，为制造业开发数字化服务成为工业界迫切需要解决的问题。

中云数据以敏锐的洞察力，用互联网开放数据蕴含的价值作为"利器"，能帮助企业从外部铲除创新发展的阻碍，从内部提升产品质量。以船舶制造业为例，全球每一艘远洋货轮的型号、航线、常运货物、服役日期都是互联网开放数据。如果能为远洋货轮制造相关行业提供这些数据，就能精准计算未来几年在世界范围内有多少远洋货轮会报废或者等待维修，并以此为基础进一步精准预判市场缺口位置与体量，用期货的方式锁定原材料成本，实现精准营销。数据驱动的远洋货轮制造相关行业的市场需求预测如图1所示。

但是，这些与工业相关的互联网开放数据位于"深网"（DeepWeb）之中；受新冠肺炎疫情的影响，全球工业价值链、产业链和供应链的信息在网络上零散分布；企业内部制造模式的升级急需数字驱动的高效管理；企业使用的各类数字化生态系统资源也急需整合。以上这些使得企业创新发展的应用服务急需一款工业搜索引擎。但中云数据要开发这款工业搜索引

擎并使其能提供全域工业数据链服务，需要解决如下 3 个方面的技术难题。

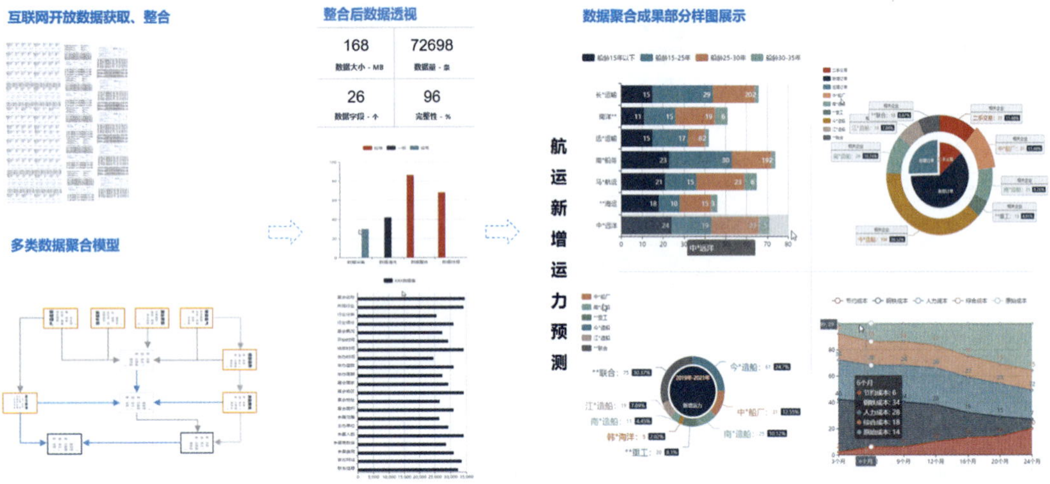

图 1 数据驱动的远洋货轮制造相关行业的市场需求预测

1. 数据难以获取

互联网开放数据中与工业相关的信息位于"深网"之中，中云数据需要"深挖"工业信息。

2. 数据质量良莠不齐

互联网开放数据的价值密度低，中云数据需要开发专业信息抽取工具，才能实现自动抽取优质数据。

3. 数据格式纷繁复杂

互联网开放数据多源、异质、异构、更新快，在语义抽取、知识存储、表示、融合和推理等方面仍需先进的新技术。

（三）案例实施方案

图 2 为中云数据为开发工业快搜搜索引擎、解决技术难题提出的互联网开放数据技术方案，共包含 8 个部分。

1. 基础支撑平台

基础支撑平台为互联网开放数据技术方案中的其他上层模块提供资源管理与组件支撑；完成互联网开放数据、企业开放数据源数据、流式数据的实时采集与存储；提供计算引擎服务，完成海量数据的交互查询、批量计算、流式计算和机器学习等计算任务，并对上层建模工具提供数据访问和计算接口，实现不同系统之间的数据交互。互联网开放数据流经基础支撑平台助力创新应用的具体步骤如图 3 所示。

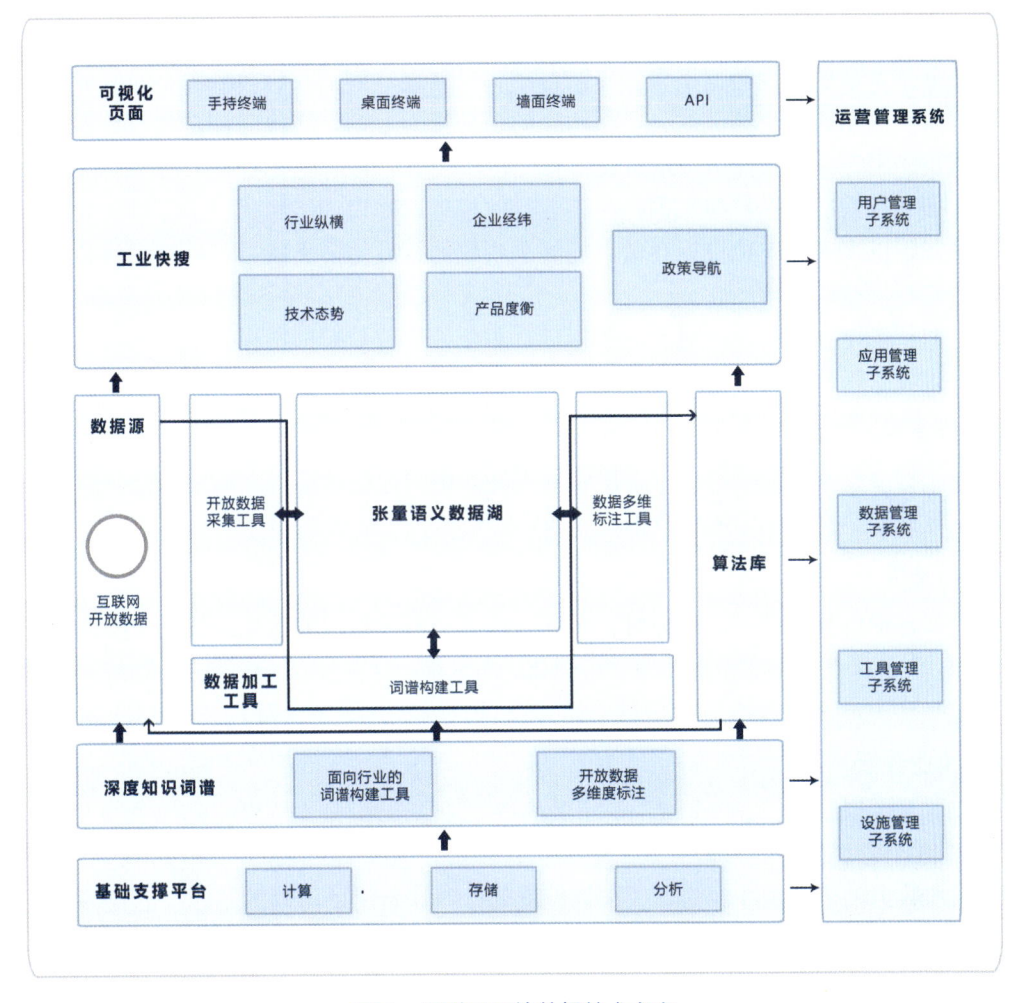

图 2　互联网开放数据技术方案

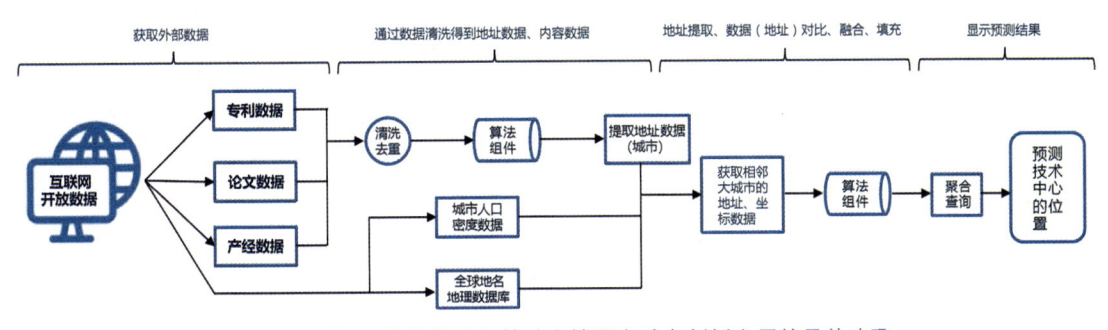

图 3　互联网开放数据流经基础支撑平台助力创新应用的具体步骤

2．深度知识图谱

中云数据构建和关联工业行业机理的词谱和图谱，为应用和算法训练提供精准、结构化的信息。

3. 数据加工工具

（1）基于本体的开放数据采集工具：自动实时获取互联网开放数据和企业开放数据源数据，涵盖基础的结构化交易数据、半结构化的用户行为数据、网状的社交关系数据、文本或音视频类型的用户意见和反馈数据、设备和传感器采集的周期性数据等。

（2）面向行业的词谱构建工具：将工业行业机理以知识词谱形式表示，以图数据的形式展现；将知识以事实为单位进行存储，能够洞察数据背后的语义信息，为应用和算法训练提供精准、结构化的信息。

（3）数据多维标注工具：对开放数据进行多个维度的数据标签标记，通过数据张量技术和人工检验对数据打上多维度的数据标签。

4. 张量语义数据湖

中云数据基于数据的多维度、多层级的标注和面向行业的词谱，构造面向行业的创新的张量语义数据湖。空间中的所有数据均以逻辑上数据张量的形式存储。

5. 算法库

算法库包括仿真测试、流程分析、运营分析等分析模型，能从原始数据中提取特定的模式和知识，为各类决策提供数据报表、可视化、知识库、深度学习、统计分析和规则引擎等数据分析。

6. 工业快搜

具有自主知识产权、面向全域工业领域的垂直搜索引擎——工业快搜（见图4）是一款能覆盖工业13个领域的垂直搜索引擎，其理论支撑是先进的自然语言处理模型。它能用知识图谱实现工业数据的语义关联。与以关键词搜索的传统搜索引擎不同的是，工业快搜不仅能实现关键词搜索，还能实现实体搜索且可定制，解决了工业各领域用户在使用传统搜索引擎时遇到的互联网公开数据搜索成本高的问题，赋予工业企业深入洞察行业态势的能力。

图4 工业快搜的首页

7. 运营管理系统

运营管理系统对整个技术基础架构进行运营管理，主要包括以下 5 个子系统：用户管理子系统、应用管理子系统、数据管理子系统、工具管理子系统及设施管理子系统。

8. 可视化页面

可视化页面包括 4 种形式：手持终端形式的应用展示、桌面终端形式的应用展示、墙面终端形式的应用展示和以 API 形式提供的第三方数据服务展现形式。

（四）项目实施收益

工业快搜搜索引擎及其开发所延伸的一系列新技术和新工具已成功转化以下应用场景，实现了利用互联网开放数据助力工业企业提质、增效、降本。

1. 区域工业产业链及价值链信息加工与应用

刻画地区生态：在展现地区发展趋势的同时，深挖地区特色产业链，综合政策影响、产销供给等多方面的因素，提供高度提炼的客观信息，为用户的决策流程提供科学的支持，加快地区内重点、重大投资项目招商引资的筛选，促进区域经济发展。以中国氢能源基础技术研究及工程应用为例，其用各级地域热力图展示了流程和地区间的 3D 投射向量，可视化地展示了区域指数、地域特征，直观地表达了不同地区间的关系与互联，向决策者提供了有价值的串联信息。

2. 工业行业产能及市场规模预测

目前，世界范围内的集成电路半导体行业投资激增，各国、各地争相建设生产线。在不久的将来，是否会出现集成电路半导体生成产能过剩？针对这一需求，中云数据利用互联网上的数据，特别是隐藏在"深网"中的开放数据，提供了集成电路行业产能及需求的预测，如图 5 所示。

3. 行业内部主题信息挖掘与互联

中云数据运用业界先进的 BERT（Bidirectional Encoder Representation from Transformers，来自 Transformers 模型的双向词向量嵌入器）等自然语言处理等技术，将行业与地域、业界专家的共识形成政策、企业、产品、技术、人才 5 个主题维度，为用户精准提供其所需内容的相关数据。这 5 个主题维度在不同层级上，辅以横跨多个维度的信息流，形成全方位的有机结合，在构建平台生态的同时，给用户提供更全面、更有深度的信息获取渠道，为用户按需定制并获取对其有价值的数据提供了更大的自由度，让其在快速了解各级利好和利空政策、行业内部与产业链上下游的产品与服务、新技术的态势及同行企业科技创新信息的同时，快速抢占市场，从而实现经济增长。工业快搜主题应用产品矩阵如图 6 所示。

图 5　集成电路行业产能及需求的预测

图 6　工业快搜主题应用产品矩阵

媒体（东方网）推荐语

　　伴随着互联网技术的发展与网络开放信息的迅速增长，传统搜索引擎已很难满足专业人士的检索需求。当用户搜索某一领域的知识时，传统搜索引擎的信息量大、查询不准确等问题就显现出来，于是各类垂直搜索引擎应运而生。工业快搜就是为了解决工业大数据中的"痛点"而开发的，作为工业领域信息搜索的一项创新，它与传统搜索引擎有着本质的区别。对搜索者而言，工业快搜真正做到了简单、易用、人机交互。

案例 26　数据和模型驱动钢制品物流计划动态优化和实时配置

——上海宝信软件股份有限公司

（一）基本情况

上海宝信软件股份有限公司（以下简称"宝信软件"）系中国宝武钢铁集团有限公司（以下简称"中国宝武"）实际控制、宝山钢铁股份有限公司（以下简称"宝钢股份"）控股的上市软件企业。历经40余年的发展，宝信软件在推动信息化与工业化深度融合、支撑中国制造企业发展方式转变、提升城市智能化水平等方面做出了突出的贡献，成为中国领先的工业软件行业应用解决方案和服务提供商。宝信软件的产品与服务遍及钢铁、交通、医药、有色金属、化工、装备制造、金融等多个行业。宝信软件坚持"智慧化"发展战略，积极投身"新基建"与"在线新经济"，致力于推动新一代信息技术与实体经济的融合与创新。

（二）背景需求

国内钢铁行业基本实现了厂内运输与销售物流出厂流程的一般性计划管控，从业务运行情况看，计划仍比较粗放，相关方的主要业务职责及关注点都不一样，而且各类信息尚未实现贯通，存在沟通、管控效率低，以及信息传递不及时、不准确等问题，直接影响物流作业效率。从钢制品物流实际情况来看，作业环节中主要存在的"痛点"集中在以下几个方面。

（1）物流策划平衡不充分：人工管控多仓库、多运输方式出厂，无统一的作业平衡策略，瓶颈问题梳理不全面。

（2）物流计划不及时：非工作时间物流计划下发不及时、作业计划细度不够、计划的执行没有优先级、计划执行反馈不畅等。

（3）车辆调度不统筹：人工调度车辆作业，无统一策略，单车调度缺乏可控性和动态调整能力，自提车辆管理完全依靠人工；车辆资源分配不均衡，易受人员能力与状态影响。

（4）仓库发货不高效：仓库发货忙闲不均，车辆排队长；人工管控装车顺序、车位使用顺序及配载，工作量大、效率不高且容易产生混乱。

（5）信息传递不精确：作业进度、框架与车头需求等信息需纯人工来传递，效率低且易出错。

综上所述，钢铁行业急需思考钢制品物流管理的新模式，从业务角度引入基于整体供应链物流管理的理念，从系统角度基于新一代信息技术和通信技术等构建信息系统，并融合二者以提升物流效率。基于工业互联网建设的钢铁企业智慧物流可实现物流作业效率的显著提升，在绿色发展和智慧制造方面为世界钢铁留下中国印迹。

（三）案例实施方案

工业互联网通过人、机、物的全面互联，实现全要素、全产业链、全价值链的全面连接。工业互联网"以数据为中心"的方式可提升钢铁企业的物流管理智能化分析决策能力和自动化操作执行能力。根据钢铁企业内钢制品区域物流业务的特点，以及钢铁产品形态的区别，针对钢制品物流策划平衡不充分、物流计划不及时、车辆调度不统筹、仓库发货不高效、信息传递不精确等问题，基于工业互联网的钢制品智能物流增效方案从物流计划和指令、物流运输工具、物流仓储这 3 个方面，以物联网、移动应用、数据模型等技术为支撑，实现以下目标。

（1）钢铁企业物流运输全要素数字化。

该方案以 RFID 定位、车载终端、全球定位系统、移动 App 等为基础，采集并汇聚各类异构物流数据，如车位状态（车位是否被占用）、行车轨迹、车辆位置等数据，建立数字化物流基础。

（2）物流全要素、全价值链的连接。

该方案通过以各类控制系统与仓库无人化为基础的仓库整体发货优化，实现仓储自动化和智能化。

（3）基于数据和模型的物流计划动态优化和资源实时协调配置。

该方案基于钢铁企业物流运输全要素数字化和物流全要素、全价值链的连接，以基于 AI 的运筹优化、大数据等技术，开发以物流计划智能化、出库队列模型和车辆调度模型为代表的各类数据和业务模型，实现从在制品产出到成品出厂的全流程智能计划与调度。

钢制品智能物流增效解决方案如图 1 所示。该方案通过实现以下系统功能，帮助钢铁企业实现钢制品物流整体运行能力的全面提升。

（1）智能库区管理。

该方案在钢铁企业内的在制品仓库和成品仓库等库区建立智能库区管理系统，基于行车无人化或自动化，提升各库区的自动化水平，进一步实现库区无人化，从而提升总体作业效率。

同时，该方案通过车辆排队算法、无纸化验单、车辆配载、和下游信息协同等功能对仓库作业过程进行整体优化。

（2）物流计划智能排程。

物流计划智能排程功能覆盖全品种、全类型产成品物流计划（水运计划、汽运计划、铁运计划及转库计划），通过准发资源预测模型与物流周计划运算模型，实现出厂资源与运能资源的周平衡，并根据实际情况进行在线调整，与日计划无缝衔接。

物流计划智能排程功能以车皮船舶装载要求和自提要求拉动仓库出货，实现多船（车、车皮）、多码头（站点）、多仓库之间的要货平衡，确保现场发货有序且高效，强化物流计划的策划与管控，从而提升物流效率。

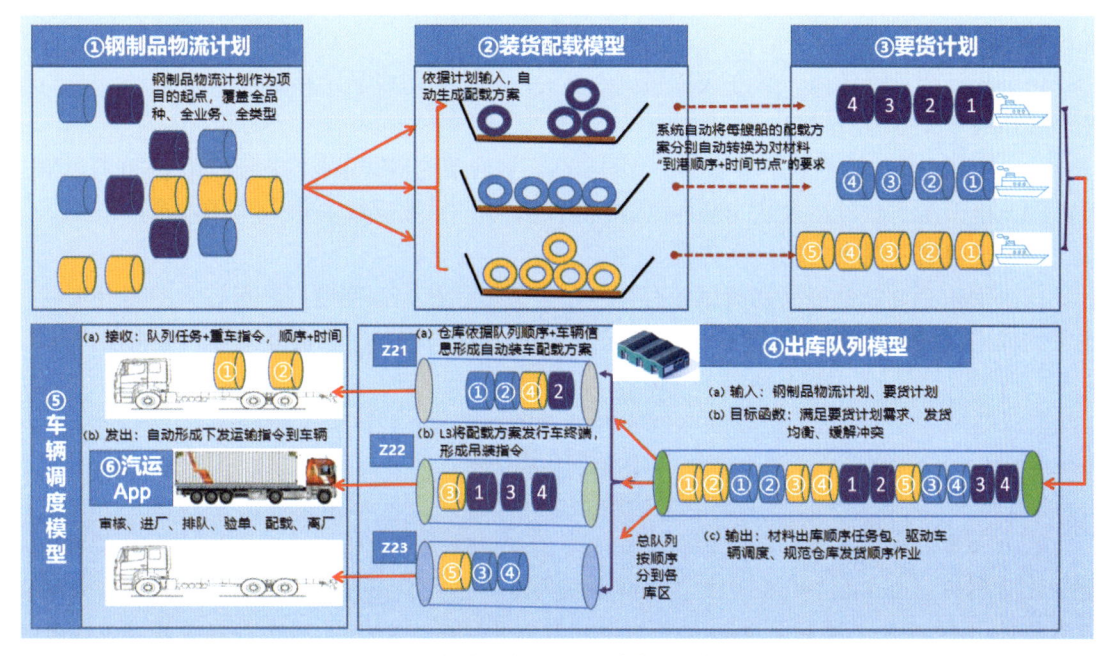

图 1　钢制品智能物流增效解决方案

（3）智能物流指令。

装货配载模型：建立船舶、火车皮、框架及卡车基本信息数据库，将运输工具装货配载规则、需求形成自动化运算推荐配载模型。

出库队列模型：以全厂各类型物流计划为输入，以下工序到货时间需求为约束条件，以出库均衡、缓解冲突、满足需求为目标，基于模拟退火算法动态统筹，平衡实现全厂物流出库材料顺序指令化、任务化，为车辆框架运输资源调度、仓库出库作业执行提供依据，驱动物流作业系统有序、合理、高效地运转。

车辆调度模型：根据材料出库队列，统筹考虑距离、车位占用等动态因子，以及计划优先级、指令优先级等静态因子，辅以车辆终端通信设备，按照一定的管理原则自动分配车辆，实现框架车智能调度；通过移动 App 实现和承运商的协同，分配发货任务、指挥车辆排队等。

（4）运输链多方协同系统。

该方案集成相关信息，支持钢铁企业内物流能力平衡，协同路企和关企信息建设，加强运输质量管控，提升运输链通行效率，降低运输成本，提高对用户的服务能力。

（四）项目实施收益

钢制品智能物流增效解决方案提高了湛江物流智能化分析决策和自动化操作执行能力，基于数据的透明化和可视化给湛江钢铁物流效率提升带来了明显的效果：基于装货配载模型、出库队列模型、车辆调度模型等，整合钢铁企业制造管理部门、运输管理部门、各生产厂及第三方物流承运商的管理界面；以模型替代人工决策和人工调度，实现融物流计划、物流运输、仓储为一体的智能物流技术体系化创新；物流效率得以明显提升，物流关键指标得以明显改善。具体量化指标如下。

（1）出厂周期（国内）从 5 天缩短到 3.5 天，对应平均成品库存减少 3.45 万吨，节约存资金占用成本 450 万元/年。

（2）内贸水运一次出厂率从 58%提升到 80%，对应节约钢铁企业内物流费用 2640 万元/年。

（3）框架车头台班运量从 1090 吨提升到 1202 吨；框架满载率从 78 吨提升到 85 吨。

（4）车辆调度指令自动化率达到 98%。

国内钢铁企业的钢制品物流虽各有特点，但普遍存在类似问题，具有较大的提升空间，相关的成果在进行总结和推广后，势必为国内钢铁企业的钢制品物流效率带来巨大的提升。

专家推荐语

基于本案例创新实践形成的钢制品智能物流增效解决方案填补了国内钢铁企业成品物流智慧化管理的空白，在全行业具有良好的示范效应。宝武集团湛江钢制品智慧物流增效解决方案获评 2019 年工业互联网 App 优秀解决方案称号，以及工信部 2020 年防疫抗疫复工复产优秀解决方案称号等。

案例 27 助高端制造企业打造数字化工厂，实现业务流程闭环管理

——格创东智（上海）工业智能科技有限公司

（一）基本情况

格创东智（上海）工业智能科技有限公司（以下简称"格创东智"）是中国领先的工业互联网平台，为客户提供以工业互联网平台为核心的新一代信息技术产品和智能制造解决方案。

格创东智由全球领先的高科技制造企业TCL孵化创立，依托TCL几十年制造经验和大型集团数字化转型实践经验，沉淀面向制造业多场景的核心技术能力，建设模块化的、可复制的平台系统，由点带面推动中国制造业转型升级。

格创东智注重研发投入，已建成超过1000人的人才团队，其中研发人员占比超过50%。凭借优秀的产品和人才团队，格创东智已与多个先进制造业领军企业合作构建智能制造标杆案例、垂直行业平台、数字化能力平台。

（二）背景需求

经过多年的努力，我国的制造业取得了长足进步和诸多成绩，正在向高端化和高附加值方向发展，技术创新能力显著提升。与此同时，制造业也存在缺失核心技术、成本快速上升、产能过剩等问题，制造业企业亟待向智能化生产、协同化发展方面转型升级，以实现信息系统一体化，打破数据孤岛、以智能化数据分析提升业务的协同性，优化管理流程和提高效率，以数字化实力打造核心竞争力。

苏州华星光电技术有限公司（以下简称"苏州华星光电"）是一家集面板设计、研发、生产和销售为一体的高端智能制造公司，在智能工厂技术方面，与全球领先的制造公司有一定的差距，该公司希望通过提升数字化水平，进行业务流程改革，引入IT方面的创新技术及应用，提升智能制造系统水准，改善全流程协作，从而提高公司效益。

2021年，苏州华星光电携手格创东智，开启全方位数字化转型升级之路，其工厂的转型之路面临两大挑战。

1. 软件迅速国产化挑战

从生产到营运使用的核心系统软件都是从国外引进的，为打破国外软件的技术封锁及减少对国外厂商的依赖，需要大力推进自主国产化软件建设，达到甚至超越国外软件的技术水准，保证公司的生产和营运持续、稳定、高效进行。

2. 生产和营运管理数字化挑战

工厂在推进数字化转型，集团化管理、营运模式、业务流程及生产作业手法都需要进行全方位的变革，面临集团各类信息如何融合、各类业务流程标准化如何支撑、各类品质指标及分析手法如何实时同步共享等诸多困难，势必需要将各类生产和营运系统进行平台统一化、用户界面统一化、业务数据标准化等。借助自主国产化软件为数字化转型夯实的基础，可以快速进行各类改革及创新，加速工厂数字化转型，以提升其竞争力。

（三）案例实施方案

1. 数字化工厂整体规划

智能工厂的 8 大业务流程（营运、营销、研发、制造、供应链、品质、物流、服务）支撑着工厂的生产和营运管理，工厂的生产管理水准即数字化工厂的水准，而生产管理又依赖各类业务系统的支撑，因此整个项目的数字化转型升级从生产管理角度进行建设规划和执行。

数字化工厂生产管理系统业务模块如图 1 所示。

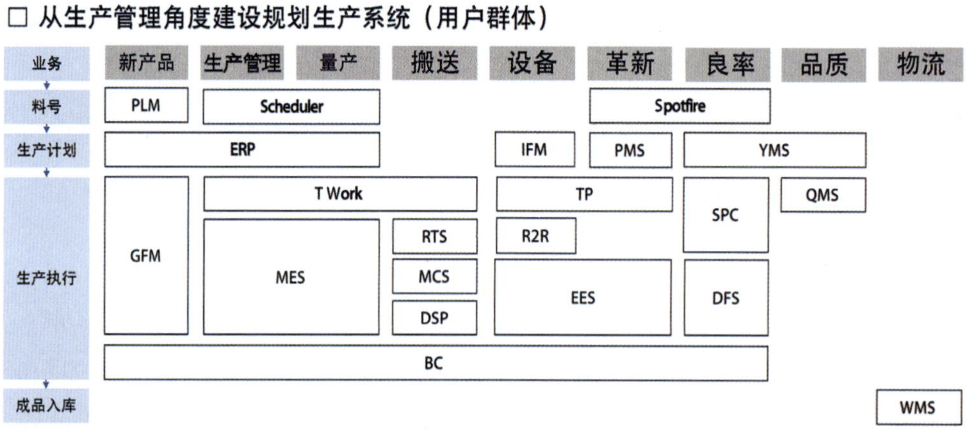

1	GFM：生产主数据管理	4	RTS：生产实时排程	7	BC：设备控制系统	10	QMS: 品质管理系统	13	DFS：设备文档解析	16	Spotfire：工程数据分析系统
2	MES：制造执行系统	5	MCS：物流搬送系统	8	EES：设备管理系统	11	IFM：设备实时监控	14	SPC: 统计制程分析系统	17	WMS: 仓库管理系统
3	T Work：生产管理系统	6	DSP：实时派送系统	9	R2R：设备参数补值	12	PMS：设备保养系统	15	YMS: 良率管理系统	18	TP：设备指标管理系统

图 1　数字化工厂生产管理系统业务模块

依托格创东智自主研发的 aPaaS 平台，格创东智在生产管理系统上建立数据模型和信息交互模型，使得系统具备“逻辑思维”。通过对设备上传的数据进行“思考”，进而达到生产管理的目的。系统记录的重要细生产数据可以提供给报表系统进行各类报表的呈现；通过系统收集重要的产品异常信息和产品检测信息，提供给品质分析系统进行产品的详细分析，进而对品质进行管理。

基于不同用户群体的业务特性，通过建设常规生产管理系统进行工厂全自动化生产管理，基于设备上报的各类数据进行定性和非定性分析，以提升产品品质，根据工厂的设备状态、生产计划及良率波动进行短/长期预测，为高层决策提供依据。

数字化工厂生产管理系统建设规划如图 2 所示。

□ Smart Factory System Architecture

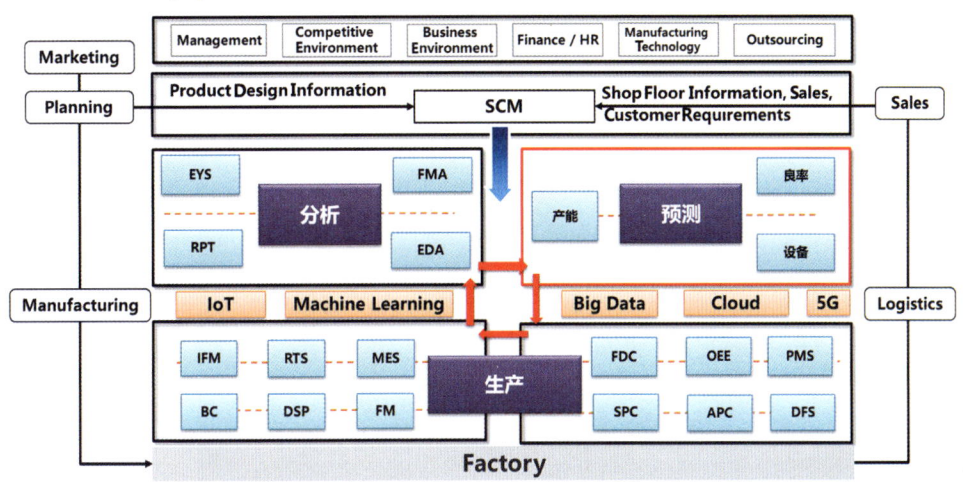

图 2　数字化工厂生产管理系统建设规划

2. 生产系统国产化建设

苏州华星光电原有的生产管理系统有数十个，都是从韩国引进的，这些系统不会对国内企业开放技术升级、二次开发和改造等，导致通过数字化手段提升工厂产能和品质的核心业务流程推进缓慢。

考虑到以上项目背景，开展生产系统国产化建设刻不容缓。本次系统建设项目充分利用苏州华星光电过往使用的成熟的国产化软件，根据苏州华星光电的业务特性进行系统重构，将部分系统替换为自主国产化系统，部分系统采用商用系统（工具）进行自主开发，整体国产化比率达到90%以上，整体项目实施完成后确保系统水准达到国内外高水准。

数字化工厂生产管理系统架构图（国产化状况）如图3所示。

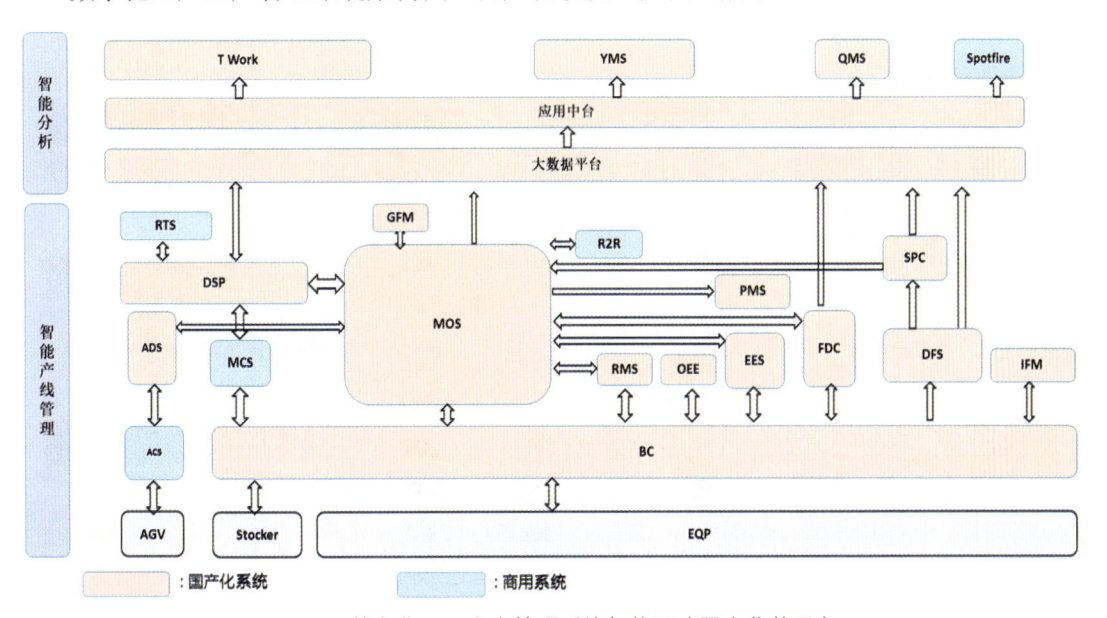

图 3　数字化工厂生产管理系统架构图（国产化状况）

3. 国内首创生产系统统一平台 G-Fusion

传统的生产系统彼此独立，使用者常常需要在不同应用间跳转来完成工作，工作效率低、过于依靠个人经验，已无法满足高度数字化下的作业需求，苏州华星光电通过统一的应用平台进行系列技术改革，以应对数字化挑战。

面向业务场景的一站式生产营运管理平台 G-Fusion 如图 4 所示。

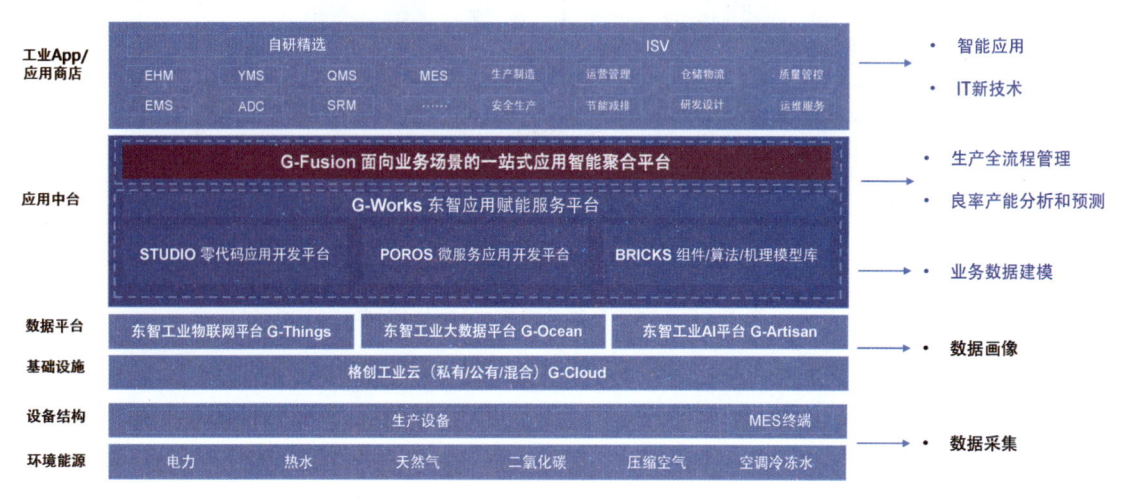

图 4 面向业务场景的一站式生产营运管理平台 G-Fusion

相较于传统的各自独立的生产系统架构，苏州华星光电需要的是基于生产系统平台，建设统一的生产营运管理平台，格创东智打造的 G-Fusion 平台助力其实现生产管理系统彻底融合，业务流程闭环管理。

在一个界面完成生产营运管理工作的 G-Fusion 平台如图 5 所示。

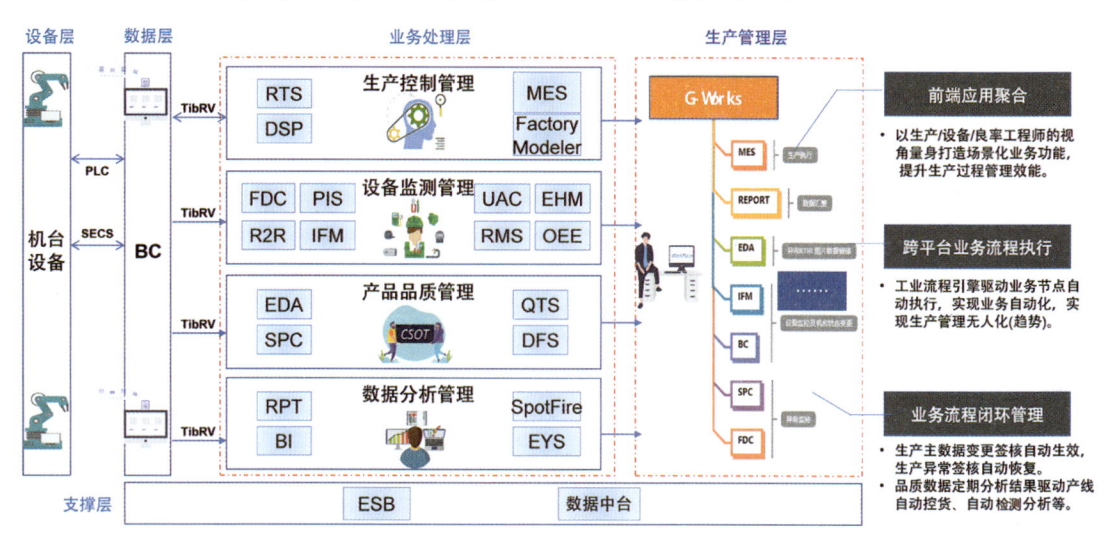

图 5 在一个界面完成生产营运管理工作的 G-Fusion 平台

4. 亮点应用：设备管理系统

针对大多数传统大型工厂存在的设备数据孤岛、设备管理成本高等问题，格创东智为苏州华星光电打造设备管理系统（EES），苏州华星光电可以通过该系统进行设备状态管理、设备参数管理、设备参数优化，以及设备运行状态监控、分析和健康预测等。

设备 Recipe 管理系统（RMS）是管理设备 Recipe 的系统，当设备上登记出错的 Recipe 的时候，RMS 能够阻止生产投入并进行通报，以预防 Recipe 事故。设备异常感知系统（FDC）是实时接收设备发生的感应 Data，判断设备是否正常运行，以帮助进行质量控制的系统。

例 1：在 RMS 管理中，可以联动设备进行 Recipe 管理，比较多台设备之间的 Recipe 差异点，确保设备按照指定的工程条件进行生产，并且可以设置 RMS Interlock，限制 Recipe Data 的修改，当 Recipe Data 发生错误时，系统能马上感知并联动设备发出预警。

例 2：通过 ECM（设备控制及监测）能够管理设备上重要的硬件参数，并可以设置 ECM Interlock，从而限制 Parameter 内有隐患的 Data；当 Parameter Data 修正错误时，系统感知并联动设备发出预警。

例 3：图 6 和图 7 所示为 FDC 管理界面，通过 FDC 能够对设备的传感器值进行实时监控。在车间生产时，设备根据自身状态（一般是在生产状态下）将传感器值实时上传给系统，系统会加工生成相应的趋势图。该趋势图包含产品 ID、时间、传感器值、上下限等基本信息。此外，借助 FDC 还可以多设备或多传感器同时对比查询，有利于设备间差异性分析，发现设备问题点或者工程问题点。

图 6　FDC 管理界面（一）

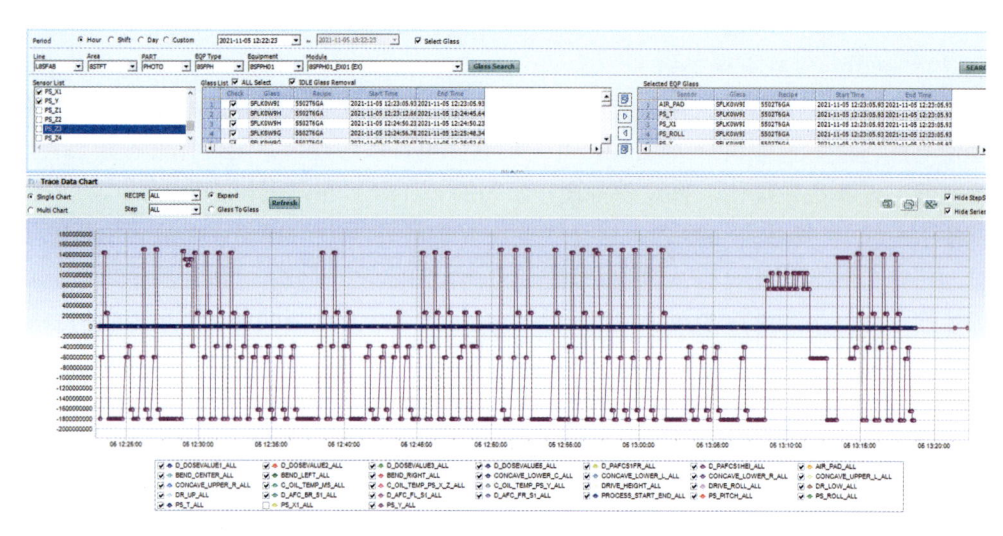

图7 FDC 管理界面（二）

5. 亮点应用：良率管理系统

良率管理系统（YMS）主要用于产品的不良分析、收率监控、产品履历分析等。

YMS 主要包含收率查询（包含特定不良的查询）、特定 Glass 实验品检查结果查询、Glass 设备集中性查询、Dcol 查询（如 Cell Size、研磨量）、Infab Data 查询（如研磨量散布情况）、SPC 查询等。

例1：通过收率查询可以查询指定产品在指定设备的某时间段的收率情况。通过结果可以发现收率异常节点，从而辅助收率异常的及时发现和不良分析。

例2：当发生异常时，通过查询设备集中性，可以初步判断某些设备是否为发生源，从而辅助查找发生异常的原因。

例3：系统会定期将 Infab Data 查询研磨量散布情况（见图8）发送给工程师，工程师结合数据判断设备状态有无异常，如果有则及时调整参数或设备。

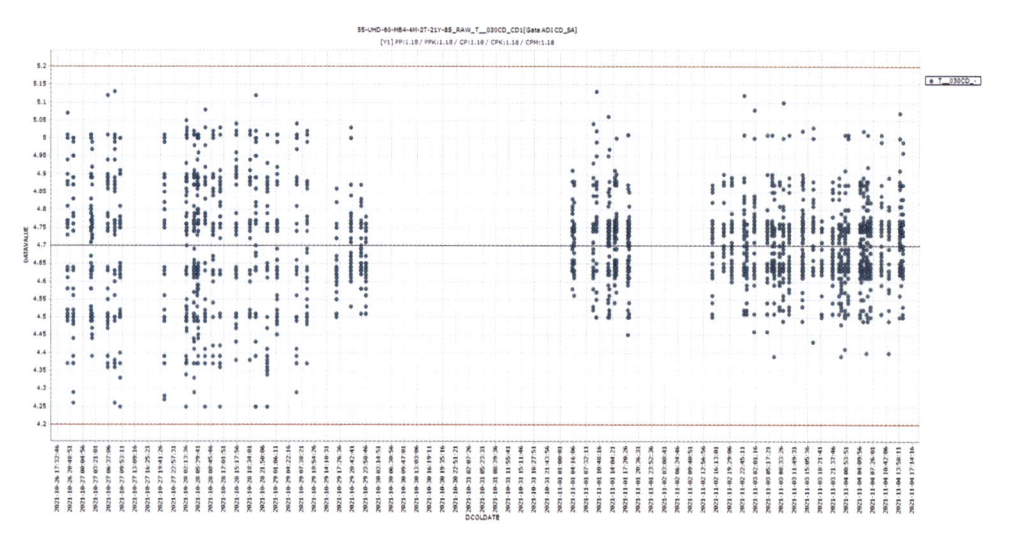

图8 Infab Data 查询研磨量散布情况

（四）项目实施收益

1. 社会效益

泛半导体行业的高端制造业（芯片和面板）核心生产系统长期依赖于国外厂商，同时该行业的系统架构比较老旧、僵化，无法适应数字化转型的要求，本次苏州华星光电的数字化转型将 90% 以上的核心系统替换为自主国产化系统且达到原有系统水准，在行业内有着极为特殊的意义，也标示着国产化系统在向国际水平看齐。

2. 企业效益

基于格创东智应用平台将生产管理系统的信息进行融合，苏州华星光电实现了业务流程闭环管理，为极致化工厂生产管理夯实了基础，同时基于业务特性进行各类业务流程定制化开发，将传统孤立的系统整合为一套系统，在数字化转型过程中极具代表性。

3. 经济效益

通过数字化转型项目，苏州华星光电工厂的生产管理数字化水平大大提高，突破了产能和品质管理瓶颈，特别是在制造周期、交货周期、良率、沟通和协作效率管理方面表现突出。

专家推荐语

格创东智针对企业系统国产化和生产管理数字化的需求，快速、高效地将大部分核心系统替换为自主国产化系统且达到原有系统水准，打通各个生产管理系统，打破数据孤岛，将数字化改造深入生产管理和日常运营的各个环节，涵盖设备管理、设备实时监控、良率管理等。格创东智在工业互联网平台上已沉淀丰富的工业机理模型和工业 App，形成数百个可复制、可推广的解决方案，赋能半导体、新能源、3C 电子、通信设备、飞机制造、石油石化、汽车零配件、医药、机械等 30 余个行业，为众多制造企业提供服务，解决数字化转型难题。

案例 28　构建可视化乐高型智造云平台，助力多行业工厂智能转型

——上海七通智能科技股份有限公司

（一）基本情况

上海七通智能科技股份有限公司（以下简称"七通智能"）致力于研发中国领先的企业智能应用产品，以"专业求真，值得信赖"的价值观推动中国企业管理升级、智能转型。

经过收购一家发展 20 多年的智能制造台资企业服务商，吸收并融合该服务商的智能制造管理先进理念，研发团队历经 10 年进行三次 Q7 Cloud 平台重构，最终打造了一款以"乐高思维"为基础的智造云 Q7 Cloud 平台。在此平台基础上衍生的应用，核心是经过标准化分割得到一个个乐高积木元素，每个乐高积木元素之间的咬合组装都是经过精心考虑和设计的，并且能满足组合的多样化。通过标准化输出保持低成本，通过组合多变满足不同行业大量的个性化需求。

目前，七通智造云 Q7 Cloud 平台上的信息化系统应用已服务化工、电子、机械、食品等多个行业工厂，助力工厂完成智能制造转型升级，创造了智能制造领域的产品应用新模式。

（二）背景需求

企业推进生产智能化和自动化的转型升级过程中，工业软件是必不可少的工具。目前，中国的工业软件市场正处于群雄并起、鱼龙混杂的竞争阶段。在整个服务过程中，因各个行业生产过程的复杂性与特殊性，大部分工业软件系统（如 MES 等）都是基于客户需求进行定制化开发的。在这种模式下，项目成本高、开发周期长、实施难度大；客户因无法实时可视化系统功能，相对承担的项目风险较高。

（1）系统功能难以持续迭代。系统功能基于客户需求由定制化项目小组开发完成后，即终止新功能的迭代。除非客户自行提出付费添加功能，才会进行功能的迭代升级；同时存在新功能的变更需要推翻之前的大量研究成果导致成本剧增的情况。

（2）系统实施成本高昂。现有系统在实施过程中，项目经理需要具备丰富的代码开发经验，还需要具备极强的业务理解能力、沟通能力、项目管理能力，关键人才的高昂成本投入直接使得项目的投入变高，服务商在项目交付中的成本不可控。

（3）系统集成整合严重受阻。企业在开展数字化转型过程中会逐步上线一些系统，如 ERP 系统、PLM 系统等，受制于开发团队的能力及现有系统的开放程度，与其他系统之间的集成整合与互联互通比较困难，无法与其他系统进行低成本的融合。

(三)案例实施方案

1. 模块化、可视化配置智造云平台

针对工业企业在数字化转型与信息化应用实施过程中的痛点问题,七通智能基于多年的探索和实践,秉着对"乐高思维:有限的标准化,无限的组合"设计理念的认可,对新一代云原生、微服务架构进行了重新设计和开发,完成了"七通智造云 Q7 Cloud 平台"(见图1)的建设,并在平台上成功搭建了可进行模块化组合、可视化配置的软件应用。

图 1 七通智造云 Q7 Cloud 平台

七通智造云 Q7 Cloud 平台借助自主研发的敏捷开发框架,基于七通智造独有的"智造九环"精益管理理念、商业运营管理经验,稳步设计应用。七通智造云 Q7 Cloud 平台融合物联网、边缘计算、大数据、人工智能等新一代信息技术,对工业企业的生产制造、仓储物流、智能排产、智能分析、智能联控、运营管理等进行整体规划、协调、控制和优化。

Q7 Cloud 创新应用为工业企业转型赋能如图 2 所示。

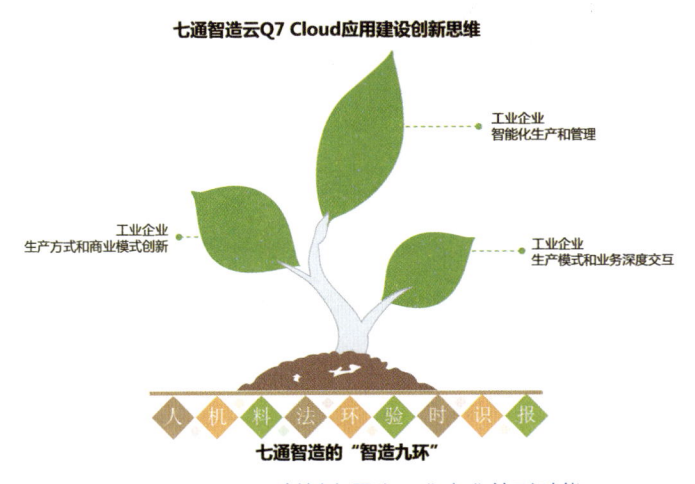

图 2 Q7 Cloud 创新应用为工业企业转型赋能

目前，七通智造云 Q7 Cloud 平台包括 Q7-Box（智能联控）、Q7-BI（智能分析）、Q7-WMS（智能仓储）、Q7-MES（智能制造）、Q7-APS（智能排产）等产品，以及面向未来工厂能力的 Q7-工业仿真应用，打造能够高效协同、可视化的数字化智能工厂管理体系，具体如图 3 所示。

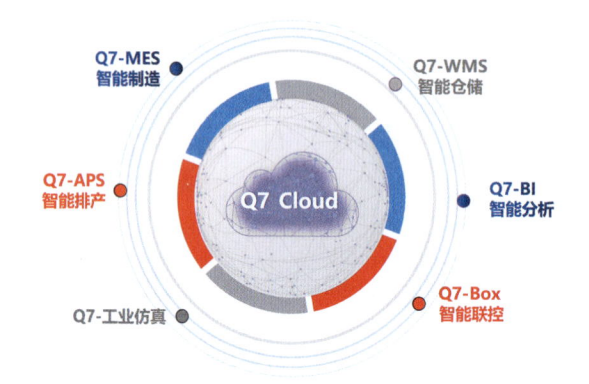

图 3 七通智造云 Q7 Cloud 平台的应用功能构成

2．应用创新助力企业智能运营转型

1）模块化组合、可视化配置赋能生产全透明化管理

基于智造云 Q7 Cloud 解决方案，结合设备数据实时采集及边缘化数据存储技术，以模块化组合、可视化配置和灵活部署云化架构，提供一套集中央监控、现场运行管理、物料管控、生产过程管理、质量管控等功能为一体的扎实、可靠、全面、可行的全透明化管理平台。

基于多维模块可视化配置的智造云平台的核心功能如图 4 所示。

图 4 基于多维模块可视化配置的智造云平台的核心功能

七通智造云 Q7 Cloud 平台上的工业应用系统通过"建模模块"，将能被生产业务引用到的多维度的基层信息进行"乐高化拆解"及"备件库预留"；通过模块化组合、可视化配置完

成对基层信息的多元组合，最终形成对业务流程的设置。

七通智造云 Q7 Cloud 平台应用模块化组合、可视化配置功能如图 5 所示。

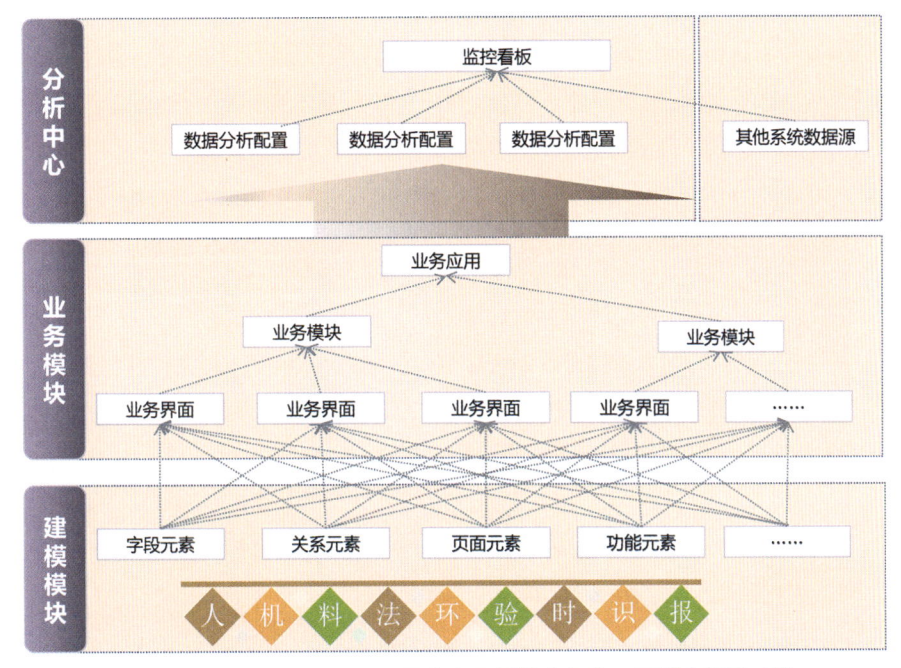

图 5　七通智造云 Q7 Cloud 平台应用模块化组合、可视化配置功能

2）数据可视化贯通推动业务一体化协同

七通智造云 Q7 Cloud 平台提供大量配置接口的窗体，支持多种方式的接口对接，让企业多系统间的接口运维更加便捷。Q7 工业软件应用通过系统配置化数据接口的使用，整合 ERP 等信息化系统及各环节数据，贯通企业的业务流、资金流、信息流，打造了集多工厂财务业务管理、生产过程管理、仓库管理、设备管理、防伪防窜货、看板管理等功能为一体的全面智能协同经营管理平台。

某公司基于数据可视化贯通的业务端到端一体化协同如图 6 所示。

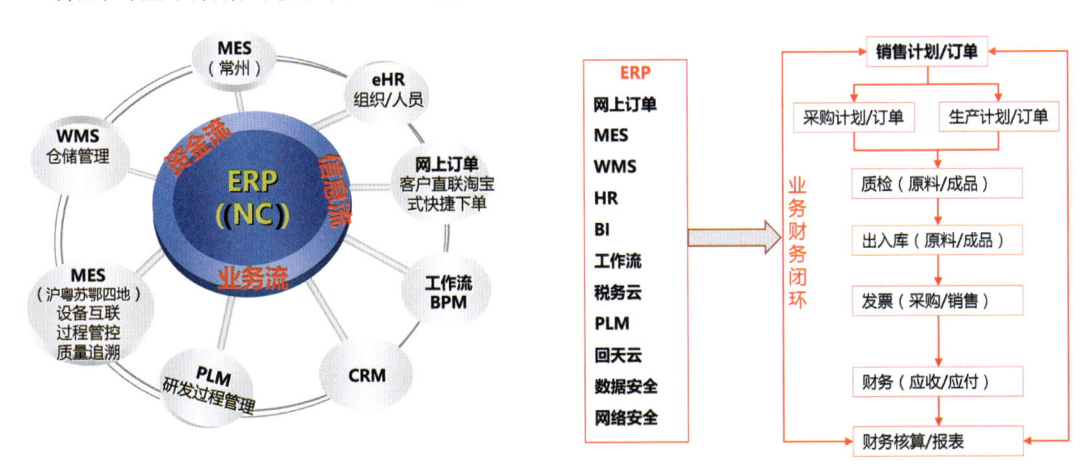

图 6　基于数据可视化贯通的业务端到端一体化协同

3）工业智能助力品质全方位管控

通过融合质量标准管理、过程质量控制、检测数据采集、质量统计分析、质量指标考核等功能，并应用深度学习、模式识别等工业智能技术，基于对自动采集到的海量数据进行筛选、分析与反馈，形成以数字化为主要特征的企业全过程质量管理体系，有效地提高质量管理活动的执行效率，并使制造过程的质量反应能力和质量控制能力得到极大的提高。

某公司应用工业智能的品质全方位管控如图 7 所示。

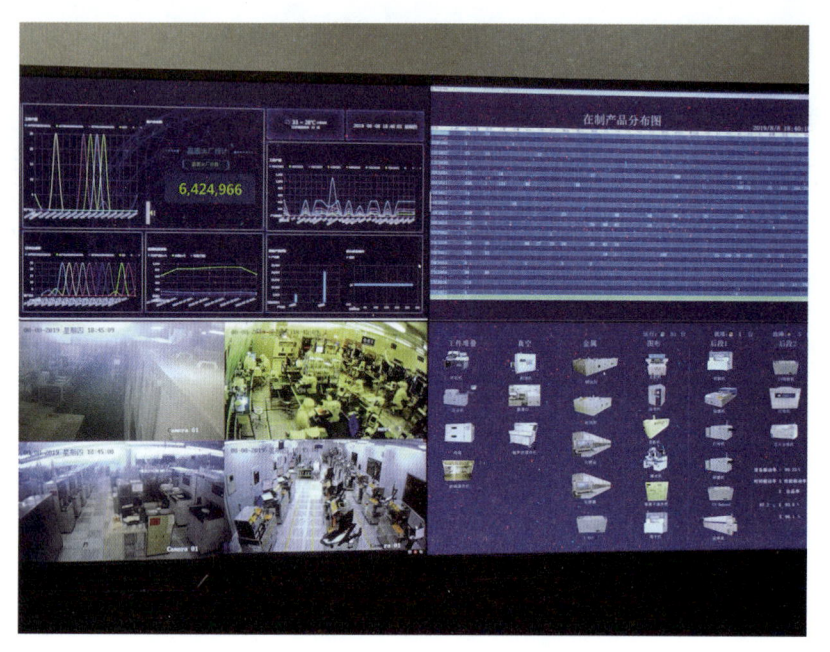

图 7　应用工业智能的品质全方位管控

七通智造云 Q7 Cloud 平台在品质全方位管控的应用上，主要从采集质检数据的智能化、数据分析应用的智能化两个维度实现可配置化。

（1）每道工序所需的检验项目、检验设备、检验标准、检验人员资质、检验结果匹配的不良处理路径等内容都不相同。系统通过对工序环节的自定义标准设定，不同工序之间按实际生产顺序及要求进行组合来完成对整个生产过程的质检管控。同时，系统支持检验数据通过生产设备接口、外部硬件接口、数据库接口、电子文件或部分模式下的手工录入等多种方式采集，实时进行系统记录。

（2）系统内置基于质量算法的成品报表可供客户直接引用，也有基于数据进行可视化配置的数据分析窗口。

（四）项目实施收益

目前，七通智造云 Q7 Cloud 平台已经应用于电子信息、化工新材料、半导体、汽车配件、食品、注塑等多个行业，实现了统一平台的多行业迁移推广。其对现有客户应用 Q7 Cloud 平台实现智能制造业务后，在以下方面有显著的变化。

（1）Q7-Box 已内置 2000 多种生产设备协议，并在不断完善设备协议数据库。当客户的生产设备协议在协议库中时，可通过协议配置模式实时读取生产设备数据。配置一台生产设备实时数据采集最快的调试时间以半小时为刻度计量；在可视化配置的产品模式下，同类设备后续的接入完全可由客户自行配置。

（2）生产订单进度、质量追溯情况、工序在制品库存情况、原材料成品库存、生产人员生产数据，由原有的滞后统计变为系统的实时呈现；订单排产由原有的依赖人工经验转换为系统出具，一键排产速度更快、准确率更高。在可视化配置的产品模式下，样板车间接入实现后，后续同类工厂可由客户自行配置。

（3）其他统计数据。参考已实施客户，智能制造系统的改善收益如表 1 所示。

表 1 智能制造系统的改善收益（参考已实施客户）

序号	有形的改善	可调整空间	无形的改善
1	提高一次通过率（FPY）	提高 5%～12%	工厂控制
2	提高生产的良率	提高 10%	提高生产敏捷度
3	降低废品率	降低 10%～15%	提高生产的透明度
4	提高计划达成率	提高 35%	部门协作
5	减少设备停机时间	减少 30%	实时绩效监控
6	提高 OEE	提高 12%	通过更准确的工厂信息来改善业务表现
7	减少在制品	减少 20%	更好的管理
8	减少人工作业，消除错误根源	减少 38%	确保产品完善
9	减少浪费和返工	减少 4%～20%	合规
10	缩短工时	缩短 5%	提高召回能力
11	确保工艺/质量过程可控，减少不合规操作	减少 18%	提升品牌形象和可靠性
12	减少因为质量造成的损失	减少 80%	提升市场竞争力
13	减少因为质量产生的错误	减少 50%	基础业务不依赖于人员经验
14	成本自动计算	系统自动实时出具报表	员工的稳定度提高
15	业务和财务一体化逻辑重设	财务对账工作量减免	
16	管理类报表随需定制	系统实时统计监控	

除此之外，系统得益于乐高化的配置模式，实施收益主要包括以下三个方面。

（1）跨行融合推动知识迁移，破除应用碎片化。作为 SaaS 化的平台型应用型产品，在不同领域、不同行业的 Know-How（技术诀窍）和知识经验持续沉淀，并不断融合到产品功能中进行迭代更新，客户可根据自身企业需求有选择地进行功能配置和升级，此模式将逐步指导客户跨行融合，选择最优的方式逐步深化生产过程的管理应用，目前已在 100 多家不同行业领域企业中得到了有效验证。

（2）业务引领降低交付风险，保障实施高效化。通过提供通用型应用解决方案，交付现场免除定制开发，对于现场工作和业务人员更加友好，让工厂客户更专注于项目管理能力及项目生产业务理解能力的提升，对项目需求范围、项目的交付周期更好控制，极大地降低客户的项目成本投入及交付风险。经测算，相较于传统 MES，七通智造云 Q7 Cloud 平台可降低 60% 以上的实施成本。目前，七通交付周期最短的项目在 1 个月内完工并通过了上游客户的验厂，常规项目可在 3~4 个月进行验证与交付。

（3）生态融合减少信息孤岛，推动系统集成化。业界各类系统各有所长，七通智造云 Q7 Cloud 平台非常注重与企业业务生态链中其他系统的融合集成，并预留成熟接口，能够与 90% 以上市场主流系统进行无缝集成或对接，极大地提升了客户在专业功能应用上的选择权和自主权。例如：当前七通智造云 Q7 Cloud 平台应用型产品与 SAP、用友、金蝶的 ERP 系统均已形成配置化接口；可与 Q7-Box 进行数据采集联控，也可与其他供应商提供的数据采集系统进行无缝集成。

专家推荐语

以"乐高思维"，融合云原生、微服务架构技术进行 MES 标准产品的设计，交付现场摒弃定制化开发为主，切换为实施可视化配置模式，如果存在开发需求，研发中心会优先针对难点需求进行"乐高标准化"模式的拆解，将需求实现转化为标准产品的一个功能更新，移交给现场的实施顾问进行配置交付。在这种模式下，七通技术团队已经成功落地多个行业的 100 多个智能制造项目，足以见证标准产品之路的可行性，这是 MES 产业领域的一大创新和突破。

第三篇

生态建设篇

工业园区是推进工业生态发展的重要载体，为区域经济发展打造新的引擎、塑造新的品牌，而工业互联网公共服务及展示平台发挥着产业资源、技术资源集聚和配置的作用，推动不同企业、领域的广泛互联互通。本篇展示了多个不同类型的特色园区、工业互联网公共服务平台及创新应用体验中心等生态载体，阐述了产业生态建设如何为产业发展注入新动能。

案例 1　打造长三角 G60 工业互联网创新体验中心

——上海临港松江科技城投资发展有限公司

（一）基本情况

上海临港松江科技城投资发展有限公司（以下简称"临港松江科技城"）隶属于临港集团，上海临港松江科技城是长三角 G60 科创走廊重要产业科技创新策源地和重大科技成果转化承载区，围绕工业互联网领域，打造了要素汇集、龙头集聚、平台支撑的特色产业生态。园区先后获批上海市工业互联网标杆示范园区、上海市工业互联网特色产业园区，成为全市工业互联网领域的一张名片。园区已集聚工业互联网平台和应用企业超 100 家，年产值近 100 亿元。在上海市经济和信息化委员会（以下简称"上海市经信委"）、松江区、工业互联网协会的指导和支持下，园区建设长三角 G60 工业互联网创新应用体验中心，打造集"应用体验、测试验证、产业服务、创新孵化、人才实训"为一体的功能平台。

（二）背景需求

数字化正以势不可当的趋势改变着人类社会。上海市委、市政府于 2020 年年底发布了《关于全面推进上海城市数字化转型的意见》，推动"经济、生活、治理"全面数字化转型，构筑上海未来新的战略优势。

新一代信息技术与传统产业加速融合，工业互联网通过实现工业经济全要素、全产业链、全价值链全面连接，打造新型工业生产制造和服务体系，加快工业经济数字化、网络化、智能化转型，是推动实体经济高质量发展的必由之路，是推进经济数字化转型的重要抓手。伴随着信息化与工业化的深度融合，制造业生产方式和企业形态正发生根本性变革，智能化生产、服务化延伸、网络化协同、个性化定制等数字化管理新模式、新业态创新活跃。

园区致力于建设长三角 G60 工业互联网创新应用体验中心，打造长三角工业互联网政策和技术发布地、供需资源对接地、人才培养聚集地、重点产业应用示范地和标准测试验证地，进一步推广工业互联网前沿技术与应用，进一步促进工业场景与服务应用的有效对接，进一步加快推动经济数字化转型。

（三）案例实施方案

体验中心集聚工业互联网领域重点企业，借助视频、实物、互动模型、实体生产线等多种形式，展示了 30 多个智能化生产、服务化延伸、网络化协同、个性化定制等模式创新的典型案例。数字化转型模式如图 1 所示。

图 1 数字化转型模式

"1460 种配置，一键选车，当场模拟交付"，借助高科技互动沙盘，体验中心完整展示了威马汽车个性化定制 C2M 平台产销互动的新模式。得益于工业互联网的发展，威马汽车将消费者大量的多样化的订单需求，通过 C2M 平台，直接转化成指令，调配原材料、排产、派工、生产，打通研发、采购和生产等环节的数据交互适配，实现数字化智能柔性生产和大数据驱动的供应链协同。依托企业打造的大数据资源服务平台，汇聚"消费互联网、工业互联网、车联网"三网数据，将围绕智能生产、智能流通、智能营销、智能服务建设示范场景，形成一个产销两端实时互动的良性生态圈，将新车交付周期缩短至 21 天。

威马 C2M 沙盘如图 2 所示。

图 2 威马 C2M 沙盘

中国商飞依托 5G 通信，打造首个实现全场景、全要素网络化协同的 5G 全连接工厂（见图 3）。通过全连接平台实现位于上海、北京、山东、江西、四川等地的设计、制造、试飞、客服等产品全生命周期的互联协同，打通百万零件级生产要素万物互联的关键技术路径，实现设备、产品、物料、人员、工具、工装 6 类生产要素的万物互联。中国商飞开发"5G+工业互联网"场景超过 250 个，涵盖 5G+AI 复合材料缺陷检测、5G+8K 视觉检测系统、机器人集群应用示范线等，实现全设备利用率提高 20%，生产效率提高 15%，产品良率提高 10%，质检效率提高 95%，生产成本降低 10%。

图 3 商飞 5G 全连接工厂

中国宝武开发了具有完全自主知识产权的工业互联网平台 xIn³Plat，以面向生产制造的工业互联平台 iPlat 和面向产业协同的产业生态平台 ePlat 为核心，提供业务数字化、运营平台化、产业生态化的融合创新能力。基于平台数字化能力，在智能化生产方面，开展全流程智慧质量管控，将散落在各生产线的过程质量数据汇聚到大数据中心，实现产品质量事前预测、事中自动管控、事后智能分析与优化的闭环管理。以宝钢股份为例，基于宝武工业互联网平台（见图 4），汇聚 500 多个机组、60 多万个数据点，构建 200 多个分析应用，提升了产品质量和质量工程师的工作效率。

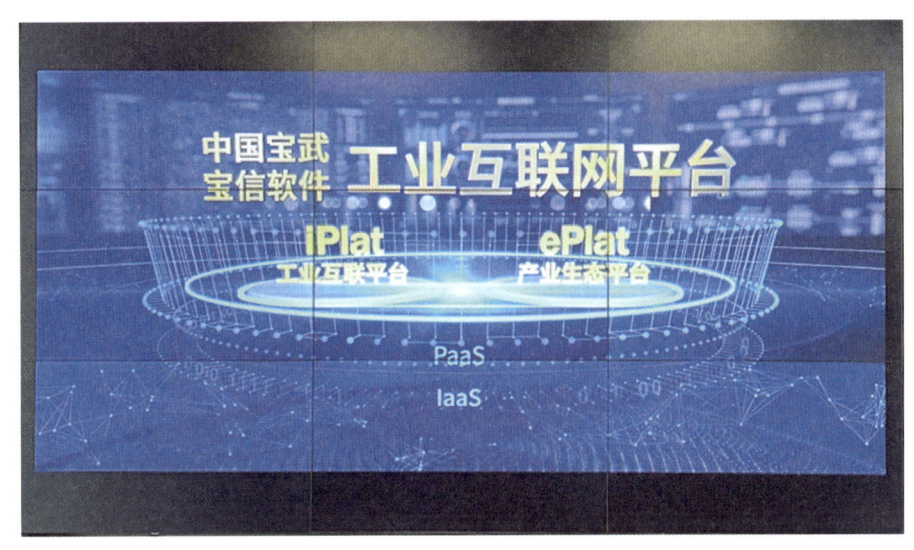

图4 宝武工业互联网平台

服务化延伸是企业通过在产品上添加智能模块,实现产品联网与运行数据采集,并利用大数据分析提供多样化智能服务,实现由卖产品向卖服务拓展,如客户增值体验、产品优化方案等。上海电气"星云智汇"工业互联网平台(见图5)对装备的研发设计、制造装配、运维服务、供应链等阶段进行全面管控和优化,实现产品制造周期缩短10%以上,运维成本降低15%以上。在传统能源、清洁能源、城市基础设施、医疗等领域已覆盖数字化协同设计、数字孪生应用、质量管理、运维服务、能效管理、供应链协同等数十个工业场景,部署工业App超过120个,服务超过10万台高端装备,价值超过1400亿元。

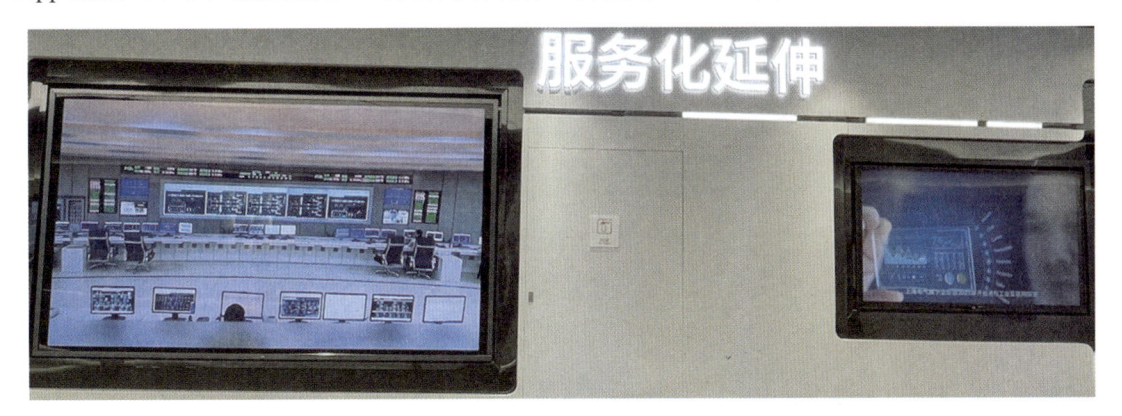

图5 上海电气"星云智汇"工业互联网平台

与此同时,体验中心从"新基建"及发展历程、基础设施、赋能平台、安全保障、空间载体等方面系统地梳理和展示了上海工业互联网发展规划、政策举措、发展成果。作为全国工业互联网先行城市,近年来,上海结合新一代信息技术和制造业融合发展新趋势,围绕产业数字化和数字产业化两大赛道,通过全面推进实施"工赋上海"三年行动计划,打造一批国内领先的工业互联网新标杆,着力构筑助推产业发展的新空间、新载体,工业互联网在全国居于领先地位,各细分领域持续保持在全国第一梯队。

（四）项目实施收益

随着项目的推进，工业互联网领域的龙头企业、重点平台、专精企业、科研院所、服务机构、行业协会、专家人才等要素交织集聚。在项目推进过程中，既有协同作战碰撞出的精彩火花，也不乏艰难险阻和砥砺前行。设计、推敲、调整、优化，项目组始终坚持以高标准、高水平推进体验中心的装修布展工作。"5+2""白+黑"，体验中心的建成，离不开上海市经信委、松江区领导的靠前指挥和关心，离不开参与企业的共同努力，离不开服务机构和行业协会，尤其是上海市工业互联网协会的支持和帮助。

通过体验中心建设，园区联动高能级主体，形成了更广范围、更深层次、更高水平的合作。与威马汽车形成战略合作，在体验中心布展高科技互动沙盘、数字出行动态展示的基础上，导入威马汽车数字出行与数字服务的子公司，落地威马汽车 G60 科创云廊旗舰店，在园区投放威马短途接驳车，为园区"生产、生活、生态"融合发展添砖加瓦。中国联通在体验中心布展 300 平方米，推广"5G+工业互联网"的创新发展与典型应用；在体验中心举办松江区工业互联网沙龙，工业互联网产业生态进一步活跃；并与园区达成战略合作，探索为更多企业提供高质量基础网络服务。爱仕达·钱江机器人在体验中心布展 600 平方米，打造了一条无人 C2M 智能煎锅生产线，完整展示了爱仕达工业互联网、智能制造、智慧运维、核心零部件的产业链布局；并与园区持续互动，探索在园区设立数字经济子公司及购置产业空间的可行性。

中国联通和爱仕达展示区如图 6 所示。

图 6 中国联通和爱仕达展示区

发挥多元功能平台作用，营造更高水平的产业生态环境。2021年5月21日，全市重点工业互联网企业座谈会在体验中心召开，进一步推动上海工业互联网向2.0阶段升级，加快工业互联网促进企业生产方式和组织模式的转变。8月2日，产业数字化转型座谈会在体验中心召开，上海市经信委领导走进体验中心，听取了工业互联网产业集聚、产融合作、创新应用方面的介绍，深入了解松江区重点企业工业互联网推进工作。9月22日，在上海市制造业数字化转型工作推进会上，体验中心正式启动，数字经济已经成为高质量发展的新引擎，数字化转型也成为提升制造业竞争力的必由之路，体验中心紧跟制造业数字化转型的要求，助力上海构筑未来发展新的战略优势。园区作为国家级工业互联网创新基地的"主战场"，承办全国工业互联网平台赋能深度行，一批政府领导、重点企业、专业机构走进体验中心，工业互联网主题交流气氛进一步活跃。项目成功申报松江区科普活动基地，开发设计了针对非专业观众的科普短视频，通过微信等自媒体平台，进一步宣传、推广工业互联网专业知识。此外，体验中心承载了工业博览会走进园区、长三角经济数字化转型论坛、浦东干部学院专题培训、杭州电子科技大学产教融合等活动，进一步发挥数字化转型推广与公共服务平台的作用。

媒体推荐语

依托于上海市唯一一家工业互联网特色园区——临港松江科技城，长三角G60工业互联网创新应用体验中心正以G60科创走廊为枢纽，连接长三角区域的沿线城市，致力于形成工业互联网数据中心。在未来，体验中心还将加速技术研发和成果转化，汇聚长三角工业互联网产业生态，进一步助推工业互联网在长三角区域协同发展。

——上观新闻 2021年8月17日

案例2　大数据平台及辅助决策系统推动园区智能化运营和服务

——上海化学工业区

（一）基本情况

上海化学工业区批准设立于1996年，地处上海南部、杭州湾北岸，横跨金山、奉贤两区，规划面积29.4平方千米，是国家新型工业化产业示范基地、国家级经济技术开发区、国家生态工业示范园区、国家循环经济工作先进单位。园区开创性地提出和实践"产品项目一体化、公用辅助一体化、物流传输一体化、环境保护一体化、管理服务一体化"的开发理念，并形成资源高度集约、效益高度聚集的大化工生产模式，超过80%企业的原料/产品供应链实现了园区内闭环。

目前，德国巴斯夫、科思创、赢创，美国亨斯迈等国际化工巨头，中国石油化工集团、华谊集团、高桥石化等大型骨干企业，以及荷兰皇家孚宝集团、法国液化空气集团和苏伊士集团等世界知名配套服务企业均已入驻园区多年，与园区形成了良好的互助共赢发展态势。

（二）背景需求

"园区经济"是改革开放以来中国经济发展的重要经验，既成了中国经济的载体和平台，也为中国的产业经济发展探索了成功的经验与模式。随着"十三五"新一轮产业变革的启动和区域经济关系的快速变化，园区作为经济规划的落地载体，又迎来了一轮雨后春笋般的快速发展。

恰逢新一轮工业革命把数字化技术和工具带入了工业产业发展中，这让制造业从业人员能够简单、有效地利用数字技术，让信息技术从业人员能够深入理解工业需求和文化，最终输出数字化的制造业知识和资产，让对制造本身不那么精通的人也能够通过这些数字资产挖掘出新的服务和应用，产生价值增值。这与园区经济转型的需求不谋而合。

工业互联网与园区的价值融合能够更好地发挥园区资源聚集、基础设施集中建设的规模优势，能够更好地发挥园区集中管控、精细服务的优势，同时园区可以帮助工业互联网打通应用落地的"最后一公里"，园区也可以收获互联网化盈利模式。

因此，上海化学工业区融合工业互联网的创新化、科技化、智慧化、生态化改革势在必行。

（三）案例实施方案

上海化学工业区将数字化建设作为园区高质量发展、提升核心竞争力、构筑发展比较优势的重要战略举措，在园区工业互联网应用和产业数字化转型方面开展了大量的创新实践活动，积极推进工业互联网基础设施、数据平台与应用场景的建设。

1. 完善园区基础设施

园区建有上海化学工业区大数据云计算中心，其是集合中国电信云网融合度身造云实力和上海化学工业区园区规划着力打造的"4S"工业园区定制化大数据云计算中心。大数据云计算中心采用云计算技术，统筹利用已有的 IT 资源和条件，统一建设并为上海化学工业区管理委员会各部门提供基础设施、支撑软件、应用功能、信息资源、运行保障和信息安全等服务。

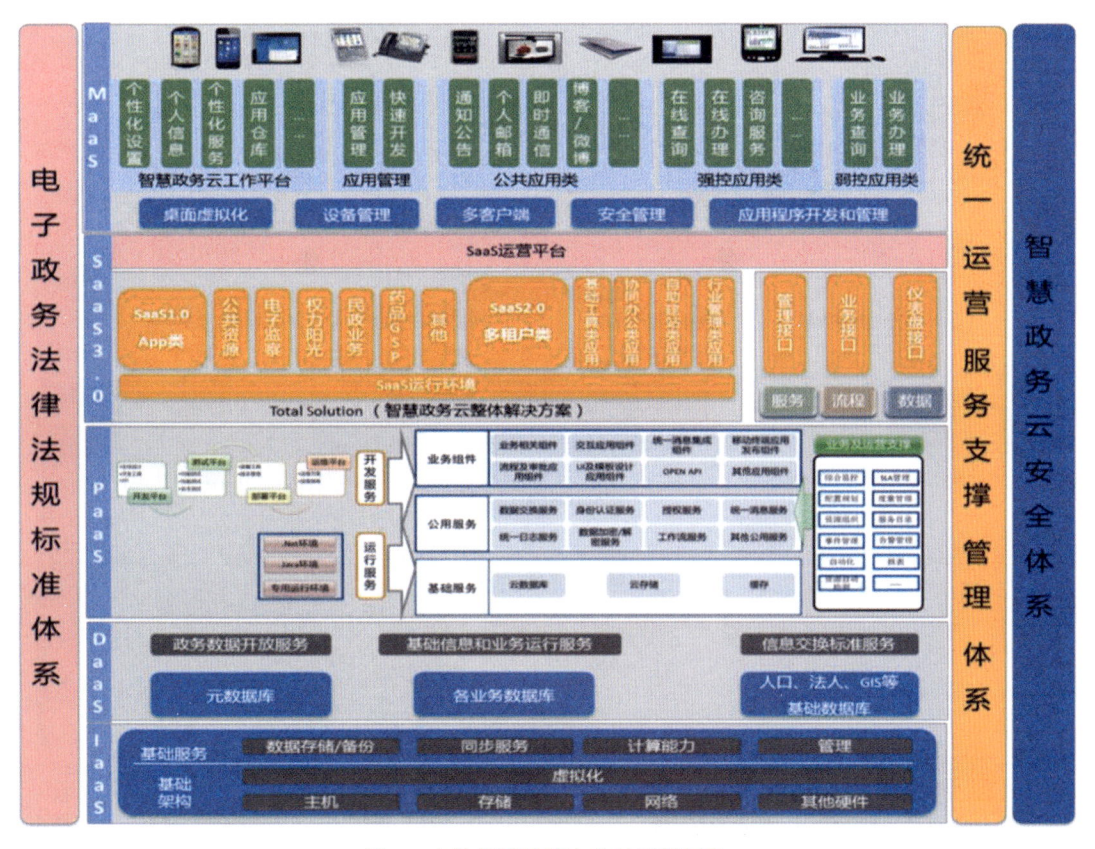

大数据云计算中心的逻辑架构如图 1 所示。

图 1　大数据云计算中心的逻辑架构

大数据云计算中心具有很强的运算能力、开放的云架构、充分的可拓展性，采用市政务云同框架建设标准，连续多年通过信息安全等级保护三级防护审查，具有灵活的定制化调整开发能力，可同时满足园区众多企业的多元化实际使用需求。同时，在园区管委会的引导和支持下，园区部分企业已自主开发和应用了企业级的大数据平台。

2. 搭建大数据平台及辅助决策系统

园区搭建了大数据平台，基于化学工业区接口交互标准、化学工业区数据目录标准进行数据采集和交互服务；基于微服务架构管理平台实现各种应用系统的互联互通和协同互动，其中重点实现服务目录、服务监控和安全管理；基于Flink流式数据处理引擎实现数据实时处理与计算，可以对数据进行实时状态分析和跟踪管理，从数据采集、清洗、存储、场景调用、质量评分等多角度形成图形报表，实现数据全生命周期管理。

另外，园区推进综合业务监管辅助决策系统建设，以园区各种感知、业务数据为基础，以融合数据分析引擎为核心，以园区管理者、运营者、企业等主体的服务需求为导向，为智能决策提供强有力的支撑，提高决策效率，开展"三预"（预报、预警、预测）的深入应用。大数据平台以"统一设计、分期建设，有序推进"为建设原则，先完成平台的基本架构，基本形成数据治理架构、实现数据可视化分析和展示，开展辅助决策工作，后完善平台功能，不断拓展接入平台的业务系统/数据，提供深度感知、智能决策服务。

大数据平台及辅助决策系统的业务逻辑如图2所示。

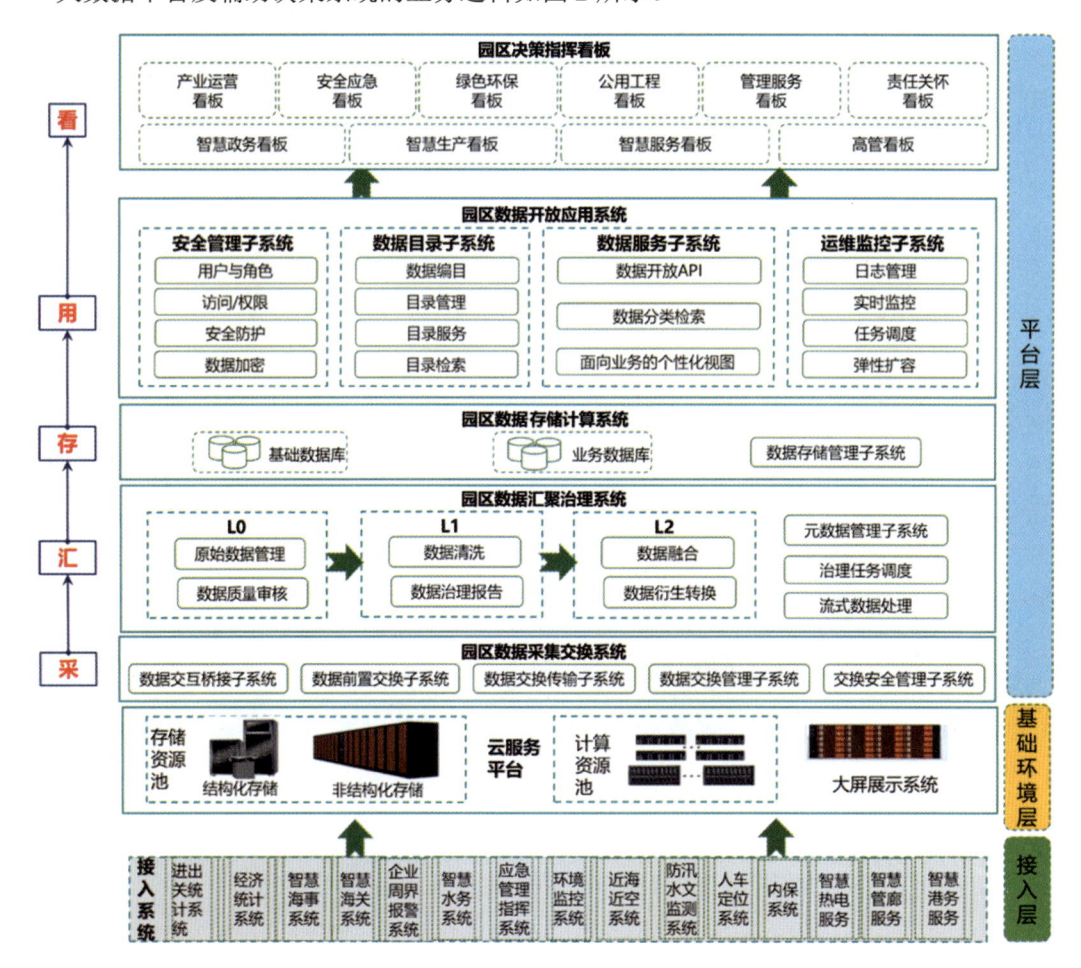

图2 大数据平台及辅助决策系统的业务逻辑

辅助决策系统实现了园区总体业务运行情况概览，共设计、汇聚、分析实现 8 大业务场景核心指标及业务状态，共计 29 类，具体包括：（1）生产运行业务体系监管场景，涉及企业结构分布、产业链、供应链、价值链 4 类监管场景；（2）安全监督业务体系监管场景，涉及本质安全、生产安全、运行安全、应急管理 4 类场景；（3）环境控制业务体系监管场景，涉及污染源监管、污染减排、环境质量 3 类场景；（4）一网通办业务监管场景，涉及行政权力事项、公共服务事项、"四端"融合办理、行政管理、园区服务 5 类场景；（5）一网统管业务监管场景，涉及指挥体系、应急处置、日常处置 3 类场景；（6）企业服务业务体系监管场景，涉及资金扶持、设备检测、工程管理 3 类场景；（7）网络态势业务体系监管场景，涉及攻击防护、漏洞整改、舆情关注 3 类场景；（8）数据治理业务体系监管场景，涉及总体概况、质量状况、质量评估、开放服务 4 类场景。

辅助决策系统采用逐级细化的可视化展示模式，业务数据颗粒度由粗到细，实现业务监管分级、分层的决策模式，并结合 2D/3D GIS 技术的应用，实现工业互联网园区业务管理"一张图"。

3．打造公用工程服务及化工生产若干应用场景

园区内外生产性和生活性服务企业涉及原料进出港、储罐仓储、输送管廊运维、污水处理、热电供给等公共职能，企业积极响应工业互联网园区建设，形成典型数字化应用场景，具体如下。

（1）数字孪生。基于"GIS+数字孪生"等技术，构建了园区化工物料及能源物料等输送管廊三维可视化数字管理平台，结合智能化传感器实现对管廊的智慧化管理，将企业运营、安全、生产、财务等多业务维度指标进行统一可视化展现。

（2）资产管理。对公用工程服务企业相关资产进行数字化标识、快速盘点、精准定位及全生命周期管理等创新应用，实现资产的可管可控、保值增值。

（3）智能巡检。基于悬挂式轨道机器人、地面行走机器人、融合型物联感知终端等，对管路管线、关键设备的运行状态进行实时感知与监控，形成空中、地面一体化巡检网络。

（4）热电平衡。针对园区内一批企业对于蒸汽供给的稳定性有较高要求，打造蒸汽配额交易平台，用以平衡不同企业之间由于生产波峰波谷、配额使用率差异等导致蒸汽供应不稳定或浪费的情况，实现供需精准匹配与资源优化。

（5）环境监测。基于生产企业厂内物联网和园区广域网的覆盖，建立多源环保污控数据集成监控体系，实现对园区内重点企业、重点区域的污染源状态、排放数据及环境质量数据的实时监测与预警。

另外，园区充分发掘主体化工生产型企业智慧化建设的内在动力，引导、鼓励企业结合自身实际，加大投入，开展技术和智能化改造，提升智能制造水平，目前已形成生产过程管理信息化、生产过程工艺自动化、智能巡检/运维、能源管理、智能输送、视频监控等工业互联网应用场景。

（四）项目实施收益

上海化学工业区实现了普通政务云与园区应用、医疗生产力系统、公安封闭系统、物联网及视频系统的融合，在确保数据安全和应用顺畅的情况下保持了原有的个性化资源需求。目前，园区各类项目上云超过 20 个，资源使用率超过 85%；平台运行平稳，总体可用率超过 99.99%；应用部署时间从原来的 3~6 个月缩短为 3~5 天；等级保护三级评测达到 90 分以上，未出现信息安全问题。

上海化学工业区数据平台将采集的 8200 万余条数据归入 3 类、15 项、21 目、256 细目的数据体系中，在此基础上形成 7 大主题库和 256 个业务库，通过 API 为各类应用提供了 430 个数据元素。平台的建设初步打破了管委会、公用工程服务企业和生产企业间的信息孤岛，可以为园区管理运营的各个领域提供快速、有效的决策支持，为上海化学工业区的管理和服务提供新的洞察力，提升园区治理、运营和公众服务的智能化水平。

专家推荐语

上海化学工业区建设之初开创性地提出了"五个一体化"的发展理念，引领带动全国石油和化工园区的发展。园区进行大数据云计算中心建设，将普通政务云与园区应用充分融合，搭建智慧决策平台，汇集各类业务数据，进行实时分析和可视化展示，服务于园区不同客户，提升园区运营和服务的智能化水平，对于全国范围内经济开发区、高新区及工业园区具有较高的可借鉴性和可复制性。

案例3 打造具有全球影响力的"东方智造城",构建"5G+工业互联网"标杆园区

——金桥5G产业生态园

(一)基本情况

上海金桥经济技术开发区(以下简称"金桥开发区")是以制造业为主的国家级经济技术开发区、自由贸易区和科创中心建设的主战场,金桥5G产业生态园于2020年被列为上海市特色产业园,其具有丰富的实体经济业态,具备很强的智能制造转型升级能力。金桥5G产业生态园在5G技术、人才、产业等方面具有突出优势,已经形成以高端制造业和先进生产性服务业为核心,能级较高、质量较好的"1+3"主导产业体系,集聚了重点行业工业互联网创新发展新动能,将助力金桥开发区打造工业互联网标杆园区,出台我国在工业互联网领域的国内/国际标准,打造内聚外合的工业互联网协同创新生态。

(二)背景需求

金桥开发区(见图1)以占浦东新区1/50的土地,贡献了超过1/4的工业经济规模,工业总产值达2500亿元,汇聚着上汽通用、联合汽车电子、沃尔沃、延锋金桥、索广映像、康宁、立邦、科思创、欧姆龙、巴斯夫、海拉电子等51家全球500强企业。

图1 金桥开发区

工业互联网发展是一项系统工程，需要从运营、平台、培训、展示等多个维度共同推进。建设金桥工业互联网平台，可以统筹各方资源，充分发挥制造业转型良好的区位优势、产业政策、产业布局和"产学研用"机构聚集的特点，加快前沿技术、共性技术的联合攻关。结合金桥智能制造产业特点，有针对性地挖掘典型案例、典型模式，分领域、分行业推进试点示范建设，总结成功经验，加快工业互联网在金桥、上海乃至全球的推广。

金桥开发区以重点产业集群为着力点，力图到 2022 年培育工业互联网创新试点企业 20 家，同时培育一批工业互联网创新型和服务型企业，为新经济业态发展贡献力量。目前，金桥开发区已落地 10 家"5G+工业互联网"创新示范智能工厂及平台。

（三）案例实施方案

1. 推动园区企业落地应用，打造"5G+智慧工厂"样板工程

金桥开发区积极发展一批企业从工业自动化向数字孪生转变，开展普惠服务，引导各企业进行数字化转型，在未来车、智能制造、大视讯及生物医药等重点产业打造一批"5G+工业互联网"先导场景应用，在行业中形成标杆。

金桥开发区充分发挥金桥机器人示范基地和浦东新区人工智能先导区功能，锁定数控机床、工业机器人等关键领域，着力推动沪东造船的数字化转型及国产化，以及中国烟草机械、中微半导体、汇大机械、延锋金桥、汇众金桥等在内的 10 家产业链链主智慧工厂建设，加快形成"5G+云端机器人、机器视觉、远程控制、智能检测、智能物流、数字化敏捷管理、全生命周期管理"等一批可复制、可推广的典型云网融合改造样板工程。

2. 结合园区企业 5G 研发优势，整合行业生态链向全球辐射，推广"金桥企业金桥造"

金桥开发区在 5G 技术、人才、产业等方面具有突出优势，其聚焦工业互联网 5G 芯片、工控安全、工业仿真、数字孪生、数字肌理模型、工业大数据应用软件研发与产业化等关键核心环节垂直行业企业培育，增强柔性化生产能力和数字化基础支撑。

此外，金桥开发区发挥华为上海研究所、诺基亚贝尔、信通院华东分院、中国移动产业研究院、中国电信理想集团等功能平台的作用，引进智能检测、芯片、传感器、算法、模块、模组企业，促进园区企业间赋能与融合，提升企业融合度、产业黏合度。同时，金桥开发区努力争取政府支持，在工业互联网、医疗、消费等行业中进一步构筑产业优势，长成一棵又一棵能引来"金凤凰"的"梧桐树"。

3. 打造具有全国影响力的通用型平台

金桥开发区重点发展中国移动产业研究院和中国电信理想集团两大工业互联网综合性集成平台，以 5G 为先导，发挥人工智能、云计算、大数据、物联网、边缘计算、高精度定位等新一代信息技术，以及运营商人才、资金、网络和渠道优势。其承接华为、诺基亚贝尔等技术类服务平台的功效，使通用型平台提供相关产品和解决方案，突显研发运营支撑一体化的服务能力，赋能工业企业实现协同发展、融合创新、生态共建。

金桥 5G 产业生态园如图 2 所示。

图 2　金桥 5G 产业生态园

目前，华为 5G 创新中心牵头打造了工信部全国首批"20 个标杆创新中心"中长三角唯一的全 5G 公共服务及产业合作平台，推动 5G 融合应用创新快速发展及"5G 应用'扬帆'行动计划"落地。

金桥开发区已推动构建华为 5G 创新中心与沪东造船船舶联合实验室，旨在围绕工业互联网、工业大数据及赋能船舶智能制造的应用探索，促进设计模式、生产模式、管理模式向网络化、智能化及数字化推进，协同孵化了体系内唯一的国产船舶设计软件平台。

其参考落地场景为国产化供应链协同制造、船舶全生命周期质量回溯及船岸运营一体化。

中国烟草机械结合离散型制造企业的需求特点，探索了丰富"5G+工业互联网"深度融合的行业应用场景，并与华为 5G 创新中心共同成立了数字化研发中心。在现阶段已建成的制造现场智能物流、"敏捷边缘云控制平台"的基础上，充分借助 5G 赋能带来的技术优势，推进制造现场物联网的深化应用，开展更广泛的设备互联与生产大数据分析，提升生产现场的智能化程度，推动企业的生产效率和质量水平向更高水平迈进。

试点企业除有财力和自动化基础之外，生产的产品市场要稳定。比如，上海烟草机械有限责任公司的卷烟销往全球，市场需求量非常大。上海烟草机械有限责任公司和华为 5G 创新中心打造烟草机械"5G+智慧工厂"项目，在生产线上运用 AGV，技术人员可以实时下达指令，精准远程管控，提高生产效率。2021 年，在原有的 1.0 全 5G 工厂基础上，打造了 2.0 版本，主要包括 5G+智能仓储物流、5G+设备预测性维护、国产化 5G 柔性工厂及平台等。

延锋汽车内饰金桥数字化样板工厂以端到端价值流为核心，通过 9 个业务场景将"5G+智能制造"应用落地，包括智能客户订单管理、智能排产、智慧物流、物联网设备接口平台、工厂数字化敏捷管理、工厂数字化质量管理、智能工艺过程控制、预测性维护及仿真技术在制造开发过程中的应用。延锋汽车在上述应用场景中，不同程度地对智能制造关键技术进行了自主研发，包括物联网设备接口平台、机器学习应用于过程控制和预测性维护、仿真技术应用于制造开发等，并且通过实践，结合华为 5G 创新中心的 5G 研发成果，总结了快速迭代、可复制的模板，为下一代智能工厂及全球推广奠定了基础。

金桥 5G 产业生态园内入驻企业研发中心如图 3 所示。

图 3　金桥 5G 产业生态园内入驻企业研发中心

在首批推出的 10 个 5G+无人工厂中，5G 落地的案例以工业互联网为重要依托，实现端到端的数字连接，体现 5G 赋能，提升劳动生产的新一代信息技术叠加应用，打造金桥开发区创新样本示范试点。金桥 5G 产业生态园制订了在园区建设 20 个无人工厂、无人车间的方案，方案正在逐步落实中。金桥开发区将着力构建工业互联网平台生态体系，培育并辅导相关企业进一步突显跨行业、跨领域、跨地缘的企业数字化协作综合赋能平台功能，简要概括为"1+2+3+X"模式创新，具体如下。

一批应用场景：率先帮 20 家企业打造"5G+工业互联网"行业应用示范场景，全力动员、挖掘新引入和具有工业自动化基础的优质企业，实现无人工厂。

两大平台系统：依托华为 5G 创新中心及诺基亚贝尔 5G 技术转化成果，推动中国移动（上海）研究院和中国电信理想集团等优质资源为园区企业量身打造工业互联网平台，打造国内十分权威的通用型工业互联网平台体系。

三大垂直领域：鉴于 5G+智能制造、5G+未来车、5G+大视讯存在一个共同的特征，即都需要从数据采集、边缘计算、可视化交互、云计算统筹加工数据、云网融合等方面实现 5G+AI+IoT 的万物互联，金桥以 5G+智能制造为突破口，在三大垂直领域寻求协同生态建设，着重筑造以 5G 为特色的"东方智造城"。

一群冠军企业：培育积极聚拢海内外的隐形冠军和行业龙头企业，搭建 5G+智能制造存量企业的交互合作机制，打造丰富的 5G 集成供应商冠军企业培育模式，形成金桥具有核心竞争优势的制造高地。

（四）项目实施收益

"十三五"期间，金桥开发区重点发展的汽车和智能制造产业、移动互联网视讯产业、工业互联网和机器人产业为 5G 时代的智能化升级打下了基础。据悉，中国烟草机械、中微半导体、延锋金桥、可口可乐等企业已经完成一期智能制造工程，生产效率提高了3倍。5G高速传播，设备出现问题会提前反馈，降低了设备失误率，设备利用率从40%提高到75%。此外，劳动生产率大幅提升，购买设备的资金量缩小，占用场地减少，同时可以解决劳动力不足的问题。例如：延锋金桥工厂以端到端价值流为核心，围绕智慧物流、数字化敏捷管理、全过程质量管理等应用场景，深化5G应用与跨系统的实时对接，精准进行数据采集、传输、分析、应用，实现厂内物流全流程无人化创新应用，预计可实现降低成本10%，物流效率提升20%，节约生产场地20%。

上海汇众金桥工厂作为一家一对多家整车厂零配件供应商，在"十三五"期间投入零部件自动机立库，计划"十四五"期间深耕物流自动化、生产数字化，"十四五"期间力争做到自动化入库、自动化配送、自动化排序供货，已投入项目累计优化物流人员20人，未来预计优化物流人员22人，做到全供应链从入厂到出厂的无人化。

中国烟草机械智能产线实现了三个方面的优化迭代。（1）机器人技术方案升级。移动式机器人的举升能力从原来的7千克提升至20千克。该方案已完成技术验证，目前已进入商务阶段，2021年开始落地实施。（2）物流配套设施升级。采用一台立体升降库替换原来的料架，货位从原来的30个提升至351个，物流吞吐能力大幅提升。（3）作业模式优化升级。增加了1台固定式机器人用于物流出入库，实现了与现有的1台移动式机器人的协同作业模式升级。

可口可乐申美工厂金桥总仓智慧仓储升级，规划新立库和引入AGV，拣选准确率达到99.99%，库容提升2倍，拣选效率提升2倍，作业人员减少46人。金桥车间内空托盘流转物流自动化升级，用无人叉车替代人工叉车，作业人员减少3人，整体运转效率提升80%，流程力图实现无人化。

从目前5G的推广情况来看，主要集中在国企、央企、大型外资企业等实力强的企业。虽然生产效率提高了，但前期成本投入高，一些中小型企业对是否进行智能制造升级，仍持观望态度。运营商、通信商、试点企业正在共同努力，做好案例试点，帮助金桥打造标杆，让所有企业看到智能制造确实提高了生产效率。上海做出来了，可以向长三角、向全国推广。

媒体推荐语

5G头部企业齐聚金桥，上海"东方智造城"要来了；这个样本由点及面，对全国技术园区迭代升级具有启发意义。中国经济技术开发区长时间以吸引外资为主，接下来应以内生型经济为主导，努力提升内资企业自主创新能力。

——财经杂志 2020年6月1日

案例 4　构建上海市工业互联网研发与转化功能型平台

——工业互联网创新中心（上海）有限公司

（一）基本情况

工业互联网创新中心（上海）有限公司（以下简称"上海工创中心"）是中国信通院全资子公司，由工信部与上海市合作共建（签署部市共建战略合作协议），是工信部与上海市实施发展工业互联网国家战略的推动者和践行者。

作为中国信通院全球数字化战略的重要组成部分，上海工创中心是集"孵化—赋能—颠覆"于一体的创新数字化资产及高新技术研发中心、IP开发中心。秉承中国信通院积淀的专业服务经验，上海工创中心以创新科技为驱动，全方位助推数字化服务模式，涵盖创新孵化、技术赋能、产品研发和价值交付等环节，立足上海、辐射中国、智连全球。

未来，上海工创中心将持续深化与政府机构及企业的创新数字化合作，致力成为前沿技术与市场应用的连接器和放大器。

（二）背景需求

上海市工业互联网研发与转化功能型平台（以下简称"工业互联网功能型平台"）作为工业互联网部市合作的重点建设内容之一，致力于建设国家乃至全球工业互联网相关核心技术、解决方案与人才高地；作为"政产学研金"各方协同合作的核心枢纽，是工业互联网相关各类创新主体联合研发、创新的载体。上海工创中心能够为中国制造业提供经过验证的先进工业互联网技术和应用示范，促进前沿工业互联网创新技术向规模化、经济高效的制造能力转化。

（三）案例实施方案

工业互联网功能型平台按照四大板块进行建设，分别为工业互联网标识解析技术、工业互联网网络技术、工业互联网平台技术、工业互联网安全技术。每个板块均针对不同领域的关键技术进行深入研究与检测，在企业试点进行场景落地，真正服务于工业应用场景。

1. 工业互联网标识解析行业二级节点及行业应用

上海工创中心在现有工业系统体系框架下集成兼容、互通的标识解析体系，建设上海工创中心综合型、新材料行业、科学服务行业、机械加工行业及医疗器械行业等二级节点，不断推动标识应用的深耕落地，目前已拓展了产品全生命周期管理、供应链管理、产品追溯、设备管理、智能化生产、产品数字交付等多个应用模式。

1）基于标识解析的智慧检测实验室创新集成应用

上海工创中心依托自身检测业务打造了基于标识解析的智慧检测实验室创新集成应用，通过标识解析技术赋能业务实现了检测过程可追溯、实验室状态实时监控、检测资源优化配置，提高了检测效率，降低了实验室能耗和实验室运营成本，提供了检测报告在线查询解决方案。

基于标识解析的智慧检测实验室创新应用技术架构图如图 1 所示。

图 1 基于标识解析的智慧检测实验室创新应用技术架构图

2）核电行业标识解析集成创新应用新模式

上海工创中心联合上海核工程研究设计院（以下简称"上海核工院"）建设标识解析企业节点，打造了核电行业标识解析集成创新应用新模式。基于新模式，对上海核工院产业链上下游的对象进行全球统一标识，利用标识实现核电供应链系统与企业信息系统间精准对接，实现了核电产业信息有效共享，达到社会资源的优化利用。

基于标识解析的核电行业供应链协同创新应用如图 2 所示。

2. 工业互联网网络技术研发与验证

工业网络是人、机、物全面互联的新型基础设施。针对流行的各种网络技术进行了有效的研究工作，并在实际场景中进行了验证。

（1）突破了 TSN（时间敏感型网络）和 DDS（数据分发服务）融合技术，搭建了国内先进的 TSN 与 DDS 融合实验床，并在航天八院进行了示范应用。目前，上海工创中心正在聚焦无人驾驶、智慧医疗等领域打造 TSN-DDS 产品及解决方案。

TSN 技术测试实验床如图 3 所示。

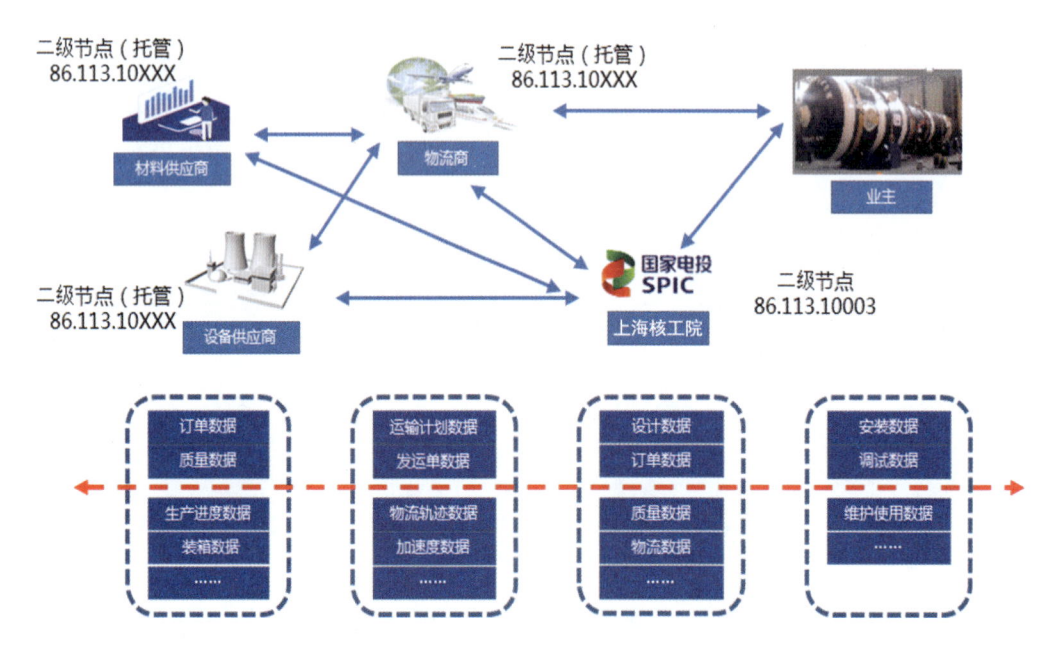

图 2 基于标识解析的核电行业供应链协同创新应用

图 3 TSN 技术测试实验床

（2）创新地建立了基于 OPC 统一架构的 TSN 环境，可作为新型网络实训基地，为产业界开展 TSN 技术、设备、系统的互联互通、性能验证、技术测试等工作提供了场所。

（3）自主研发了 6 款 TSN 网关产品，支持市面上 20 多种主流的 PLC 和工业以太网协议。

（4）实现 5G 技术和场景落地，应用到视觉检测、设备巡检、行为识别等工业场景中，提高了生产效率和生产精度。

5G 远程控制弹簧机生产线如图 4 所示。

图 4　5G 远程控制弹簧机生产线

3. 工业互联网平台技术研发与验证

本板块的内容更偏向于实际应用，针对工程机械、电子、风力发电等行业，将工业互联网的理念与技术实际应用于行业生产场景之中。

上海工创中心已面向工程机械、机械加工、电子信息等行业构建了工业互联网平台测试环境，聚焦异构数据管理、机理模型、微服务组件、工业 App 等关键问题进行测试，孵化了行业共性机理模型与微服务。

（1）工程机械行业测试平台。该平台可兼容不同规格的物联网关，支持多种接口和协议，并提供了边缘计算的开发框架，厂家可以基于边缘计算框架进行接入测试，可根据不同的场景灵活选取接入方案。同时，该平台可实现工程设备远程数据采集，通过"数据+模型"方式为客户提供服务，实现传统企业生产运营模式向工业互联网升级，形成工业车辆行业的应用框架和标准，为华东区工业车辆行业提供全面的生态系统解决方案。

（2）机械加工行业工业互联网平台和测试床。该平台旨在服务整个上海乃至长三角地区的机械加工行业企业，已累计开发 26 个工业 App、15 个机理模型，接入 1161 台设备，初步实现工业应用系统平台化，服务了余姚市振大塑胶、余姚市博泽液压等机械加工企业近 40 家，开创沪姚联动新模式，有效地提升了企业的工业信息化水平，帮助企业提质、降本、增效。

（3）打造"工赋工业互联网开发者社区"，开创共享服务新模式，促进产业生态发展。

（4）开展智能硬件技术研发与验证项目研究，形成了一批新一代智能应用产品。基于 AI 的云边端一体化通用质检技术，研发了基于视觉的智能网联装备；融合 ROS（机器人操作系统）、移动机器人、协作机器人及人工智能技术，研发无线通用平台的 ROS 机器人。图 5 所示为融合 5G 通信技术的 ROS 机器人分拣台。

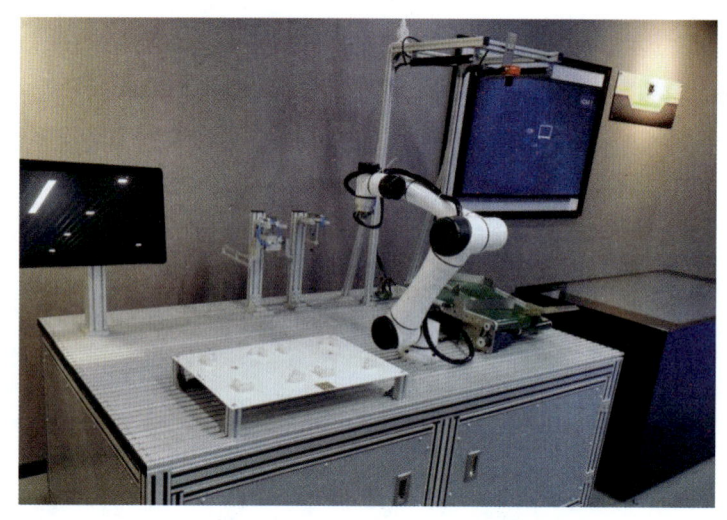

图 5　融合 5G 通信技术的 ROS 机器人分拣台

4. 工业互联网安全技术研发与验证

随着工业互联网的连接越来越广泛，工业控制系统变得更加复杂化、网络化，交互数据大幅增长，工业互联网安全面临着日益严峻的网络威胁。工业互联网所涉及的财产与利益规模更加巨大，网络安全问题需要得到更多的重视。

1）工业互联网功能型平台安全保障体系

该体系以工业互联网安全态势感知平台为基础，支撑上海市经信委、上海市通信管理局、临港新片区管理委员会开展工业互联网企业网络安全分类分级、工业互联网安全服务等相关工作。

2）工业互联网安全服务平台

该平台主要面向中小型企业，整合安全服务资源，线上线下相结合，为工业企业提供风险预警、安全诊断评估、安全咨询、数据保护、系统加固等一站式服务。

3）工业互联网安全评测工具

上海工创中心建设完成自主工业 App 安全技术平台，实现对工业 App 的源代码安全检测、安全加固及数据存储和传输的自动化安全检测等全方位的安全防护，为工业 App 全生命周期保驾护航。同时，上海工创中心自主研制的工业互联网安全检查工具箱为面向工业互联网的安全检查和评估评测提供了专业的工具集与自动化的管理平台，能够针对检查工作中的管理和技术指标进行全面检查。

（四）项目实施收益

工业互联网功能型平台聚焦攻克标识解析技术、网络技术、平台技术、安全技术等全产业链创新发展的"卡脖子"问题，打通工业互联网先进技术从基础研究到应用验证，再到应用推广的完整创新链条，旨在为工业企业数字化转型提供一站式解决方案。该平台通过多样化的运营模式，实现直接经济效益近 7000 万元，带动社会投资逾亿元。

标识解析技术：自主研发标识解析二级节点、企业节点和工业互联网平台应用等系列产品，完成建设 5 个标识解析二级节点并上线运营，标识注册总量达 1.37 亿个，总解析量达 3.78 亿次，接入企业 168 家，覆盖多个重点行业。上海工创中心打造的基于标识解析的创新应用超 30 个，服务领域涉及航空航天、医疗核电、石油化工、加工制造等多个重点领域。

网络技术：上海工创中心围绕 5G、边缘计算、TSN 等网络新技术开展研究和验证，牵头和参与标准编制 10 余项，打造了 27 款核心网络产品，助力工业互联网产业化能力提升。围绕 5G、NB-IoT（窄带物联网）、工业 PON 等技术打造了多个示范场景，服务客户包括航天八院、商飞、上海电气、上海烟草、三一重工等企业。

平台技术：上海工创中心累计开发超过 400 个工业 App，形成各行业机理模型 40 余个，服务第三方企业 70 余家，接入设备数量超 5000 台。建成的工赋开发者社区，注册用户超 2000 人，上架 30 余个应用，上线 16 节课程，提供 30 余场工业、IT 相关活动，累计参加活动人员达 100 000 余人。

安全技术：上海工创中心覆盖了自动化码头、石化、电力、智能制造、航空航天等重点领域，基于平台提供风险预警超 3000 次、安全诊断评估超 900 次、安全咨询 60 次、系统加固 4 次，同时为 20 多个工业 App 提供安全服务，初步形成工业互联网安全评估评测和咨询服务等能力。

专家推荐语

工业互联网功能型平台是上海科创中心"四梁八柱"的重要组成部分，是"政产学研金"各方协同合作的核心枢纽，完成了标识解析、网络、平台、安全四大板块的建设。工业互联网功能型平台标识注册总量巨大，通过标识解析系统与产业应用的深度集成实现全产业链的产业创新与互联互通；对流行的各种网络技术进行了有效的研究工作，并在实际场景中进行了验证；针对工程机械、电子、风力发电等行业，将工业互联网的理念与技术实际应用于行业生产场景之中；就网络安全问题采用相关技术予以解决，在石化、智能制造、航空航天和电力行业的工业互联网攻防测试平台中应用。

案例 5　建设工业互联网国家质检中心，助力行业高质量发展

——上海电器科学研究所（集团）有限公司

（一）基本情况

国家工业互联网系统和产品质量监督检验中心（以下简称"工业互联网国家质检中心"）是我国工业互联网领域唯一的国家中心，其依托上海电器科学研究所（集团）有限公司（SEARI），以企业需求为导向，以助力企业实现"数字中国"远大目标为己任，以 60 年电气领域技术深耕为基础，不断提高工业互联网领域的综合服务能力。工业互联网国家质检中心自 2019 年至今，持续建设满足多项工业互联网相关标准，覆盖安全、通信、传感器、控制器、天线、软件及系统测评的综合检验检测第三方公共服务平台，助力工业互联网产业 NQI（国家质量基础设施）体系建设及行业高质量发展。

（二）背景需求

工业是国家发展的支柱产业，人口老龄化、经济全球化、GDP 增速低迷、制造业产能过剩成为我国工业互联网发展的重要驱动力。此外，各主要经济体纷纷出台数字化战略，期望通过数字化转型提高自身竞争力。

在 2021 年《中华人民共和国国民经济和社会发展第十四个五年规划和 2035 年远景目标纲要》中，数字化独占一篇，位列第五，"加快数字化发展，建设数字中国"成为未来五年，乃至十五年数字化转型发展的行动纲领。国务院国有资产监督管理委员会组织实施国有企业数字化转型专项行动计划，突破关键核心技术，培育数字应用场景，打造行业转型样板。工业互联网发展正向全面互联的新阶段迈进，通过实现人、机、物等的全面互联，构建起全要素、全产业链、全价值链全面连接的新型工业生产制造和服务体系。

企业在进行数字化转型过程中最关心的是什么呢？

除数字化技术的成熟度外，工业互联的安全性、兼容性、可靠性成为数字化转型过程中大规模推广和应用的关键。

如何去找到可以信赖的供应商、如何去验证数字化转型升级后的效果成为我国开展数字化转型之路绕不过的行业痛点，而成立工业互联网国家质检中心正是我国打破工业互联网应用困局，提升数字化转型可信度的重要举措。

（三）案例实施方案

工业互联网把数以亿计的终端工业设备连入互联网，使得原本相对封闭的工业控制网络变得越来越开放，开放在带来便捷和效能的同时，漏洞数量和利用漏洞形成有效攻击的数量也在不断攀升。互联网外部威胁与工业生产内部安全问题相互交织，安全风险急剧扩张。

工业互联网的安全主要包括设备安全、应用安全、数据安全、网络安全、控制安全。设备安全是指工业智能装备和智能产品的安全，包括芯片安全、嵌入式操作系统安全、相关应用软件安全及功能安全等；应用安全是指支撑工业互联网业务运行的应用软件及平台的安全；数据安全是指工厂内部重要的生产管理数据、生产操作数据及工厂外部数据（如客户数据）等各类数据的安全；网络安全是指工厂内有线网络、无线网络的安全，以及工厂外与客户、协作企业等实现互联的公共网络安全；控制安全是指生产控制安全，包括控制协议安全、控制平台安全、控制软件安全等。如今，各类安全风险挑战严峻，这对安全技术提出了更高的要求。

随着工业的发展，控制系统的类型越来越多，也越来越复杂，设计水平却参差不齐，特别是安全控制系统的设计，与工业发达国家相比，还存在较大差距。同时，功能安全国家标准相对复杂，安全设计理念存在严重的信息不对称问题，安全检验检测认证等体系亟待健全。总体来说，我国工业行业的功能安全整体技术水平、质量现状、安全性能还处于跟跑阶段。

工业互联网国家质检中心安全实验室检测对象覆盖终端设备、信息安全产品，以及非安全专用 IT 产品，典型产品包括机器人、PLC、防火墙、VPN、智能卡、操作系统、数据库、交换机等；其已建立信息安全产品及信息系统测试能力，包括分级评估、信息安全产品认定测评、信息技术产品自主原创测评、源代码安全风险评估、信息系统安全保障能力评估等项目。其中，工业安全涉及以下几个方面。

（1）风险评估：基于风险的方式确定 E/E/PE 安全相关系统安全要求。
（2）与类别架构 CATEGORY 相关的性能等级 PL 评定。
（3）故障裕度 HFT，安全完整性等级 SIL 评定。
（4）车辆零部件安全完整性等级 ASIL 评定。
（5）整体安全生命周期各个环节的管理，包括从安全要求配置到安全确认过程等评定。

在安全实验室建设过程中，除了关注工业安全，更加关注工业安全与信息安全相融合所产生的风险，为此同时成立了信息安全实验室，其测试评估项目如表 1 所示。

表 1 安全实验室测试评估项目

序号	测试评估项目	技术指标
1	功能测试	完备性/正确性/适合性/依从性
2	性能测试	响应时间/最大并发用户数/吞吐量/资源利用率
3	静态分析	规则规范检查/数据流分析/代码复杂度分析
4	动态测试	模块接口测试/模块局部数据结构测试/模块边界条件测试/模块中所有独立执行通路测试/模块的各条错误处理通路测试

续表

序号	测试评估项目	技术指标
5	渗透测试	口令爆破/越权、提权测试/Web 渗透测试（注入、XSS、CSRF、会话重放、文件上传等）/中间件测试/横向渗透测试
6	模糊测试	模糊性测试/健壮性测试/安全性测试
7	安全评估	系统、软件漏洞检测/Web 应用扫描/漏洞检测分析/数据库扫描
8	信息安全功能评估	身份与授权控制/使用控制/系统完整性/数据机密性/受限数据流/对事件的及时响应/资源可用性

安全检测评估实验室积极开展检测技术及标准研究，围绕 IEC62443 系列标准展开，筹划满足工业互联网发展形势下工业安全与信息安全深度融合所带来的检测评估需求，并计划相应获取 CNAS 授权资质。其在传统工业安全中引入"信息安全"要素，助力工业安全与信息安全的深度融合。目前，其测试对象有 SCADA、DCS、控制器、智能传感器、边缘计算网关、PLC、机器人等，可进行的测试评估项目有风险评估、系统级安全检测评估、设备级安全检测评估。

图 1 所示为安全实验室。

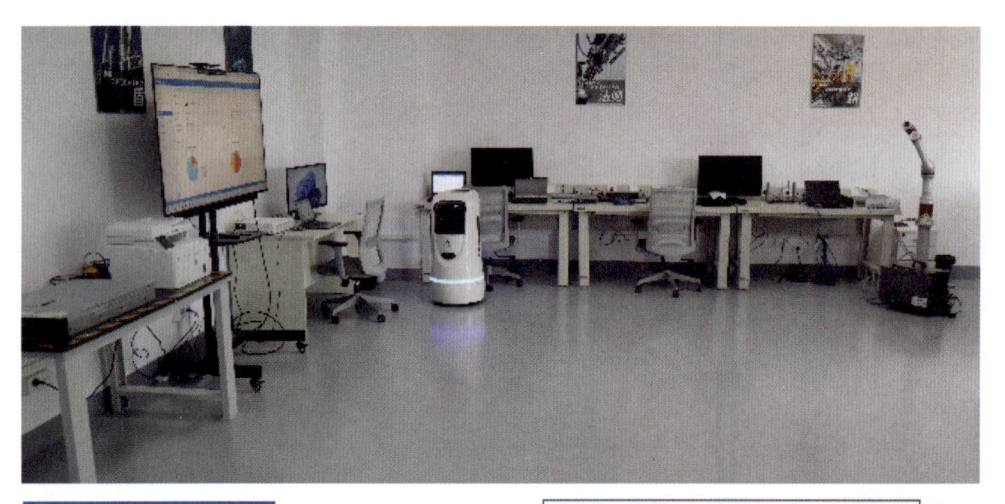

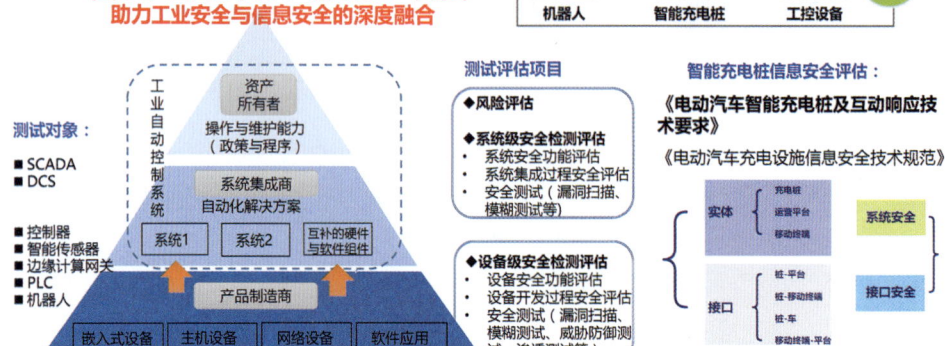

图 1 安全实验室

万物互联的基础是能实现物与物之间的信息沟通，而要实现远程跨时空且高速传播信息要用到的技术（如 5G、NB-IoT、Wi-Fi、卫星等）都需要天线和无线模块。工业互联网中很多设备都需要通过天线或无线模块实现信息交流。

工业互联网要求天线和无线模块的应用要稳定可靠、无线传输距离远、抗干扰性强、集中度高，这样才能保障在设备与设备之间的控制和信息数据传输。

工业互联网国家质检中心通信检测实验室致力于解决工业通信现场工程应用的可靠性、一致性及互操作性。其测试的对象为智能控制器、采集设备、工控设备、充电设备、车载零部件等；主要覆盖的标准有 ISO 11898-1/2、GB/T 34657.1、GB/T 34658、NB/T 33008.1/2 等。其测试项目包括单边设备测试和组网测试。单边设备测试就是物理层、链路层抗扰度和可靠性测试，以及通信协议一致性测试；组网测试主要针对智能设备组网通信协议的一致性及互操作性。

图 2 所示为通信检测实验室，左半部分为实景图，右半部分为移动测试平台。

实验室　　　　　　　　　　　　　　移动测试平台

图 2　通信检测实验室（一）

实验室 FAR 是针对无线产品通信检测的实验室。该实验室的测试对象是集成无线模块电子设备（5G／Wi-Fi／蓝牙模块）和无线通信产品，包括机器人、车载设备、医疗设备等。该实验室主要覆盖的标准有 ETSI301893、ETSI300328、ETSI301489-1/4/17 等；测评的项目主要有射频一致性测试、电磁兼容性测试、车载天线特性测试。

图 3 所示也为通信检测实验室，左半部分为实验室 FAR 实景图，右半部分为安吉开阔试验场（OATS）。

实验室 FAR　　　　　　　　　　　　安吉开阔试验场（OATS）

图 3　通信检测实验室（二）

（四）项目实施收益

建设"工业互联网国家质检中心"不仅是在响应总书记号召与政府战略部署——将加快工业互联网标准化验证工作进程，还是在加快建设工业互联网平台试验测试体系和公共服务体系，同时有助于各级地方政府加快发展工业互联网，从而落实推动制造业高质量发展的政策。

"工业互联网国家质检中心"的筹建和运行是基于工业互联网的战略推进赋能高质量发展，是国家两大战略发展方向"质量强国"和"制造强国"的一个交汇点，也是上海市从数量型向质量型发展的一处落脚点；可综合利用上海市在工业方面的工业机理研究、行业资源和储备人才等优势，搭建公共服务平台，填补国内专业检测与评估服务的空白，为工业互联网上下游的企业提供产品开发的设计检测验证，从而缩短开发周期、降低研发成本，找准产品/系统的质量提升方向，提升产品/系统的市场竞争力；为客户提供产品/系统检验，降低运行风险；推动我国工业互联网产业的技术进步和行业发展；同时可以配合国家有关部门开展产品及应用平台系统的质量监督工作，保障行业质量水平提升。

以工业互联网行业发展中体系缺失部分的补全为未来建设方向，协同行业共同搭建工业互联网测试评价标准体系，将推进我国工业互联网标准体系建设，优化推进机制，加快建立统一、综合、开放的工业互联网标准体系，引导并促进工业互联网系统评价产业的发展。

产业发展基础薄弱和企业原始创新能力较弱是目前我国工业互联网需要突破的瓶颈，实验室建设一方面可以加快工业互联网标准验证的工作进程，助推我国自主的标准化工作，推动标准走向国际舞台，另一方面为国内相关企业提供自主技术、产品/系统近地化和定制化的检测与检验服务，缩短企业设计、开发和技术验证周期，提升企业与行业的创新能力。

工业互联网平台赋能工业企业，通过建立工业互联网 NQI 体系，将提高生产技术装备水平和管理水平，提高产品质量和服务质量水平，支撑开展安全认证，确保使用的软件、协议、网关及相关设备的安全性，提高工业互联网运行保障能力。同时，其将赋能其他工业领域，带动其他产业数字化转型升级，大幅提升企业创新能力与创新效率。

专家推荐语

工业互联网 NQI 体系涉及消费者、企业、质量基础设施服务、质量基础设施公共机构、政府治理五个方面，是我国工业互联网生态链条中不可缺少的一部分，工业互联网国家质检中心以需求为导向的能力持续建设和对外服务是保障我国数字化转型稳步开展的重要基石。工业互联网国家质检中心运行初期已经在互联互通、信息安全、性能评估等方面开展了大量的服务且效果良好，其是营造安全、友好、可靠的工业互联网产业链必不可少且极为重要的第三方机构。

案例 6　长三角企业数字化转型公共服务平台

——上海质量管理科学研究院

（一）基本情况

上海质量管理科学研究院（以下简称"质科院"）牵头"长三角企业数字化转型公共服务平台"建设，针对目前企业在数字化转型发展的进程中，工业互联网创新方面存在的企业应用深度不足、创新水平能力不足、行业覆盖广度不足和政策制度供给不足，通过多方协同，建设"长三角企业数字化转型公共服务平台"。

质科院为数字"新基建"背景下的企业数字化转型提供水平评估、转型建设指南、工业大数据、转型解决方案（机械加工）、智能检测、标识解析、知识图谱和高端智库等公共服务，形成覆盖上海乃至长三角重点产业领域的专业公共服务体系，通过工业要素的在线汇聚和服务模式平台化创新，服务于工业高质量发展，推动信息技术与实体经济融合，以工业互联网创新应用新模式、新生态助力大中小型企业数字化转型，促进企业提质、降本、增效，实现可持续、高质量发展。

（二）背景需求

当前，世界新一轮科技革命和产业变革蓬勃兴起，工业经济与新一代信息技术深度融合，呈现出数字化、网络化向智能化加速演进的趋势，新模式、新业态、新产业不断涌现，为创新驱动发展、经济转型升级注入了新动能。党中央和习近平总书记高度重视新一代信息技术加速与实体经济深度融合，提出要持续加强工业互联网创新，通过工业化和信息化在更广范围、更深程度、更高水平融合发展，促进企业数字化转型。

融合发展是改造传统制造业和培育发展先进制造业的重要手段，是现代化经济体系建设的重要抓手，推动互联网、大数据、人工智能和实体经济深度融合是信息化和工业化深度融合的升级版。质科院紧紧围绕信息化与工业化深度融合这一主线，持续深化制造业与互联网融合发展，助力供给侧结构性改革，支撑制造强国和网络强国建设。

加强工业互联网平台建设是工业互联网创新发展、促进数字化转型的关键。完善"上海市两化融合公共服务平台/上海市工业互联网（两化融合）数据监测分析平台"建设，积极打造长三角企业数字化转型公共服务平台，在推动两化融合贯标的基础上，开展工业互联网创新发展是实现信息技术与实体经济融合发展的基础。质科院积极探索两化融合筑基工业互联网创新发展，促进企业实现质量变革、效率变革和动力变革，推动经济高质量发展。

（三）案例实施方案

数字化转型实质上是使用数据和数字技术从客户的角度创造新价值，需要改变业务模式和企业文化，需要从战略层面来确定。数字化转型框架在组织的战略规划过程中具有明确的定位。数字化转型能否成功取决于企业数字化转型战略定位和战略举措，企业应确定数字化转型战略，制定工业互联网转型升级规划，构建两化融合管理体系的工业互联网平台基础，以工业互联网创新推动数字化转型。

数字化转型总体框架如图1所示。

由质科院建设的"上海市两化融合公共服务平台"作为全国第一个地方公共平台，在连接市区政府管理部门、企业和服务机构方面发挥着越来越重要的作用。该平台除提供企业有关两化融合管理体系贯标评定技术服务之外，还提供相关培训课程，累计为超过3000家中小型企业提供技术服务、质量标杆案例和经验分享。

在"上海市两化融合公共服务平台""上海市工业互联网（两化融合）数据监测分析平台"运营的基础上，质科院牵头，联合多家专业公司共同建设，通过"产学研用"多方协同，搭建立足上海、面向长三角区域、辐射全国的"长三角企业数字化转型公共服务平台"（见图2）。

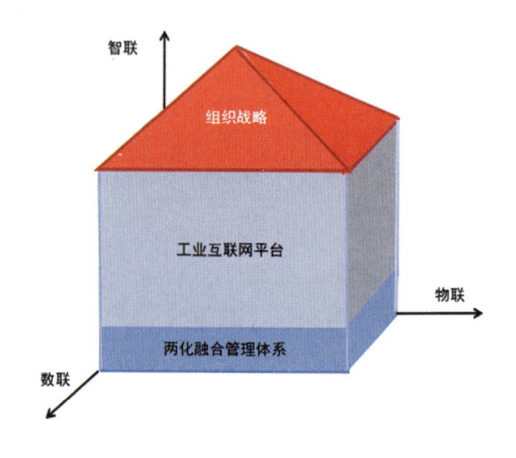

图1　数字化转型总体框架

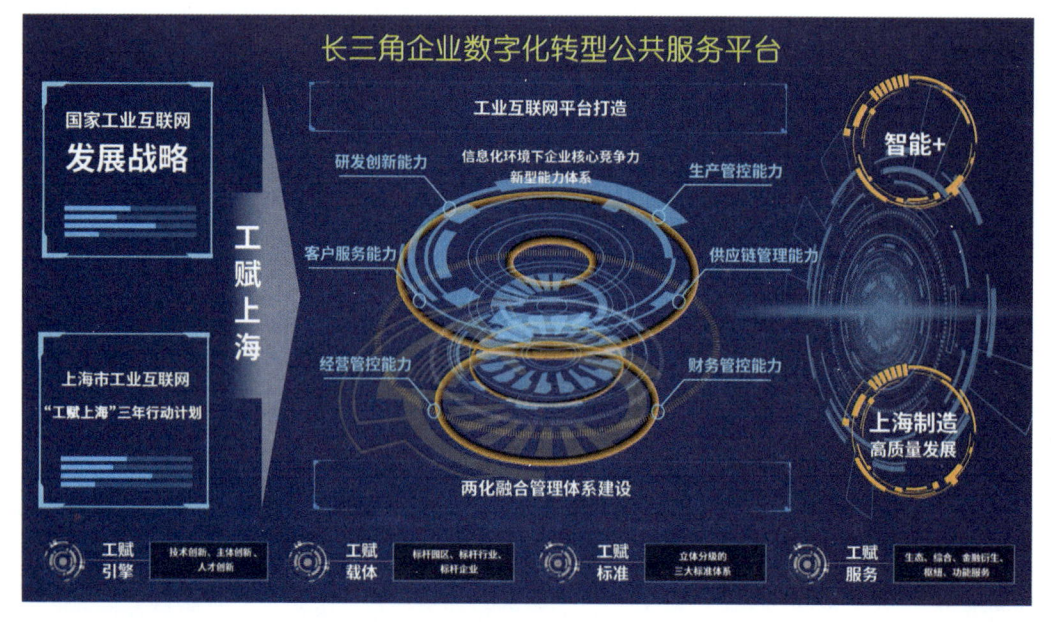

图2　长三角企业数字化转型公共服务平台

长三角企业数字化转型公共服务平台参照"工赋数字化转型解决方案应用推广公共服务

云平台"框架展开。其中，IaaS层基于虚拟化、分布式存储、并行计算、负载调度等技术，实现网络、计算、存储等计算机资源的池化管理，根据需求进行弹性分配，并确保资源使用的安全与隔离，提供云计算、云存储、虚拟化、云安全等系列资源服务；PaaS层聚焦建设单位的资源，构建数字化转型的工业知识（含知识图谱、资源库）、微服务架构及基于边云协同的操作协同系统，建设工业大数据分析应用、工业互联网平台创新服务、工业机理模型库、数字化转型工具集；SaaS层面向的是行业或场景、问题和需求分析、系统架构和关键软硬件。同时，方案中应详细介绍面向数字化管理、个性化生产、网络化协同、服务型制造等数字化转型新模式的诊断咨询工具、解决方案研制和平台部署方案。

"工赋"企业数字化转型公共服务平台架构如图3所示。

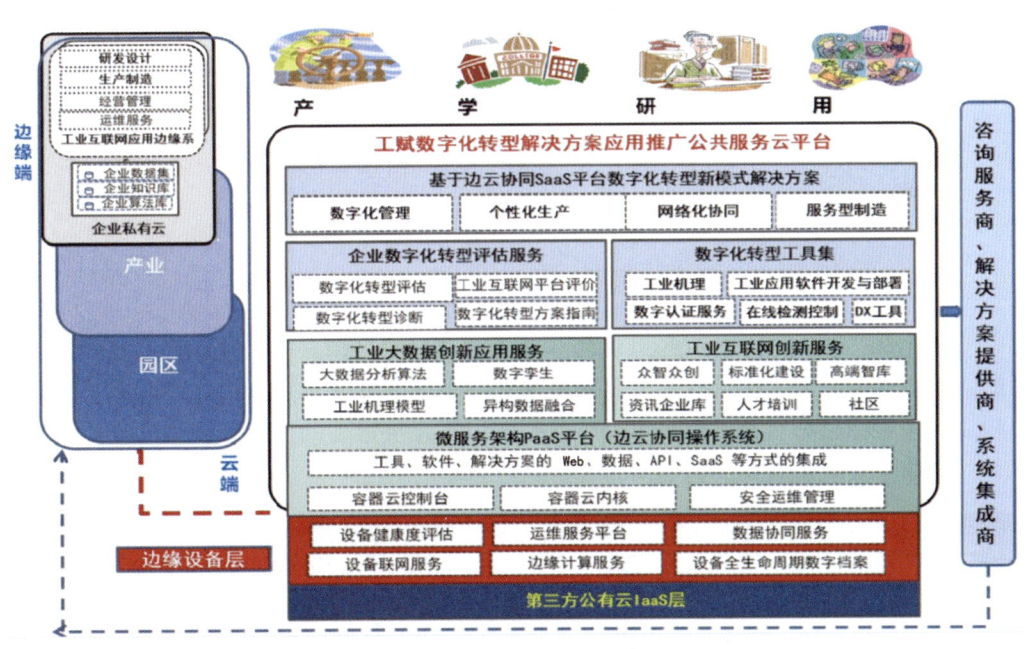

图3 "工赋"企业数字化转型公共服务平台架构

长三角企业数字化转型公共服务平台涵盖以下功能：

（1）数字化转型生态测评体系，包括数字化转型评估、工业互联网平台测评、数字化转型诊断与数字化转型方案指南，中小型企业数字化转型分级指南；

（2）数字化转型工具集系统包括数字化转型战略规划工具包、数字化转型建设工具包，重点行业工业机理建设、工业应用软件开发部署、在线监测优化控制、数字化认证等。

（3）工业数据资产、工业大数据集（标识解析）、工业大数据治理、异构数据融合、工业大数据分析、工业机理模型、知识图谱、数字孪生、产品和服务数字化；

（4）众智众创，标准化体系、开发者社区、企业库、资源图谱、工业微服务、人才培训等数字化转型智库系统；

（5）基于边云协同的数字化管理、个性化定制、网络化协同、服务型制造和智能化生产等数字化转型新模式解决方案。

该平台包括创新成效、创新应用、创新标杆、创新生态等功能板块（见图4）。

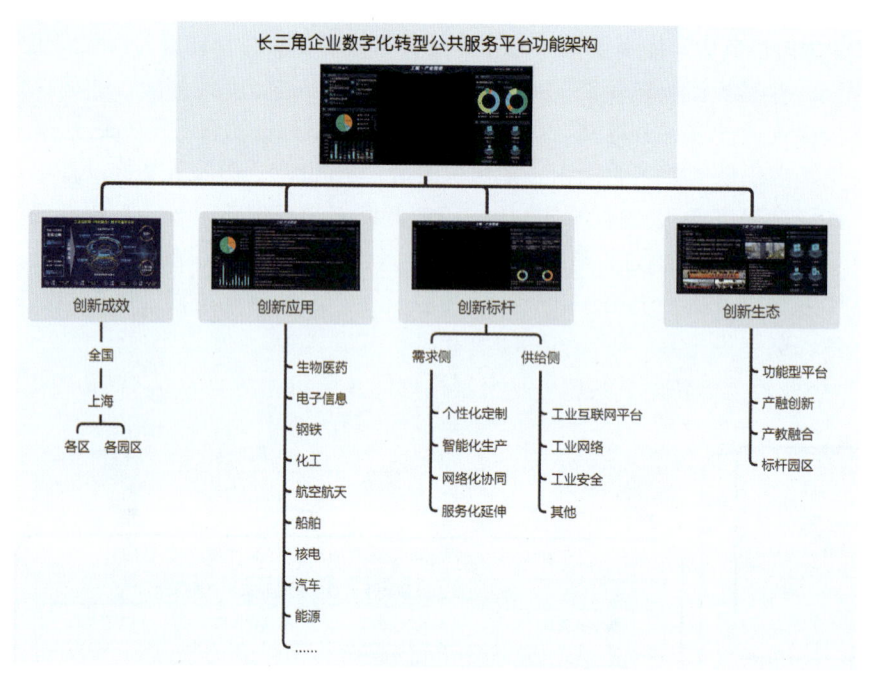

图4 长三角企业数字化转型公共服务平台功能架构

（1）创新成效板块（见图5）依托上海市企业数字化转型案例经验及质科院数字化转型服务经验，从全国、上海、园区的角度提供数字化转型创新成效量化分析。通过各类数据的有效分析，为政府部门和社会机构提供基于数据的可视化决策辅助，未来将通过更全面的数据挖掘，为企业数字化转型提供更丰富的数据支持功能。

图5 长三角企业数字化转型公共服务平台——创新成效板块

（2）创新应用板块（见图6）围绕生物医药、电子信息、钢铁、化工、航空航天、船舶、核电、汽车、能源等多个行业企业，提供长三角企业数字化转型创新应用案例，汇聚数字化转型创新应用场景。

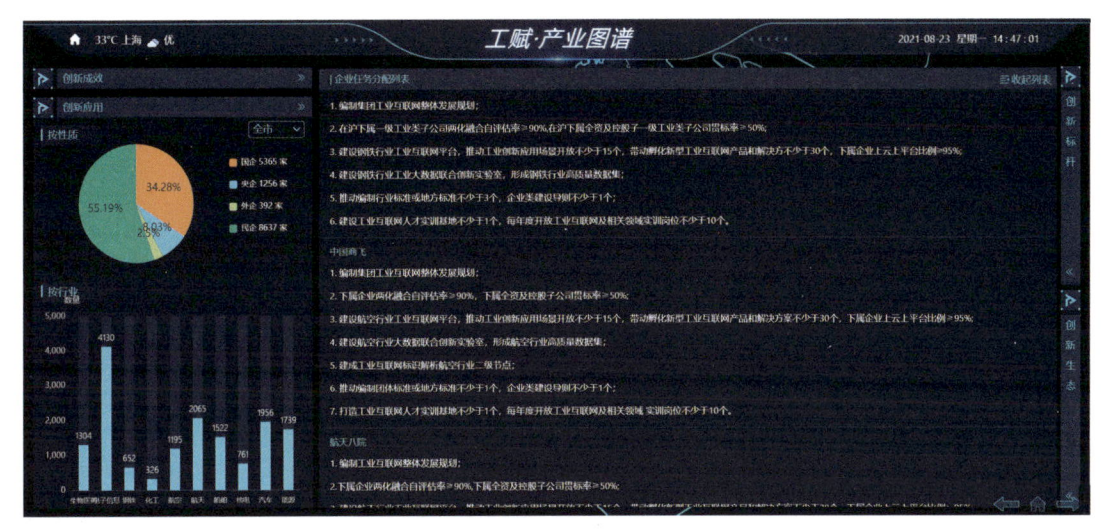

图6　长三角企业数字化转型公共服务平台——创新应用板块

（3）创新标杆板块（见图7）通过树立企业标杆、行业标杆和园区标杆，深化工业互联网创新应用赋能企业数字化转型升级，聚焦新片区等典型应用场景、优秀解决方案展示数字化转型，以重点产业园区辐射长三角的工业互联网创新服务环境。

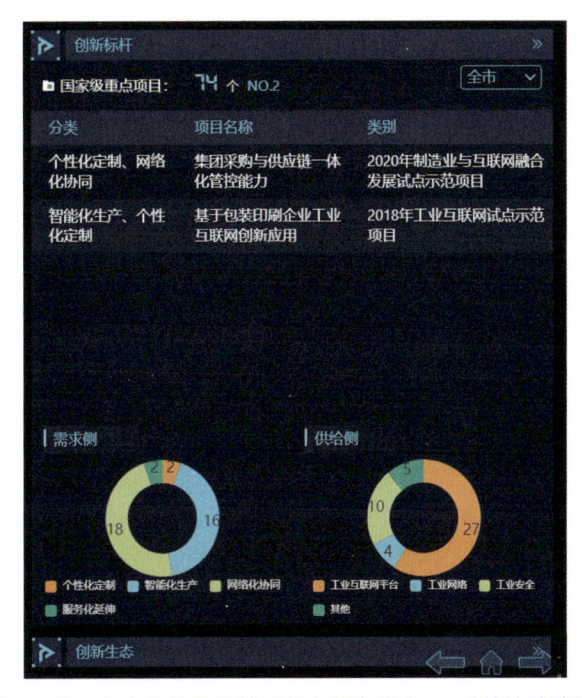

图7　长三角企业数字化转型公共服务平台——创新标杆板块

（4）创新生态板块（见图8）汇聚功能型平台、产融创新、产教融合、标杆园区数据，打通供需双方，从而形成一个创新生态的闭环，其中需求方可以发布需求、找到相应的专家及相应的产品与服务，供给方可以发布自己的产品与服务，以及承接需求。同时，创新生态板块面向大众平台提供政策法规、行业动态的发布、资讯、社区、专家等模块，各个模块之间均有评价与反馈机制，从而形成业务的数据闭环。

图8　长三角企业数字化转型公共服务平台——创新生态板块

通过平台的持续建设，预期实现数字化转型诊断咨询及解决方案多源汇聚，面向服装、家电、高端装备制造等重点行业企业的数字化管理、个性化定制、网络化协同、服务型制造等数字化转型新模式，培育并汇聚一批咨询服务商、解决方案提供商、系统集成商等，以及一批能够解决企业实际问题、需要在平台上灵活部署且具有较强复制性和可持续推广能力的数字化转型解决方案及相应的产品和支撑服务，通过"云服务券"等多种方式进行推广，降低客户使用成本。

（四）项目实施收益

随着长三角企业数字化转型公共服务平台的持续建设，质科院已为海尔集团公司、中国商飞上海飞机设计研究院、上海海立集团、福耀玻璃工业集团等1200多家企业开展评定工作，其中2020年比2019年增加80%。同时，质科院积极推进两化融合贯标升级版工作，所评定企业已纳入两化融合贯标升级版首批AAA示范企业行列。

通过平台数据分析，2021年上海企业运用新一代信息技术，赋能经营生产高质量发展，平均质量提升7.70%，成本降低15.12%，效率提高7.65%，其中两化融合水平提升2.67%，生产设备数字化率提升1.30%，数字化研发设计工具普及率提升1.64%，关键工序数控化率提升4.59%，应用电子商务比例提升3.66%，实现网络化协同的企业比例提升10.38%，开展服务型制造的企业比例提升9.19%，开展个性化定制的企业比例提升10.00%，智能制造就绪率提升16.83%，工业云平台应用率提升4.54%。

通过平台建设，能够为政府部门和社会提供强大的企业转型升级管理决策数据，实现各类数据的筛选、比对，找到趋势和关联性，为政府部门和社会提供可视化的数据服务，为政策决策提供准确、可靠的数据支撑，为信息化管理部门在相关领域的研究提供平台支撑。

专家推荐语

工业互联网平台是实现企业数字化转型，推动两化融合创新发展的重要载体。质科院牵头搭建的"长三角企业数字化转型公共服务平台"，为广大中小型企业提供全方位的两化融合贯标服务和个性化的工业互联网解决方案，降低中小型企业实施数字化转型的准入门槛，助力长三角工业互联网筑基战略。该公共服务平台具有普适性，为企业全要素、全产业链、全价值链的全面连接提供了桥梁，具有重要的推广价值和实践意义。

案例 7　持续建设工赋开发者社区，坚持以工业知识驱动

——工业互联网创新中心（上海）有限公司
上海积梦智能科技有限公司

（一）基本情况

工赋开发者社区成立至今，已有社区成员 5000 多人，累计举办 50 余场活动，通过组织开发者活动、应用中心建设、知识库更新、举办应用创新竞赛等方式，不断提升开发者的应用创新能力，形成良性互动的发展模式。同时，工赋开发者社区还建立了开发者社群，目前社群人数已经超过 4500 人。社群内每日进行高质量的内容分享，其中包括工业互联网行业报告、白皮书、业务流程逻辑、机理模型、实施案例等，不定期开展话题讨论，延续内容分享，营造良好的交流氛围，持续吸引更多的开发者加入。这些活动均获得社区成员积极响应，形成了良好的沟通和学习环境，同时增强了开发者社区用户的黏性。

（二）背景需求

国内工业互联网社区的发展目前仍处于摸索阶段，相较于国外的工业互联网社区呈现出不够成熟的现状。国内的大多数开发者社区都处于缺乏运营的状态，尚未形成良性的应用生态体系，并且缺少知识和技术的沉淀。

工赋开发者社区是工业互联网创新中心（上海）有限公司（以下简称"工业互联网创新中心"）和上海积梦智能科技有限公司（以下简称"积梦智能"）承建的工业互联网功能型平台中的子项目，功能型平台作为工业互联网部市合作的重点建设内容之一，是建设国家乃至全球工业互联网核心技术、解决方案与人才高地；其作为"政产学研金"协同合作的核心枢纽，是工业互联网相关各类创新主体联合研发、创新的载体。工赋开发者社区为工业互联网开发者和技术爱好者搭建了一个认知、交流、思考、实践的一站式社区，旨在构建全球化的、有技术背景的优秀人才共同学习成长的平台。其围绕重大共性需求和重点行业需要，面向关键技术和企业需求，促进技术创新成果产业化。该社区能为开发者提供开发工具、微服务、应用开发指导文档，以及技术研讨等沟通和学习环境。同时，该社区提供多种开放的开发工具及各类技术支持、宣传支持和合作支持，在垂直行业中联合行业合作伙伴入驻，共同发展。此外，工赋开发者社区有效地整合了各类资源，广泛汇聚第三方应用开发者，形成了集体开发、合作创新、对等评估的研发机制，构建起开发者应用生态，促进了技术创新成果产业化。

（三）案例实施方案

工赋开发者社区的运营由 5 大板块构成，分别为开源代码、应用中心、知识库、开发者活动、工赋学院。其中，工赋开发者社区官网目前已上架 30 余款应用，内容涵盖 CRM、MES、ERP、产品溯源、物流管理、供应链管理、数字工厂等；已上线 50 节课程；已组织 54 场线上线下活动，包括举办首届和第二届工业互联网算法大赛，累计曝光数量超 20 万人次；已提供 18 组开源代码。公众号部分，共发布 234 篇专业文章，内容包括工业互联网相关热点资讯、行业报告或白皮书、行业专家观点等。微信群部分，目前已成立 10 个微信群，入群人员超过 4000 人，群内不定期推送相关热点，并结合部分行业热点开展话题讨论。其开展的部分活动情况如下。

1. 工赋 Meetup（上海站）——聊聊工业互联网中的数据采集和应用

我们正站在工业互联网革新的风口浪尖，以人工智能、大数据、区块链等为代表的智能信息技术正引发新一轮产业变革。在这种情况下，企业、行业组织、政府机构都在积极地进行先进技术的探讨、应用及推广。2021 年 6 月 19 日下午，由工赋开发者社区主办，上海市工业互联网协会指导，智奥科技联合主办的"2021 工赋 Meetup——聊聊工业互联网中的数据采集和应用"活动在上海徐汇区顺利举行。共计 50 多位来自工赋开发者社区的成员和开发者共同参加了此次活动，通过"主题分享+自由交流"的线下沙龙模式促进技术与产业的交流，推动产业价值输出和社区成长。图 1 所示为 6 月 19 日工赋 Meetup 现场。

图 1　6 月 19 日工赋 Meetup 现场

特邀分享嘉宾们分别从车企数据中台建设思路和实践、工业数据应用实操、物联网大数据系统、离散行业数据采集等话题出发和大家进行了主题分享和答疑互动，大家皆积极参与到交流讨论中，现场气氛愉快而热烈。

2. 企业探访——走进 SAP

作为一家以"智慧企业"战略驱动的体验公司，SAP 是全球领先的企业应用软件解决方案提供商，其致力于帮助各行业领域的、各种规模的企业实现卓越运营。

2021年6月28日下午，工赋开发者社区联合SAP发起了"走进SAP"参访、交流、学习活动，通过参观、分享、交流、闭门研讨的方式深入SAP中国研究院进行学习和交流，实地考察企业的创新项目成果，为参与到活动中来的管理者或技术人员提供战略方向和技术层面的学习机会。在活动现场，开发者们参观了SAP中国研究院数字化体验中心及SAP联合创新中心，详细了解了SAP先进的解决方案和创新技术，共同探讨了伙伴生态战略的发展和未来。工赋开发者社区邀请了SAP联合创新中心资深技术架构师们为参访者们详细介绍了SAP智慧企业战略，分享了SAP业务技术平台是如何帮助企业快速将数据转化为业务价值的。

图2所示为"走进SAP"活动现场。

图2 "走进SAP"活动现场

3. 全球工业互联网算法大赛

2021年7月9日上午，世界人工智能大会工业智能论坛在上海举办。同时，第二届全球工业互联网算法大赛（IIAC）作为首个仪式，也在论坛上正式启动（见图3）。本次IIAC由上海市经济和信息化委员会指导，工赋开发者社区主办，上海市工业互联网协会、工业互联网创新中心、积梦智能协办，被誉为"工业互联网领域的练兵场"。"真问题、真算法、真需求"，是IIAC贯彻始终的内核，遵循大赛过程与成果都能产生实际应用价值的初衷，进行了更为严格的赛题筛选，来自包括清华大学、复旦大学、上海交通大学、浙江大学、北京航空航天大学、哈尔滨大学等高校在内的近50所国内外顶尖高校和近百家云计算、人工智能、大数据、物联网等领域的企事业单位的队伍纷纷报名参赛。在快速发展的时代，越是稀缺的人才，越注重效率，越看重知识、技术与现实价值之间的转换。本次IIAC的赛题来源于"能源、装备制造、汽车、航空航天"4大赛道。赛题依托上海电气风电集团股份有限公司、上海三菱电梯有限公司、特斯拉、上海航天动力技术研究所数字化生产过程中的实际问题和场景，借助匿名化、脱敏或模拟的数据打造，不仅具有研究价值和趣味性，还兼具实用价值和挑战性。

图3 第二届全球工业互联网算法大赛启动仪式

选手们围绕工业企业数字化转型升级中迫切需要技术革新的场景，积极寻找新的创意、尝试用各种算法来帮助解决企业实际问题。历时两个月，最终产生了数十个颇具创意的优秀方案，对相关企业来说极具参考意义和实际应用价值，其中几个特别突出的解决方案更是得到了出题企业方和专家评审组的一致好评。

IIAC 组委会根据总分赛道分别组建了两组专家评审团进行综合评审，从解决方案、核心算法、商业价值、成果展示等实际应用价值出发，结合客观分成绩，最终在 4 大赛道中各选出了前三名团队，并从中评选出了总赛道冠军、亚军、季军。本次 IIAC 涌现出了大量有实际应用价值的算法方案，赛道出题方表示："算法大赛产生的部分结果对于我们真实场景的方案有很大启发，其中一些解决思路是我们没有想到的，整体的方法构建也是很值得我们参考的。"其中，上海电气风电集团股份有限公司表示："从提交的材料中，我们看到了一些选手的优秀建模思路；从大赛的整个过程，我们了解了当前一些科研机构和企业在 RUL（剩余使用寿命）研究方面的进展及成果。"

IIAC 一直秉持以赛促创、以赛促学、以赛促谈、以赛促建的原则，坚持从实践角度出发，贯彻技术落地，提供富有研究价值和应用价值的优质赛题，让选手们在竞技与交流中不断推动"产学研用"的融合，见证更多的前沿研究成果落地，未来也会保持初衷持续举办，这对工业领域优秀算法技术人才发掘和行业新鲜血液输送具有十分重要的意义。

4. "工赋新思"系列直播活动

工赋直播是面向工赋开发者社区成员定期开展的免费的线上深度学习和经验交流的直播活动。一个健康、稳定的社群，自然少不了优质的内容输出，而视频比文字传递的信息量更大，其可以作为很好的内容传播形式，因此一向受到社区成员的热烈欢迎。继"停工不停学""领导者必知的制造业数字化战略路线图"系列之后，工赋直播活动于 2021 年 4 月再次重磅回归。这一季的专题直播共计 8 期，始终贯彻回归开发者们初心的宗旨，明确聚焦"开源软件"主题。在两个月的直播期间，社区先后邀请了 8 位开源界大咖做客直播间，一起探索开源在工业互联网相关领域的实践应用。该系列直播覆盖了目前国内市场上相对成熟的工业开源软件，累计吸引了超万人收看并沉淀了相关社群，社群成员们在每次直播期间进行实时观看、讨论和互动，形成了良好的学习讨论小组。

图 4 所示为部分"工赋新思"宣传海报。

图 4 部分"工赋新思"宣传海报

（四）项目实施收益

工赋开发者社区基于工业互联网创新中心生态建设成果，有效整合高校、研究院所、企业等，围绕重大共性需求和重点行业需要，开展工业互联网"产学研"协同创新，促进技术创新成果产业化。同时，该社区面向关键技术和平台需求，建设开源社区并融入国际化发展，提供良好的开发环境，共享开源技术、代码和开发工具，为工业互联网开发者提供了健全的服务体系。工赋开发者社区重点开展技术咨询、知识产权分析预警和交易、投融资、人才培训等专业化服务，在一定程度上加快了技术转移与应用推广。同时，工赋开发者社区能够将开发者的创新精神、文化和工业体系既有的生态和文化结合，形成一个新的业态和新的开发者的模式，共同推动把信息技术和工业数据结合，赋能传统产业。

目前，工赋开发者社区通过运营支撑，形成了良性的互动发展模式。其运营至今已举办1次开发者大会、2次IIAC、23次线下交流讨论和实地探访、28次线上直播等，不断提升开发者的应用创新能力，构建企业协同发展体系。该社区以产业联盟、技术标准、系统集成服务等为纽带，以应用需求为导向，促进装备、自动化、软件、通信互联网等不同技术领域企业深入合作，推动多领域融合型技术研发与产业化应用。工赋开发者社区针对客户进行精准推广，为工业企业、机构和开发者提供新兴应用接入平台。线上云平台连接开发者与企业客户及学员。通过云平台社区，社区与合作伙伴可以轻松、快捷地将应用推广到海量的行业客户中。

工赋开发者社区作为一个面向工业互联网开发者交流、分享的社区，为开发者们提供了良好的沟通和学习环境，获得技术积累和知识沉淀，通过社区汇聚人才，为工业互联网产业匹配供需对接，为制造业数字化转型、智能制造培养IT与OT融合的专业人才，为企业数字化转型人才培养提供一个公共服务平台。

专家推荐语

工赋开发者社区凝聚了工业互联网领域各方面的人才，围绕新一代信息技术赋能工业企业创造价值的主题，聚焦平台化设计、数字化管理、网络化协同等突出问题，开源开放合作共享，聚力共谋合作发展，在服务上海市经济领域数字化转型中发挥了思想引领、技术引领、方法引领的赋能作用，是一个充满积极、向上的力量和值得信赖的开发者社区。